현대무역의 이해

[제 5 판]

윤기관 · 구종순
문희철 · 오근엽

法 文 社

제5판 머리말

이 책은 2003년에 처음 출간되었으며 그 동안 꾸준히 개정을 하여 지금은 제5판에 이르고 있다. 먼저 이 책을 애독해 주신 많은 독자들에게 진심으로 감사를 드린다. 처음에는 무역학 입문을 가르치시는 교수님들과 배우는 학생들에게 조금이라도 도움이 될 수 있을까 하여 출간했지만 예상보다 많은 분들의 사랑을 받고 보니 책임감도 더 커지게 되어 조금 더 나은 책을 만들려고 개정을 거듭해 왔다.

초판을 출간할 때는 WTO가 새롭고도 중요한 키워드였는데 이제는 FTA가 세계 무역에서 가장 중요한 이슈가 되었고 그 사이에 중국은 미국과 더불어 세계 무역의 중심국가가 되었다. 뿐만 아니라 국제금융위기 이후 세계 경제는 부침을 거듭하고 있는데 최근 들어 유가의 끊임없는 하락, 중국 경제의 침체 등으로 언제 회복될지 불투명하기만 하다.

더구나 우리나라 무역업계는 상당히 침체된 분위기이다. 지난 몇 년 동안 우리나라 무역규모는 1조 달러를 초과했는데 작년엔 이를 달성하지 못했고 당분간 어렵다는 전망이 나오고 있다. 부존자원이 풍부하고 내수시장도 탄탄한 국가에서는 큰 문제가 되지 않지만 무역 아니면 살길이 없는 우리나라의 입장에서는 그냥 넘길 만한 상황이 아닌 것 같다.

앞으로 국제무역은 시대의 흐름을 정확히 파악 예측하고 조금 더 객관적인 모습으로 세계 무역 현상을 반영할 필요가 있다고 본다. 이번 제5판은 이러한 사정을 최대한 반영하여 처음 무역을 공부하는 이들이 보다 균형 잡힌 시각에서 보다 쉽게 접근할 수 있도록 다음과 같은 점에 중점을 두어 개정하였다.

첫째, 지금까지는 무역이론 및 무역실무 분야 총 4부로 구성되어 있었으나 무역실무 분야에 해당하는 제3부 무역거래의 이해와 제4부 전자무역의 이해를 통합하여 제3부 무역거래의 이해로 하였다. 지금은 무역거래에서 전자문서교환, 인터넷 등이 당연히 활용되고 있기 때문에 인터넷을 이용한 무역거래를 반복해서 설명할 필요가 없기 때문이다. 하지만 전자무역에 관한 기초지식은 별도의 장에서 다루었다.

둘째, 그 동안 4개의 장으로 구성되었던 무역거래를 좀 더 세분화하여 모두 8개 장으로 나누어 무역이론 분야와 균형을 이루었다. 그 동안 지면관계로 피상적으로만 설명되었던 무역거래의 중요한 부분을 여유 있게 설명하였다.

셋째, 모든 무역 관련 자료는 가장 최근의 상황을 반영하도록 업데이트하였다. 가능한 한 2016년 1월 시점까지의 자료를 사용하여 학생들이 생생한 데이터에 접할 수 있도록 하였다.

마지막으로, 각 장별로 '읽을거리'를 추가하여 본문에서 공부한 내용을 다시 한번 생각할 수 있는 기회를 주고자 하였다. 하지만 독자들은 이러한 사례 등을 자기 스스로 더 많이 찾아보고 생각해 보았으면 한다.

이러한 노력에도 불구하고 무역의 모든 것을 담을 수는 없었기에 독자들께서는 무역의 기초에 대해 전체적으로 생각해 본다는 시각으로 읽어 주시길 바란다.

오랫동안 사랑을 보내주신 전국의 교수님들과 학생들에게 거듭 감사드리며, 보다 많은 이들이 본서를 통해 현대무역의 기초를 이해하는 데 도움이 될 수 있기를 바란다. 마지막으로 본서를 계속 개정하도록 지원해 주신 법문사 사장님과 편집부 김제원 부장님, 그리고 영업부 장지훈 부장님의 노고에 감사의 마음을 전하고자 한다.

2016년 1월
저자 일동

머리말

적을 알고 나를 알면 백전백승이라고 하지만, 오늘날에는 우리가 살고 있는 시대의 흐름도 알아야 한다. 하루하루가 급변하여, 이전에는 10년간 일어났던 일이 지금은 1년 내에 발생하고, 한두 달 이후의 상황도 예측할 수 없을 만큼 우리 주변은 빠르게 변모하고 있다. 세계화 및 정보화 추세에 따라 모든 정보는 디지털화되어 국경 없는 무한경쟁시대가 전개되고 있다.

인터넷의 발전으로 우리 일상생활과 기업의 고유환경이 바뀌고 있는 상황에서 현상유지만을 고집하고 안주하기보다는 급변하는 여건들에 적극적으로 대처 · 적응할 줄 아는 지혜와 용기가 필요하다. 특히 대학에 입학하는 인터넷, 디지털 새내기들을 과거의 진부한 사고방식으로 맞이할 수는 없는 일이다.

이러한 새내기들에게 무역학을 소개할 수 있는 입문서의 필요성을 느껴, 네 명의 저자들이 각자의 전공분야를 살려서 국제무역 분야를 소개하기 위한 입문서를 집필하였다. 이미 많은 무역학 입문서가 있지만, 본서는 국제무역의 최신흐름을 최대한 쉽게 설명하고 반영하기 위해, 4부 16장으로 구성하되 다음과 같은 내용을 담고 있다.

첫째, 제1부에서는 무역이론의 이해라는 주제하에, 국제무역의 거시적 흐름을 이해하고 그 기본이 되는 원리, 즉 왜 무역을 하는가, 국제무역을 하면 경제에 어떤 영향을 미치는가, 이익은 무엇인가를 이론적으로 설명하고 있다. 이 과정에서 현대 무역에서 상황과 관련된 여러 가지 문제들을 쉽게 설명하였다.

둘째, 제2부에서는 현대무역의 동향이라는 주제하에, 실제 세계에서 발생하고 있는 문제들을 점검하고 이에 대해 통찰할 수 있도록 논의를 전개하였으며, 국제금융분야도 같이 설명함으로써 독자가 국제경제의 여러 현상들을 이해하는 데 도움이 되도록 하였다.

셋째, 제3부에서는 무역거래가 실제로 어떻게 이루어지는가를 설명하고 있다. 해외시장조사에서 시작하여 무역계약이 체결되는 과정과 무역거래의 핵심인 가격조건, 국제운송, 해상보험, 대금결제와 관련된 기본적 내용을 다루었다.

마지막으로, 제4부에서는 무역거래가 어떻게 전자적으로 일어나고 있는가를 분야별로 설명하고 있다. 특히 전자상거래는 무엇인가 하는 일반적인 주제로부터 전자무역의 흐름 및 과정에 이르기까지 명쾌하게 설명하여 이 부분에 대해 독자가 쉽게 이해하도록 하였다.

이 책을 저술하는 데 있어서 저자들은 인터넷 시대의 새내기들에게 어떻게 현대무역 현상을 쉽게 이해시킬 수 있게 하는가에 주안점을 두었다. 따라서, 기존의 무역분야 입문서들과는 달리 국제경영학 분야를 생략함으로써, 너무 많은 주제를 나열하는 방식을 배제하고 처음부터 끝까지 일관성 있는 설명을 할 수 있게 되었다. 특히 마지막에는 전자무역 분야를 소개함으로써 무역의 최신 분야를 소개하여 이해를 돕도록 한 것도 본서의 특징이다.

저자들은 그 동안 각자의 전공분야에서 연구와 강의를 토대로 현대무역을 쉽게 이해할 수 있도록 집필하도록 노력하였지만 오늘날의 무역현상을 한 권의 책으로 일목요연하게 소개하는 것은 정말 어려운 일이다. 여러 가지 부족한 점이 많을 줄로 생각한다. 아무쪼록 아낌없는 비판을 바라며 저자들 또한 끊임없이 매진할 것을 약속한다.

끝으로 법문사 배효선 사장님, 편집부의 김제원 차장님, 영업부의 유지훈 과장님을 위시하여 많은 분들이 이 책의 출간을 위해 애써 주셨다. 이 분들에게 다시 한번 진심으로 감사드린다.

2003년 2월

저자 일동

차 례

제 1 부 무역이론의 이해

제 3 부 무역거래의 이해

제 1 부

무역이론의 이해

제 1 장

무역의 의의

제 1 절 무역의 개념

1. 물품의 국제 교류

오늘날 전세계인들의 매일매일 일상생활은 물품을 세계적으로 교류함으로써 이루어지고 있다. 이 지구상에는 어떠한 나라도 폐쇄경제(closed economy)하에서 살아가고 있는 나라는 하나도 없다고 해도 과언은 아니며 오히려 모든 나라가 개방경제(open economy)하에서 살아간다고 할 수 있다. 다시 말하면 어느 나라도 자국 내에서 필요한 물품을 전부 자국 내에서 생산해서 쓰고 있는 나라는 한 나라도 없는 것이다. 국토 면적이 크거나 작거나, 국민소득이 높거나 낮거나, 경제규모가 크거나 작거나, 자본주의 국가나 사회주의 국가나, 천연자원이 풍부하거나 희박하거나 지구상의 모든 국가들은 상호 물품을 교류하면서 살아가고 있다.

우리들이 매일매일 공장에서 생산한 물품은 일부가 해외로 보내어져 그 나라 사람들의 생활에 보탬이 되고 있는 반면에, 우리들 또한 외국으로부터 만들어진 물품을 사들여와 생활하고 이것을 통하여 우리의 삶은 풍요로워지고 있다. 즉, 울릉도의 선착장 옆에 있는 다방에서 즐겁게 마시는 커피의 원료는 브라질에서 사온 것이며, 아침에 주로 먹는 식빵의 원료인 밀가루는 미국에서 사온 것이다. 신사복의 원료인 양모는 호주에서 사온 것이며, 고급가

구의 원료는 동남아시아에서 사온 원목으로 만들어졌으며, 신문 · 잡지의 원료인 펄프는 멀리 북미에서 사온 것으로서, 우리가 매일매일 살아가는 데 필수 불가결한 의식주의 많은 부분을 외국제품에 의존하고 있다.

물론 마찬가지로 우리나라의 농부들이 재배한 파프리카나 어부들이 잡은 생선은 일본사람들의 식탁에서 인기를 끌고 있으며, 우리나라의 전자제품은 전세계인들이 애용하고 있다. 국산자동차는 전세계인들이 잘 타고 다니며, 가정에서 부업으로 만든 인형들은 남미나 아프리카 등의 어린애들에게 즐거움을 주고 있다.

이와 같이 각국은 자국에서 잘 만드는 물품을 만들어 서로 교류함으로써 일상생활을 유지하고 있을 뿐만 아니라 매일매일의 생활을 풍요롭게 영위하고 있다. 따라서 국가간의 물품교류는 세계인들의 생활수준 향상을 위해 매우 중요하다.

2. 무역의 정의

물품의 교류현상은, 일반적으로는 개인이나 기업이 영리를 목적으로 하는 거래행위에 의한 것이지만, 비영리를 목적으로 하는 국가가 행한 매매의 결과로서 발생하는 경우도 있다. 이렇게 한 나라의 거래주체(개인, 기업, 정부 및 국가)가 외국의 거래주체(개인, 기업, 정부 및 국가)에게 물품을 판매하고 사들이는 것을 무역(trade)이라고 하는데, 이는 외국무역(foreign trade)이나 국제무역(international trade)의 약칭이라고 할 수 있다.

무역은 국내거래에 있어서의 매매거래인 내국무역 혹은 내국상업과 구별된다. 그래서 물품의 국제적 이동에 대해서 물품의 흐름방향에 따라 자국에서 타국으로 나가는 것을 수출(export)이라고 하고, 타국에서 자국으로 들어오는 것을 수입(import)이라고 한다. 또는, 이를 수출무역(export trade)과 수입무역(import trade)이라고도 하며, 우리는 무역(trade)으로 총칭하고 있다.

이러한 의미에서 볼 때, 무역을 개인 혹은 기업의 거래행위로 국한시킨다면, 이들은 영리를 목적으로 하고 있기 때문에 내국무역 혹은 내국상업과 하등 다를 바가 없다. 그러나 일반적인 무역이 내국무역(home or domestic trade)과 구별되고 있는 기본적인 점은, 거래의 상대방이 외국에 존재한다는 점이다. 이 때 거래상대방이 자국인인가 외국인인가 하는 국적구분은 중요하지 않다. 또한, 자국의 거래 주체와 본점 혹은 지점 관계에 있느냐 아니냐 하는 것도 문제가 되지 않는다. 단지 외국에 있는 거래 상대방에게 외화를 받고 물품을 판매(수출)하는가, 외국에 있는 거래 상대방에게 외화를 지불하고 물품을 구매(수입)하는가 하는 점만 중요하다.

또한, 무역은 한 국가와 타국가 사이에 행해지는 거래이지만 그 거래주체가 원칙적으로 영리를 목적으로 하는 민간부문(개인과 기업)으로 이루어지면 이것을 민간무역(private trade)이라고 한다. 그러나 영리를 목적으로 하지 않는 국가 혹은 정부기관이 거래주체가 되는 경우도 있는데, 이것을 국영무역(state trade) 또는 정부무역(government trade)이라고 한다. 자본주의 국가에서는 주로 민간무역, 그리고 사회주의 국가에서는 주로 국영무역의 형태로 무역이 이루어진다. 그러나 자본주의 국가에서도 종종 정부기관이나 국가 스스로가 매매 당사자가 되는 경우가 있는데, 이 때에도 계약의 성립까지는 대부분이 민간부문(개인, 기업)이 담당하게 된다.

마지막으로 지적할 사항은 무역에 있어서 매매거래의 대상에 관한 것이다. 무역에 있어서 거래의 객체는 재화가 주류를 이루고 있다. 그러나 국제간의 무역거래는 재화(goods), 즉 상품 거래만이 아니고, 운송 · 통신 · 보험 · 금융 등 서비스(service)의 제공과 그 이용에 관한 것, 즉 서비스거래도 있으며, 또한 자본(capital)의 이동, 즉 자본거래도 있다. 여기에서 재화는 손으로 만질 수 있는 유형의 것을 지칭하며, 서비스는 만질 수 없는 무형이라는 특징을 가지고 있다. 일반적으로 무역거래의 대상이라 하면 재화와 서비스를 모두 지칭하고 있다.

3. 무역의 필요성

국내에서 생산되는 물품만으로 충당되던 폐쇄경제(closed economy), 즉 자급자족경제(autarky economy, Robinson Crusoe economy)는 이미 과거의 일이 되어 버렸다. 오늘날에는 어떤 형태로든 외국무역(개방경제)을 행하지 않는 나라는 한 나라도 없으며, 오히려 나라와 나라와의 경제적 연결 관계는 점점 더 깊어져 가고 있다. 그러면 세계의 모든 나라들은 왜 무역행위를 하고 있을까?

가장 큰 이유는 첫째, 필요한 자원을 획득하고자 할 경우에 해결할 방법은 국제무역에 의한 방법밖에는 없는 경우이다. 예컨대 한국에서 석유가 꼭 필요하지만 생산이 불가능하므로 무역을 통해 외국으로부터 수입하는 수밖에 없다.

둘째, 나라 사이에는 자연적 · 사회적 조건이 다르기 때문에 물건을 생산하기 위한 비용이나 효율도 다르기 때문이다. 예를 들어서 적도에 가까운 지역은 바나나의 생산에 적당하므로 생산비용이 저렴하지만, 북방지역에서 바나나를 재배하려면 온실을 사용하거나 기타 인위적인 방법을 동원해서 적당한 온도를 맞추어 주어야 하기 때문에 그에 소요되는 비용은 매우 높을 것이므로 적도지역 국가들에 비해서 생산비용 면에서 매우 불리한 입장에 있다. 한편, 밀의 경우에는 반대로 적도지역보다 북방지역이 생산비용에서 유리한 입장에 있다. 이와 같이 생산비용 측면에서 유리한 위치에 있는 상품을 생산하여 수출하고 불리한 위치에 있는 상품을 수입하여 소비하는 무역을 수행하게 되면 경제의 효율성이 매우 커진다. 이러한 효율성 증가부분을 무역이익(gains from trade: GFT)이라고 한다. 한편, 나라마다 사회적 조건이 다르다는 것에는 수요의 차이를 포함한다.

이러한 무역이익이 왜 발생하는가 혹은 어떠한 원리에 의해서 발생하는가 하는 문제는 무역학에서 매우 중요하게 다루고 있다.

4. 국제무역과 국제통상

국제무역은 한 나라의 경제거래 주체(개인, 기업, 정부 및 국가)가 외국의 경제주체와 재화나 서비스를 사고 파는 것을 의미한다. 최근 국제무역이라는 용어와 더불어 국제통상이라는 용어가 많이 쓰이고 있는데, 이는 대체로 다음과 같은 의미를 지닌다.

① 현대무역에서는 재화에 비하여 상대적으로 서비스 무역의 비중이 증가하는 추세에 있고, 게다가 투자의 중요성이 점점 커지고 있어서, 국제무역이라는 용어로서는 재화부분이 강조되는 느낌이 있어 국제통상이라는 용어를 사용하여 조금 더 넓은 범주를 다루고자 한다.

② 국제무역이라는 용어에서는 개인이나 기업 등의 미시적인 경제주체의 활동이 강조되는 경향이 있으며, 국제통상이라는 용어에서는 이에 더하여 국가 혹은 정부 등의 거시적 경제주체들의 활동이 포함되는 경향이 있다.

③ 최근 국제무역은, 단순히 각 국가의 무역관계법이나 무역정책뿐만 아니라, 기존에는 무역과 별 관련이 없다고 생각되었던 여타의 국내법이나 정책들과도 밀접한 관련을 갖게 되었다. 예컨대 국내의 환경보호를 위해 만든 법이나 정책이 무역에 영향을 미치고(예: WTO하의 무역환경위원회가 추구하고 있는 무역과 환경 간의 연계조치; Green Round), 이는 타국에 지대한 영향을 미친다. 이러한 이유로 각국의 국내법, 정책들과 관련한 여러 가지 문제도 국제적인 측면에서 논의하고, 협상이 이루어지고 있다.

국제무역과 국제통상은 영어로는 다같이 international trade로서, 크게 구분되지 않는 경우도 많다. 그러나 대체로 국제무역은 일반적이고 보편적인 용어로 사용되고 국제통상은 법이나 정책이라는 측면이 강조되고 위에서 지적한 현대무역의 여러 가지 측면을 더 고려한 개념으로 사용되는 것이 보통이다.

제 2 절 무역의 형태

현재 국가간에 빈번히 이루어지는 무역거래를 유사한 성격끼리 묶어서 설명하면 다음과 같다.

1. 유형무역과 무형무역

(1) 유형무역

유형무역(visible trade)은 형태를 갖추어 눈으로 볼 수 있는 상품을 수출입하는 경우이다. 우리가 알고 있는 일반적인 상품의 수출입이 여기에 해당된다. 유형무역은 반드시 수출입 통관을 거치게 되어 무역통계에 표시되며, 또한 상품수지 항목으로 계상되어 한 나라의 국제수지에서 가장 중요한 부분을 구성하고 있다.

(2) 무형무역

무형무역(invisible trade)은 서비스 무역을 말한다. 수수료, 운임, 보험료, 여행경비, 기술사용료 등을 지급하거나 받는 것은 모두 무형무역에 해당된다. 무형무역은 그 성격상 수출입 통관을 거치지 않기 때문에 무역통계에는 나타나지 않지만 국제수지표상에는 서비스수지 항목으로 계상된다.

2. 제3국과 관련된 무역

(1) 중계무역

중계무역은 물품을 외국으로부터 수입(수입통관을 거침)하여 일단 자기 소유의 것으로 만들었다가 일부 혹은 전부를 가공하거나 혹은 원형 그대로 다시 제3국을 수출(수출통관을 거침)하는 무역거래를 말한다. 따라서 중계무역에서는 중계수수료라는 것이 별도로 없으며, 중계무역업자는 수입액과 수출액의 차이를 얻는 것을 비즈니스 목적으로 한다.

이러한 중계무역은 주로 해상운송이 편리한 중계무역항을 통하여 이루어진다. 중계무역항은 외환거래가 자유롭고 관세가 부과되지 않는 자유항을 말하며, 대체로 싱가포르, 홍콩, 함부르크 등과 같이 지리적으로 물품이 집산될 수 있는 지역에 위치하고 있다.

(2) 중개무역

중개무역은 제3국의 중개업자가 개입된 무역거래를 말한다. 중개업자들은 자신들이 가지고 있는 무역정보망을 이용하여 수출업자와 수입업자간의 거래를 알선하고 중개수수료를 받는데, 이런 형태의 무역거래를 제3국의 입장에서 중개무역이라고 한다.

중개업자들은 단순히 거래를 알선하고 수출업자와 수입업자로부터 각각 중개수수료를 받을 때도 있지만 무역거래에 직접 개입하는 경우도 있다. 후자의 경우에는 중개업자가 무역거래의 주체가 되어 수출업자에게는 매수인의 입장에 서고 동시에 수입업자에게는 매도인의 입장에 서서 매도가격과 매입가격의 차이를 갖는다. 따라서 수출업자는 계약물품을 수입업자에게 직접 보내지만 수출대금은 중개업자로부터 받는다. 그리고 중개업자는 수입업자로부터 대금을 받아 그 차익을 갖는다.

(3) 통과무역

통과무역(transit trade)은 물품이 수출국에서 수입국가로 직접 운송되지 않고 제3국을 경유하는 경우에 제3국의 입장에서 본 무역을 말한다. 예를 들어 한국의 수출업자가 가전제품을 시베리아 대륙 횡단철도를 이용해서 폴란드로 수출할 경우 이를 러시아의 입장에서 보면 통과무역이 된다. 통과국가는 물품이 통과 · 운송되는 동안 운송료, 보험료, 보관료 등의 수익을 얻을 수 있어 각국은 통과무역을 장려하고 있다. 다만 자유무역의 확대를 진착시키기 위하여 통과국에서는 통과세(transit tax)를 받지 못하도록 되어 있다.

3. 구상무역

양국간의 수출입 균형을 유지하기 위해 수출과 수입을 연계시킨 거래를 구상무역(counter trade)이라 한다. 여기에는 물물교환, 구상무역, 대응구매, 산업협력 등이 있다.

(1) 물물교환

당사국간에 외환거래가 없이 물품만을 서로 교환하는 무역거래를 물물교환(barter trade)이라 한다. 물물교환은 가장 초보적인 구상무역의 형태이며, 양국간에 수출 · 수입할 수 있는 물품이 적절할 경우에만 이용될 수 있는 한계점이 있다.

(2) 보상무역

보상무역(compensation trade)은 수출입물품의 대금을 그에 상응하는 수입 또는 수출로 보상하는 차원에서 하는 무역거래를 말한다. 즉, 수출한 만큼 수입하고, 수입한 만큼 수출함으로써 수출과 수입을 서로 상쇄시킨다. 구상무역은 물물교환과 마찬가지로 하나의 계약서로 수출입거래가 이루어지지만 환거래가 발생하여 쌍방간에 합의된 통화로 대금이 결제되며 이를 위해 특수한 결제방식이 사용된다.

(3) 대응구매

대응구매(counter purchase)는 구상무역의 가장 보편적인 형태로 수출액의 일정 비율만큼을 반드시 구매하겠다는 별도의 계약서를 체결하여 수출하는 거래방식이다. 보상무역과 별 차이는 없지만 두 개의 계약서에 의해 쌍방간의 거래가 이루어진다는 점이 다르다.

(4) 산업협력

산업협력은 수입국가의 산업을 발전시킬 목적으로 자본거래, 기술 등을 제공하는 것을 말하는데, 주로 환매거래와 합작투자방식으로 이루어진다. 환매거래(buy-back deal)는 수출업자가 플랜트, 장비, 기술 등을 수출하고 이에 대응하여 동 설비나 기술로 생산된 제품을 다시 구매하는 것을 말한다. 그리고 합작투자(joint investment)는 수출업자가 자본참여, 판매망 제공 등으로 수입업자와 합작하여 생산된 제품을 대응구매계약에 의해 수입해 가는 것을 뜻한다.

4. 가공무역

가공무역(processing trade)은 가득액(earnings)을 얻기 위해 원자재의 일부 또는 전부를 외국에서 수입한 후, 이를 가공하여 부가가치를 높여 다시 외국으로 (재)수출하는 모든 거래를 말한다. 가공무역 중에서 원자재를 위탁받아 가공하여 이를 위탁자 또는 그가 지정하는 자에게 수출하는 가공무역을 수탁가공무역 그리고 그 반대를 위탁가공무역이라 고 한다.

(1) 수탁가공무역

수탁가공무역은 원자재의 전부 또는 일부를 거래상대방의 위탁에 의하여 외국으로부터 수입하고, 이를 가공한 후 위탁자 또는 그가 지정하는 자에게 수출하는 거래이다.

(2) 위탁가공무역

위탁가공무역은 가공임을 지급하는 조건으로 가공할 원자재의 전부 또는 일부를 외국의 거래상대방에게 수출(위탁)한 후 가공 완제품을 다시 수입하는 거래를 말한다. 보통 자국에 비해서 가공임이 저렴한 국가나 기술이 상대적으로 발달한 국가로 원자재를 수출하고 가공해 줄 것을 위탁하는 경우가 많다.

(3) 보세가공무역

가공무역 중에서 특정 지역(예: 자유무역지역)에 가공설비를 설치하여 외국에서 수입한 원자재를 가공하여 다시 외국으로 수출하는 거래를 말한다. 모든 거래가 보세지역에서 이루어지기 때문에 원자재를 수입할 때 관세를 납부하지 않는다.

그러나 우리가 흔히 시내 신발이나 의류가게에서 '보세품 입하'라는 문구가 적힌 광고물을 내걸고 있는 것을 목격하는데, 이는 보세지역에서 생산한 물건이 어떤 사유로 인하여 수출되기 어려울 때, 관세법의 절차를 거쳐 수입 원자재에 대하여 (수입)관세를 납부하고 국내로 유입되어 판매되는 것이다.

5. 수 · 위탁판매무역

(1) 위탁판매수출

위탁판매수출은 위탁자(수출업자)가 외국에 있는 수탁자(중개업자)에게 물품을 무환(외상)으로 수출하면서 판매를 위탁하고 물품이 판매된 범위 내에서 수출대금을 회수하는 거래이다. 수출업자는 자기의 비용(cost)과 위험(risk) 부담으로 물품을 위탁 · 수출하므로 물품의 소유권은 수출업자에게 있으며, 판매하고 남은 물품도 수탁자는 수출업자의 비용과 위험하에 반송된다.

위탁판매방식은 신시장의 개척이나 신규 상품인 경우 많이 이용된다. 즉 현지의 광범위한 판매망을 가진 중개업자에게 판매를 위탁해서 먼저 수출대상지역의 시장성을 시험해 본 후 본격적인 거래를 시작한다. 그리고 상품의 가격변동이 심할 경우에도 정식으로 수출계약을 체결하지 않고 위탁판매를 의뢰하여 가격이 가장 유리할 때 판매하도록 한다.

(2) 수탁판매수입

수탁판매수입은 물품을 무환(외환)으로 수입하여 당해 물품이 판매된 범위 내에서 수입대금을 결제하는 거래를 말한다. 위탁판매수출을 수탁자의 입장에서 보면 수탁판매수입이 된다.

수탁자(수입업자)는 판매대리인으로서 위탁자가 지정한 조건에 따라 상품을 시판하고 그 판매대금에서 경비, 수수료 등을 공제한 잔액을 송금한다. 그리고 잔여분은 위탁자에게 반송한다. 따라서 수입업자는 수입에 따른 자금부담이 전혀 없을 뿐만 아니라 판매에 대한 위험도 없다.

(3) 보세창고도거래

보세창고도거래(bonded warehouse transaction: BWT)는 수출업자가 상품을 자신의 비용(cost)과 위험(risk)부담으로 거래 상대국 정부로부터 허가를 받은 보세창고에 운송한 후 현지의 시장상황에 따라 판매하는 일종의 위탁판매방식의 거래를 말한다. 보세창고에 보관중인 물품은 관세, 내국세 등이 부과되지 않은 상태이므로 보세상태에서 수시로 판매 또는 반송될 수 있다. 물론 보세창고에서 물품이 출하될 때에는 간단한 수입절차가 진행된다.

한국은 보세창고도거래를 지원하기 위해 파나마의 콜롱(Colon)에 이러한 보세창고를 설치 · 운영하고 있다. 그리고 네덜란드의 로테르담(Rotterdam)에도 보세창고와 유사한 Central Terminal Station(CTS)[1] 시설을 운영하고 있다.

6. 임대차 무역

(1) 임대수출

임대수출이란 임대계약에 의하여 물품을 수출하고 일정기간 후 이를 재수입하거나 또는 임대기간이 만료되기 전이나 만료된 후 해당 물품의 소유권을 수입업자에게 이전해 주는 수출을 지칭한다. 시설, 기자재 등은 금액이 크기

1) CTS를 이용하는 거래는 수출업자가 해외에 현지판매법인을 설치하여 그 법인 앞으로 물품을 위탁 · 수출하고 판매된 범위 내에서 대금을 결제하는 거래를 말한다.

때문에 임대기간 동안 임대료를 받는 방식으로 많이 수출된다.

임대조건으로 수출하면 수입업자의 자금부담이 완화되어 시설 · 기자재 등의 수출판로가 확대되며, 또한 이들의 가동에 필요한 기술제공에 따라 양국간의 경제협력체제를 이룰 수 있다.

(2) 임차수입

임차수입은 임차계약에 의하여 물품을 수입하고 일정기간 후 다시 수출하거나 또는 임차기간이 만료되기 전이나 후에 당해 물품의 소유권을 이전하는 수입을 말한다. 임대수출을 반대의 입장에서 보면 임차수입이 된다.

임차수입을 하면 수입업자는 시설의 기자재 등 고액의 자본재를 자금부담 없이 확보할 수 있으며, 또한 임대인의 기술제공에 따라 시설 가동에 필요한 새로운 기술을 도입할 필요가 없다. 그리고 임차한 시설을 이용하여 생산된 제품은 모두 임대인에게 수출할 수 있다.

7. 외국인도 수출과 외국인수 수입

(1) 외국인도 수출

외국인도 수출은 국내에서 수출통관되지 않은 물품을 외국에서 외국으로 인도하여 수출하고 그 대금은 국내에서 받는 거래방식이다. 이는 외국에 있는 자국 물품을 외국으로 직접 수출할 때 이용된다. 예를 들어 해외건설현장에서 사용했던 중고시설 기자재를 국내로 반입하지 않고, 이를 다시 매각할 때나 항해중이거나 어로작업중인 선박을 현지에서 매각할 경우 이 방식의 수출거래가 이용된다. 이를 '현지인도방식에 의한 수출' 혹은 '제3국도착 수출'이라고도 한다. 중개무역과 비교하면 물품이 외국에서 외국으로 이동한다는 점에서는 동일하나 중개무역은 수입 · 수출 2건의 거래가 각각 발생하지만 외국인도 수출은 1건의 수출행위만 발생한다는 점이 다르다.

(2) 외국인수 수입

외국인수 수입은 국내에서 수입대금을 지급하지만 물품은 외국의 사업현장으로 직접 운송되도록 하는 거래방식이며 해외건설 등 해외의 사업현장에 필요한 기자재를 외국에서 수입할 때 많이 이용된다. 즉 해외에서 필요한 물품을 자국으로 운송했다가 이를 현지로 보내려면 시간과 비용이 많이 들기 때문에 수입대금을 국내에서 지급하고 수입물품은 외국에서 사업현장으로 직접 운송되도록 한다. 이를 '현지인수방식에 의한 수입' 혹은 '제3국 도착수입'이라고도 한다.

8. 기타의 무역

(1) OEM방식 수출

OEM(original equipment manufacturing) 방식의 수출은 외국의 수입업자로부터 제품의 생산을 의뢰받아 생산된 제품에 주문자의 상표를 부착하여 인도하는 '주문자 상표부착방식의 수출'을 말한다. OEM 방식의 수출은 수출확대와 기술축적의 계기는 될 수 있지만 자사 상표의 제품을 수출하는 경우보다 저가로 수출되어 수출채산성이 불리하다. 그리고 새 모델의 개발, 자사 상품에 대한 이미지의 제고, 독자적인 수출시장의 개척 등이 어렵다. 산업화 초기에 이 방식을 통하여 기술역량을 축적할 수 있다. OEM은 점차 ODM(Original Design Manufacturing: 자기 디자인 생산방식)과 OBM(Original Brand Manufacturing: 자기고유 브랜드 생산방식)으로 진전되게 된다.

ODM은 OEM을 추구하다가 기술역량이 어느 정도 축적되면 채택하게 되는데, 이 방식은 독자적인 기술력을 바탕으로 상품기획에서 개발 · 생산 · 품질관리 · 출하에 이르기까지의 전 과정을 기업이 책임지는 방식이다. 이 방식은 브랜드이미지와 유통망을 아직 확보하지 못한 기업들이 채택하게 된다.

OBM은 자사제품의 고부가가치와 새로운 시장의 창출을 목적으로 하는 방식이다. 이 방식은 ODM의 단계에서 브랜드의 이미지를 스스로 구축하고 마케팅까지 스스로 담당하게 된다. 중소기업들이 궁극적으로 추구하는 단계이다. 시장진입장벽이 높은 하이테크산업은 처음에는 ODM으로 시작했다가 점차 OBM으로 진전해 나가고 있다.

(2) 녹다운 방식 수출

녹다운(knock-down)방식의 수출은 완제품을 수출하는 것이 아니라 조립

생산설비를 갖춘 거래처에 부품이나 반제품을 수출하고 실수요지에서 제품을 완성하는 현지조립방식의 수출을 말한다. 부품이나 반제품의 형태로 수출함으로써 완제품에 대한 수입제한이나 고율의 관세가 부과되는 것을 피할 수 있다. 자동차 등 기계류의 수출에 이 방식이 많이 이용된다.

제 3 절 현대 무역의 추이

1. 세계무역의 장기적 추이

현대사회에서는 무역의 중요성이 점점 더 커지고 있다. 국제화(internalization)나 세계화(globalization)라는 말 속에서 나타나듯이 국가와 국가 사이의 관계가 밀접해지고 타국과의 교류가 많아짐에 따라 무역이 더욱 중요하게 여겨지고 있다. 특히 최근 FTA의 확산으로 말미암은 관세장벽 · 비관세장벽 등 무역장벽의 축소, 지역무역협정(RTAs)의 강화, 자본이동제한 철폐 등 정책 및 제도적 변화와 기술발달로 세계화가 급속히 진전되었다. 이러한 세계화의 진전은 세계무역의 급신장, 국제적 자본이동의 확대, 금융시장의 통합 및 새로운 기술의 보급확산 등을 가져왔다.

그림 1-1 GDP 대비 전세계 수출비중 추이(%)

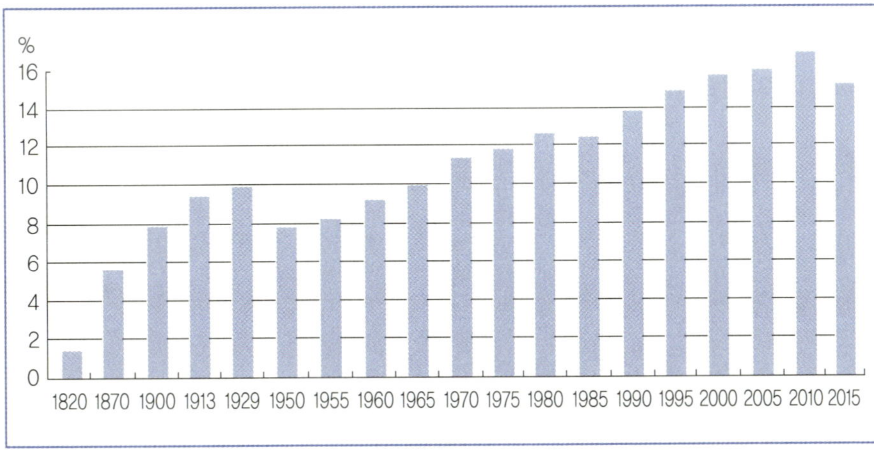

[그림 1-1]은 지난 2세기에 걸쳐 전세계 무역의 중요성이 크게 증대되었음을 잘 보여주고 있다. 그림에서는 세계 전체의 총생산액(GDP)에 대비한 수출액의 비율이 나타나고 있는데, 세계의 수출은 19세기 후반 및 20세기 초반에 급격히 증가하였으나 1차대전 이후에는 감소하였다가 2차대전 이후 다시 증가해 왔음을 알 수 있다. 1950년에 비하여 2000년대에는 약 20배의 수출이 이루어졌고, 그 사이에 GDP는 8배 증가하였다. 따라서 두 비율은 동 기간 동안에 7%에서 15% 이상으로 상승하였다. 이는 세계화가 급속히 진행된 최근 60여년 동안에 무역의 중요성이 매우 커지고 있음을 보여주는 것이다.

2. 무역의존도

일국이 자국의 경제(국내총생산)를 발전시키는 데 있어서 외국(수출과 수입)에 얼마나 의존하는가를 나타내는 지표로서 무역의존도가 널리 쓰인다. 이는 다음과 같이 정의된다.

무역의존도 = 무역액(수출액 + 수입액) / GDP

이와 마찬가지로 무역액 대신에 수출액이나 수입액을 넣으면 수출의존도 혹은 수입의존도를 나타낸다. 무역의존도는 이 둘을 합한 것과 같다.

[그림 1-2]에서는 한국과 일본의 무역의존도를 보여주고 있으며, 이 무역의존도는 경제가 얼마나 개방되어 있는가 하는 정도를 나타내는 지표로 쓸 수 있다. 그림에서 보면, 1970년대 이후 한국의 경제개방은 급속도로 확대되어 왔음을 알 수 있다.

이와 같이 한국의 최근 무역의존도는 매우 높은 수준(80% 이상)을 지속하고 있어서 한국 경제는 외국에 많이 의존하고 있다고 걱정하고 있다. 그러나 이러한 높은 무역의존도를 다른 각도에서 바라본다면 시장개방적(open market)이어서 국제경쟁력(가격 · 품질 · 디자인경쟁력)만 갖춘다면 세계경기가 아무리 위축된다고 하더라도 한국의 제품과 서비스를 세계시장에 팔 수 있다는 것을 의미하는 긍정적인 측면도 있다. 실제로 한국은 2012년에 세계에서 가장 많은 나라(235개국)와 무역활동을 하였다. 이에 비하여 일본은 무역의존

그림 1-2 한국 · 일본의 무역의존도 추이(%)

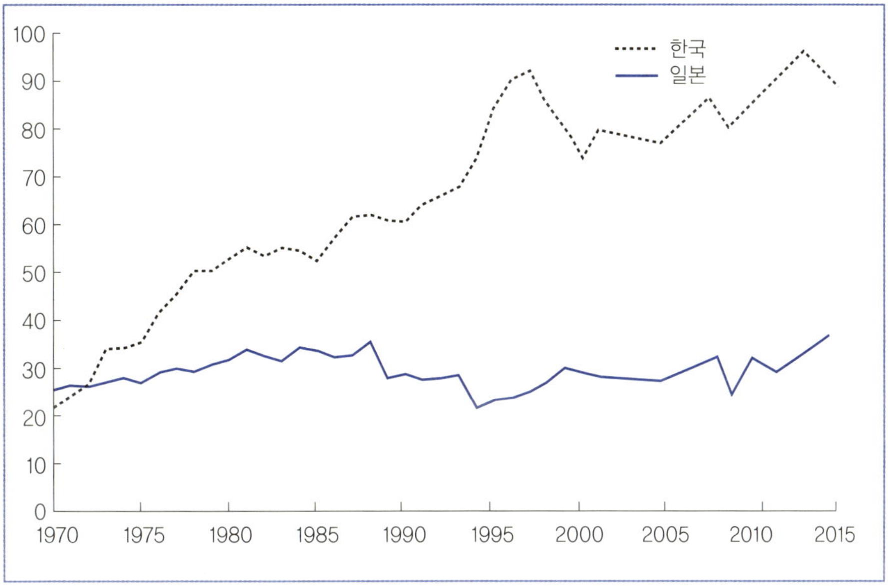

도가 낮은(15~30%) 수준인바, 일본경제는 한국에 비하여 내수 위주의 경제임을 알 수 있다.

3. 서비스무역의 중요성

국제수지 중 경상수지는 상품수지, 서비스수지, 소득수지 및 이전수지로 구성되고, 이 중 상품수지가 가장 큰 비중을 차지하고 있다. 그러나 최근에는 상품수출보다는 서비스부문의 수출이 더욱 중요해지게 되었다. 각국은 산업발전 여부에 따라 후발개도국, 선발개도국, 선진국으로 분류되며, 대체적으로 산업발전 초기에는 제1차산업(농 · 축 · 목 · 수산업)의 비중이 가장 크고, 점차 공업화를 이루어 제2차산업(제조업)으로 진화하다가 더 발전이 이루어지면 제3차산업(서비스업)이 중심을 이루게 된다.

현재 한국은 제2차산업(제조업) 중에서 노동집약적 산업은 이미 국제경쟁력을 상실하여 동남아지역으로 공장을 이전한 상태이고, 자본 · 기술집약적 산업은 중국 등 선발개도국들과 치열한 경쟁을 벌이고 있는 중이다. 또한 제3차산업(서비스산업)은 선진국이 이미 국제경쟁력을 확보해 놓고 있는 상황이어서 한국이 기존의 서비스시장에 진입하기에는 역부족인 상황에 놓여있지만 중국 등 새로운 시장에 대한 서비스무역에 한국 무역의 미래가 달려 있다고 할 수 있다.

주요용어

폐쇄경제	개방경제	수출	수입
국제무역	내국무역	민간무역	국영무역
정부무역	유형무역	무형무역	중계무역
중개무역	중계무역항	통과무역	연계무역
물물교환	구상무역	대응구매	산업협력
환매거래	합작투자	가공무역	수탁가공무역
위탁가공무역	보세가공무역	위탁판매수출	수탁판매수입
보세창고도거래	Central Terminal Station(CTS)		임대수출
임차수입	외국인도수출	외국인수수입	OEM
녹다운방식수출	무역의 이익	국제통상	세계화
무역의존도	수출의존도	수입의존도	경제개방
서비스무역			

연습문제

1. 오늘 아침에 잠자리에서 일어나 밤에 잠자리에 들 때까지 하루의 일상생활에서 국산품과 외국물품을 각각 얼마나 활용하였는가를 회상해 보시오.
2. 나라마다 자연적 및 사회적 조건이 차이가 나서 제품생산 비용이나 효율이 달라지고 있는 현상을 각각 예를 들어서 설명해 보시오.
3. 세계 거의 모든 나라들은 왜 개방경제, 즉 무역행위를 하고 있는가?
4. 최근 WTO시대에 들어와서 국제통상이라는 용어가 많이 쓰이고 있는데, 이것은 국제무역과 어떠한 차이가 있다고 보는가?
5. 우리나라 제주도를 자유무역항으로 할 경우 예상되는 중계무역을 설명하시오.

6. 브라질, 아르헨티나 등 남미 시장을 대상으로 계절적 상품을 수출하고자 한다. 이 경우 적합한 거래를 설명하시오.
7. 중소기업이 부가가치를 높이려면 OEM 방식의 수출거래에서 ODM, OBM으로 나아가야 한다는데 이것이 의미하는 바를 설명하시오.
8. 제3국도착수입이란 무엇인가를 설명하시오.
9. 세계 경제에서 무역이 차지하는 중요성을 나타내는 지표로서 수출의존도, 수입의존도 및 무역의존도가 있는데, 이들은 가각 무엇을 나타내는가?
10. 한국의 무역의존도 추이를 보면 80% 이상에서 유지되고 있는데 이에 대하여 설명하시오.

읽을거리

화장품 산업, 국내 ODM은 어떻게 '브랜드'를 넘어섰나

중국 로컬 화장품 업체들의 성장과 중국으로 진출하려는 글로벌 화장품 기업들이 늘어나면서 중국 화장품 시장은 '춘추전국시대'에 접어드는 모습이다. 그만큼 브랜드로 입지를 다져온 기업들도 안심할 수 없는 상황이다.

이러한 상황에서 화장품 ODM 기업들은 미소를 짓고 있다. 중국 시장을 공략하기 위해 글로벌 화장품 브랜드들이 빠르게 변하는 트렌드에 익숙한 ODM 기업들에 맞춰 제품을 생산하기 때문이다. 국내 화장품 브랜드가 성장하기 시작한 것은 2003년 원브랜드샵이 나타나면서이다. 원브랜드샵은 하나의 화장품 브랜드가 유통까지 맡아 직접 판매점을 운영하는 것을 말한다. 미샤와 아모레퍼시픽 등의 원브랜드샵은 광고·포장비와 같은 불필요한 지출을 줄이는 것으로 제품을 동종업계 최저 가격으로 낮췄다.

원브랜드샵의 성장은 ODM(제조자개발생산) 업체들의 성장을 이끌게 된다. 원브랜드샵의 특징은 상품 교체 주기가 빠르다는 것이다. 신제품 론칭 기간은 6개월로 짧아지고 제품은 1년에 한번씩 리뉴얼된다. 또 제품 전량을 아웃소싱하며 진입장벽도 낮다. 원브랜드샵 시장이 크게 성장하면서 각 브랜드 간 치열한 경쟁이 벌어졌고 이는 곧 화장품 ODM 시장의 성장으로 이어졌다. 이 때 가장 빠르게 상승한 국내 ODM 기업이 코스맥스와 한국콜마이다.

국내에서 입지를 다진 ODM 기업이 다시 한번 크게 성장한 계기는 바로 중국 화장품 시장의 규모 확대 덕분이다. 중국 화장품 시장의 큰 특징 중 하나는 수요와 공급 간의 '격차'라 할 수 있다. 중국 소비자들의 수요는 '글로벌' 수준인데 현지에서 공급할 수 있는 제품의 질은 이에 미치지 못했기 때문이다. 이는 경기 부진에도 불구하고 중국의 화장품 수입을 증가시키는 주요인으로 작용했다.

ODM은 브랜드 가치가 없기 때문에 마진이 낮다는 단점이 있다. 반면, 높은 기술력과 틈새시장을 공략하는 성격을 갖고 있어 경쟁 심화 우려는 크지 않은 것이 장점이다. ODM 업체들은 로컬 OEM(주문자상표부착생산)과 최소 기술측면에서 5년 이상 벌어져 있다. 더욱 중요한 것은 한국 ODM 업체들의 약진이 글로벌 브랜드업체들의 정책까지 변화시키고 있다는 것이다. 결국 로컬업체들과 중국에 진출을 희망하는 글로벌 화장품 기업들은 경쟁을 위해 ODM기업들에 의존할 수밖에 없는 형국이다. 화장품 ODM기업이 웃을 수밖에 없는 이유이다.

출처: *Economic Review*, 2016. 1. 15.

제 2 장

무역의 순수이론

제 1 절 리카도의 비교우위론

각 국가들이 외국과 수출을 하고 수입을 할 수 있는 근거는 무엇일까? 무엇보다도, 국내가격이 외국가격보다 비싼 재화라면 이를 외국으로부터 수입하고, 국내가격이 싼 재화는 외국에 수출할 수 있다는 점을 생각해 볼 수 있다. 다시 말하면, 어떤 상품의 절대생산비용이 낮은 국가에서 높은 국가로 상품이 이동함으로써, 생산자나 소비자 혹은 세계경제 전체에 보다 효율적인 자원배분이 이루어지게 되고, 이에 따라 무역이익이 발생한다. 이것이 절대우위론(absolute advantage theory)이다. 이러한 절대생산비 이론은 아담 스미스(A. Smith)에 의해서 정리되었다.

하지만 무역은 이렇게 절대적인 생산비용의 차이로부터 발생한다기보다는 생산비용의 상대적 차이에 의해서 발생한다는 것이 더 정확한 설명이라고 할 수 있는데, 이것이 비교우위론(comparative advantage theory)이다.

1. 비교우위론과 무역

리카도(David Ricardo)는 각국의 노동생산성의 차이에서 생산비용의 차이가 발생하고 이에 따라 비교우위가 발생하며, 이러한 비교우위에 입각하여 무역을 하면 무역의 이익이 발생한다고 주장하였다. 우리나라와 중국의 예를 통하여 비교우위이론을 공부해 보자.

(1) 노동생산성과 비교우위의 개념

한국과 중국이라는 두 나라에서 반도체와 자전거를 생산하여 소비하고 있다고 하자. 이 때, 한국에는 100명의 노동자가 있고 중국에는 300명의 노동자가 있어 반도체와 자전거를 생산하고 있다고 생각해 보자. 또한, 한국의 기술수준이 중국의 기술수준보다 높아서 다음과 같은 노동생산성을 갖고 있다고 해보자. 한국노동자는 시간당 반도체를 4개 만들 수 있고 자전거는 2대 생산할 수 있는 반면, 중국노동자는 시간당 반도체 1개를 생산할 수 있으며 자전거를 생산하면 1대를 만든다고 하자.

노동자 1명이 한 시간에 생산할 수 있는 양

	반 도 체	자 전 거
한 국	4	2
중 국	1	1

이러한 생산성 차이가 날 때, 한국은 중국에 비해 두 산업에서 절대우위(absolute advantage)를 가진다고 말한다.

양국의 생산성 차이를 보면, 한국이 반도체와 자전거 두 산업에서 절대우위를 가지고 있기는 하지만 상대적인 수치를 보면 약간 다른 것을 알 수 있다. 한국은 두 재화 모두에서 절대우위가 있기는 하지만 반도체 생산에서 생산성이 중국에 비하여 4배나 되지만 자전거 생산에서는 생산성이 두 배밖에 되지 않는다. 중국은 두 재화 모두에서 절대우위가 없지만(혹은 절대열위 상태에 있지만), 상대적으로는 자전거를 만드는 기술이 반도체 만드는 기술에 비해 한국과 비교해 볼 때 기술수준이 낮은 정도가 심하지 않다. 이러한 경우, 한국은 중국에 비해 반도체에 비교우위(comparative advantage)를 가진다고 말하며, 중국은 한국에 비해 자전거에 비교우위를 가진다고 표현한다.

혹은 다음과 같이 표현할 수도 있다. 한국에서는 반도체 1개를 만드는 노동량은 자전거를 1/2대 만드는 노동량과 같지만, 중국에서는 반도체 1개를 만드는 노동량은 자전거 1대 생산을 위해 들어가는 노동량과 같다. 따라서 자전거를 생산하는 절대적인 생산성은 한국이 높지만, 상대적인 생산성은 한국에서보다 중국에서 더 높다고 할 수 있다. 이러한 경우 한국은 반도체 생산에, 중국은 자전거 생산에 비교우위가 있다고 말하는 것이다.

(2) 무역을 하지 않는 경우

이러한 생산성 구조를 가질 때, 한국과 중국에서 무역을 하지 않으면 얼마만큼의 상품을 생산할 수 있을까? 노동을 어느 산업에 투입하느냐에 따라 반도체와 자전거의 생산량은 달라진다. 하지만 간단하게, 양국에서는 각 산업에 반씩의 노동을 반도체와 자전거에 각각 투입하여 생산한다고 해보자. 그러한 경우 양국에서는 다음과 같은 양을 생산할 수 있다.

	반 도 체	자 전 거
한 국	200	100
중 국	150	150
합 계	350	250

무역을 하지 않는 경우, 양국은 생산한 양 이내에서 소비가 가능하다. 따라서 이 표에서의 수치들이 바로 각 국가에서 소비할 수 있는 재화의 양이 된다.

(3) 무역을 하는 경우

① 생산 증가

이제 한국과 중국은 각각 자국이 비교우위를 갖고 있는 산업에 특화하여 해당 재화를 더 생산하고 비교우위를 갖지 못한 재화는 생산을 감소시키도록 해보자. 예컨대, 한국은 반도체 생산 쪽으로 노동자를 20명 이동시키고 중국은 자전거 생산 쪽으로 노동자를 50명 이동시켜 생산을 해보도록 하자. 양국은 다음 표에서 제시되는 바와 같은 양의 반도체와 자전거를 생산할 수 있다.

	반도체 생산	자전거 생산
한 국	280	60
중 국	100	200
합 계	380	260

이 표에서 우리는 두 재화의 경우 모두 세계 전체 생산량이 증가하는 것을 알 수 있다.

② 소비 증가

이제 한국과 중국이 서로 무역을 하여 한국의 반도체 60개와 중국의 자전거 40대를 서로 수출, 수입한다고 해보자. 그 결과 양국은 다음과 같은 소비가 가능하다. 한국이나 중국은 모두 이전보다 소비량이 증가하는 것을 볼 수 있다.

	반도체 소비	자전거 소비
한 국	220	100
중 국	160	160
합 계	380	260

이제 우리는 비교우위의 원리에 의하여 생산하여 무역을 하게 되면 두 가지 측면에서 이익이 발생하는 것을 알 수 있다. 첫째, 생산량이 많아진다. 이는 각 국가가 상대적으로 더 효율적으로 생산할 수 있는 재화에 특화함으로써 생산에서 더 효율성이 커지게 된다는 것을 의미한다. 둘째, 무역을 통하여 적절하게 서로 교환하면 무역을 하기 전보다 소비를 더 많이 할 수 있게 된다. 우리가 가지고 있는 자원을 가지고 전보다 더 잘 살 수 있게 되는 것이다. 이러한 두 가지 이점이 바로 무역의 근본원리이다.

우리가 여기에서 주의해야 할 점은 이러한 생산 및 소비 증가 과정에서, 노동자들이 더 많은 시간 일을 했다거나 혹은 과학기술의 발전으로 인하여 생산성이 증가했다거나 하는 요인이 전혀 없다는 것이다. 즉, 그러한 요인들이 전혀 없이도, 단순히 현재 우리에게 주어진 여건만 가지고 무역이라는 행위를 이용해서 전보다 생산도 증가하고 소비도 증가하게 되었다는 점에 주목해야 한다.

③ 완전특화

위의 예에서 가장 효율적인 경우는 어떤 상황일까? 한국은 반도체만 생산하고 중국은 자전거만 생산하는 경우일 것이다. 그 경우, 세계 전체 생산량은 반도체가 400개, 자전거는 300대가 된다. 이렇게 생산한 후 한국과 중국이 적절하게 교환하면 각국의 효용은 극대화될 수 있다. 이와 같이 자국이 비교우위를 가진 한 재화만 생산하는 경우를 완전특화(complete specialization)라고 한다. 하지만 현실 경제에서는 이러한 완전특화보다는 수출재, 수입재를 다 생산하는 부분특화(incomplete specialization)가 더 일반적이다.

2. 비교우위의 의미

(1) 기회비용

한국에서 반도체 하나를 생산하는 데 들어가는 노동량은 자전거 1/2대를 생산하는 데 필요한 노동량과 같다. 따라서, 반도체 하나의 생산비용과 자전거 1/2대의 생산비용이 같다. 이러한 경우, 반도체 하나의 생산비용은 자전거 1/2대라고 표시될 수 있다. 무역용어를 사용하면, 반도체 하나 생산을 위한 기회비용(opportunity cost)은 자전거 1/2대라고 한다. 이 때 기회비용이란 '어떤 제품을 생산하기 위해 포기되어야 되는 다른 상품의 양'을 의미한다. 즉, 반도체 하나를 생산하기 위해서는 자전거를 1/2대 생산할 기회를 포기하게 된다는 의미이다.

앞의 표에서, 반도체 하나의 기회비용은 한국에서는 자전거 1/2대에 해당하고, 중국에서는 자전거 한 대에 해당한다. 따라서, 반도체 생산의 기회비용은 중국에서보다 한국에서 더 작다. 반대로 자전거 한 대의 기회비용은 한국에서는 반도체 두 개이고, 중국에서는 반도체 1개이다. 따라서 자전거의 기회비용은 중국에서 더 작다. 이러한 상황에서는 한국은 반도체 생산에 비교우위를 갖게 되고 중국에서는 자전거 생산에 비교우위를 갖는다. 즉, 양국은 기회비용이 타국보다 더 적은 상품에 비교우위를 갖는 것이다.

(2) 사장과 직원의 예

어느 수출중소기업이 있는데, 이 회사의 업무는 크게 두 가지가 있다고 하자. 하나는 외국의 바이어와 영어로 하는 상담(商談)이고 또 하나는 수출서류를 만드는 일이라고 하자. 그런데, 사장은 아주 유능한 사람이라서 외국인 바이어와 거래를 잘 성공시킬 뿐 아니라 서류작성도 잘 한다. 처음에 이 사장이 사업을 시작했을 때에는 혼자서 모든 일을 다 처리했으나 사업규모가 커짐에 따라 직원을 고용했다. 이 직원은 사장보다 영어를 잘 하지 못하며 수출서류 만드는 것도 사장에 비하여 잘 하지 못한다고 하자. 이러한 상황에서 사장은 두 가지 업무 중에서 상담은 자신이 맡고 수출서류 부분은 직원에게 맡긴다고 하자.

이 때, 절대생산성이라는 측면에서 보면, 상담을 하는 데나 서류를 만드는 데나 사장이 직원보다 실력이 나으므로 생산성이 더 높다. 그런데도 사장은 왜 직원을 고용하는 것일까? 사장은 비록 서류도 직원보다 더 잘 만들지만, 자기가 모든 업무를 다하는 것보다는 서류작성은 직원에게 맡기고 자기는 상담에 전념하는 것이 회사의 사업에 더 도움이 될 것이기 때문이다.

이를 무역용어를 빌려 설명하면, 사장은 직원에 비해 상담이나 서류작성 모두에 절대적인 우위를 가지고 있지만, 상대적으로 보면 직원에 비해 상담에 대해서 잘하는 정도가 더 크므로 상담에 비교우위를 가지고 있다. 직원은 절대적으로는 두 가지 일 모두에서 우위가 없지만 그래도 상대적으로는 수출서류 작성에 우위를 갖고 있다. 즉 직원은 수출서류 작성에 비교우위를 가지고 있다. 이 때 사장은 상담에 특화(specialization)하고 나머지는 직원에게 맡기는 것이 전체 생산성을 높일 수 있는 방법이 되며 회사에 도움이 된다.

(3) 비교우위의 발생원인

비교우위는 단순히 각 국가가 '다르다는 사실' 때문에 발생한다. 위의 반도체와 자전거의 예에서는 두 국가 노동자의 생산성의 비율이 서로 다르기 때문에 발생한 것이다. 어느 국가의 절대적 생산성 수준이 더 높은가 혹은 더 낮은가 하는 것은 무역의 방향을 결정하는 데 문제가 되지 않는다. 따라서 다음의 두 가지 사실을 말할 수 있다.

첫째, 한 국가가 '어떠한 산업에서도 비교우위를 가진 것이 없다'는 것은 불가능하다. 흔히, 기술개발에 게을리 하면 우리는 모든 산업에서 비교우위를 잃게 되고 수출할 수 있는 것이 없어지게 된다는 말을 하게 되는데, 이는 비교우위의 개념을 잘못 이해한 것이다. 한 국가가 모든 산업에서 타국보다 더 낮은 효율성을 가진다고 하더라도 상대적으로 효율성이 덜 낮은 산업에 비교우위를 갖게 된다.

둘째, 위와 반대로, 한 국가가 모든 산업에 있어서 타국보다 더 효율적이라도 모든 산업에서 비교우위를 가질 수는 없다. 따라서 비교우위에 의해서 생산과 무역을 하면 자국에서 모든 것을 생산하는 것보다 낫다.

그러면 비교우위는 왜 발생하는가? 위에서 언급한대로 리카도는 국가간의 노동생산성의 차이 혹은 기술수준의 차이 때문에 비교우위가 발생한다고 보고 있다. 하지만 현대무역이론에서는 국가간 노동생산성 차이 이외에도 여러 가지 차이가 비교우위를 가져온다고 보고 있다.

제 2 절 요소부존이론

1. 요소부존과 비교우위

(1) 요소부존도, 요소집약도

리카도는 양국의 기술수준 차이로부터 노동생산성 차이가 발생하고 이로부터 비교생산비의 차이가 존재하게 되므로 무역이 가능하다고 하였다. 하지만, 헥셔와 올린은 재화의 생산과정에서 요소집약도가 다르다는 가정 하에 양국의 요소부존도 차이에서 발생하는 비교생산비 차이를 이용하여 설명하고 있다. 요소부존도(factor endowment)란 경제 내에 어떤 생산요소가 얼마나 존재하느냐 하는 것을 의미하며, 요소집약도(factor intensity)란 재화를 생산하는 데 어떤 생산요소를 주로 이용하는가를 의미한다.

한국과 미국 두 나라에서 섬유와 밀을 생산하고 있는 경우의 예를 들어보자. 미국과 한국의 기술수준은 똑같다고 가정해 보자. 한국은 미국에 비해서 국토면적이 좁으나 상대적으로 인구는 많으므로, 지대에 비해 임금이 낮다.

미국은 토지가 넓고 인구가 상대적으로 희소하므로, 임금이 한국에 비해서 상대적으로 높다. 섬유 생산에는 노동이 많이 투입되어야 하고, 밀 생산에는 상대적으로 토지가 많이 투입되어야 한다면, 미국은 밀 생산비용이 상대적으로 낮고 한국에서는 섬유생산비용이 상대적으로 낮을 것이다. 이러한 경우 한국은 섬유 생산에 비교우위를 갖게 되고, 미국은 밀 생산에 비교우위를 갖게 된다. 따라서 한국은 미국에 섬유를 수출할 수 있게 되고, 미국은 한국에 밀을 수출할 수 있게 된다.

이 과정에서 비교우위를 발생시킨 것은 무엇인가? 미국에는 상대적으로 토지가 많고 한국에는 노동이 상대적으로 많다는 사실이다. 이 때 우리는 미국을 토지풍부국(land abundant country)이라고 하고 한국은 노동풍부국(labor abundant country)이라고 부른다. 밀생산을 위해서는 노동력에 비해 상대적으로 넓은 땅이 필요하고 섬유생산을 위해서는 상대적으로 노동이 많이 요구된다면, 섬유는 노동집약적(labor intensive) 재화이고, 밀은 토지집약적(land intensive) 재화라고 한다. 한국은 노동이 풍부하여 노동집약적 재화에 비교우위를 갖게 되고 미국은 토지가 상대적으로 풍부하여 토지집약적 재화에 비교우위를 갖게 된다.

이러한 이론에서는 생산요소의 부존도가 어느 국가에 더 큰가에 따라 무역이 발생하게 되므로 요소부존이론(factor endowment theory)이라고 한다. 또한, 최초 주창자들의 이름을 따서 헥셔-올린 이론(Heckscher-Ohlin theory)이라고도 한다.

(2) 헥셔-올린 정리

위에서는 노동과 토지라는 두 생산요소를 이용하여 설명했지만, 현대 경제에서는 노동과 자본이 가장 중요한 생산요소이므로, 헥셔-올린 이론에서는 이 두 생산요소만을 고려하에 무역의 방향을 다음과 같은 정리로써 설명하고 있다.

헥셔-올린 정리(Heckscher-Ohlin Theorem)

노동이 상대적으로 풍부한 국가는 노동집약재에 비교우위를 가지며, 자본이 상대적으로 풍부한 국가는 자본집약재에 비교우위를 갖는다.

이러한 헥셔-올린 이론에 의해서 무역을 하게 되면, 무역을 하는 양 국가는 자국이 타국보다 싸게 만들 수 있는 재화의 생산을 중점적으로 증가시켜서 외국에 수출하고 그 대가로 외국이 낮은 비용으로 생산하는 다른 재화를 수입하기 때문에, 무역을 하기 전보다 경제 전체에 이익을 얻게 된다.

리카도가 제기한 비교우위의 원리는 여기에서도 그대로 적용된다. 다만 리카도의 경우에서는 노동생산성의 차이가 비교우위를 가져온다고 보았으며, 그 생산성 차이가 나는 이유에 대하여는 설명하지 않고 있지만, 헥셔-올린 이론에서는 그 비교우위 차이가 양국의 요소부존도 차이에 의해서 결정된다고 밝히고 있는 것이다.

실제 경제에서는 노동과 자본뿐만 아니라 여러 가지 생산요소가 존재하므로 그에 따라 무역의 방향이 결정된다. 예컨대, 노동이라는 생산요소도 숙련노동(skilled labour)과 미숙련노동(unskilled labour)으로 나눌 수 있다. 미국과 같은 나라는 숙련노동이 풍부하고 미숙련노동이 희소한 국가라고 할 수 있으며, 중국과 같은 나라는 그 반대라고 할 수 있다. 그러한 경우, 미국은 숙련노동이 집약적으로 이용되는 재화에 비교우위를 갖게 되고, 중국은 미숙련노동집약재에 비교우위를 갖게 된다고 할 수 있다.

2. 무역과 요소가격 변화

요소부존도가 서로 다른 국가 사이에 헥셔-올린 정리에 의해서 요소부존도가 서로 다른 국가 사이에 무역이 이루어지면, 두 국가에서는 여러 가지 변화가 발생한다. 예컨대 자본이 상대적으로 풍부한 국가인 미국과 노동이 상대적으로 풍부한 중국이 자유무역을 하게 된다고 하자. 중국에서는 임금이 낮고 그 대신 이자율이나 혹은 임대료가 높다. 미국에서는 임금이 높고 이자율이나 임대료는 낮다. 이 결과 헥셔-올린 정리에 따라서, 중국에서는 노동집약재(예컨대 섬유)에 비교우위가 있고 미국은 자본집약재(예컨대 기계)에 비교우위를 가진다. 중국은 노동집약재가 수출재가 되고 미국은 자본집약재가 수출재가 된다.

무역을 개시하게 되면 무역이 있기 전에 비해서 다음과 같은 변화가 발생한다. 중국에서는 섬유의 가격이 상승하고 미국에서는 기계의 가격이 상승하게 된다. 이에 따라 중국에서는 기업들이 섬유를 더 많이 생산하게 되고 노동을 더 많이 고용하게 되므로 노동에 대한 수요가 증가하게 된다. 이에 따라서 임금이 상승하게 된다. 미국에서는 반대로 자본의 가격인 임대료나 이자율이 높아지게 될 것이다. 이러한 결과, 본래 임금이 낮았던 중국에서는 임금이 상승하고 이자율이 낮았던 미국에서는 이자율이 상승하고 임금은 낮아진다. 그 결과 양국에서의 임금이나 이자율은 서로 접근하게 된다. 이러한 과정은 다음과 같은 표에서 요약될 수 있다.

		노동풍부국(중국)		자본풍부국(미국)	
무역 전		임금 낮고	이자 높음	임금 높고	이자 낮음
무역개시 후 변화	가격 변화	섬유가격↑	기계가격↓	섬유가격↓	기계가격↑
	생산 특화	섬유생산↑	기계생산↓	섬유생산↓	기계생산↑
	요소 수요	노동수요↑	자본수요↓	노동수요↓	자본수요↑
	요소 가격	임금 상승	이자 하락	임금 하락	이자 상승

이러한 과정에서 결국 양국에서의 임금과 이자율은 서로 접근하게 되고 결국은 같아지게 된다. 이러한 내용은 요소가격 균등화정리라고 부른다.

요소가격 균등화정리(factor price equalization theorem)

노동풍부국과 자본풍부국이 자유무역을 하면 노동풍부국에서는 임금이 상승하고 자본풍부국에서는 이자율(혹은 임대료)이 상승하여 양국의 요소가격은 균등화된다.

현실적으로 보면, 한국의 경우 오늘날 1960~70년대에 비하여 미국과 임금이나 이자율 격차가 많이 줄어들었다. 당시에 비하여 한국의 임금은 대단히 많이 상승했으며, 이자율은 당시에는 한국에서는 매우 높고 미국에서는 낮았으나 장기적으로 볼 때 그 격차가 줄어들고 있다. 이는 현실경제에서 요소가격균등화가 진행되고 있음을 보여주는 예라고 하겠다.

3. 레온티에프 역설

(1) 레온티에프의 발견

과연 헥셔-올린의 무역이론은 현실의 무역을 잘 설명하고 있는가? 이를 설명하기 위한 연구가 계속해서 이루어져 왔으며, 레온티에프의 연구는 가장 대표적인 연구이다. 레온티에프(Leontief)는 그의 1953년 연구에서 미국의 자료를 가지고 헥셔-올린 모형을 검증하였다. 만일 헥셔-올린의 이론이 맞다면, 자본풍부국이라고 간주되는 미국의 경우, 미국의 수출품들은 자본집약재이고 미국의 수입품들은 노동집약재일 것이다. 이러한 논리하에 그는 1947년의 미국 수출입시장을 조사해 보았다. 검증한 결과는 다음과 같다.

첫째로, 미국이 해외에 수출하는 재화들의 자본집약도를 조사해 보았으며, 둘째로 미국이 외국으로부터 수입하는 재화에 대한 자본집약도를 조사하기 위해 해당제품의 미국내 대체산업을 조사하였다.

만일 헥셔-올린 이론이 맞다면 미국은 자본풍부국이므로 전자의 자본집약도가 후자의 자본집약도보다 높아야 할 것이다. 하지만, 그의 결과는 수출산업의 노동 1인당 자본장비도는 14.068이었고 수입대체산업의 경우에는 18.184이었다. 따라서 예상한 바와는 달리 오히려 수입재 산업에서의 자본집약도가 훨씬 높은 결과를 얻었다.

또한 그 후 학자들의 검증에서도 많은 경우 이와 비슷한 결과를 얻고 있다. 이러한 현상을 레온티에프 역설(Leontief paradox)이라고 부른다.

(2) 레온티에프 역설 설명

그러면 헥셔-올린 모형은 현실과는 맞지 않는 잘못된 것인가? 이에 대해서는 여러 가지 설명이 가능하다.

① 레온티에프는 스스로의 논문에서 왜 이러한 결과들이 나왔는가를 설명하려 하였다. 그는 미국의 노동생산성은 다른 나라의 생산성보다 3배 정도 크다고 보았다. 이 숙련노동이 만들어지기까지는 아마도 교육비 등이 투입되었을 것이므로 비록 현재의 모양은 노동의 형태를 갖고 있다고 하더라도 그 안에는 자본이 내재하는 것으로 보는 것이다. 이러한 경우 인적자본(human capital)이라고 부른다. 따라서, 미국수출상품은 인적자본집약적이라고 할 수

있다고 보았다.

② 천연자원의 문제를 들 수 있다. 미국의 수입재들은 천연자원이 집약적으로 투입된 재화가 많다는 점을 지적하고 있다. 이를 천연자원집약재라고 할 수 있을 것이다. 외국에서는 해당재화를 생산할 때에 천연자원을 투입하여 생산하지만, 같은 물품을 미국에서 생산할 때는 자본을 이용하여 생산한다고 해보자. 이러한 사실을 무시하고 노동과 자본만을 고려하여 미국 내 수입대체산업에서의 자본집약도를 계산하게 되면 마치 수입상품이 자본집약재인 것처럼 계산될 것이다.

이러한 사실들을 고려해 보면, 몇 가지 조건만 잘 고려하면 헥셔-올린 무역이론은 현실에 잘 부합된다고 말할 수 있다. 이러한 의미에서 레온티에프가 발견한 결과는 역설이라고 불리는 것이다.

제 3 절 규모의 경제와 산업내 무역

1. 규모의 경제와 무역의 이익

생산규모가 커지면 생산이 더 효율적으로 이루어지는 경우를 규모의 경제(economies of scale)라고 한다. 이러한 규모의 경제를 잘 활용할 수 있으면 경제의 효율성이 대단히 커지는데, 무역이익은 규모의 경제와 매우 연관이 깊다.

경제행위의 궁극적인 목표는 물질을 소비함으로써 효용을 극대화하는 것이다. 그런데, 소비의 크기를 결정하는 것은 생산이므로 우리가 얼마나 재화나 서비스를 생산할 수 있느냐 하는 것이 가장 중요하다고 볼 수 있다. 그런데, 생산을 늘리는 방법에는 생산요소들의 양을 증가시키는 방법과 각 생산요소들의 생산성을 증가시키는 방법 등이 있는데, 이 중에서 후자가 더욱 중요한 역할을 해왔다.

이러한 생산성 증가와 무역과의 관계를 살펴보자. 먼저 아담 스미스의 주장을 생각해 보자. 사회의 생산력은 분업(division of labor)에 의해서 크게 증가될 수 있다. 규모의 경제로부터 이익을 얻을 수 있음을 보이기 위해 스미스의 『국부론』에서 이용한 예를 살펴보자. “핀을 만드는데, 나름대로 숙련되고 기계를 잘 다루는 기능공이 혼자서 핀을 만들면 기껏해야 하루에 한 개 정도 만들기도 쉽지 않다. 아무리 숙련된 전문가라고 하여도 하루에 20개를 만들지는 못한다. 그러나 실제로 핀 만드는 과정은 약 18개의 공정으로 나누어져 있다. 철사를 잡아 빼는 사람, 곧게 펴는 사람, 자르는 사람, 뾰족하게 하는 사람, 머리를 붙이기 위해 끝을 가는 사람 등이 있으며, 머리를 만드는 공정도 두세 가지의 다른 일로 이루어져 있다. 하얗게 광내고, 종이에 담고, 포장하고 … 18개의 공정을 10명이 나누어서 각 사람이 한 공정 혹은 몇 공정씩 나누어서 일을 할 때 하루에 약 48,000개를 만든다. 한 사람당 4,800개를 만드는 것이다.”

우리는 이와 같이 분업을 하게 되면 생산성이 굉장히 상승하는 것을 잘 알고 있다. 하지만 아무리 물건을 많이 만들 수 있는 능력이 있어도 그것들을 판매할 곳이 없으면 생산이 이루어질 수 없다. 따라서, 시장이 형성되어 생산자는 자기가 만든 상품을 시장에서 판매할 수 있는 경우에만 위와 같은 분업이 가능하다. 그렇지 않을 경우에는 분업을 이용하여 생산성을 늘려도 생산물을 판매할 수 없기 때문에 분업이 이루어지기 어렵고 따라서 노동생산성이 매우 작을 수밖에 없다. 그런데, 시장도 그 크기가 충분히 커야만 생산자들이 분업에 의한 효과를 충분히 누릴 수 있게 된다. 이와 같은 시장의 크기를 확대시켜 주는 것이 바로 무역이다. 무역에 의해서 지역과 지역이 통합되고 국가와 국가가 합쳐져서 형성되는 큰 시장이 존재하게 되면 생산자들은 분업을 이용하여 최대한의 효율적인 공정으로 생산성을 높이고 생산비용을 줄일 수 있게 되는 것이다.

결국, 무역을 하게 되면 시장의 크기가 커지고 생산에서의 분업을 충분히 이루게 되어 규모의 경제를 누릴 수 있게 되므로, 보다 저렴한 비용으로 많은 생산을 할 수 있게 되어 큰 이익을 얻게 된다.

무역과 규모의 경제

무역 → 시장규모의 확대 → 분업가능, 적정규모에서 생산 → 생산성 증가 이러한 대표적인 예가 자동차산업에서 찾아질 수 있다. 우리나라가 자동차를 값싸게 생산할 수 있는 것은 자동차를 수출할 수 있기 때문이다. 내수시장만을 목표로 자동차를 생산한다면 우리가 현재와 같이 값싼 비용으로 자동차를 생산할 수는 없다. 수출을 목표로 하므로 대량생산을 하여 최적규모로 공장을 가동할 수 있는 것이다. 이 때문에 세계 전체의 자동차 시장은 공급과잉이 되고 있는데도 불구하고 세계 각국은 생산능력을 늘리고 있다. 규모를 늘려야만 단가를 낮출 수 있기 때문이다. 이에 따라서, 대부분의 자동차 전문가들은 가까운 미래에 세계의 자동차 회사가 대여섯 개만 남고 모두 망하게 되리라는 전망을 하고 있기도 하다.

2. 산업내 무역

리카도 및 헥셔-올린이론으로 이어지는 전통적 무역이론에 의하면, 서로 다른 산업간에 무역이 이루어지는 것이 일반적이다. 하지만, 최근의 무역동향을 보면 오히려 동일 산업 내의 무역이 더욱 급증하는 것을 볼 수 있다. 예컨대, 미국과 한국은 서로간에 상대국에게 자동차를 수출하면서도 동시에 상대국의 자동차를 수입하고 있는 것을 볼 수 있는데, 이는 다른 산업들에서도 매우 광범위하게 볼 수 있는 현상이다. 한국의 현대자동차와 미국의 포드 자동차의 자본집약도가 비슷하고, 기술수준도 비슷하다면 이 자동차산업은 동일산업이라고 할 수 있는데, 양국은 이들 자동차를 서로 수출 · 수입하고 있다. 리카도 이론이나 헥셔-올린 정리의 요소부존이론으로는 동일한 산업 내에서 이루어지는 이러한 무역 현상들을 설명할 수 없는 점이 많다.

이러한 무역현상을 산업내무역(intra-industry trade)이라고 한다. 산업내무역은 주로 규모의 경제(economies of scale)와 제품차별화(product differentiation)라는 개념을 이용하여 설명되고 있다. 앞에서 공부했듯이, 규모의 경제는 생산규모가 커짐에 따라 생산비용이 감소하는 현상을 말한다. 기업들이 생산하는 제품이 기본적으로는 같은 산업 제품이지만, 각각 나름대로의 특성이 있어 각 기업의 제품 간에 소비자가 차별화를 느낄 수 있는 것을 제품차별화라고 한다.

예컨대, 같은 자동차 산업의 제품이지만 소비자는 대형과 소형에 대해 다른 제품으로 인식하는 것이다. 이러한 경우 양국이 각각 자국에서 소형 · 대형 승용차를 모두 생산하게 되면, 아무래도 각각의 자동차에 대해서는 시장의 규모가 작아 생산규모가 작을 수밖에 없으며 따라서 자동차 한 대당 생산비용이 높을 수밖에 없다.

이 때, 자유무역을 하게 되면 각국의 기업들은 다른 국가의 소비자에게도 공급할 수 있게 된다. 따라서 자기에게 경쟁력이 있는 분야에 주력하게 되고 생산을 늘려 적정 생산규모로 생산할 수 있게 되어 평균생산비용을 줄일 수 있을 것이다. 이러한 과정에서 어떤 기업들은 경쟁에서 탈락될 것이며, 결국 각국의 기업 수는 줄어들겠지만 각 기업은 보다 낮은 가격으로 생산할 수 있게 된다. 한편 소비자들은 타국에 있는 기업의 제품까지 소비할 수 있게 되므로 무역을 하기 전보다 더 다양한 상품들을 소비할 수 있게 된다. 이 경우 규모의 경제로 인한 비용하락, 소비의 다양성 등이 무역의 이익이라고 설명될 수 있다.

이러한 무역을 산업내 무역이라고 하며, 이에 비해 기존의 무역 형태는 산업간무역(inter-industry trade)이라고 한다. 현실적으로, EU 역내 무역이 상당히 활발하고 선진국 사이에 제조업 분야에서 이러한 산업내 무역이 매우 활발하다. 이는 역내의 국가 간에 요소부존도나 기술수준이 크게 다르기 때문이라기보다는, 규모의 경제로부터 이익을 얻기 위하여 각국들이 생산특화를 하고 있기 때문임을 알 수 있다. 위에서 언급한 자동차 산업은 산업내 무역의 대표적인 경우이며, 다른 대부분의 제조업의 경우에도 산업내 무역이론을 적용할 수 있다.

3. 산업내 무역과 산업간 무역의 공존

실제 경제에서는 산업내 무역과 산업간 무역이 동시에 이루어지고 있을 것이다. 이와 관련하여 다음과 같이 서술할 수 있다.

① 국가들 사이의 차이를 중심으로 생각해 보면, 국가간 기술차이가 많이 나거나(리카도 이론의 경우), 요소부존도가 크게 차이(헥셔-올린 이론의 경우)가 나는 국가들 사이에서는 산업간 무역이 잘 발생할 것이며, 기술이나 요소부존의 차이가 작은 국가들 사이에서는 산업내 무역이 잘 발생할 것이다. 예컨대, 소득수준이 비슷한 국가(이 국가들은 요소부존 정도, 기술수준, 혹은 기호 등이 비슷한 국가일 가능성이 크다)들 사이에는 산업내 무역이 더 잘 이

그림 2-1 산업간 무역과 산업내 무역

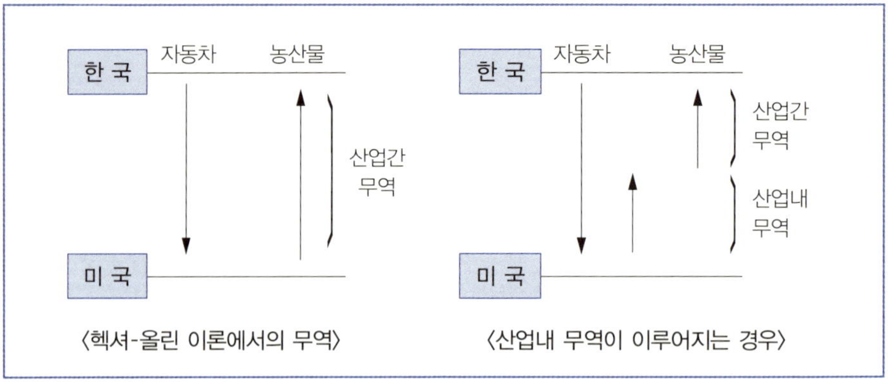

루어진다.

② 산업들 사이의 차이를 중심으로 생각해 보면, 여러 산업들 중에서 자본집약도가 극도로 크거나 아주 작은 산업들에서는 헥셔-올린 이론에서와 같이 요소부존도의 차이가 중요한 역할을 할 것이고 자본집약도가 중간인 산업에서는 산업내 무역이 중요한 역할을 할 것이다.

이와 같이 산업간 무역과 산업내 무역이 동시에 일어나는 경우를 모형화하여 설명하여 보자. 한국, 미국의 두 국가가 있고, 자동차와 농산물이 있는 경우를 생각해 보자. 다만, 자동차는 제품이 차별화되어 있고 농산물에는 제품차별화가 없다고 하자. 한국은 자동차를 수출하고 미국은 농산물을 수출한다고 하자. 단, 산업내 무역도 이루어진다고 하면, 한국은 소형 자동차를 수출하고 미국은 대형자동차와 농산물을 수출할 것이다. 만일 무역균형을 이루어지고 있다면 수출과 수입액이 같아야 할 것이므로 결국은 [그림 2-1]의 오른쪽과 같은 관계가 성립할 것이다.

제 4 절 기타의 무역이론

1. 제품수명주기이론(Product Life Cycle Theory: PLC)

버논(R. Vernon), 허쉬(Hirsch) 등은 제품의 생산기술이 변화함에 따라 무역의 형태와 어떤 관련이 있는가를 설명하고 있다. 특히 제품의 생산기술에는 다음과 같은 여러 단계로 이루어지는 일종의 수명주기(life cycle, 혹은 생애주기)가 존재하여 이에 따라 무역의 패턴이 결정된다고 보고 있다.

① 신상품 도입단계: 이는 신상품이 개발되어 국내시장에서 생산되는 시기이다. 신상품은 주로 신제품에 대한 수요가 있는 최선진국에서 개발되며, 이 때 이 국가는 자국에서 소비할 뿐만 아니라 시간이 흐름에 따라 다른 선진국에도 수출하게 된다. 타 선진국에서도 새로운 수요가 창출되기 때문이다. 이 때 수요의 탄력성은 매우 작아서 생산비용 차이나 수송비용 차이들은 상대적으로 덜 중요하다.

② 성숙단계: 시간이 흐름에 따라, 최선진국에서는 대량생산이 이루어지며 규모의 경제가 중요하게 된다. 이 때는 생산에서의 비용에 대한 고려가 점점 더 중요하게 된다. 무역이라는 측면에서 보면, 다른 선진국들에서도 수요가 발생하지만, 그곳에서는 생산기술은 받아들여지더라도 규모의 경제가 이루어지지 못하여 생산비용이 높다. 따라서 그러한 국가들에게 본격적으로 수출이 이루어진다. 또한 후진국들에서도 수요가 발생하기 시작한다. 따라서 후진국들에 대해서도 수출이 이루어지기 시작한다.

③ 표준화단계: 시간이 충분히 흐르게 되면, 기술이 표준화되어 선진국의 기술적 우위는 사라지고 생산요소의 가격차이에 의한 비교우위가 중요하게 되어, 선진국에서는 임금이 낮은 후진국보다 생산비용이 오히려 더 높아서 후진국으로부터 수입하게 되는 시기이다.

이러한 내용을 버논은 [그림 2-2]로 나타내고 있다. 그림에서 실선은 생산액을 나타내며 점선은 소비를 나타낸다. 두 선 사이의 차이가 수출 혹은 수입을 나타낸다. 이에 의하면, 기술의 개발과 표준화과정이 무역의 방향을

그림 2-2 제품수명주기설에 의한 무역 패턴

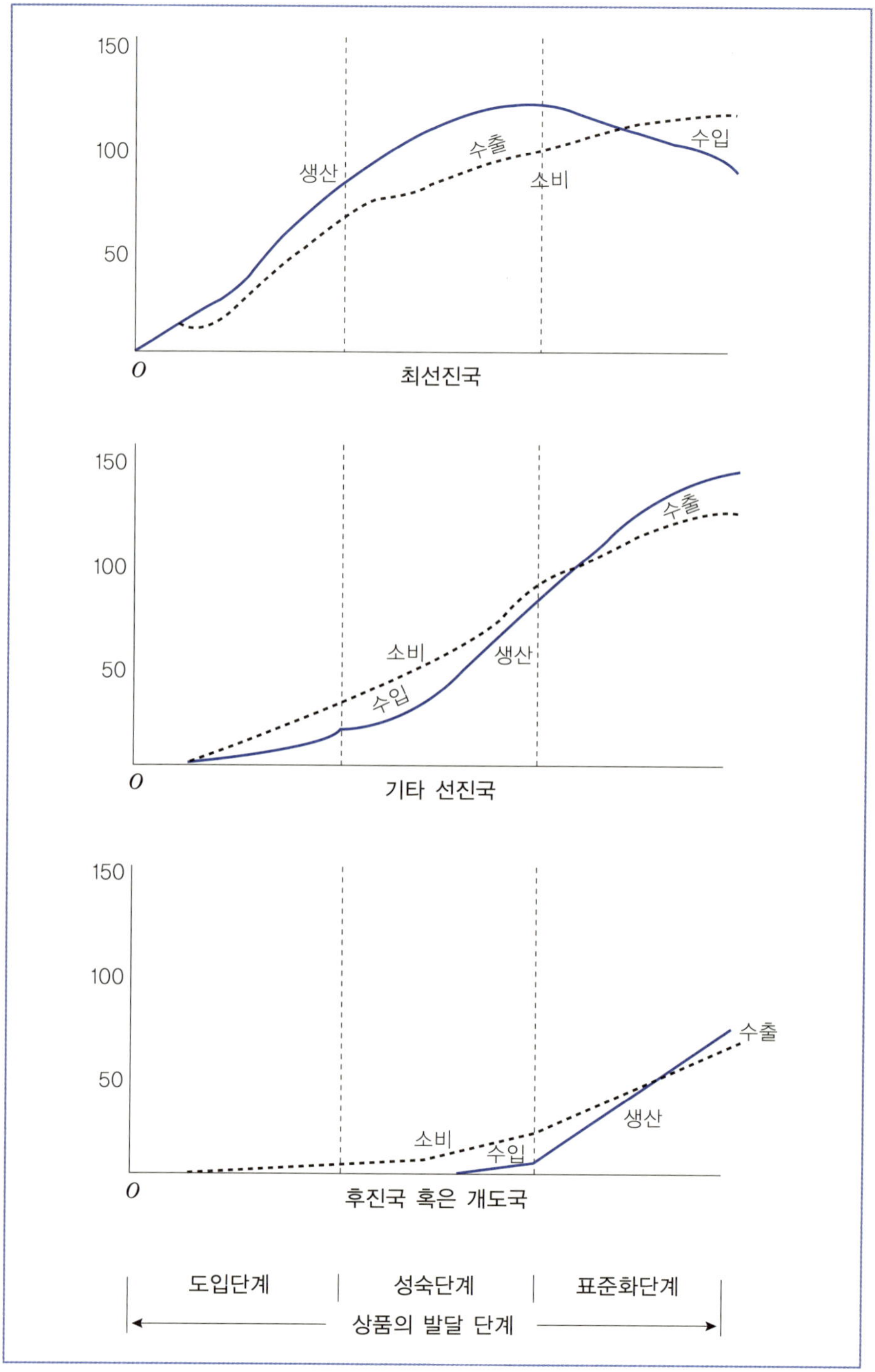

결정하는 중요한 역할을 하는 요소이다. 처음 상품이 개발되었을 때에는 기술우위가 무역에서 중요한 요인이었으나, 기술이 다른 국가로 확산되고 표준화됨에 따라 다른 생산비용요인들이 중요해지는 것을 알 수 있다.

이상에서 보듯이 기술이 전파됨에 따라 재화가 어느 국가에서 다른 국가로 수출되는 패턴을 설명할 수 있다. 일반적으로는, 가전제품 등과 같이 신기술이 필요한 제품들의 무역을 설명하는 데 이러한 설명이 유효할 것으로 보인다.

버논의 연구에 의하면, 2차대전 후 20~30년간은 미국의 무역과 해외직접투자에서 설명력이 높았으나, 경제환경이 변함에 따라 최근에는 다음과 같이 설명력에 제한이 있다고 말하고 있다.

① 현대 경제에서는 미국의 다국적기업에서 기술혁신이 발생해도, 해외에 많은 자회사를 가지고 있어 곧바로 해외에서 생산입지를 정하는 경우가 많다. 이러한 요인으로 제품의 수명주기가 짧아지게 되었으며 국가 사이의 생산입지 패턴이 잘 적용되지 않는다.

② 미국과 다른 선진국과의 소득수준 차이가 작아지고, 이에 따라 수요패턴이 비슷해짐에 따라 꼭 미국에서부터 생산을 시작할 필요가 없게 되었다. 또 기술혁신이나 새로운 기술개발이 한 국가를 중심으로 퍼져 나간다기보다는 동시다발적으로 발생하고 있다.

이러한 점에서는 선진국간의 무역에서는 이 이론의 중요성이 상대적으로 작아지고 있다. 하지만 아직도 선진국과 개도국과의 사이에서의 무역에 대해서는 이 이론에 의한 추세가 남아 있다고 볼 수 있을 것이다.

2. 대표수요이론(Representative Demand Theory)

린더(Linder)는 공산품의 무역형태는 주로 대표수요이론으로 설명될 수 있다고 보고 있다. 다음의 두 명제를 생각해 보자.

① 국내시장이 존재하는 상품이 수출 가능하다.

② 국민소득에 의해서 국내시장의 크기가 결정된다.

즉, 어떤 상품이 수출되기 위해서는 먼저 국내에서 생산이 이루어져야 하는데, 국내수요가 충분히 있어야만 생산이 가능할 것이다. 그래야만 국내에서 상당한 크기의 시장이 형성되고, 생산이 가능하며 생산비용도 낮아지고 수출도 가능한 것이다. 그런데 소득수준이 비슷한 나라들이 수요형태도 비슷하므로 그 나라들에 수출도 가능하다. 따라서 무역은 소득수준이 비슷한 나라들 사이에서 잘 이루어진다.

이 이론에 의하면, 현대 세계에서 소득이 비슷한 선진국 사이에서 무역량이 많은 것을 설명할 수 있다. 헥셔-올린 이론에 의하면 자본부존도 차이가 큰 국가 사이에서 무역이 잘 일어나야 하고 자본부존도가 비슷한 경제 사이에는 무역이 잘 발생하지 않아야 하는데, 현실에서는 오히려 요소부존도가 비슷하다고 보여지는 국가들, 즉 소득수준이 비슷한 국가들 사이에서 무역량이 큰 것을 볼 수 있다. 이는 린더의 대표수요이론을 적용하여 설명할 수 있다. 또 산업내 무역 현상을 설명하는 데도 이용될 수 있으며, 주로 선진국간 제조업분야의 무역을 설명하는 데 대표수요이론이 유용하다고 믿어지고 있다.

3. 중력이론(Gravity Theory)

중력모형에서는 두 국가 간의 무역량을 두 국가 간의 거리와 국민소득으로 설명하고 있다. 두 나라 사이의 무역량은 두 국가 사이의 거리가 가까울수록 커지고, 두 국가의 경제규모가 클수록 커진다는 것이다. 예를 들면, 첫째로, 미국과 멕시코, 혹은 한국과 일본처럼 거리가 가까운 국가들 사이에는 무역이 활발히 발생하게 되며, 둘째로, 국민소득이 큰 국가일수록 무역을 많이 할 것이다. 그런데 분석모형의 형태가 물리학의 중력법칙과 유사한 형태를 띠고 있다는 점에서 중력모형(gravity model)이라고 한다.

이러한 중력모형은 경제통합이론에서 응용되고 있다. 즉, EEC(EU의 전신)의 무역에 대한 연구과정에서 이 이론이 나왔으며, 이에 의하면, 중력모형에서 일정수준 이상의 무역액이 나오는 국가들끼리 경제통합을 하게 된다는 것이다. 또한 한국의 경우에는 미국이나 유럽 등과 같이 거리가 먼 국가들과 무역이 많이 이루어져 왔는데, 최근 동남아, 중국 등과의 무역액이 급격히 커지는 것도 중력모형으로 설명할 수 있을 것이다.

주요용어

절대우위론	비교우위론	자급자족경제	완전특화
기회비용	요소부존이론	헥셔-올린 정리	요소가격균등화정리
레온티에프역설	산업내 무역	산업간 무역	제품차별화
규모의 경제	제품수명주기이론	대표수요이론	중력이론

연습문제

1. 리카도의 비교우위론에서의 무역의 이익을 수치를 이용한 예를 통하여 설명하시오.
2. 노동이 풍부한 국가는 노동집약재를 수출한다는 헥셔-올린 이론을 노동풍부국의 입장에서 전개하시오.
3. 산업내 무역이론에서 무역의 이익을 규모의 경제라는 측면에서 설명해 보시오.
4. 유럽연합은 규모의 경제를 실현하기 위한 경제통합이라고 할 수 있겠는가를 설명해 보시오.
5. 요소가격균등화의 정리는 현실경제에 부합된다고 생각되는가? 한국과 미국의 임금과 이자율의 추이를 생각해 보고 이에 대해 답하시오.

읽을거리

대표적 수요이론과 내수기업의 수출기업화전략

'대표 수요이론(Representative Demand Theory)' 의 주요 핵심은 어떤 제품이 국제경쟁력이 있어 해외로 수출이 되기 위해서는 우선 그 재화에 대한 국내에 대량의 수요(Representative Demand=Mass Demand)가 존재해야 대량생산으로 인한 낮은 단위당 생산비(대량생산의 법칙 적용)로 국제적인 가격경쟁력이 있어 수출될 수 있다는 것이다.

이와 관련하여 한국 정부는 내수기업 3,000개를 수출기업으로 육성하기 위한 '내수기업 수출기업화전략'을 발표하였다. 정부는 이를 위해 마케팅 · 금융 · 인적 지원을 대폭 확대하기로 하였다. 산업통상자원부는 2016년 대통령 업무보고에서 "수출시장 · 품목 · 주체 · 방식 · 지원체계의 전면적 혁신을 통해 수출의 양적 확대와 더불어 부가가치를 높이는 수출의 질적 고도화를 추진하겠다"고 발표하였다. 산업통상자원부는 내수기업의 수출기업화를 위해 우선 인력 · 마케팅 · 금융 지원을 확대하기로 하였다. 경력 · 청년인력 · 파워셀러 등 3,000명의 수출 전문가가 수출계약 전 과정을 밀착 지원하고, 내수기업의 해외 무역전시회 참가비용 부담도 현행 전체 비용의 50%에서 30%로 인하하기로 하였다. 금융 지원으로는 중소기업 정책자금으로 3조5,000억원, 무역금융으로 2조원이 공급될 예정이며, 또한 해외진출 실적에 따라 인센티브도 동시에 제공될 예정이다. 신규 대출기업이 수출액 10만 달러 또는 수출비중 40% 달성시, 1년간 대출금리를 0.5%포인트 인하해 주기로 하였다.

제 3 장 무역의 영향과 한국무역

제 1 절 무역의 이익과 소득재분배

1. 소득재분배의 의미

(1) 무역과 소득재분배

자유무역을 수행하는 나라는 그 나라 경제가 전반적으로 상당한 이익을 얻을 수 있다. 그런데도 불구하고 무역을 자유화하고자 하는 정책을 시행하려 할 때 이에 대하여 반대하는 집단이나 개인이 나타나곤 한다. 예컨대 WTO가 출범할 때, 한-미FTA나 한-중FTA 등의 협상과정에서, 한국에서는 농어민과 농어업관련 단체들이 극심하게 반대한 바 있다.

또한, 미국에서도 GATT/UR법안이 비준되는 과정에서나 한-미FTA 협상과정에서 의회 내에서의 반대가 심하여 매우 엄격한 조건하에서 비준되었다. 최근 WTO체제에서 시작한 다자간무역협상인 도하개발어젠다(DDA)와 관련해서도 많은 농어민들은 시장개방으로 인한 피해를 예상하여 자유무역을 반대하고 있다. 이러한 일은 어떻게 설명할 수 있는가?

자유무역은 경제 전체적으로는 이익을 가져다 주지만, 경제 내의 각 이해집단 중에서는 국제경쟁력이 약하여 손해를 보는 경우도 있기 때문이다. 이러한 문제는 국제무역이론에서 '소득재분배'(income redistribution) 문제로 인식하여 매우 중요한 이슈로 다루고 있다.

(2) 생산자 입장에서 본 장기적 측면

헥셔-올린 이론에서 다루는 '요소가격균등화 정리'는 장기적인 측면에서 '소득재분배문제'를 설명해 주고 있다. 이 정리는, 양국이 무역을 하면 양국에서의 생산요소가격이 균등화된다는 것이다. 즉, 자유무역을 하면 그 나라에 풍부한 요소의 가격(토지의 지대, 자본의 이자, 노동의 임금 등)이 상승하고, 희소한 요소의 가격이 떨어져 양국에서의 요소가격이 같아진다는 것이다. 그런데 이 과정에서 각 생산요소를 보유하고 있는 사람들의 소득이 변하게 되며, 이로 말미암아 '소득재분배'가 이루어진다.

미국은 노동보다 자본이 상대적으로 풍부한 국가이고, 중국은 자본보다 노동이 상대적으로 풍부한 국가라고 할 수 있다. 헥셔-올린 정리에 의하면, 미국은 자본집약재를 수출하게 되고, 중국은 노동집약재를 수출하게 될 것이다. 무역을 하기 전과 후를 상호 비교해 보면, 미국에서는 자본에 대한 수요가 증가하고, 중국에서는 노동에 대한 수요가 증가하게 된다. 결국은 미국에서는 자본가격(이자율 혹은 임대료)이 상승하고 노동가격(임금)이 하락하며, 중국에서는 노동가격인 임금이 상승하고 자본가격은 하락한다.

이러한 논리에 의하면, 미국과 같이 노동이 희소한 나라가 무역을 하면 장기적으로 볼 때 노동의 소유자들은 임금하락이라는 손해를 볼 수 있다는 것을 의미한다. 노동이 매우 풍부한 국가는 저임금을 이용하여 수출하게 되고, 이를 통하여 임금이 상승하는 효과가 있지만, 노동이 희소한 나라의 경우에는 임금이 하락하여 노동자들에게 손해가 될 수도 있는 것이다. 다음과 같이 정리할 수 있다.

무역의 장기적 소득재분배 효과

무역 → 풍부요소 가격 상승, 희소요소 가격 하락

장기적으로 볼 때 위와 같은 효과가 나타나는 것은 생산부문간에 생산요소가 자유롭게 이동한다는 전제적 조건이 충족되어야 가능한 일이다. 예컨대 중국은 자본보다 상대적으로 노동이 풍부한 국가라고 한다면, 무역이 이루어지게 될 때 노동집약적인 부문(예컨대 섬유나 봉제산업 부문)이 수출분야가 될 것이고, 이들 분야에서는 생산물 가격이 상승하며 임금이 상승되게 된다. 이에 따라 노동이 수입재분야에서 이러한 수출 산업분야로 이동하게 된다. 따라서 경제 전체적으로는 노동에 대한 수요 증가와 임금상승이 동시에 발생하게 된다.

그러나 자본의 경우에는, 외국으로부터 자본 집약재가 많이 수입되게 되므로 자본에 대한 수요가 하락하게 되어 결국은 임대료가 작아지게 된다.

(3) 생산자 입장에서 본 단기적 측면

단기적으로 볼 때 무역을 자유화하면, 수출재 생산분야에서는 수출재의 가격이 상승하고 생산량이 증가하여 많은 이익을 볼 수 있다. 그러나 수입재 생산분야에서는 가격이 하락하고 생산이 감소하게 되어 많은 손실이 불가피하다. 한국의 전형적인 수입재 생산분야인 농업의 경우에는 자유무역을 하면 외국의 값싼 농산물이 들어옴으로써 손실을 입게 된다. 따라서 한국의 경제 전체가 이익을 얻는다고 해도, 농업 생산자인 농민들의 입장에서는 자유무역 정책을 반길 수는 없는 것이다.

장기적인 측면에서는 농산물생산자들은 수출재분야로 이동하여 생산에 참여할 수 있게 되며 높은 임금을 받을 수도 있겠지만, 단기적으로는 그러한 이동이 쉽지 않을 것이다. 따라서 농업자본가와 농산물생산자는 모두 손실을 입을 수밖에 없다.

노동과 자본이라는 두 생산요소만 고려해 보면, 무역으로 인한 소득재분배 효과는 다음 표와 같이 정리할 수 있다.

	장 기	단 기
노동풍부국	노동자 이익, 자본가 손해	수입재 분야의 노동 · 자본 모두 손실 수출재 분야의 노동 · 자본 모두 이익
자본풍부국	노동자 손해, 자본가 이익	

이로 인해서, 미국의 경우, 자유무역으로 인해서 외국의 저임금 노동에 기초한 수입품이 물밀듯이 들어오게 되면 미국의 미숙련노동자들의 임금이 하

락하게 되고 그들이 손실을 입는다는 논리로 수입을 통제할 것을 요구하는 일이 많다. 이는 장기적인 측면에서의 '소득재분배' 관련 문제라고 할 수 있다. 한국의 경우, 농민들이 시장개방에 반대한다면 바로 위의 단기적인 측면에서의 효과 때문이라고 설명할 수 있다.

(4) 소비자 입장에서의 소득 재분배

생산자 입장에서는 비교우위 품목이나 산업은 자유무역으로 말미암아 이득을 얻을 것이지만, 그렇지 못한 비교열위 상품이나 산업은 자유무역으로 말미암아 손실을 입을 것이다. 그래서 정부는 인위적인 산업정책을 동원하여 자유무역으로 인한 피해를 최소화하기 위하여 비교열위 산업의 국제경쟁력을 제고시키기 위하여 WTO 등 국제적인 무역질서가 허용하는 범위 내에서 여러 가지 보완대책을 수립하여 실시하고 있다.

정부가 이러한 비교열위 산업의 생산자에게 정책적 보완조치를 실시하면서 자유무역을 지속적으로 추구하려는 이유는 자유무역의 궁극적 목적은 어디까지나 소비자 후생의 증대에 있기 때문이다. 한국 인구 전체는 소비자이기 때문에 이 국민전체 소비자들이 자유무역을 통하여 좀 더 나은 삶의 풍요로움을 향유하기 위하여 자유무역을 추구하게 되는 것이다.

그런데 소비자 측면에서도 소득재분배 문제는 발생할 수 있다. 무역의 결과 수출재의 가격은 상승하고 수입재 가격은 하락하기 때문에 소비자 자신이 주로 어떤 재화를 소비하느냐에 따라 소득재분배 문제는 발생할 수 있다. 자유무역을 통하여 자국국민들이 자국 제품보다 더 저렴하고, 품질 좋고, 디자인이 나은 외국제품에 대한 접근성을 강화하여 소비자 개인 자금으로 자기가 원하는 물품을 구매할 수 있는 '소비자 선택의 폭'을 증가시켜주는 것이 바로 자유무역의 최대 장점이다. 하지만 기존에 자신이 소비를 주로 하던 재화의 가격이 상대적으로 상승하면 그 소비자는 손해를 입는 상황이 될 것이다.

2. 소득재분배 문제와 무역정책

소득재분배문제는 당연히 생산자와 소비자 모두를 다루어야 하겠지만 소득은 경제주체들이 생산에 참여하여 얻게 되는 것이므로 생산측면을 중심으로 설명한다.

(1) 소득재분배 정책 실시의 어려움

무역정책을 수행할 때는 이러한 소득재분배효과를 생각하면서 실시해야 한다. 어떻게 하면 소득재분배로 인한 부정적인 효과를 극소화할 것인가를 정책에서 고려해야 하는 것이다. 자유무역을 하면 경제 전체적으로는 분명히 이익이 있을 것이므로, 자유무역의 이익을 해치지 않는 범위 내에서 이러한 소득재분배 시정 정책이 시행되어야 한다.

가능한 하나의 정책으로서는, 무역의 이익을 얻은 그룹으로부터 그 이익의 일부를 회수하여 손실을 입은 그룹에 돌려주는 방법이 있다. 예컨대, 각국에서는 정부가 나서서 조세정책 등으로 소득재분배 문제를 해결하기 위하여 노력하고 있다. 그러나 이는 이론상으로는 명확하지만 실제로는 다음과 같은 문제가 있기 때문에 쉽지 않다.

① 어느 산업이 얼마나 이익을 얻고 손실을 입었는지를 계산하는 것은 매우 어려운 일이다.

② 이러한 내용을 계산할 수 있다고 해도 어떤 방법으로 이러한 정책을 시행할 것인가 하는 문제가 따른다.

한국에서도 WTO출범과 동시에 '농어촌특별세'를 신설(2010년 폐지)하고 이를 재원으로 하여 「장기 농어촌 구조개선 프로그램」을 만들어 농어업에의 보상을 위한 노력을 한 바 있다. 그런데 무역으로 인해 이익을 얻은 집단에 대하여 직접 과세하지 못하고 광범위한 대상(예컨대, 주식 거래에 대하여도 농특세를 부과하고 있다)에 대하여 과세하게 되었는데, 이러한 사실은 곧 무역관련 소득재분배정책 시행이 얼마나 어려운 일인가 하는 것을 시사해주고 있다.

(2) 현실에서의 소득재분배 문제

선진국들에서도 자유무역에 반대하는 그룹이 제법 많다. 유럽의 경우에는 오래 전에 높은 실업률 문제가 유럽경제에서 가장 심각한 이슈로 등장하였다. 자유무역이나 경제개방은 결국 비교우위가 없는 분야(예컨대 수입재 산업

분야)는 국내 소비자들로부터 외면당하게 된다는 결과를 피할 수 없다. 이에 따라 실업이 발생하고 일자리를 잃은 이들이 자유무역에 반대하여 수입규제를 요구하고 국제통상마찰의 원인이 되는 것은 그들의 입장에서는 오히려 당연하다고 할 수 있다.

미국의 경우에는 실업문제는 상대적으로 덜 심각하지만 그 대신 임금 불평등 문제가 심각하다. 어느 연구에 의하면 미국의 미숙련 노동자들의 실질임금은 1970년대보다 20년이 지난 1990년대에 더 작아졌다고 한다. 미국 전체의 경제는 성장하고 1인당 GDP는 상승하였지만 일부계층은 오히려 소득이 더 적어진 것이다. 미국은 자본이 상대적으로 풍부하고 노동(특히 미숙련 노동)이 타국에 비해서 희소하여 임금수준이 매우 높았다. 그런데 외국과 자유무역을 하게 됨에 따라서 외국으로부터 값싼 노동을 투입하여 만든 물건들이 대량 수입되고, 결국 노동임금은 하락하게 되는 것이다. 이러한 논리에 의해서 미국의 노동자들은 정부가 외국으로부터 섬유 등 노동집약재를 수입규제하도록 요구하고 있다. 그 결과 나타난 것이 다자간섬유류협정(Multi-Fibre Negotiation: MFA) 등 수량제한정책이다.

그러나 이에 대한 반대 의견도 제법 많다. 미국 미숙련 노동자들의 임금이 하락한 것은 사실이지만 이는 무역 때문이 아니라 경제·산업구조의 국제적 조정에 따른 국내산업간의 자연적인 변화 때문이라는 것이다. 그 동안 산업에서는 기술수준이 급격히 상승해 왔으며, 이에 따라 높은 기술수준이 요구되는 산업에서 고소득을 창출하게 되었는데, 이러한 부분으로부터의 상대적으로 미숙련노동자들의 임금이 작아진 것이지 무역 때문이 아니라는 주장이다.

제 2 절 자유무역과 경제성장

1. 경제성장에서 무역의 역할

(1) 경제성장 요인

어떤 일정 시점에서 보면, 경제 내에 존재하는 자원의 양과 기술수준은 주어져(given) 있다고 볼 수 있다. 이와 같이 일정 시점을 중심으로 분석하는 것을 정태적 분석(static analysis)이라고 한다. 지금까지 다루어 온 무역이익은 어떤 한 시점에서 주어진 자원과 기술수준을 보다 효율적으로 배분함으로써 얻는 이익이므로 이를 정태적 무역이익(static gains from trade)이라고 한다. 반면, 무역을 하면 시간이 흐름에 따라 경제의 상황이 바뀌고 경제에 많은 영향을 미친다. 그 중에서도 가장 대표적인 것은 경제성장(economic growth)이다. 이와 같이 무역의 이익이 시간이 흐르는 과정에서 나타나는 것을 동태적 무역이익(dynamic gains from trade)이라고 한다.

경제성장은 크게 다음의 두 가지 측면에서 이루어진다.

① 노동이나 자본 등 생산요소 투입량이 증가하는 경우(물리적 증가)
② 각 생산요소의 생산성이 향상하는 경우(기술적 진보)

무역은 이 두 가지 측면에서 모두 경제성장에 도움이 될 수 있다. 첫째, 무역을 하게 되면 외국과의 교류를 통하여, 노동이 부족한 경제의 경우에는 노동이 유입되고 자본이 부족한 경제의 경우에는 외국자본이 유입되어 경제가 성장하게 된다(생산요소 투입량 증가로 말미암은 경제성장). 둘째, 무역을 하게 되면 생산요소들의 생산성이 증가한다. 생산요소들이 효율적으로 투입되어 생산성이 증가하기도 하고 기술수준이 상승하여 생산성이 증가되기도 한다(생산요소의 생산성 향상으로 말미암은 경제성장).

(2) 무역의 경제성장 촉진

구체적으로 보면, 자유무역은 다음과 같은 경로로 경제성장에 영향을 미친다.

① **자본축적**

자유무역은 자본축적에 도움을 준다. 자유무역으로부터 발생하는 무역의 이익은 실질소득의 증가를 가져오며, 이 실질소득 증가로 저축이 증가하고 이를 통한 자본축적은 경제성장을 이룩할 수 있다.

한편 자본축적은 국내저축뿐만 아니라 해외저축(외자도입, 외국투자 등)으로부터 형성되기도 하는데, 무역은 이 중에서도 해외저축을 촉진시키는 데 더욱 효율적인 수단이 된다.

② **수요 창출**

무역은 무역국가 간의 교류를 통하여 새로운 수요를 창출해 낸다. 무역을 하기 전에는 외국문물에 접할 기회가 적고 물질적 욕망이 잠재적으로만 존재하다가, 무역을 함으로써 외국과의 접촉으로부터 욕망이 일깨워짐으로써 그간의 유휴자원이 활용될 수 있는 자극이 될 수 있다. 즉, 사회에서 잠재적으로만 존재하던 잉여생산력을 밖으로 분출시킴으로써 경제발전에 도움이 되고 경제성장률이 높아진다.

③ **시장확대**

무역을 통하여 시장이 확대되고 규모의 경제(economy of scale)를 누릴 수 있게 되면 생산성이 증가하므로 경제성장에 도움이 된다.

④ **기술전파**

무역을 하게 되면 선진국으로부터 발전된 생산방식이나 경영방식을 도입할 수 있고, 경쟁을 통해 국내산업의 국제경쟁력 강화에 도움을 줌으로써 경제성장 및 발전에 기여하게 된다.

2. 무역정책과 경제성장

개도국의 경제발전 전략은 크게 두 가지 범주로 나눌 수 있다. 외향적 성장정책(outward looking policy)은 수출부문의 생산을 증가시킴으로써 성장을 추구하는 수출주도형 경제성장(export-leading economic growth)전략이다. 내향적 성장정책(inward looking policy)은 수입하던 분야를 국내에서 생산함으로써 성장을 추구하는 수입대체형 성장(import-substituting growth)전략을 의미한다.

엄밀한 의미에서는 두 정책 모두 자유무역정책은 아니다. 하지만, 수입대체형 전략이 수입에 대한 규제가 좀 더 심한데 비하여, 수출주도형 정책은 세계시장을 향하고 있고, 잠재적 비교우위에 있는 산업을 육성하려는 정책이라는 점에서 자유무역정책에 가깝다고 할 수 있다.

1960년대 이후 아시아의 신흥공업국가(Asian Newly Industrializing Countries: ANICs)들과 중남미 국가들의 무역정책은 이 두 정책의 효과에 대한 대조를 잘 보여준다. [그림 3-1]에서는 외향적 정책을 수행한 아시아 국가들은 경제의 개방도가 높고 경제성장률도 높음을 보여주며, 내향적 전략을 택한 중남미 국가들은 그에 따라 개방도도 낮고 평균성장률도 낮은 것으로 나타나고 있다.

또한 [그림 3-2]는 최근 10년 동안 세계 각국의 무역상황과 경제성장률을 보여주고 있다. 세계의 국가를 선진국과 나머지 국가로 나누어 선진국의 평균경제성장률을 계산하여 보니 2% 정도였다. 나머지 국가들(개도국과 후진국)을 무역을 많이 하는 국가와 그렇지 않은 국가로 두 그룹으로 분리하여 각각의 평균경제성장률을 계산하였다. 그 결과 무역을 많이 하는 국가는 연

그림 3-1 자유무역과 경제성장

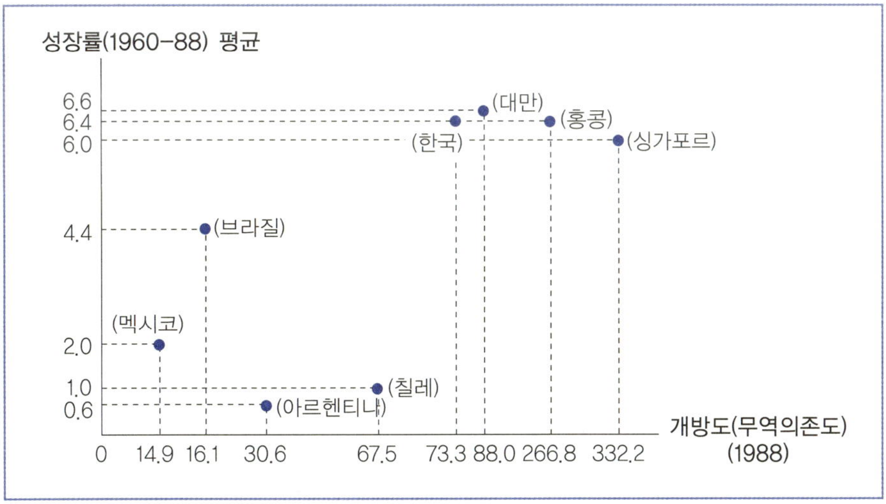

그림 3-2 자유무역과 경제성장률

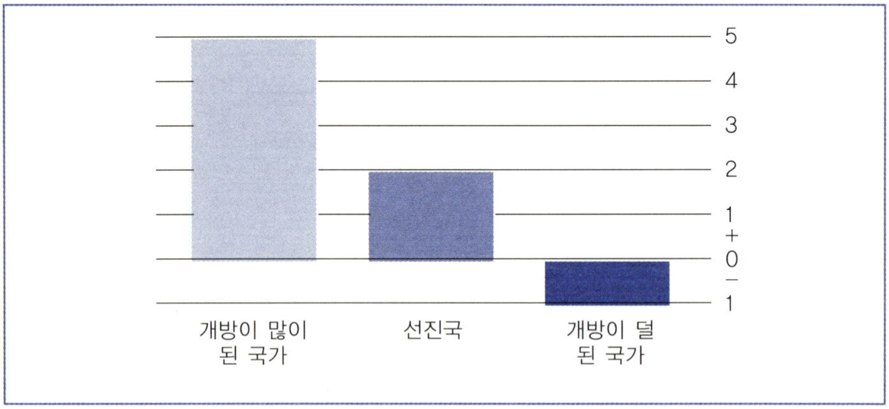

자료: 세계은행

평균 5%의 경제성장률을 보였음에 비하여 그렇지 않은 국가는 마이너스의 성장률을 보였다. 이는 자유무역을 할수록 경제성장에 도움이 된다는 내용이 현대의 개도국이나 후진국에도 그대로 적용된다는 것을 의미한다.

3. 경제성장과 교역조건

(1) 교역조건 의미

경제성장이 이루어지면 소득이 커지는 것이 일반적이다. 왜냐하면 일국의 총 GDP를 인구수로 나눈 것이 바로 1인당 국민소득(GDP)이기 때문이다. 그러나 무역의 결과 수출재 생산이 증가하여 경제가 성장할 때, 만일 경제성장의 결과 자국 수출재의 가격이 지나치게 하락하게 되면 경제의 실질소득은 경제가 성장하기 전보다 오히려 더 작아질 수도 있다.

바그와티(J. Bhagwati)는 일국이 외형적으로 생산량이 증가하여 경제가 성장하기는 했는데 삶의 질은 오히려 낮아졌다는 이러한 현상을 '궁핍화성장'(immiserizing growth)이라고 부르고 있다. 이 때 수출재의 가격과 수입재의 가격의 비율을 교역조건(terms of trade: TOT)이라고 한다. 즉, 경제성장이 이루어지더라도 교역조건이 자국에 불리하게 악화되면 그 나라의 실질 소득 수준은 오히려 감소할 수도 있는 것이다.

예를 들어 어느 한 국가가 자유무역을 함으로써 수출재 산업에 특화하여 생산에 힘쓰고 노력한 결과 생산량이 늘고 경제가 성장했다고 가정하자. 경제성장은 외형적으로 보면 당연히 이 경제에 좋은 결과를 가져다 줄 것이다. 하지만, 이 국가 수출재의 공급증가로 말미암아 국제시장에서 가격이 폭락하면, 실질소득의 증가는 그다지 크지 않을 수도 있고 때에 따라서는 오히려 감소될 수도 있다.

국내경제에서도 이와 같은 현상은 쉽게 볼 수 있다. 어느 한 해 양파농사가 잘 되어 수지가 맞았다고 소문나면 다음 해에는 너도나도 양파만 재배하여 공급량 증가로 가격이 폭락하여 속상한 농민들은 양파밭을 삽으로 뒤집어 파헤치는 극렬한 현상이 지속되고 있다.

소나 돼지를 기르는 농민들의 예를 들어 보자. 소의 사육 마리 수를 증가시키고 생산규모를 증가시켜 자신의 사업이 성장한다고 해도 다른 재화에 비해 상대가격이 하락하면 그의 실질소득은 하락하게 되는 것이다.

물론, 자국 수출재의 가격이 떨어져도 그 정도가 심하지 않으면 실질소득은 감소하지 않을 것이다. 그러나 무역을 하고 수출재 분야 중심으로 성장할 때 세계시장에서 수출재 가격이 떨어져서 소득감소 부분이 경제성장의 이익을 상쇄하고도 남는 경우가 있을 수 있음을 유념해 둘 필요가 있다. 게다가 이러한 실질소득 감소가 발생할 경우 또한 통상마찰의 원인이 될 수도 있다.

(2) 교역조건 지수

교역조건(terms of trade: TOT)은 수출품과 수입품의 상대가격을 의미한다. 교역조건이 개선된다는 것은 일국의 수출품의 상대가격이 수입품에 비하여 비싸진다는 것을 나타내며, 교역조건이 악화된다는 것은 일국 수출품의 상대가격이 수입품에 비해 상대적으로 싸졌다는 것을 의미한다. 수출품의 상대가격이 상승하면 우리가 조금만 수출해도 그 대가로 많은 양의 수입품을 구매할 수 있다는 것을 의미하므로 실질소득이 증가하는 효과를 갖게 된다. 이를 교역조건 개선이라고 한다.

교역조건 중 대표적인 것이 순상품교역조건지수로서, 이는 수출단가와 수입단가의 비율을 나타내는 지수이다. 이 지수가 커지면 수출품의 상대가격이 높아지고 교역조건이 개선되는 것을 의미하며, 작아지면 수입품의 상대가격이 높아지고 교역조건이 악화되는 것을 의미한다. 또한 수출물량까지 고려하여 수출로 인한 실질소득 변화를 나타내는 소득교역조건지수가 있다. 수출품의 상대가격이 하락하여도 수출물량이 가격하락폭보다 더 증가하면 수출액으로 구입할 수 있는 수입품이 증가할 것이므로 소득교역조건이 개선될 수 있다.

순상품교역조건 지수 : 수출품과 수입품의 상대가격

$$N = \text{수출가격지수}/\text{수입가격지수} \times 100$$

소득교역조건 지수 : 순상품교역조건지수에 수출수량 반영

$$I = (N \times Q_x) \times 100$$

(3) 교역조건 추이

한국은행은 교역조건지수로서 순상품교역조건지수와 소득교역조건지수를 정기적으로 발표하고 있다. [그림 3-3]에서는 2010년을 100으로 하여 계산된 교역조건지수가 나타나 있다. 한국의 상품교역조건지수는 2000년대 이후 계속

그림 3-3 순상품교역조건 추이

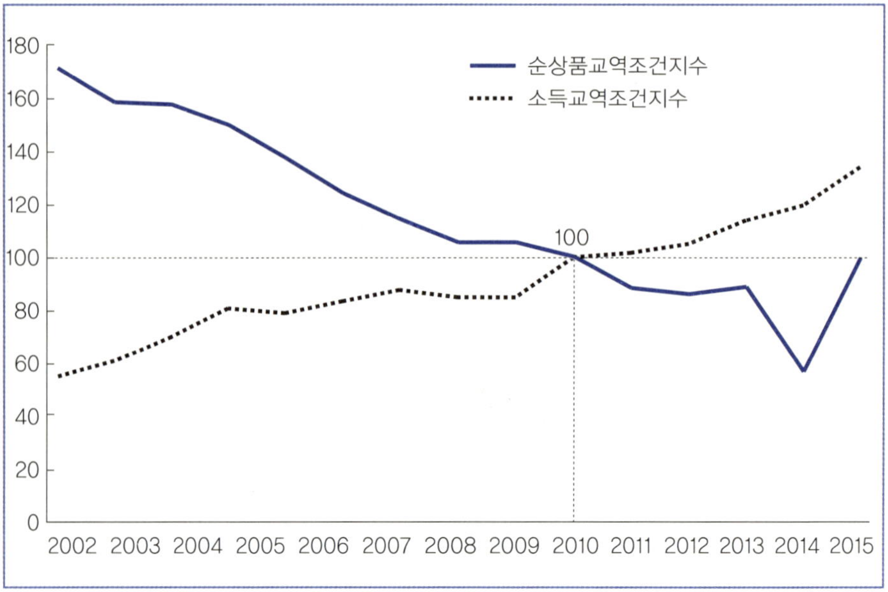

자료: 한국은행, 『조사통계월보』, 제69권 제11호, 2015, p.127.

하락하다가 2015년도에는 100정도로 약간 나아지는 추세이다. 또한 소득교역조건지수는 120정도로서 점점 나아지고 있는 추세이다. 다만, 최근의 수출상품가격 상승 원인이 생산요소의 생산성이 높아지고 있는데 기인하는지 아니면 다른 어떤 요인이 있는지는 불확실하다. 이것을 파악하기 위해서는 별도로 보다 복잡한 생산요소교역조건지수를 계산해야 한다.

제 3 절 한국무역의 현황 분석

1. 전체적 무역현황

(1) 무역규모 확대 및 흑자 정착

한국의 무역규모는 1960년대 이후 급격히 증가하여 왔으며, 1980년 398억 달러에서 2011년 1조 달러를 초과하여 25배 이상 확대되었다. 2014년의 경우 수출은 33배(175억 달러 → 5,726억 달러)로 증가하였으며, 수입은 24배(223억 달러 → 5,255억 달러) 증가되었다.

외환위기를 겪은 1997년 이후 1998년부터 계속 무역흑자를 실현하였고, 이후에도 나름대로의 무역수지 흑자기조가 정착되었다. 예컨대, 1998년에는 390억 달러의 무역 흑자를 기록한 이후 해마다 무역 수지 흑자가 유지되고 있으며,[1] 최근에도 총무역액이 8,500억 달러를 초과한 2008년에는 50억 달러, 그리고 국제금융위기의 영향을 받은 2009년에는 400억 달러 그리고 2014년 470억 달러, 2015년에는 약 900억 달러 정도의 흑자를 시현하였다.

이렇게 무역이 증가된 결과 무역액기준으로 2011년에는 세계 무역액 1조 달러 클럽에 9번째로 가입하였고 2014년까지 계속 이어져오고 있다. 다만 2015년에는 세계경제의 불황과 맞물려 수출은 5,320억 달러, 수입은 4,400억 달러로 감소하였지만 타국의 감소폭은 더욱 커서 무역액 기준 한국은 세계 6위 국가에 진입하게 되었다.

[그림 3-4]에서는 1960년대 이후부터 현재까지의 한국 무역의 총액 및

1) 국제수지표상에서는 무역수지 대신에 상품수지라는 항목으로 바뀌었으나 여기에서는 편의상 일반적 용어로서 그대로 사용한다.

그림 3-4 한국 무역액 및 세계에서의 순위

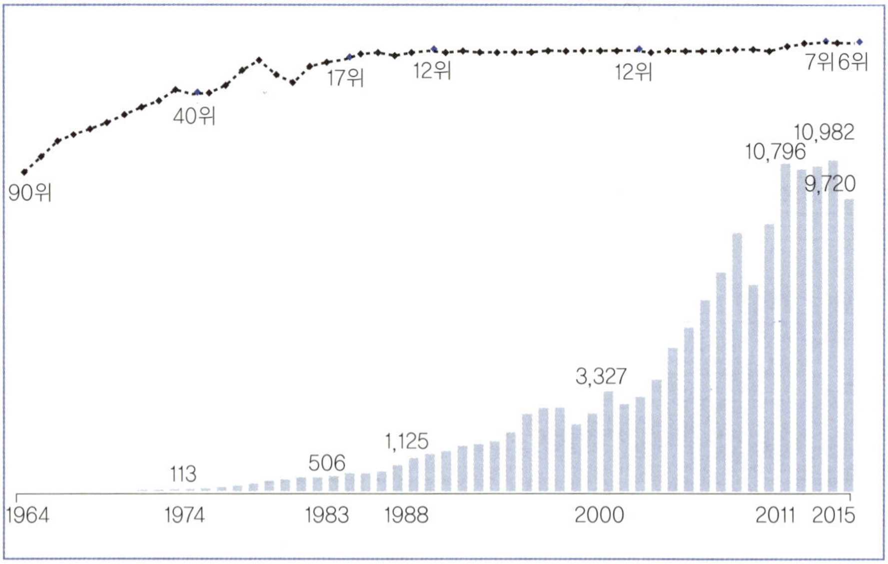

자료: 한국무역협회 Trade Brief, 2015.12.

세계순위를 보여주고 있다.

(2) 무역의 국민경제에 대한 기여도

무역이 확대됨에 따라 무역이익이 발생하였겠지만, 실제로 무역이익 부분을 금액으로 계산하기는 쉽지 않다. 따라서 무역이익은 일반적으로는 수출이 경제성장, 생산, 고용 등에 미친 영향을 기준으로 측정한다. 무역이 증가함에 따라 한국의 1인당 국민소득도 증가하여 왔으며, 특히 수출은 경제성장에 중요한 역할을 수행하여 왔다. 또한 수출이 증가하면 생산도 증가하게 된다. 수출이 경제성장에 기여하는 비중은 수출액 변화에 따라 해마다 상당히 다르기는 하지만, [그림 3-5]에서 보듯이 매우 높은 편이다. 이에 따라 수출의 취업기여율이 15~17%대를 유지하여 고용확대와 실업극복에 기여해 왔다.

예컨대, 2013년의 경우, 수출액이 5,596억 달러였는데 수출이 국민경제에 미친 기여의 정도를 분석한 결과, 수출의 경제성장에 대한 기여율은 37.7%인 것으로 추정되었다. 2013년도의 경제성장률이 3.0%였는데 이 중에서 2.1%에 해당하는 부분이 수출 덕분에 이루어진 것이다.[2)]

그림 3-5 경제성장에 대한 수출의 기여

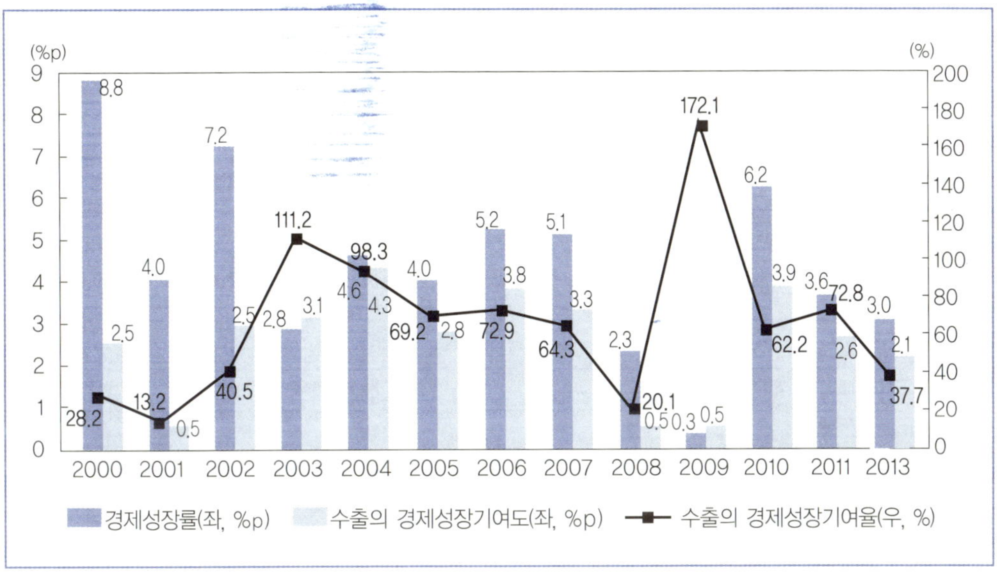

자료: 한국은행, 한국무역협회

한편 2013년도의 경우 수출에 의한 취업유발인원은 전체 취업자 2,400만명의 약 17%에 상당하는 400만명으로 계산되었다. 이 계산에 의하면, 수출액 백만달러당 취업유발인원은 약 7.1명으로서, 최근 계속해서 감소하는 추세이다.

2. 무역구조

(1) 수출상품 구조

수출주도형 경제성장 전략에 따라 한국의 수출은 1960년대와 1970년대에는 1차 산업의 제품과 함께 노동집약적 산품인 경공업제품이 주를 이루었으나 경제가 발전함에 따라 자본이 축적되어 중화학제품의 수출비중은 지속적으로 상승하고 있다. 이를 구체적으로 살펴 보면, 1990년대 이후에는 그동안 수출을 주도했던 의류, 신발 등 경공업제품과 철강 등 중후장대형 중화학제품의 순위가 하락하고, 반도체, 컴퓨터, 자동차 등 기술집약제품이 상위 수출

2) 그림에서 2008년과 2009년은 국제금융위기 때문에 수출의 기여가 정상적으로 나타나고 있지 않다는 점에 유의하여야 한다.

표 3-1 10대 수출상품 추이 (단위 : %)

순위	1980		1990		2000		2015	
	품 목	비 중	품 목	비 중	품 목	비 중	품 목	비 중
1	의 류	15.9	의 류	11.7	반 도 체	15.1	반도체	12.0
2	철 강 판	4.1	반 도 체	7.0	컴 퓨 터	8.5	석유제품	6.2
3	선 박	3.5	신 발	6.6	자 동 차	7.7	자동차	8.6
4	인조장직물	3.2	영상기기	5.6	석유제품	5.3	선박, 구조물	7.7
5	음향기기	2.8	선 박	4.4	선 박	4.9	디스플레이	5.8
6	타 이 어	2.7	컴 퓨 터	3.9	무선통신	4.6	무선통신기기	6.2
7	목 재 류	2.7	음향기기	3.8	합성수지	2.9	자동차부품	4.8
8	잡 제 품	2.6	철 강 판	3.7	철 강 판	2.8	합성수지	3.5
9	반 도 체	2.5	인조장직물	3.6	의 류	2.7	철강판	3.1
10	영상기기	2.4	자 동 차	3.0	영상기기	2.1	플라스틱제품	1.7
	계	42.4	계	53.3	계	56.6	계	59.6

자료: 한국무역협회

품목으로 부상하였다.

품목을 중심으로 보면 2000년대에 가장 큰 비중을 차지하던 반도체의 경우 아직도 주력수출 품목이며 그 대신 핸드폰 등 무선통신기기 · 선박 · 자동차 · 디스플레이 등의 순위가 높아지고 있다. 이들 주요 수출품목들은 한국의 기술 수준이 점점 상승하고 있으며, 노동집약적인 상품보다는 자본집약적 · 기술집약적 상품들에 비교우위를 가지는 방향으로 바뀌고 있음을 의미한다.

그런데, 10대 품목이 전체 수출에서 차지하는 구성비는 타 국가와 비교하면 매우 높은 편이다. 이렇게 편중도가 심함에 따라서 특정 품목의 상황에 따라 경제의 변동성이 커질 위험이 있을 뿐만 아니라, 교역조건 악화문제가 우려되고 있다.

(2) 수출입시장 구조

① 수출시장

한국은 미국, 일본에 집중된 수출시장구조를 가지고 있었으나 최근 중국 · EU · 아세안 · 중남미 등 신규시장에 대한 비중이 증가하는 추세이다.

특히, 중국 · 홍콩 · 대만 등 소위 중화권이 최대 수출시장으로 부상하면서 지속적인 무역수지 흑자를 유지하고 있다. 1995년 이래 총수출의 20% 이상

표 3-2 한국의 10대 수출국 변화 (단위 : %)

	1990년		2000년		2010년		2015년	
1위	미국	29.8	미국	21.8	중국	25.1	중국	26.0
2위	일본	19.4	일본	11.9	미국	10.7	미국	13.2
3위	홍콩	5.8	중국	10.7	일본	6.0	홍콩	5.7
4위	독일	4.4	홍콩	6.2	홍콩	5.4	베트남	5.3
5위	싱가포르	2.8	대만	4.7	싱가포르	3.3	일본	4.9
6위	영국	2.7	싱가포르	3.3	대만	3.2	싱가포르	2.9
7위	캐나다	2.7	영국	3.1	인도	2.5	인도	2.3
8위	대만	1.9	독일	3.0	독일	2.3	대만	2.3
9위	프랑스	1.7	말레이시아	2.0	베트남	2.1	멕시코	2.1
10위	인도네시아	1.7	인도네시아	2.0	인도네시아	1.9	호주	2.1
계		72.8		68.7		62.5		66.8

자료: 한국무역협회 무역통계.

을 중화권이 차지하여, 2001년 이후에는 미국보다 압도적으로 더 큰 수출시장으로 부상하였다. 중국 한 국가만을 보면, 중국은 2015년 기준으로 26% 수출을 차지하여 한국의 제1위 수출상대국이며, 대중국 무역수지도 최대의 흑자시장이다. 그 결과, 타국으로부터의 적자를 상쇄하고도 전체적으로 흑자를 가져왔다.

② 수입시장

한국의 수입은 일본에 대한 의존도가 매우 큰 것이 특징이었다. 하지만 최근 대일의존도가 완화되고 있다. 수입의 대일의존도가 20% 이하로 완화되고 중국 · 아세안 등으로 시장다변화가 실현되는 추세이다. 특히 중국은 수입측면에서도 한국의 제1위 수입국가이다.

그러나 대일 무역역조는 그다지 완화되지 않고 있다. 대일무역역조는 공업화를 통한 경제발전과 함께 꾸준히 증가하여 1996년 156.8억 달러 적자를 기록하였으며, 외환위기를 거치면서 감소추세에 있었으나, 국내경기 활성화와 함께 다시 증가 추세이다. 이는 자본재 및 원자재의 높은 대일 수입의존도에 기인한다. 하지만, 지금은 2010년에는 361억 달러, 2014년에는 284억 달러, 2015년에는 186억 달러 등으로 점차 감소세에 있다. 전통적으로 일본, 독일에 대해 무역수지 적자이고 카타르, 사우디 아라비아, 쿠웨이트 등도 한국이 적자를 보는 국가들이다.

표 3-3 한국의 10대 수입국 변화 (단위 : %)

	1990년		2000년		2010년		2015년	
1위	일본	26.6	일본	19.8	중국	16.8	중국	20.7
2위	미국	24.3	미국	18.2	일본	15.1	일본	10.5
3위	독일	4.7	중국	8.0	미국	9.5	미국	10.1
4위	호주	3.7	사우디	6.0	사우디	6.3	독일	4.7
5위	중국	3.2	호주	3.7	호주	4.8	사우디	4.5
6위	사우디	2.5	인도네시아	3.3	독일	3.4	대만	3.8
7위	인도네시아	2.3	말레이시아	3.0	인도네시아	3.3	카타르	3.8
8위	말레이시아	2.3	아랍에미리트	2.9	대만	3.2	호주	3.7
9위	캐나다	2.1	대만	2.9	아랍에미리트	2.9	러시아	2.6
10위	대만	2.1	독일	2.9	카타르	2.8	베트남	2.3
계		73.8		70.7		68.1		66.7

표 3-4 대일무역적자 추이 (단위 : 억달러)

연도	1980	1985	1990	1995	2000	2005	2010	2014	2015
적자액수	28.1	30.1	59.3	155.5	113.6	243.0	361	284	186

3. 남북한 무역

(1) 남북교역의 용어

통일부에서는 남한과 북한간의 상품의 거래는 '무역' 이라고 하지 않고 '반출입' 이라는 용어를 사용하고 있다. 왜냐하면, 앞에서 살펴보았듯이 무역 특히 국제무역(international trade)은 어느 나라와 다른 나라간의 거래를 의미하기 때문에 남북한 간의 거래는 한국가 안에서의 거래라는 의미로 '반출입' 이라는 용어를 사용하고 있다. 그러나 이하에서는 '반출입' 대신에 '교역' 이라는 용어를 사용하기로 한다.

남북한교역은 상업적 거래와 비상업적 거래로 구분하는데, 상업적 거래에는 일반교역, 위탁가공, 개성공단, 금강산 및 기타가 포함된다. 비상업적 거래는 민간지원과 정부지원 그리고 사회문화협력이 포함된다.

(2) 남북교역 구조

남북교역은 '5.24조치'(2010)로 일반교역이 중단된 상태이기 때문에 개성공단에서의 교역이 전적으로 대부분을 차지하고 있다. 개성공단의 경우는 섬유류(2013년 전체교역의 38.7%, 2014년 35.47%)와 전기 및 전자(2013년 전체의 31.4%, 2014년 37.7%)를 중심으로 하는 원부자재를 개성공단으로 반출했다가 가공 후 그 완제품을 다시 반입하는 형태이다.

남북한 교역에 참여한 실적이 있는 업체의 수는 2013년에는 328개 업체에서 2014년에 342개 업체로 4.3% 증가하였다. 남북한 교역품목의 수는 2013년에 674개 품목에서 2014년에는 718개 품목으로 44개 품목이 증가하였다.

(3) 남북한 교역의 최근 현황

이러한 남북교역은 남북한의 관계에 따라 큰 영향을 받아왔다. 최근의 동향을 보면, 일반교역은 거의 중지되었지만 개성공단 관련 교역액(전체의 99.8%)의 증가에 힘입어 지난 2013년 11.4억 달러에서 2014년 23.4억 달러로 무려 106.2% 정도 증가하여 남북교역 사상 최고의 실적을 달성하였다. 이 남

그림 3-6 남북한 교역 추이 (단위 : 억달러)

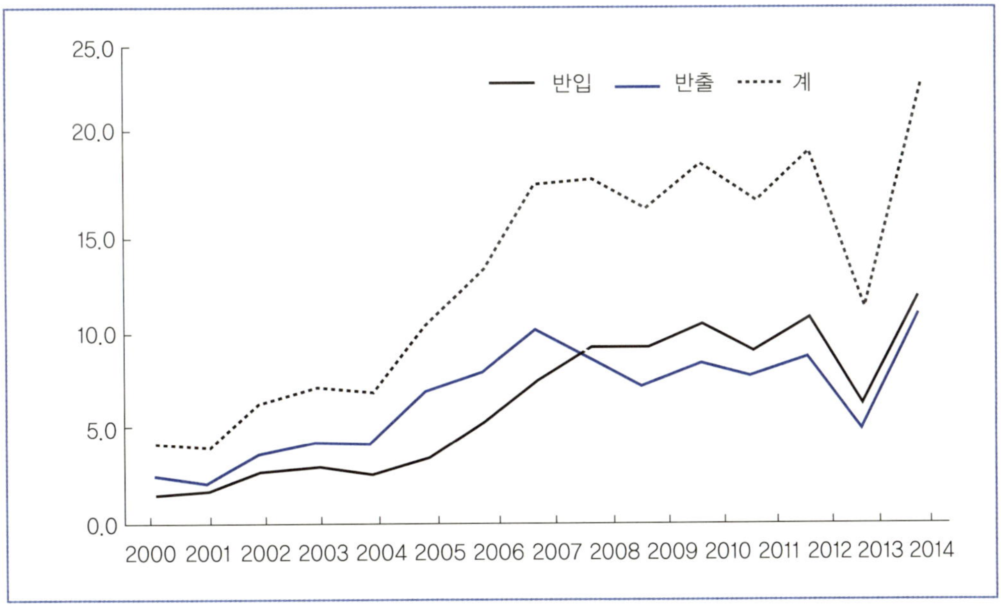

북한 교역액 중 반입은 12.6억 달러, 반출이 11.4억 달러 정도였다. 상업적 거래 중 개성공단이 23.4억 달러(99.8%), 일반교역(서적류, 0.1%), 금강산관광(이산가족 상봉 관련 시설 점검 및 행사지원) 등을 차지하고 있으며, 비상업적 거래는 대북지원이 367만 달러(0.3%) 및 사회문화협력이 46만 달러 정도였다. 2013년의 교역액 11.4억 달러에서도 개성공단이 11.3억 달러(99.7%)를 차지하여 압도적 비중이며 일반교역, 금강산관광 등은 미미한 상태이다.

(4) 남북한 경제교류협력

남북한 경제교류는 교역을 의미하고 경제협력은 투자를 의미한다. 남북한 경제협력의 경우, 개성공단을 제외한 교역과 경협사업의 중단 상황이 계속되었으나 북한의 나진과 러시아의 하산을 잇는 물류사업의 경우에는 '5.24조치' 에도 불구하고 한-러간 양국의 신뢰구축이나 유라시아 이니셔티브의 실현 등 국익차원에서 종합적으로 고려하여 나진항 현지 실사와 석탄 시범운송 등을 추진하였다.

유라시아 이니셔티브(Eurasia Initiatives)란 유라시아 동북부를 철도와 도로로 연결하는 복합물류네트워크를 구축하고, 궁극적으로는 이를 유럽으로까지 연결해서 부산을 출발하여 북한, 러시아, 중국, 중앙아시아, 유럽을 관통하는 실크로드 익스프레스(SE-RX)를 실현해 나가자는 한국의 구상이다. 나진-하산물류사업이란 2000년 러시아와 북한이 나진-하산공동개발에 합의하면서 시작된 것으로서 러시아측의 요청으로 한국이 이 사업에 본격적으로 참여하고 있다.

주요용어

소득재분배	농업특별소비세	장기농어촌구조개선프로그램	
미숙련노동	다자간섬유협정	생산자이익	소비자이익
소비자선택폭확대	경제성장	정태적분석	동태적분석
정태적무역이익	동태적무역이익	자본축적	수요창출
시장확대	기술전파	외향적 정책	내향적 정책
아시아신흥공업국	궁핍화성장	무역역조	교역조건
순상품교역조건	소득교역조건	수출단가	수입단가
남북한교역	유라시아 이니셔티브		나진-하산물류사업

연습문제

1. 자유무역을 하면 무역의 이익이 발생하므로 경제전체적으로 이익이 된다. 그런데도 왜 일부 사람들은 자유무역에 대하여 반대할까? 이를 무역의 소득재분배효과라는 측면에서 설명하시오.
2. 헥셔-올린 무역이론에서 자유무역을 하면 누가 이익을 얻고 누가 손해를 입는가?
3. 단기적으로는 생산요소가 산업간에 자유롭게 이동하기 어렵다. 이 경우 자유무역을 하면 이익을 얻는 자는 누구이고 손해를 입는 자는 누구인가?
4. 무역을 통해서 수출부문이 성장하고 경제가 성장해도 경제의 후생수준이 증가하지 않을 수도 있음을 궁핍화성장론을 이용하여 설명하시오.
5. 한국의 무역에서는 교역조건이 악화되는 추세에 있다. 다른 조건이 동일하다면, 이러한 현상은 대만이나 일본과 비교하면 어떠한 차이가 있는가를 인터넷 자료를 검색하여 분석해 보시오.
6. 교역조건지수에는 총 네 가지가 있는데, 나머지 두 가지인 총교역조건지수와 요소교역조건지수는 왜 잘 활용하지 않는가?
7. 한국은행은 왜 순상품교역조건지수와 소득교역지수만 발표하는가?
8. 무역은 국민경제에 어떠한 기여를 하는가?
9. 남북한 반출입을 왜 남북한 무역이라고 하지 않고 남북한교역이라고 하는가?
10. 남북한 교역의 추이를 조사해보고 최근의 동향에서 나타나고 있는 무역구조의 특징을 분석하시오.

읽을거리

무역 1조 달러의 신화

1988년 바나나 한 개의 가격은 2,000원, 쇠고기 한 근이 6,000원, 인기 국산담배 '88골드' 한 갑이 600원이었다. 당시 바나나가 비쌌던 이유는 수입량이 극히 적어서다. 1980년대 바나나는 수출한 만큼만 수입하는 '구상무역' 형태로 수입됐다. 한국에서 필리핀으로 TV를 수출하면 그 액수만큼만 바나나를 들여오는 식이다. 무역 규모가 작다 보니 들여오는 바나나도 적었고, 부르는 게 값이었다.

"1988년 우리나라의 수출입을 합친 무역고(高)는 1,125억 달러로 1987년(883억 달러)보다 27.4% 증가했다." 한국은 사상 최초로 무역 규모 1,000억 달러를 달성했다. 당시, 무역 규모를 키우는 것은 '한강의 기적'을 일구고 있던 대한민국의 지상과제였다.

그로부터 23년 후인 2011년, 한국의 무역 규모는 연 1조 달러로 10배로 성장했다. 2015년에는 세계 6위 수출대국의 자리에 올랐다. 무역이 늘면서 바나나는 오히려 싸졌다. 지금은 2,000원이면 바나나 예닐곱 개짜리 한 송이를 살 수 있다.

문제는 정부가 아직도 '무역 ○○○달러'의 신화에 집착하고 있다는 점이다. 2015년 세계 경기침체와 저유가로 수출과 수입이 모두 줄면서 무역 1조 달러 기록이 깨지자 정부는 발등에 불이 떨어졌다. 올해엔 꼭 1조 달러를 회복하겠다며 수출을 늘릴 계획을 쏟아내고 있다. 그런데 여전히 무역 규모를 늘리는 것만이 능사일까?

아이폰 뒷면을 보면 'Designed by Apple in California Assembled in China'라는 문구가 새겨져 있다. 미국 애플 본사에서 디자인하고 중국에서 조립했다는 뜻이다. 중국에서 만든 완성품을 세계 각지에 팔아도 미국 국경을 나간 적이 없으니 통관을 기준으로 하는 미국 수출 통계에는 잡히지 않는다. 하지만 아이폰 한 대를 팔 때마다 생기는 부가가치의 대부분은 애플 본사와 미국이 가져간다.

이 같은 글로벌 가치사슬 체계에서는 얼마나 많이 수출했느냐보다 무역을 통해 얼마나 많은 부가가치를 창출했느냐가 중요하다. 최근 한국의 가입이 논의되는 환태평양경제동반자협정(TPP)도 아시아를 가치사슬로 단단하게 묶는 경제협정이다. "수출 총액에 집착하지 말고 수출을 통해 일자리와 부가가치를 얼마나 만들어냈는지를 따져야 한다". 이제는 낡은 신화를 버려야 할 때다.

출처: 동아일보, 2016. 1. 8.

제 4 장 보호무역 이론과 수단

제 1 절 보호무역이론

자유무역을 하면 자원이 각국간에 효율적으로 배분되며 세계 전체의 후생이 극대화된다. 이러한 상태가 바로 WTO 등이 지향하는 바일 것이다. 그러나 과거나 오늘날에 있어서 순수한 의미에서의 자유무역을 실시하고 있는 나라는 한 나라도 없다고 해도 지나친 말이 아니다. 오히려 오늘날 세계 각국은 수출 및 수입에 대해서 여러 가지 형태의 규제를 가하고 있는 것이 현실이다. 이는 실제 세계에서는 어느 정도의 보호무역이 이루어지고 있음을 의미하며 이러한 경향 때문에 각국간의 통상마찰이 발생하고 있다.

이와 같이 자유무역을 실시하는 것이 보호무역의 실시보다 모든 국가에 이익이 된다면서도, 현실적으로는 보호무역을 실시하고 있는 이러한 현상을 어떻게 설명할 수 있을 것인가? 다음과 같은 몇 가지 측면에서 보호무역이 정당화될 수 있는 이론적 근거 내지 타당성을 제시할 수 있다.

1. 유치산업보호론

(1) 의 의

보호무역의 가장 강력한 이론적 근거로서 인정받고 있는 것이 유치산업보호론(infant industry argument)이다. 비교우위 재화의 수출을 통한 무역 이익은 현재 상태에서의 비교우위만을 생각한 것이므로 단기적이고 정태적인 무역의 이익이라고 할 수 있다. 그러나 유치산업보호론에 의하면, 진정한 비교우위가 어디에 있는가를 알아내기 위해서는 장기적이고 동태적인 측면에서 다루어야 한다는 것이다. 이를 동태적 비교우위라고 할 수 있다.

어느 일정 시점에서, 선진국에서는 공업부문에 비교우위가 있고 후진국은 농업부문에 비교우위가 있다고 가정해 보자. 비교우위론에 의하면, 선진국은 공산품 수출에 특화하여야 하며 후진국은 농업부문에 특화하여야 한다. 이 경우 시간이 흐름에 따라 선진국은 점점 더 공업국이 되고 후진국은 점점 더 농업국으로 점점 더 고착된다.

그러나 어떤 경우에는, 후진국이 현재의 수준에서는 농업에 비교우위가 있다고 하더라도 장기적으로는 공업부문에 잠재적 비교우위를 가지고 있을 수 있다. 즉, 아직까지 제대로 발달될 기회가 없어서 비교우위를 갖지 못한 경우가 있는 것이다. 이 경우 초기단계에서는 비교우위론에 따르지 않고 그 산업을 잘 보호하여 성장시킨 후, 비교우위를 갖게 되었을 때 자유무역으로 복귀하면 그 나라로서는 궁극적으로 더 큰 이익을 갖게 될 수도 있을 것이다. 이렇게 현재는 비교우위를 갖고 있지 못하더라도 잠재적으로 비교우위를 갖고 있기 때문에 당분간 보호를 필요로 하는 산업을 성장가능성있는 산업, 혹은 장래가 촉망되는 산업, 즉 유치산업(infant industry)이라고 한다.

즉, 비교우위가 어느 산업에 있느냐 하는 것은 시간이 흐름에 따라 변할 수도 있는데, 현시점에서 유리한 상품에만 특화하게 되면 잠재적인 비교우위를 전혀 살릴 수 없다는 것이다. 현실적으로 볼 때 많은 후진국들은 이 논거를 이용하여 자국의 유치산업(비교열위산업)을 보호하고 있다.

(2) 유치산업의 조건

이러한 유치산업보호론이 정당화되기 위해서는 일반적으로 다음과 같은 세 가지 요건이 요구된다.

① 보호는 어디까지나 한시적인 것이어야 하며, 일정기간 보호 후에는 보호를 해제하더라도 그 산업이 비교우위를 가져야만 한다.

② 또한, 보호기간 동안 유치산업보호를 위해 경제가 부담한 비용보다 보호로 인한 이익이 더 커야 한다.

이러한 ①, ②의 두 가지 조건을 밀-바스테블 기준(Mill-Bastable test)이라고 하는데, 어떤 산업이 일정기간 보호된 후에는 보호 없이도 비교우위를 가질 수 있어야 할 뿐만 아니라, 산업발달로부터 오는 이익이 보호기간 동안에 경제가 부담한 비용까지도 커버할 수 있어야 된다는 것을 의미한다.

하지만 이러한 조건이 성립한다고 해도 항상 보호를 필요로 하는 것은 아니다. 예컨대, 어떤 하이테크산업에서, 당장은 외국과의 경쟁에서 이길 수 없어서 손실을 입게 되겠지만 어느 정도의 기간이 지나면 이익을 얻을 수 있을 뿐만 아니라 일정 투자기간까지의 손실을 커버할 수 있는 경우를 생각해 보자. 이러한 경우에는 정부에서 보호해 주지 않아도 시장에서 스스로 산업발전이 이루어질 수 있을 것이므로 정부의 보호가 필요하지 않다. 따라서 다음 조건이 필요하다.

③ 시장의 실패(market failure)가 있는 경우이다. 즉 시장에 맡겨 두면 자동적으로 가장 좋은 상태로 가지 않는 경우를 말한다.

결론적으로 말하면 유치산업이 되려면 밀-바스테블 기준의 두 가지 조건을 만족시키고 시장의 실패가 발생하는 산업이어야 한다.

(3) 유치산업보호론의 문제점

현재상태로는 비교우위가 없지만 잠재적 비교우위(potential comparative advantage)를 가지고 있는 산업을 보호하여 나중에 가서 외국기업과 충분히 경쟁할 수 있을 때 자유무역을 실시한다는 유치산업보호론은 현실적으로 많은 공감대를 가져왔다. 사실 미국이나 독일의 경우 19세기에 높은 관세를 부과하여 자국의 유치산업분야인 제조업 분야를 보호한 바 있고, 또한 일본의 경우 1970년대까지 여러 가지 형태의 수입규제조치를 통하여 자국의 산업화를 이룩하였음은 잘 알려져 있다.

그러나 유치산업보호론에 대해서는 몇 가지 문제점이 지적되고 있다.

① 장래에 비교우위가 있을 것이라고 한다면, 과연 그 산업을 언제부터 보호해야 하는가 하는 점이다. 즉, 유치산업으로서의 조건이 갖추어져 있어도 적절한 보호시점을 찾아내기가 쉽지 않다는 점이다.

② 과연 어느 산업이 보호할 만한 가치가 있는 유치산업인가를 정확하게 파악하기가 쉽지 않다는 점이다. 대부분의 산업이나 기업의 입장에서는 자신

들이 유치산업이라고 주장하며 보호해 주기를 원하는 것이 보통이다. 하지만 보호할 만한 가치가 없는 산업을 잘못 보호하면, 시간이 지나도 보호를 제거할 수 없고 따라서 비교우위를 가질 수 없어서 보호기간 동안 경제에 부담만 주게 된다.

③ 산업보호로부터의 이익은 장래에 가서야 발생하게 마련이고 미래를 위하여 자유무역의 이익을 포기하는 것은 현재의 시점이므로, 과연 미래세대를 위한 현재세대의 이러한 희생이 정당화될 수 있을 것인가의 문제가 남는다.

2. 시장의 왜곡

자유무역이 최적정책(optimal policy)이라는 것은, 곧 완전경쟁이 이루어지는 경제에서 자유무역을 하면 자원이 효율적으로 배분된다는 의미이다. 그러나 국내시장이 완전경쟁이 아니고 불완전경쟁 상태에 있거나 시장왜곡(market distortion) 상태에 있을 때는 자유무역보다 보호무역정책이 후생의 측면에서 더 적절할 수가 있다.

(1) 재화시장의 왜곡

국제무역분야에서 흔히 논의되고 있는 시장왜곡의 형태로는 ① 생산이나 소비에 있어서 외부경제나 외부불경제가 있을 때, ② 생산요소시장에 왜곡이 있을 때 등이다.

예를 들어, 한 산업이 발달하여 그 여파가 다른 산업의 기술이나 유통구조의 발전 등에 긍정적인 영향을 미치는 경우를 보자. 이러한 경우에는 해당 제품 한 단위를 생산하는 데 기업의 입장에서는 100원을 지불한다고 해도, 사회 전체적으로 보면 그 제품을 생산하는 생산비용은 100원보다 작다고 할 수 있다. 그 산업이 사회 전체에 또다른 이익을 제공하기 때문이다. 이 경우 우리는 그 산업에 외부경제(external economy)가 있다고 한다. 반대로 어떤 제품을 생산함에 따라 대기오염이 발생하지만 해당 기업은 이러한 오염비용은 지불하지 않는 경우를 생각해 보자. 이 경우, 기업 측면에서 본 생산비용은 100원인데 사회 전체적으로는 그보다 많이 지불하고 있는 것인데, 외부불경제(external diseconomy)가 존재한다고 한다.

이와 같이 외부경제나 외부불경제가 있는 경우를 우리는 생산에 왜곡이 존재한다고 한다. 이 때, 자유무역을 하고 아무런 정책을 쓰지 않는다고 하면 어떻게 될까? 각 기업의 입장에서는 자기가 생산하는 재화의 생산비용을 계산할 때에 사회적 비용이 아니라 사적 비용만을 생각하게 된다. 따라서 외부경제가 있는 제품의 경우, 기업이 생산하는 양은 사회에서 필요로 하는 양(사회적 최적 생산량)보다 작을 가능성이 커진다. 사회적으로는 그 재화가 좋은 효과가 많기 때문에 많이 생산되는 것이 바람직하지만 기업의 입장에서는 그러한 측면을 고려하지 않는 것이다.

이러한 경우, 어떻게 하면 사회의 입장에서 최적생산량을 생산할 것인가? 외부경제가 존재하는 경우를 예로 들어 설명해 보자.

① 국내 생산물과 같은 종류의 수입품에 관세를 부과하는 방법이 있을 수 있다. 수입품에 관세를 부과하면 관세액만큼 국내 재화의 가격도 상승하게 된다. 가격이 상승하면 생산자들은 생산량을 증가시키게 되므로 적정액의 관세를 부과하면 최적생산량을 생산할 수 있게 되는 것이다. 그런데 이 경우 소비라는 측면에서 보면, 가격이 올라서 소비자에게는 피해가 생기게 되고 소비량이 감소하게 되는 부수적인 문제가 발생한다는 것을 생각해야 한다.

② 국내 생산물에 생산보조금(production subsidy)을 지급하는 방법이 있다. 생산단위당 보조금을 지급하게 되면 가격을 상승시키지 않고도 생산량을 증가시킬 수 있는 것이다. 두 가지 방법을 비교해 보면, 보조금의 경우 소비에서의 부정적인 부수 효과가 없이 생산량을 증가시킬 수 있으므로 더 낫다고 할 수 있다.

여기에서 나타나는 부수적인 왜곡을 부산물왜곡(byproduct distortion)이라고 한다.

(2) 요소시장의 왜곡

요소시장 왜곡이란 생산요소의 생산성에 의거해서 고용이 이루어지지 않고 다른 요인이 고려되는 경우를 말한다. 전형적인 예가 고용에서 남녀차별 혹은 인종차별이 존재하여, 고용이 생산성에 의해서 이루어지는 것이 아니고 성별이나 인종에 의해서 이루어지는 경우이다. 이렇게 요소시장에 왜곡이 존재할 때는 생산에서 효율성이 떨어지게 되어 경제 전체적으로 손해를 입게 되므로 시정할 필요가 있다. 따라서 자유무역보다는, 정부가 시장 혹은 무역에 개입하는 것이 경제 전체적으로 더 나을 수 있다.

(3) 왜곡이 있을 때의 최선의 정책

시장에 왜곡이 있을 때는 자유무역을 하는 것보다는 정부의 개입 등으로 이를 시정하는 것이 더 나을 수 있다. 그런데 그 중에서도 가장 좋은 정책은 왜곡이 발생한 바로 그 곳에 대한 처방을 하는 것이다. 즉, 생산에 왜곡이 있으면 생산에, 소비에 왜곡이 있으면 소비에, 요소시장에 왜곡이 있을 때에는 요소시장에 개입하는 것이 최선이다.

예컨대 여성의 고용을 차별하는 산업이 있다고 하자. 이 경우 여성 고용을 증가시키는 방법은 다음과 같이 여러 가지가 있을 수 있다.

① 해당 산업에 관세를 통한 보호무역정책을 사용하여 생산물가격을 상승시키고 생산을 증가시킴으로써 여성고용을 증가시키고자 한다고 하자. 이 경우에는 관세부과로 생산물 가격이 상승하여 생산은 증가하고 여성고용증가에는 성공할 수 있으나, 소비가격이 상승한 것이므로 소비에서 새로운 왜곡이 생긴다. 또한 남성노동 고용도 같이 증가하기 때문에 남녀차별이 시정되지도 않는다.

② 해당 산업에서 생산보조금을 지급한다고 하자. 이 때는 생산물의 가격은 변화가 없다. 따라서 소비왜곡은 발생하지 않는다. 다만 생산을 증가시키기 위해 여성뿐 아니라 남성노동자도 많이 고용할 것이므로 남녀차별이 시정되는 것은 아니다.

③ 여성을 추가로 고용하면 보조금을 지급한다고 해보자. 이러한 경우 기업은 여성을 추가로 고용하게 될 것이다. 이 경우 다른 왜곡이 발생하지 않으므로 가장 좋은 정책이다.

그러나 이는 매우 이론적인 설명에 불과하고, 현실적으로는 정책실시 비용 등의 문제로 보호정책수단으로는 관세를 부과하는 방법이 가장 광범위하게 이용되고 있다. 예컨대 보조금을 지급하고자 하는 경우, 얼마나 지급해야 할 것인가, 혹은 어떤 방법으로 지급할 것인가 등을 계산하는 데는 많은 비용을 필요로 한다. 이에 비해 관세를 부과하는 것은 상대적으로 쉬운 방법이므로 현실에서는 가장 광범위하게 이용될 수밖에 없다.

3. 전략적 무역정책

세계시장이 불완전경쟁시장일 경우를 생각해 보자. 어떤 특정국의 기업이 세계시장에서 독점력을 가지고 있어서 독점이윤을 얻고 있는 경우, 다른 나라는 그러한 독점이윤을 주지 않기 위하여, 자국의 기업에 보조금을 지급하는 등의 보호정책을 통하여 비교우위를 창출하고 그로 인하여 자국 경제에 이익이 될 수 있다. 이러한 경우의 무역정책을 전략적 무역정책(strategic trade policy)이라고 한다.

이와 관련하여 세계 항공기산업에서의 유명한 사례가 있다. 세계에는 미국과 유럽 두 나라가 있고 각각은 보잉사와 에어버스사라는 항공기 제작회사를 가지고 있다고 하자. 편의상 두 항공사는 생산을 하거나 생산을 안하거나 둘 중의 하나를 선택한다고 해보자. 항공기제조에는 규모의 경제가 존재하며, 시장규모로 볼 때 두 회사가 모두 생산하게 되면 두 회사는 모두 손실을 입을 수밖에 없다고 하자. 두 회사가 각 전략을 선택할 때 얻는 이윤은 다음의 표로 나타난다고 해보자. 게임이론(game theory)에서는 이러한 표를 이득행렬(payoff matrix)이라고 한다.

보잉사 / 에어버스사	생 산	생산중단
생 산	(−5, −5)	(100, 0)
생산중단	(0, 100)	(0, 0)

이 중에서 앞의 수치는 에어버스가 얻는 수익이고 뒤의 수치는 보잉사가 얻는 수익이다. 두 회사가 모두 생산하면 두 회사 모두가 손실을 5씩 입는 것으로 되어 있고(−5, −5), 한 회사만 생산하면 이익을 100만큼 얻는다. 생산을 하지 않는 회사는 수익이 0이 된다(100, 0 혹은 0, 100). 이러한 상황에서 누가 생산하느냐는 우연한 요인에 의해서 결정될 수 있다. 예컨대, 보잉사가 이미 제트기를 생산하고 있다면 에어버스로서는 생산에 참여할 유인이 전혀 없게 된다.

만일 유럽정부가 보조금을 지급한다고 해보자. 예컨대 에어버스사에 25의 보조금을 지불한다면 어떻게 되겠는가? 위의 표는 다음 표와 같이 바뀔 것이다. 이에 따라, 이미 보잉사에서 생산하고 있었다고 하더라도 에어버스는 생산에 참여함으로써 20만큼의 이익을 얻게 된다(20, −5). 그러나 이 경우 보잉사는 5만큼 손실을 입게 되어 더 이상 생산할 수 없게 된다. 그에 따라 에어버스는 최종적으로 125의 이익을 얻게 되며 보잉사는 0의 이익을 얻는다(125, 0). 유럽 경제 전체적으로 에어버스에 정부가 지불한 보조금을 공제하고도 100이라는 이익을 얻게 된다.

에어버스사 \ 보잉사	생 산	생산중단
생 산	(20, −5)	(125, 0)
생산중단	(0, 100)	(0, 0)

이상의 내용은 어떤 국가가 전략적으로 무역정책을 사용하여 보조금을 지급할 때 생산국이 바뀌고 결국은 무역의 패턴이 바뀔 수 있음을 보여준다. 이를 전략적 무역정책이라고 한다. 이러한 상황에서는 자유무역보다 보호무역이 더 유리할 수 있다.

4. 경제외적 목표

세계화와 자유무역 시대를 맞이하여 우리나라 농업의 장래를 걱정하여 농업을 보호하여야 한다는 주장을 흔히 접하게 된다. 자유무역을 하게 되면 외국의 값싼 농산물이 들어와 우리 농업이 설 땅이 적어진다는 것이다. 그런데 값싼 농산물이 들어와 이를 소비하면 소비자로서는 큰 이익을 얻게 될 것이고, 이 이익은 농업부문에서 입는 손실보다 더 크다는 것이 바로 자유무역론의 핵심인데 왜 농업을 보호하여야 한다는 것인가?

일반적으로, 우리나라의 농업부분이 보호할 만한 유치산업이라고 보기는 어렵다. 하지만 우리는 농업을 보호해야 한다고 주장한다. 거기에는 또 다른 중요한 근거가 있을 것이다. 그 중의 하나가 「식량무기론」이다. 최근 우리나라의 식량 자급도는 30% 이하에 머물고 있다. 농업부문에서 생산하는 것은 쌀 등 우리의 주식인 식량이므로, 만일 자유무역으로 식량을 외국으로부터의 수입에만 의존하게 된다면, 장래에 세계적인 식량공급부족 사태가 도래할 경우 큰 문제가 초래될 수도 있다.

쌀 수출국이 자국의 쌀 수출을 제한하여 이를 정치적으로 악용하려 할 경우, 농업부문(쌀)이 이미 사양산업이 되어 버린 우리나라에서는 쌀 생산을 갑자기 증가시킬 수도 없을 것이고 문제는 엄청나게 심각한 사태로 진전되게 될 것이다. 이렇게 되면 자유무역을 통하여 값싼 식량을 소비함으로써 얻는 무역의 이익보다 훨씬 큰 대가를 치루어야 할 것이다. 이러한 경우를 방지하기 위해, 어느 정도는 보호무역을 하는 것이 사회후생을 극대화하는 방법이 된다는 것이 식량무기론의 핵심적인 결론이다.

이와 같이 우리가 일반적인 무역이론에서 가정하는 것과는 달리 소비를 통한 효용극대화 이외의 다른 목표도 가지고 있다면, 이를 위해 무역을 제한하는 것이 정당화될 수 있을 것임을 알 수 있다. 이를 「경제외적 목표」라고 부르며, 국제무역협상에서는 「비교역적 관심사」(non trade concerns: NTC)라고 부른다. 이러한 경우에 해당하는 것으로는 식량자급도 외에도 국방문제나 환경문제 등의 여러 가지 특정한 목표들을 생각해 볼 수 있다.

제 2 절 관 세

보호무역의 수단은 크게 관세와 비관세장벽으로 나뉜다. 이 중 관세는 보호무역정책에 있어서 가장 중요한 수단이다.

1. 관세의 의의

(1) 관세의 개념

관세(custom duties, customs, tariff)란 관세선을 출입하고 통과하는 물품에 대하여 부과하는 조세를 의미한다. 여기에서 관세선이란 수출입화물에 부과할 수 있도록 법으로 정한 관세구역을 의미한다. 이러한 의미의 관세는 단순히 국경을 관세선(customs line)으로 하고 이를 출입하고 통과하는 물품에 부과하는 것은 아니다. 정치적으로는 자국의 영역일지라도 관세제도상 외국과 동일한 개념으로 취급하는 관세제외지역 또는 자유항이 있는가 하면 정치적으로는 외국의 영역일지라도 관세제도상 내국과 동일하게 취급하는 FTA 등 지역무역협정(RTA)이 있기 때문이다.

세계 각국의 관세율이 어느 정도 되는가 혹은 보호수준이 어느 수준인가를 측정하는 것은 쉽지 않다. 1948년 GATT가 처음 출범했을 때 선진국들의 제조업분야의 평균관세율은 40% 정도였다고 하며, 2000년 이후 이들 평균관세율이 4% 이하로 떨어졌다고 보여진다.

(2) 관세의 목적과 성격

관세는 주로 재정수입과 산업보호라는 두 가지의 목적을 실현시키기 위해서 부과해 오고 있다. 그런데 고대나 중세시대에는 재정수입을 주목적으로 삼았으나, 현대 경제에서는 국내산업의 보호목적으로 관세를 부과하고 있다. 물론 현재에도 개도국 중에는 관세수입이 국가재정 중 무려 80%나 차지하는 국가도 있지만, 선진국에서는 전반적으로 국내산업보호가 더 중요한 목적이 되고 있다.

관세는 조세의 분류상 다음과 같은 성격을 가지고 있다.

① 관세영역을 통과하는 수출입화물에 대해서만 부과하게 된다. 즉, 사람에 대하여 부과하는 것이 아니고 물품에 대하여 부과하는 물세(real tax)이다.

② 지방 정부가 징수하는 것이 아니고, 중앙정부가 징수하는 국세(national tax)이다.

③ 소비에 대하여 부과되는 소비세(consumption tax)이며, 과세대상이 생기면 수시로 부과하는 수시세(occasional tax)이다.

④ 관세는 일단 수입업자가 납부하지만 이는 소비자에게 전가된다(관세의 전가).

2. 관세의 종류

관세는 여러 가지 분류 기준에 따라 다음과 같이 분류될 수 있다.

(1) 상품이동방향에 따른 분류

상품이동방향에 따른 관세의 종류에는 수출세, 통과세, 수입세가 있다.

① 수출세(export duties)는 내국물품이 수출될 때 부과되는 관세로서, 전략적 가치를 가지고 있는 물품의 수출을 조절하기 위해 이용되는 특별한 경우에 부과될 뿐, 통상적으로는 거의 부과하지 않는다.

② 통과세(transit duties)는 타국의 상품이 자국을 통과하여 제3국으로 운송되는 경우에 부과하는 관세이다. 이와 같은 관세는 중상주의 시대에 재정수입을 목적으로 부과했던 바 있으며, 또한 교통이 발달하지 못하였던 시대에서는 외국상품이 인접국의 시장에 판매되는 것을 저지하고 자국상품의 판로를 확보하는 데 채택된 바 있다. 그러나 자유무역을 실시하는 오늘날에는 부과되지 못하고 있다.

③ 수입관세(import duties)는 수입품에 대한 관세로서 지금도 채택되고 있는 유력한 수입규제 수단이다. 수출세, 통과세는 현재 그 의의가 극히 감소되고 있으므로, 수입세만이 관세정책상 중요한 역할을 하고 있다. 따라서 관세라 하면 일반적으로 수입관세를 지칭하고 있으므로 본서에서도 특별한 경우가 아니면 모두 수입관세에 대한 분석이 중심이 되고 있다.

(2) 과세목적에 따른 분류

과세목적이 정부의 재정수입이냐 국내산업 보호냐에 따라 재정관세와 보호관세로 분류한다.

① 재정관세(financial duties)는 세입 또는 수입관세(revenue duties)라고도 하는 것으로서, 재정관세의 부과는 국고수입이 주목적이다. 재정관세는 관세수입으로 국가세입확보를 효과적으로 증대시키는 것이 주목적이므로 특히 이의 대상품목은 자연적 조건으로 말미암아 국내에서는 생산되지 않고 외국으로부터 수입에 의존해야 할 물품들이다. 예를 들어 커피, 차, 향료 등 습관적 소비의 외래기호품에 부과하는 경우가 많다.

② 보호관세(protective duties)는 외국 생산수입품과의 경쟁에서 국내산업을 보호육성하고 먼저 국내판로를 확보하려는 목적으로 수입되는 외국 물품에 부과하는 관세이다. 사실상 보호를 목적으로 한 관세율의 인상과 책정 등의 결과로 재정수입이 증대될 수 있어 관세율만으로는 재정관세와 보호관세의 구별이 명확하지 않으며 입법 자체도 양자의 목적을 동시에 고려하는 경우도 있다.

(3) 관세율의 결정방법에 따른 분류

관세율의 결정방법에 따라 종가세, 종량세, 복합관세, 선택관세로 분류한다.

① 종가세(ad valorem duties)는 수입물품의 가격을 관세를 결정하는 기준으로 하여 부과하는 관세이다. 수입가격을 표준으로 하거나 과세가격을 법률로 정한 법정 가격을 표준으로 하여 거기에 일정률을 부과한다.

② 종량세(specific duties)는 수입물품의 수량을 과세의 표준으로 하여 부과하는 관세를 의미하며, 개수, 중량, 길이, 용적 혹은 면적을 관세산정의 기준으로 한다. 예를 들어 우리나라는 상품의 수입량×단위당관세율=관세부과액으로 산출된다.

③ 혼합관세(mixed duties, compound duties)는 종가세와 종량세를 혼합한 것으로 이에는 복합관세와 선택관세가 있다.

복합관세(double duties)는 종가세와 종량세의 장점을 살리기 위해서 동일한 한 가지 과세대상물품에 대하여 두 가지 관세를 동시에 부과하는 것으로서 일종의 복수세(multiple duties)이다.

선택관세(alternative duties)는 동일한 한 가지의 과세대상 물품에 대하여 종가세와 종량세를 각각 부여하여 계산한 다음, 상황에 따라 세액이 높은 쪽이나 혹은 낮은 쪽을 하나만 선택하여 부과하는 것이다. 따라서 선택관세는 동일한 과세대상품에 대하여 관세부담을 높게 하거나 낮게 할 수 있는데 흔히 국내산업의 보호를 목적으로 할 때는 높은 쪽을 선택하게 된다.

(4) 세율 결정의 근거에 따른 분류

① 국정관세(national tariff)는 국내법에 의하여 정해진 관세로서 법정관세라고도 한다. 따라서 타국으로부터 어떤 제약도 받지 않고 독자적으로 개폐, 제정할 수 있다. 이 중 법률로 장기간 적용되는 국정관세를 기본관세라고 하며, 일정기간 잠정적으로 적용되는 국정관세를 잠정관세라고 한다.

② 협정관세(conventional tariff)는 일국이 타국과의 조약(통상조약이나 관세조약)에 의해서 결정된 특정상품에 대한 관세로서, 일단 체결된 협정관세율을 협정이나 조약의 유효기간 중에 개폐하고자 하면 반드시 상대국과 협의해야 한다. 우리나라의 경우, WTO협정의 일반 양허관세율이 이에 해당한다.

흔히 많은 나라들은 이들 각종 세율을 병용하고 있는데, 세율상호간의 우선관계는 다음과 같다.

① 협정관세율은 국정관세율보다 우선 적용한다.

② 협정세율이 있더라도 국정관세율이 낮으면 국정세율을 적용한다.

③ 국정세율 중에서는 잠정세율을 기본세율보다 우선적으로 적용한다.

④ 특혜세율이 적용되는 것에 대해서는 특혜세율을 다른 세율보다 우선적으로 적용한다.

(5) 과세방법의 차등에 따른 분류

관세는 모든 국가에 대하여 동일한 상품에게는 동등하게 부과하는 것이 원칙이어서 이것을 평등관세(indifferential duties)라고 한다. 하지만 경우에 따라서는 특정국가와 특정상품에 대하여 다른 상품과 세율을 달리 부과하는 차별관세(differential duties)를 적용하기도 한다. 이러한 차별관세에는 보복관세, 특혜관세 등이 있다.

보복관세(retaliatory duties)란 타국이 자국의 상품, 선박, 국민 등에 대하여 제3국보다도 불리한 대우를 할 경우, 그에 대한 보복적인 의도로 그의 저지 혹은 철폐를 목적으로 그 나라로부터 수입되는 상품에 대하여 고율의 관세를 부과하는 것을 의미한다.

특혜관세(preferential duties)는 어느 특정국에 대한 통상관계를 특별히 촉진시키려는 의도에서 특정국으로부터의 수입품에 한하여 타국으로부터의 수입품보다 저율의 관세를 부과하는 것이다.

3. 탄력관세

급변하는 국내외의 경제 환경에 신속히 대처하여 관세정책을 수행할 수 있도록 허용된 관세를 탄력관세(flexible tariff)라고 한다. 탄력관세는 조세법률주의 예외로서 인정되는 관세이다. 즉, 국정관세율은 법률개정에 의하여 변경할 수 있으며 협정관세율도 국회의 비준을 받아야 한다.

그러나 이와 같은 조세법률주의만 따르다 보면 관세정책상 세율을 대내외 경제환경변화에 즉각적으로 조절할 수 없다는 어려운 점이 있다. 국회의 심의기간이 길어 국제무역의 예민한 변동에 대처할 수 없는 경우가 발생하거나, 특정 단체나 집단의 압력으로 인해서 세율변화에 시간이 오래 걸리는 경우가 많은 것이다.

이러한 경우에 대비하여, 관세율 변경 범위를 법률로써 한정하여 변경권을 행정부에 위임하여 위임된 범위 내에서 세율을 행정부가 정책에 따라 임의로 인상, 인하할 수 있도록 하는 것이다.

탄력관세에는 상계관세, 편익관세, 덤핑방지관세, 긴급관세, 보복관세, 조정관세, 할당관세, 계절관세 그리고 농축산물에 대한 특별긴급관세 등이 있다.

(1) 덤핑방지관세

덤핑방지관세(anti-dumping duties)는 수출국에서 덤핑행위를 하고 있을 때 이를 방지하기 위하여 부과하는 관세이다. 여기에서 덤핑이란 동일한 상품을 수출국 국내 가격보다 저렴한 가격으로 외국시장(수입국시장)에 판매하는 행위 즉 투매 혹은 부당염매하는 행위이다. 사실상 덤핑된 물품이 수입되었다는 사실 자체만을 놓고 보면 규제할 이유나 필요성이 없다. 왜냐하면 적은 외화로 많은 물품을 수입할 수 있으므로 수입국은 유리하기 때문이다. 그러나 장기적으로 보면 덤핑의 결과 수입국의 시장이 독점되게 되어 산업에 피해를 주게 되므로 규제하는 것이다.

일반적으로 덤핑 행위의 판정기준으로서는

① 국내 생산원가보다 저렴하게 판매하는 경우

② 국제시장보다 싸게 판매하는 경우

③ 수출국내의 시장보다 저렴한 가격으로 판매하는 경우

등이 있는데, 세 번째의 경우가 가장 일반적이다.

(2) 상계관세

상계관세(CVD: countervailing duties)는 덤핑방지관세와 더불어 WTO 규정에서도 인정되고 있는 관세로서, 덤핑방지관세와 마찬가지로 불공정한(unfair) 국제상거래를 금하기 위하여 부과되는 관세이다. 따라서 수출국의 정부에 의해서 보조금 등의 특혜를 받은 물품이 염가로 수출되어 수입국내 관련산업에 피해를 주거나 줄 우려가 있을 때, 그 특혜 폭 이내에서 즉 수출보조금이나 수출장려금의 지원액 이내의 범위 내에서 기본관세율에 추가하여 그 효과를 상계(상쇄)시키는 관세이다.

(3) 긴급관세

긴급관세(emergency duties)는 관세정책상 긴급한 사태가 발생했을 때 국내산업을 보호할 목적으로 정부가 관세에 관한 긴급조치를 취할 수 있는 관세이다. 다만 다음과 같은 조건을 지닌다.

① 긴급발동 후에는 즉시 국회에 보고하게 되어 있다.

② 서면으로 사전에 WTO에 통고하고 이해관계국에 대하여 사전에 협의할 기회를 주어야 한다.

긴급관세는 관세를 인상함으로써 국내외의 가격차를 커버하고 수입의 급증을 저지할 것을 기대하는 것으로서, 통상제한수단으로서의 수량할당제한과는 달리 가격조절을 기대하는 정책수단이다. 우리나라는 수입급증을 막기 위해 긴급관세와 조정관세 제도를 시행하고 있다.

(4) 조정관세

조정관세(adjustment tariff)는 긴급관세와 더불어 수입격증을 막기 위해서 실시되고 있는 관세로서, 자유무역정책의 실시에 따른 부작용을 관세정책 면에서 보완, 조정하기 위해 적용되는 관세이다. 이는 국내산업의 국제경쟁력을 강화시키고 국내 소비자를 보호하기 위하여 부과되는 관세이다. 해당 물품수입이 자유화되었지만 수용태세가 충분히 갖추어 질 때까지 일정기간 동안 관세율을 상향조정하여 수입억제를 기대하여 부과되는 관세이다.

(5) 편익관세

편익관세(beneficial tariff)란 조약에 의한 관세상의 혜택을 받지 못하는 나라로부터 물품이 수입될 때, 기존의 조약체결국과의 조약에 의해서 부여하고 있는 관세상의 혜택 범위 내에서 관세에 의한 편익을 부여하는 관세이다. 예를 들면 우리나라도 아직 WTO에 가입하고 있지 못한 나라들 중 일부국가를 선별하여 일방적으로 WTO양허관세율의 범위내에서 관세상의 특혜를 부여하고 있다.

최혜국대우와 비교하면, 한 국가와 조약체결시, 최혜국대우는 반드시 여타 국가들에게도 편익을 제공해야 하지만, 편익관세는 자국의 일방적인 결정으로 최혜국대우의 범위 내에서 편익을 제공하는 것으로서 상대국은 편익제공을 요청할 수가 없다.

이상에서 설명된 것들 이외에도 여러 가지의 탄력관세가 운용되고 있다. 예컨대, 농축산물에 대한 특별긴급관세는 UR 농림축산물에 관한 관세협상 결과를 수용해서 운용되었다. 양허세율의 적용으로 말미암은 일시적인 수입급증으로 국내 농어가의 피해를 예방하기 위한 것이다. 국내외가격차에 상당하는 세율로 양허한 농림축산물의 수입물양이 급증하거나 수입가격이 하락하면 양허한 세율을 초과하여 관세가 부과된다.

4. 관세부과의 경제적 효과

오늘날 관세라고 하면 일반적으로 수입관세를 의미하므로 여기서는 수입관세를 중심으로 수입재분야에 미치는 효과를 논의한다. 수입관세는 수입품가격을 상승시키고 이에 따라 국내소비가 감소하고 국내생산은 증가하며 수입량이 감소하게 된다. 그에 따라 무역수지가 개선되는 효과가 있다. 한편으로 정부의 관세수입은 증가하게 된다. 경제 전체적으로는 후생이 증가할 수도 있고 감소할 수도 있다.

(1) 수입품 가격의 상승

수입품의 경우 자유무역하에서는 국제가격(수입가격)이 국내가격보다 낮다. 이 때 관세를 부과하면, 수입업자로서는 관세를 부과하고 난 후에야 국내에 판매할 수 있는 것이므로 관세부과분만큼 수입품의 국내가격이 상승하게 된다. 예를 들어 자유무역하에서는 수입재의 가격이 P_i라고 하자. 이 때 관세를 t율로 부과하면 국내가격 P_d는 관세부과율만큼 국제가격보다 높아지게 되며 다음과 같은 식이 성립된다.

$$P_d = (1 + t)\ P_i$$

(2) 국내생산, 소비, 수입량 변화, 관세수입

수입품의 국내시장에서의 가격이 상승하게 되면, 해당 수입품의 국내소비자의 입장에서 보면 물품 가격이 상승했으므로 소비를 감소시키게 된다.

또한, 국내가격이 상승하게 되면 해당 물품을 국내에서 생산하고 있는 생산자로서는 자신의 생산물가격이 상승하므로 생산을 증가시키게 된다. 이것이 바로 국내 산업이 보호되는 효과를 의미한다.

국내소비량과 국내생산량의 차이가 수입량이므로, 소비가 감소하고 생산이 증가하게 됨에 따라 수입량이 감소하고 해당 물품의 무역수지가 개선된다.

한편, 관세율에 수입량을 곱한 만큼의 관세수입(tariff revenue)이 발생하게 되어 정부에 귀속된다.

(3) 사회후생효과

해당 수입품 소비자들은 국내가격 상승과 소비량 감소로 인해서, 이전보다 비싼 가격에 덜 소비하게 되는 것이므로 상당한 후생감소가 있다. 이를 소비자잉여(consumer surplus)가 감소한다고 말한다. 생산자들은 이전보다 비싼 가격에 많이 판매할 수 있게 되므로 이윤이 증가하게 된다. 이것을 생산자잉여(producer surplus)가 증가한다고 한다.

한편, 정부로서는 자유무역하에서는 존재하지 않던 관세수입이 발생한 것이므로 경제전체로 보면 이 부분도 이익이 되는 부분이다. 이러한 모든 부분을 정리하면 다음과 같다.

경제주체	관세부과의 효과
수입품 소비자	소비자잉여 감소(−)
수입품 생산자	생산자잉여 증가(+)
정 부	관 세 수 입 발생(+)

이들 효과 중 (+) 효과와 (−) 효과의 크기를 비교하여 어떤 것이 더 큰가에 따라 관세가 경제전체의 후생을 증가시킬 것인지 혹은 감소시킬 것인지가 결정되게 된다. 일반적으로, 무역의 이익이라는 개념을 생각해 보면, 관세를 부과하면 무역의 이익을 얻지 못하게 될 것이라는 것을 생각할 수 있다.

실제로 보다 자세한 분석에 의하면, 소국개방경제(small open economy)

의 경우에는 관세를 부과하면 경제 전체의 후생이 감소한다고 알려져 있다. 따라서, 소국의 경우에는 자유무역을 하는 것이 더 나으며 가능한 한 관세율을 낮추는 것이 좋다. 여기에서 소국이란 국토면적, 인구수, 경제력을 가지고 일컫는 개념이 아니고 어떤 재화의 세계시장점유율이 작은 나라를 의미하고, 큰 나라를 대국(large country)이라고 일컫는다.

(4) 소득재분배 효과, 교역조건 개선효과

관세부과는 또한 소득 재분배효과를 가져온다. 위의 설명에서 보면, 소비자잉여가 줄고 생산자잉여는 증가하였기 때문에, 소비자로부터 생산자에게 소득이 재분배되는 효과가 있다고 할 수 있다. 이는 현실 경제에서 매우 중요한 의미를 지닌다. 우리나라의 수입재인 농산물을 생각해 보자. 자유무역을 하면 소비자들은 싼 값에 농산물을 살 수 있으므로 이익이지만 농민들에게는 손실인 것처럼, 농산물에 관세를 부과하면 농민들은 이익이겠지만 소비자들의 구매력은 떨어지고 효용은 작아지는 것이다.

또한 국제시장에서 가격에 영향을 미칠 수 있는 대국인 경우에는, 관세를 부과하면 교역조건이 개선되는 효과가 있다. 우리나라의 수입재인 어떤 물품에 대하여 관세를 부과하면 국내가격이 상승하고 소비가 감소하므로 외국으로부터의 수입이 감소한다. 따라서 국제시장에서 우리 수입재의 가격이 하락하게 된다. 이 경우 우리의 교역조건이 개선되었다고 한다. 우리 정부가 소고기에 대하여 높은 관세를 부과하게 되면 국제소고기 시장으로부터의 수입이 감소하게 되므로 국제소고기 시장에서 가격이 하락하게 되는 경우를 생각해 보면 알 수 있다.

따라서 이러한 소득재분배 효과나 교역조건 개선효과를 고려하면, 관세를 부과했을 때 경제전체적으로 (+)의 효과가 나타날 것인지 (−) 효과가 나타날 것인지는 상황에 따라 달라진다.

제 3 절 비관세장벽

1. 비관세장벽의 의의

관세 이외의 다른 보호무역수단을 통칭하여 비관세장벽(non-tariff barriers: NTBs)이라고 부른다. 이러한 비관세장벽은 그 종류가 수없이 많고 복잡하다. 하지만 GATT체제하에서 관세율을 지속적으로 낮추어 온 결과, 현대경제에서는 관세에 비하여 상대적으로 비관세장벽의 중요성은 더욱 커졌다. 비관세장벽은 대부분 WTO에서 인정되지 않을 뿐만 아니라 실제로 겉으로 드러나지 않은 경우가 오히려 더 많아 그 유형이나 종류를 정확하게 파악할 수가 없지만, 지금까지 알려진 비관세장벽의 수는 500여종 이상이라고 한다. 이러한 비관세장벽의 특성을 일관성 있게 설명하는 것 자체가 힘들지만, 관세와 비교하면 대체로 다음과 같은 특성을 갖는다.

① 비공개적이다.

관세는 관세법이나 혹은 국제협정, 관세율표 등을 통하여 공개되어 있어 쉽게 그 존재나 크기를 알 수 있지만, 비관세장벽은 그 형태가 없는 것도 있고 매우 다양하므로 존재 여부 자체를 알기 힘든 경우가 많다.

② 효과측정이 어렵다.

존재 자체가 인지하기 어려울 뿐 아니라, 잘 알려진 장벽의 경우에도 그 효과에 대한 정확한 정보를 알기가 어렵다.

③ 협상이 곤란하다.

국내법에 의해서 비관세장벽이 발생하는 경우, 통상문제와의 관련성 여부 자체가 불분명하기 때문에 협상의 대상으로 삼기가 어려운 경우도 많다.

오늘날 WTO체제하에서는 특별한 예외적인 경우가 아니면 비관세장벽을 금지하고 있으며 모든 무역장벽을 관세화(tariffication)하는 것이 원칙이다.

2. 비관세장벽의 종류

이러한 비관세장벽 중에서 가장 일반적인 형태가 수량제한이라는 형태로 나타난다. 이에는 수량할당(quota), 수출자율규제(VER) 등이 대표적인 경우이며, 기타의 여러 가지 형태를 생각할 수 있다.

(1) 수량할당

비관세장벽의 가장 대표적인 예라고 할 수 있는 수량할당(quota)은 수출입물량에 대해 직접적으로 규제하는 것을 말한다. 그 중에서도 수입할당(import quota)이 가장 흔한 예이다. 특정량을 정하여 그 이상은 수입하지 못하도록 정함으로써 국내산업을 보호하려는 경우가 바로 수입할당이다.

이러한 수입할당은 관세와 그 효과가 비슷하다. 다만 다음과 같은 몇 가지 점에서 차이가 있다.

① 관세는 가격기구를 통한 간접적인 수입규제 수단이고, 수입할당제는 수량규제를 통한 직접적인 수입규제 수단이다.

② 각국이 수입할당제를 이용하는 가장 큰 이유는 직접적으로 수량을 규제하므로 수입제한의 효과가 가장 확실하고 국내산업 보호를 위한 강력한 수단이 된다는 데 있다. 예컨대, 관세를 부과하여 수입재의 국내가격이 상승해도 상품에 대한 국내수요탄력성이 작으면 수입이 크게 줄어들지 않을 수도 있으나, 수량제한은 정부가 원하는 만큼 줄어드는 것이 보장이 된다. 또한, 어떤 이유로 인하여 국내수요가 증가하거나 국내 공급이 증가하는 등의 변화가 있어도 수입할당의 경우에는 수입규제효과가 확실하다. 이러한 이유로 수입을 확실하게 규제하고자 하는 국가에서는 수량할당 정책을 더 선호할 수 있다.

③ 관세는 WTO체제에서 예외적으로 인정되는 경우도 있지만, 수량제한은 원칙적으로 금지된다. 그러나 예외조항을 두고 있다.

수입할당의 구체적인 예로서, 우리 나라의 경우 국내 쌀산업을 보호할 목적으로 두 번에 걸쳐서(제1차: 1995~2004년, 제2차: 2005~2014년) 국내 쌀시장 개방을 일정한 범위내에서만(제1차: 국내 쌀 소비량의 최대 4%, 제2차: 국내 쌀 소비량의 최대 7.96%) 수입하도록 하였다. 이것을 최소시장접근(Minimum Market Access: MMA)이라고 한다. 이와 같이 특정량 이상은 수입할 수 없도록 한 것이 수입할당이다.

관세할당(tariff quota): 특정품의 수입에 대하여 일정량까지는 저율의 관세를 부과하고 그것을 초과하는 수량의 경우에는 고율의 관세를 부과하는 제도로서, 관세와 수량할당의 혼합형태라고 할 수 있다. 수량 및 가격의 양면에서 규제하는 이중과율제도이며, 한국은 2013년 1월 1일 현재 사료용 원료 23개 품목, 농어업원자재 5개 품목, 가공 및 식품원료 13개 품목 등 41개 품목에 대해 관세할당 물량과 저율관세를 양허표에 명기하여 시행하고 있다.

(2) 수출자율규제

수출자율규제(voluntary export restraints: VERs)는 수출국이 그 무역상대국과 협정을 맺어 자국 수출품을 일정량 이내로 규제하는 것이다. 수입할당과 비슷하나 수출국이 자국의 수출량을 규제한다는 점에서 다르다.

하지만 실제로는 수출규제가 일반적으로 수입국의 요구에 의해서 이루어지고 있는 경우가 대부분이다. 과거 GATT 체제에서는 수입국이 일방적으로 수량제한 등의 무역규제조치를 취했을 때 수출국이 이에 상응하는 보복조치를 취할 수 있도록 하되 미리 수출국과 수입국이 협의하도록 하고 있었는데, 수출자율규제는 바로 이러한 조항으로부터 발생했다고 볼 수 있다. 그러나 WTO체제에서는 어떠한 비관세장벽도 원칙적으로 인정하지 않고 있다.

VERs의 효과는 수입할당과 비슷하다. 다만 수입할당과 달리 수량제한으로부터의 이익이 수입국의 수입업자나 정부에 귀속되지 않고 수출국에 귀속된다는 점이 다르다. 수출국에서 수출을 적게 하므로 수입국의 입장에서는 수입가격이 상승하게 된다. 이에 따라 수출국의 수출자는 높은 가격으로 수출할 수 있게 되는 것이다. 이러한 점에서 수입국의 입장에서 볼 때 수입할당보다 더 불리하다고 할 수 있겠으나, 수출국의 보복을 받을 가능성이 적다.

일본과 미국의 자동차 수출입협정도 수출자율규제의 예로서 많이 인용된 바 있다. 1970년대 초반까지 미국인들이 주로 대형차를 선호할 때는 미국자동차 기업들이 자국 시장을 석권하였으나, 1979년 제2차 오일파동 이후 연료값의 상승 등으로 인하여 미국 소비자들이 소형차에도 관심을 갖게 되자 판도가 달라지게 되었다. 일본의 자동차 생산업자들이 미국에 진출하여 시장점유율을 높이게 된 것이다. 이에 따라 미국정부는 미국기업들로부터 자국의 자동차시장을 보호해 달라는 요청을 받게 되었는데, 이에 대해 정부는 수입규제나 관세부과 등의 정책을 사용하지 않고 일본정부에 수출을 자율적으로 자제해 달라는 요구를 하게 되었다. 양국의 1981년 협정에 의하면, 3년간 수출자율규제를 통하여 일본자동차의 대미수출을 한정하기로 하였다. 일본은 이 협정이 해제된 이후에도 1991년까지 자동차 수출을 스스로 제한하였다. 이러한 수출자율규제로 미국 내에서 일제 승용차의 값은 상승하게 되었고, 이에 따라 일본 및 미국의 자동차 생산자들은 이익을 얻었으나 미국 소비자들은 비싼 값을 지불해야만 되었다. 미국정부의 추산에 의하면 1984년의 경우, 미국에서 일본으로 32억 달러 정도가 이 규제로 인해 地代(rent)의 형태로 이전되었다고 한다.

WTO 협정에서는 수출자율규제를 인정하지 않게 되었으나 실제로는 국가 간에 이루어지고 있는 상황이다. 한국의 경우 2008년 광우병사태 발생시 한국정부는 국민의 우려를 반영하여 30개월 이상 미국산 쇠고기를 수출하지 말아달라고 미국측에 요청한 바 있다. 이는 한미 FTA 협정에서 쇠고기 수입이 자유화되었지만 미국 정부와 업계로부터 스스로 '30개월 이상' 쇠고기 수출을 제한하겠다는 약속을 받아내고자 하는 것이었다. 물론 자유무역 취지에 부합하지는 않지만 당사국 두 나라가 합의하고, 또 다른 제3국이 이로부터 피해를 본다며 이의를 제기하지 않는 한, 충분히 성립할 수 있다고 볼 수 있다.

(3) 생산보조금 및 수출보조금

무역정책으로서의 보조금정책은 크게 생산에 대한 보조금(production subsidy), 수출에 대한 보조금(export subsidy) 등이 대표적이다.

수입재생산에 대해 보조금을 지급하는 경우를 생각해 보자. 생산량 각 단위에 대하여 일정액의 보조금이 지급되게 되는데, 보조금을 지급하면 생산자의 입장에서는 생산비용이 그만큼 작아질 것이기 때문에 전과 같은 가격을 받아도 전보다 이윤이 더 커지므로 생산량을 늘리게 된다. 이로 인해 해당분야가 보호되는 효과가 발생한다. 그런데 시장가격은 상승하지 않기 때문에 소비의 측면에는 영향을 미치지 않는다.

우리나라에서 농산물의 수입에 관세를 부과하지 않으면서 농민들에게 생산보조금을 지급하면, 소비자들은 값싼 농산물을 소비하고 생산자들은 보조금을 받아서 소득을 증가시키는 형태가 된다. 이러한 전형적인 예가 과거 우리나라가 실시해본 「이중곡가제」이다. 정부는 생산자들로부터 비싼 가격에 쌀을 구매하고 이를 보다 싼 가격에 소비자들에게 매각한다. 그런데 이러한 생산보조금은 WTO 체제하에서는 허용되지 않은 보조금으로 분류되어 지금은 채택하지 못하고 있다. 대신에 지금은 「쌀소득보전직불제」를 실시하고 있다.

만일 생산자 보호효과보다 수출증대가 주요 목표라면, 생산액 전체에 대해서 보조금을 지급하지 않고 수출되는 물량에 대해서만 보조금을 지급하면 어떨까?

우리나라의 경우 수출용원자재에 대한 관세환급제도가 있다. 이는 외국에서 원자재를 수입할 경우 일단 관세를 부과하고, 후에 그 원자재가 수출용 물품을 만드는 데 쓰인 것이 증명되면 그 관세를 다시 되돌려 주는 제도이다. 이 경우, 같은 상품이라도 국내판매분에 대해서는 보조금을 지급받지 못하고 수출분에 대해서만 보조금을 지급받게 된다. 생산자로서는 국내에서 판매하는 것보다 수출하는 것이 더 이익이다. 따라서 수출에 더 주력할 것이며 단순한 생산보조금보다는 수출품에 대한 수출보조금정책이 수출증가와 국제수지 개선을 위해서는 더 효과적인 제도라고 하겠다.

한편 WTO에서는 보조금을 세 가지로 분류하고 있다. 이를 간단히 요약하면 다음과 같이 정리된다.

① 금지보조금(prohibited subsidy)

이는 수출, 혹은 국내생산품 사용을 촉진할 목적으로 지원되는 보조금이다. 이는 외국과의 무역에 직접적으로 영향을 미치고 무역을 왜곡할 가능성이 크므로 보조금 지급이 금지된다.

② 상계가능보조금(actionable subsidy)

이는 보조금을 지급함으로써 타국의 국내산업에 피해를 주거나 타국의 이해를 심각하게 침해하는 경우에 해당한다. 이러한 경우 피해를 입은 국가는 상계관세를 부과함으로써 보조금의 효과를 상쇄할 수 있다.

③ 허용보조금(non-actionable subsidy)

이는 먼저, 특정성이 없는 보조금을 의미한다. 특정성(specificity)은 보조금 지급에 대해서 객관적 기준이나 조건이 명시되지 않고 일부 특정기업이나 산업에 지급되는 경우를 말한다. 이러한 특정성이 없는 경우에는 보조금 지급이 허용된다. 하지만 특정성이 있더라도 허용보조금으로 인정되고 있는 경우가 있는데, 예컨대 쌀소득보전직불제 이외에도 산업기반기술개발을 위한 연구개발비(개발비의 75%까지 보조)가 이에 해당한다.

(4) 세이프가드

긴급수입제한조치라고도 말하는 세이프가드(safeguards)는 외국으로부터 특정물품의 수입이 급격히 증가하여 수입국의 산업에 피해를 주거나 경제 전반에 큰 피해를 줄 때 발동되는 수입규제조치이다. 이 때 규제조치 방법은 자국이 양허한 관세를 일시적으로 철회하는 형태일 수도 있고, 혹은 수량제한 등의 다른 비관세장벽이 이용될 수도 있다. 이는 관세화, 무관세화를 추구하는 WTO의 이념에 대한 예외조항이며, 너무 남용되는 경우 자유무역에 저해가 될 수 있으므로 그 발동요건이 까다로운 것이 특징이다.

이와 관련하여 SSG(Special Safeguards, 특별긴급수입제한조치)가 논의되고 있는데, 이는 WTO 농업협정 하에서 인정되는 조치로서, 농산품 수입이 정해진 수준을 초과하거나 수입가격이 정해진 발동수준(trigger level)을 초과할 때, 회원국은 농산물에 대한 추가적인 관세를 부과할 수 있도록 하고 있다. 일반 세이프가드와는 달리 피해가 확인되지 않더라도 수입제한조치를 발동할 수 있다. DDA 다자간무역협상에서는 SSG의 운용문제가 농산물 수출국과 수입국 사이에 협상 타결의 중요한 쟁점이 되었다.

(5) 기타의 비관세장벽

수많은 비관세장벽 중에서 위에서 제시한 것들 이외에도, 규제방법과 규제수단을 중심으로 구분하여 분류하면 다음과 같은 것들이 있다.

① 가격규제수단: 수입과징금, 수입담보금, 최저수입가격제, 관세평가 등

② 수량규제수단: 시장질서협정, 다자간섬유협정(MFA) 등

③ 정부간여에 의한 규제수단: 국영무역, 차별적 정부구매 등

④ 제도 및 행정절차에 의한 규제수단: 수입허가제, 영사수속, 원산지증명 등

⑤ 표준 및 품질규격에 의한 규제수단: 보건 및 안전기준, 함량기준, 제조기준, 포장 및 용기기준, 환경관리 등

이 중 몇 가지를 설명해 보면 다음과 같다.

첫째, 수입허가제(import license)는 상품 수입에 대하여 정부의 허가를 필

요로 하는 제도이다.

둘째, 수입담보금(수입예치금, 수입적립금)(import margin money)제도는 수입업자가 수입신용장의 개설을 의뢰할 때 또는 수입허가 신청시 수입금액의 일정비율을 담보로 외국환은행에 적립(예치)하도록 하는 것이다.

셋째, 차별적 정부구매(discriminatory government procurement)는 정부가 내국 물품의 구입을 우선적으로 고려한다든가, 수입에 의한 경우라고 하더라도 그 수입수량을 임의로 결정하는 것을 말한다. 예를 들면 미국이 수시로 채택하여 국제적으로 물의를 빚곤 하는 것이 바로 차별적 정부구매인 미국산 우선구매정책(Buy American Policy: BAP)이다.

넷째, 기술적 무역장벽(technical barrier to trade)은 안전기준, 환경기준, 각종 표준 등을 제정하여 시행함으로써 본래는 무역을 제한하기 위해 만든 것은 아니지만 결과적으로 무역에 장애가 되는 경우이다. 예컨대, 환경기준이 강화되면 타국에서 만든 생산물이 이를 통과하지 못할 경우 수입이 불가능하게 된다.

주요용어

유치산업보호론	동태적 비교우위	정태적 비교우위	밀-바스테블 기준
시장의 실패	최적정책	외부경제	외부불경제
부산물왜곡	전략적 무역정책	이득행렬	게임이론
경제외적목표	비교역적 관심사	관세	국정관세
협정관세	탄력관세	덤핑방지관세	상계관세
긴급관세	조정관세	편익관세	비관세장벽
수량할당	수출자율규제	생산보조금	수출보조금
쌀소득보전직불제	허용보조금	상계가능보조금	금지보조금
세이프가드	SSG	소국	대국
BAP정책			

연습문제

1. 유치산업이 보호되어야 한다는 주장이 설득력이 있으려면 어떤 조건이 필요한가? 또 유치산업이 보호되어야 하는 이유는 무엇인가? 벤처산업을 보호해야 한다는 최근의 주장들은 이러한 측면에서 어떻게 정당화될 수 있겠는가?
2. 생산에 외부경제가 있을 때는 자유무역이 좋은가 보호무역이 좋은가 혹은 다른 더 좋은 정책이 있는가?
3. 외국이 보호무역정책을 펴고 있으면 우리나라만 자유무역정책을 시행하는 것이 바람직하지 않을 수도 있다. 이를 전략적 무역정책이라는 측면에서 설명하시오.
4. 소비를 통한 경제후생의 극대화라는 목표 이외에도 다른 목표를 가지고 있는 경제가 있을 때는 보호무역이 필요할 수도 있음을 설명하시오.
5. 소국의 경우에, 관세부과는 경제 전체의 후생수준에 좋은 영향을 미치는가 아닌가?
6. 관세는 조세이므로 법률에 의해서만 변경되어야 하는데 탄력관세는 왜 필요한가?
7. 수량할당과 관세 중 어느 것이 수입규제효과가 더 큰가? 예를 들어 설명하시오.
8. 비관세장벽은 관세에 비하여 어떠한 특징을 갖고 있는가?
9. 무역에 대한 기술적 장벽은 무엇인가? 예를 들어 설명해 보시오.

읽을거리

중국, 수출관세와 수입관세 인상 및 인하

GATT체제 마지막 다자간무역협상(Round)이었던 UR에서는 공산품 중에서 무관세품목이 등장하였고, 공산품의 세계평균 수입관세율은 크게 낮아졌다. 농산물에 관한 수입규제 등 비관세장벽(NTBs)은 UR타결 이후 5년 내에 모두 철폐하기로 하고 그 대신 관세화(tariffication)하기로 하였다. 오늘날에는 공산품의 세계 평균 수입관세율이 2~3%로 크게 낮아졌는데, 이 평균 2~3%는 평균개념이며 실제로는 WTO 회원국마다 수입관세율이 상이하다.

이러한 상황 하에서 중국 재정부는 2016년부터 전체 품목의 9.5%에 대하여 수입관세를 잠정적으로 인하하였고, 수출관세는 인하 또는 인상하였다. 한국에는 수입관세만 존재하고 수출관세는 존재하지 않는데 중국은 수입관세와 수출관세가 동시에 존재하고 있다. 중국이 수입관세를 내린 것은 중국 내 소비진작 및 산업경쟁력 강화를 목적으로 한 것이며, 수출관세를 낮춘 것은 과잉생산품을 외국으로 분출하고자 하는 것이 주요 목적이다.

수입관세 인하 대상 주요 품목은 해외로부터의 소비수요가 높은 가방 · 의류 · 화장품 · 스카프 · 텀블러 · 선글라스 등 소비재 중심이며, 일부 고급 설비, 핵심 원부자재 및 에너지 관련 소재 제품에 대한 수입관세도 인하하였다. 수출관세는 대부분 최근 공급과잉 문제를 겪고 있는 각종 금속광물, 화학제품, 펄프 등 원부자재에 대해 인하를 단행하였고, 일부 오염물 및 폐기물에 대한 관세도 동시에 인하하였다. 수출관세는 인하와 인상을 병행하였는데, 일부 산업 핵심 원자재(희토류 제외) 및 주요 광물 관세는 인상하였다.

이로써 2016년 1월부터 모직 · 면직 · 의류 수입관세는 기존의 16%에서 8%로 인하되고, 부츠 등 대분 신발에도 기존 24%의 절반 수준인 12%로 그리고 여행가방 · 핸드백 등 가방류 수입관세는 기존 20%에서 10%로 인하하였다. 최근 중국에서 급증하고 있는 수입 분유 일부 품목에 대해 수입관세를 기존 20%에서 5%로 대폭 하향 조정하였고, 영유아 의류와 가공식품 관세도 기존 15%에서 5%로 인하하였다. 그 외, 하이테크 장비 · 환경제품 · 석유 · 천연가스 등 에너지 자원과 일부 희토류 수입관세율도 대폭 인하하였다.

자료: 중국 재정부, 중국 해관.

제 2 부

무역동향의 이해

제5장 무역정책과 WTO

제 1 절 자유무역과 보호무역의 흐름

국제무역의 역사를 보면 자유무역과 보호무역의 흐름이 오랫동안 반복되어 왔음을 알 수 있다. 자유무역정책은 비교생산비설 또는 비교우위론을 근거로 출발하며, 무역을 자유롭게 함으로써 세계 각국은 무역으로부터의 이익(무역이익)을 향유할 수 있다는 것이다. 보호무역정책은 경제발전이 뒤쳐진 나라에 있어서 유치산업보호론과 기타의 다른 이에 근거를 기초로 하여 국내산업을 보호하기 위해 수입을 제한해야 한다는 내용이다.

이러한 두 상반된 입장을 국민경제발전의 차원에서 조명해 보자. 자유무역정책은 경제의 순환을 선순환적으로 확대시킴으로써 경제 성장을 도모하고, 효용을 증가시키고자 하는 것이다. 이에 비해서, 보호무역정책은 가격과 품질 면에서 국제적으로 경쟁력이 부족한 국내 상품을 외국으로부터 들어오는 수입상품과의 경쟁으로부터 배제하여 보호함으로써 국내생산의 증가를 도모하여 경제발전을 추구하고자 한다. 이러한 두 가지 주장은 모두 경제성장 및 효용수준의 증가를 목표로 하고 있다는 점에서는 동일하지만 정책방향과 수단은 서로 상당히 다르다.

대체적으로, 세계경제 호황의 시기에는 자유무역 기조가 나타나는 경향이 짙고, 경제상황이 어려운 때에는 보호무역 기조가 나타나는 경향이 있다. 예컨대 제1차 세계대전과 제2차 세계대전 사이에는 세계경제가 대공황시기였으며, 그래서 보호무역 기조가 주류를 이루었다. 제2차 세계대전 이후에는 자유무역질서인 GATT를 출범시킴으로써 다시 자유무역 기조를 갖게 되었다. 이 자유무역으로 말미암아 세계의 무역은 급격히 증가하였으며, 세계 경제는 호황을 누렸다.

그러나 그 이후 1960년대까지는 GATT를 중심으로 자유무역 흐름이 세계경제의 기조를 이루어 왔다 그러나 미국경제가 다시 침체의 길로 치닫기 시작하자 1971년 8월 15일 당시 미국 대통령이었던 닉슨이 미국경제 회복을 위해 발표한 특단의 대내외 8대 경제조치를 발표하였는데 이를 닉슨쇼크(Nixon Shock)라고 부르고 있다. 이 닉슨쇼크 이후부터 1995년 WTO체제가 시작되기 전까지의 약 25년 동안에는 소위 '신보호무역주의'(New Protectionism)가 나타나기도 하였다.

1980년대 이후에는 자유무역을 향한 GATT체제하에서 다자간 협상이 지속되어 드디어 1986년 9월부터 시작한 우루과이라운드(UR)가 1994년까지 협상을 끝내고 1995년에 WTO체제가 출범하였다.

WTO체제가 시작되면서 좀 더 순수한 자유무역으로 진전시키고자 도하개발어젠다(Doha Development Agenda: DDA)가 시작되었으나, 회원국들의 이해관계가 엇갈려 현재까지 타결을 이루지 못하고 있다.

게다가 2008년 미국의 서브프라임모기지(Sub-Prime Mortgage)사태로 촉발된 국제 금융위기가 실물위기로까지 확산되자 미국 등 선진국들은 보호무역주의 요소가 들어있는 무역제한조치(trade restrictive measures)들의 활용을 시도하기 시작하였다. 이에 세계 20개국 정상모임(G20) 등을 통하여 보호무역주의 요소를 배격하고 자유무역주의를 통하여 세계경제를 다시 회복시키자는 국제공조에 힘쓰고 있다.

이와 같이 무역정책은 각 국민경제의 발전단계에 대응하여 시대마다 다르게 나타나므로 국민경제의 상황에 따라 평가가 달라질 것이다.

1. 중상주의의 대두

국제무역은 기원전부터 이루어져 왔지만, 본격적인 국제무역이 성립된 것은 유럽에 있어서의 근세국가가 형성된 이후의 일이다. 당시에는 중상주의(mercantilism)라는 흐름이 나타났는데, 이는 상업을 중시하는 흐름이었으며,

따라서 당시에는 무역이 경제의 중심 기조에 있었다.

중상주의는 16세기부터 18세기에 이르는 기간에 다수의 경제학자들이 주장한 논의들을 통칭하는 개념으로 사용되고 있다. 당시의 학자들은 부(wealth)라는 것은 금이나 은 등의 귀금속(당시에는 화폐가 없었기 때문에 화폐로 대용함)으로 대표되는 자산의 양이라고 생각하였다. 따라서 한 국가가 부강해지기 위해서는 각종 수출지원 정책을 통하여 수출을 늘리고 수입제한정책을 통하여 수입을 줄임으로써 무역수지 흑자를 이루고, 그 결과 무역대금의 결제수단이었던 금 · 은 등 귀금속을 축적하여 부를 증가시키는 정책을 사용할 것을 주장하였다. 일종의 부국강병책(富國强兵策)이었다.

각국은 서로 외국으로부터의 수입에 대하여 높은 관세를 경쟁적으로 부과하여 수입을 규제하였고, 때로는 금과 은(화폐)의 국외유출을 금지하기도 하였다. 수출 측면에서는 수출장려금의 교부, 수출관련 각종 관세의 경감, 외국의 공업 발전에 도움이 되는 상품, 기계 및 노동자의 유출 금지 등을 통하여 자국산업을 보호 · 육성하였다. 예컨대, 식민지와 본국간의 무역상품의 수송은 본국 선박에 한정하는 것을 골자로 하는 '항해조례' (Navigation Act)도 이 시대의 산물이었다.

이와 같이 수출은 증가시키고 수입은 규제하여 자국의 부를 늘리려는 중상주의적 사고는 오늘날에 와서도 각국 국민들이나 정부 관료들의 생각을 지배하고 있다. 즉, 세계 각국은 수출을 늘리고 무역수지를 개선하려고 노력하고 있으며, 많은 국가들은 수출지원정책을 시행하고 있다. 이를 소위 '신중상주의' (new mercantilism)라고도 한다.

물론 현대 경제에서 수출을 증가시키는 것은 무역수지 흑자를 확대시켜 무역의 이익을 얻겠다는 것이며, 고용을 증대시키고 경제성장을 추구하려는 것이 그 목적이다. 이와 같이 많은 경우 정책 당국자들이나 정부들은 수출지원정책을 이용하여 무역수지 흑자를 증가시켜 부를 늘려보겠다는 중상주의적 사고가 존재하는 것이 엄연한 현실이다.

2. 중농주의와 자유무역주의 사상

18세기 후반(중상주의시대 말기) 프랑스에서 케네(F. Quesnay)와 그의 제자들에 의하여 형성된 중농학파가 주창한 농업중시의 사상 및 정책을 '중농주의'(physiocracy)라고 한다. 그 정책목표는 농업생산의 증강이었으며, 이를 위하여 중상주의적 통제나 비경제적인 조세제도를 폐지하고 '자유방임'(laissez-faire)정책을 실시해야 한다고 주장하였다. 이는 자연적 질서(natural order)를 중시하는 가운데 나타났으며, 대체적으로 '자유무역의 사상'을 처음으로 표방했다고 볼 수 있다. 그의 이러한 사상이 아담 스미스(A. Smith)에 의해서 계승되어 영국에서 '자유무역주의'가 생기게 되었던 것이다.

자유방임주의는 경제발전을 위해서는 각 개인의 자유로운 활동에 위임하는 것이 최대의 효과를 거둔다는 경제적 자유주의를 의미한다. 인간은 원래 이기심을 동기로 하여 자기의 환경을 개선시키고자 노력하기 때문에 정부는 간섭하지 않고 시장에 맡겨 두면, 결과적으로 '보이지 않는 손'(invisible hand)에 이끌려 개인과 사회에 가장 좋은 상태를 가져올 수 있다는 것이다.

자유무역주의는 국가권력에 의한 보호나 통제, 제한 등의 간섭이 없는 자유로운 대외무역을 기본 이념으로 하고 있다. 산업혁명이 진행되고 자본주의 경제가 급진적으로 발전함에 따라 중상주의적 보호정책은 오히려 경제발전을 저해시키는 장애물이 되었으며, 이에 따라 자유무역주의가 대두되었다. 이러한 흐름은 대외무역 면에서도 그대로 반영되어 중상주의적 보호무역정책은 폐기되고 아담 스미스나 리카도(D. Ricardo) 등에 의해서 국제분업(international division of labour)의 이익을 그 주장의 근거로 하는 자유무역주의가 출현하게 된 것이다.

그러나 자유무역주의는 역사적 상황에 따라서 양상이 다르게 전개되어 왔다. 즉, 같은 자유무역주의라고 하더라도 경제발전의 단계에 대응하는 국가개입의 성격에 따라 그것이 의미하는 내용을 달리하고 있는 것으로서, 19세기적 의미의 자유무역주의와 20세기적 의미의 자유무역주의로 대별된다.

19세기 자유무역주의는 관세의 인하를 그 구체적인 내용으로 하고 있다. 즉, 다른 나라보다 먼저 산업혁명을 성공시킨 영국이 공업원료와 식량을 유럽대륙으로부터 염가(저렴한 가격)로 수입하는 한편, 이렇게 저렴한 가격으로 수입한 원료를 가지고 생산한 공업제품을 다시 대량으로 그리고 비싼 값으로 유럽대륙에 수출하기 위해서 수출입에 장애가 되는 관세의 폐지 내지 인하가 초점이 되었다.

20세기 자유무역은 관세인하를 통하여 자유무역을 지향하는 것 이외에도, 직접적인 무역통제의 철폐를 주요 내용으로 하고 있다. 수입제한(import restriction)이나 각종 비관세장벽(non-tariff barriers: NTBs) 등과 같은 무역장애 요인을 배제하고, 자유경제의 가격기구(price mechanism)를 유지하는 내용을 더욱 강하게 지니게 된 것이다. 이를 통하여 비교우위 원리에 의한 국제적 분업을 활발하게 하고, 세계 경제의 발전과 자원의 효율적 배분(effective distribution)을 목표로 하고 있다.

세계 무역의 흐름은 당시의 경제적 상황과 밀접한 관계를 가지고 있다. 18세기 이전 중상주의 시대에는 부국강병을 위한 강력한 보호무역정책이 주장되었다. 18세기 이후 영국에서는 자유무역주의가 지배하였으나 이에 반하여 독일이나 미국과 같은 나라에서는 보호무역주의가 지배하였다. 이는 앞에서 설명한 바와 같이, 산업혁명을 최초로 성공시킨 영국은 당시 세계의 유일한 선진국으로서 자유무역이 자국의 이익을 극대화할 수 있었던 데에 기인하며, 미국이나 독일은 당시 아직 후발 공업국으로서 유치산업보호와 같은 명분으로 보호무역을 중시하였던 것이다.

그러나 세계 전체적으로는 자유무역주의가 지배적인 기조였다고 할 수 있으며, 당시 영국에 이어 산업혁명을 성공시켜 선진국이 되었던 유럽국가들의 경우에는 제1차 세계대전(1914~1918) 전 수십 년 동안의 GDP대비 무역(무역/GDP) 비율은 오늘날과 비교하여 볼 때 크게 차이가 나지 않았고 오히려 더 개방적이었던 경우도 있었다. 그럼에도 불구하고 이러한 자유무역주의가 각국의 경쟁 및 식민지쟁탈전으로 변질되고 결국은 제1차 세계대전을 유발하는 것으로 결과가 나타났다.

3. 제2차 세계대전 이전의 무역흐름

제1차 세계대전 이후, 세계무역의 기조는 보호무역주의로 전환되었다. 이는 후발공업국들이 선진국들로부터의 수입에 대한 무역규제를 높이는 과정에서 나타난 흐름이라고 할 수 있다. 또한, 세계경제가 침체되면서 각국은 자국의 산업을 보호하기 위해서 보호무역을 지향하여 왔으며, 그 결과 세계전체의 무역량은 1930년대 이후 급격히 감소하였다.

예컨대 미국은 세계대공황(Great Depression, 1931~1933) 이후 제조업에 대한 평균관세율을 60% 정도 상승시켰으며, 이에 대하여 선진 각국은 보복관세(retaliative tariff)를 부과함으로써 거의 무역전쟁(trade war) 혹은 관세전쟁

(tariff war) 상태까지 가게 되었다. 결국, 세계는 극단적인 보호무역으로 치닫게 되었으며, 이로 인해 세계대공황은 더욱 심화되고 더 오랫동안 지속되어 결국 제2차 세계대전(1941~1945)이 발발하게 되었다.

4. 제2차 세계대전 이후 무역의 흐름

(1) 자유무역과 경제호황

제2차 세계대전 이후, 각국은 세계경제 침체(대공황), 세계 대전(전쟁) 및 보호무역주의는 상호 깊은 관련성이 있음을 인식하고, 자유무역을 향한 새로운 국제경제질서를 구축하기 위해 IMF와 IBRD로 대표되는 브레튼우즈체제를 구축하였다. 또한 1948년에는 관세 및 무역에 관한 일반협정(General Agreement on Tariffs and Trade: GATT)를 창설하였다. GATT체제하에서 자유무역의 기조가 자리잡음에 따라 세계의 무역은 급격히 증가하였으며, 경제상황도 1960년대까지는 호황국면으로 들어가게 되었다.

(2) 신보호무역주의

그러나, 1970년대 이후에는 브레튼우즈체제의 붕괴(1971년) 및 제1차(1973년), 제2차(1979년) 석유위기(oil shock)와 그에 따른 선진국의 경제침체로 이어져 1971년부터 WTO체제 이전까지 약 25년 동안(1971~1995) 신보호무역주의(new protectionism)가 나타났는데, 이는 기존의 유치산업보호론과는 다른 특징을 갖는 보호주의로 나타났다.

이러한 신보호무역주의는 대체로 다음과 같은 특징을 가진 것이었다.

① 선진국 중심의 보호주의였다.

1960년대 이후 개도국의 경제발전이 이루어지고, 국제시장에서 선진국들과 경쟁하게 됨에 따라 미국 · 유럽 등의 선진국에서는 특정 산업들에서 경쟁력을 잃게 되자 산업보호의 필요성을 느끼게 되었다.

② 보호 대상이 주로 사양산업 위주였다.

섬유나 철강 등과 같이 이전에는 선진국들이 비교우위를 가지고 있던 산업들에서 개도국이 비교우위를 갖게 됨에 따라 선진국의 해당 산업에서는 실업문제 등으로 인하여 산업보호를 주장하게 되었다.

③ 보호 수단으로는 비관세장벽이 대두되게 되었다.

GATT의 활동에 따라 관세 인하가 이루어져 왔기 때문에 이에 대응하여 비관세장벽(NTBs)을 설정하여 보호하는 방법을 사용하게 되었다.

(3) 다자간 무역협상

제2차 세계대전 이후 GATT체제하에서는 다자간무역협상이 8차례 계속되었는데, 이는 회원국들이 모여서 함께 무역협상에 참여함으로써 쌍무적인 협상에 비하여 관세인하 효과가 더 컸다. 이와 같은 다자간무역협상을 '라운드(round)' 라고 부르는데, 제1차부터 4차까지의 관세인하 협상이 있었고 제5차 딜론라운드, 제6차 케네디라운드(1964~1967), 제7차 동경라운드(1973~1979), 그리고 제8차 우루과이라운드(1986~1994) 등이 이어졌다.

이 중 케네디라운드는 1960년대의 자유무역 기조를 이루는 데 큰 공헌을 하였다. 동경라운드와 우루과이라운드에서는 기존의 제조업 분야에 대한 관세인하뿐만 아니라 비관세장벽 및 서비스무역에도 집중적으로 관심을 가지고 자유무역으로 나아가기 위하여 노력하였다. 그 결과 1995년부터는 세계무역기구(World Trade Organization: WTO)가 발족되고 세계무역은 새로운 국면을 맞이하게 되었다.

제 2 절 GATT의 활동과 한계

1. GATT체제의 성립

제2차 세계대전 이후 세계 각국은 그동안의 보호주의로 인한 폐해를 인식하여 세계번영을 위해서는 반드시 무역자유화가 필요하다는 데 동감하게 되었다. 이에 제2차 세계대전을 승리로 장식한 연합국 44개국 대표들은 1944년에 미국 브레튼우즈에서 회합을 갖고 브레튼우즈협정(Bretton Woods Agreement: BWA)을 체결하여 세계경제 질서에 중요한 역할을 하게 되었다.

이 브레튼우즈협정에서 창설된 중요한 세 가지 기구가 있는데, 국제무역 자유화를 위해 설립된 GATT, 각국의 일시적인 국제수지 불균형에 처한 회원국들에게 단기자금 공급을 통하여 경제자유화를 목표로 하는 IMF(국제통화기금), 전쟁후 폐허가 된 산업시설을 부흥하는데 필요한 장기 경제개발 자금 공급을 통하여 각국의 경제발전을 추구하는 IBRD(이 은행은 후에 World Bank으로 불림)가 그것이다.

이에 따라 제2차 세계대전 이후 세계경제의 질서 중에서 국제무역에 관한 부분은 'GATT체제'라고 부르며, 국제금융 부분은 'IMF-IBRD체제' 혹은 '브레튼우즈체제'라고 부르게 되었다. 이로써 미국은 제2차 세계대전 이후 절대적인 경제력을 기반으로 하여 브레튼우즈체제, IMF-GATT체제, 미국체제(American System) 및 Pax-Americana를 구성하는 유일한 초강대국이 되었다.

2. GATT체제의 활동성과

GATT는 창설 이후 8차례에 걸친 다자간무역협상을 진행시켜 왔는데, 그 중에서도 특히 1960년대에 행해진 케네디라운드, 1970년대에 행해진 동경라운드 그리고 1986년 9월부터 시작하여 1994년 4월까지 7년 7개월의 시간이 소요된 우루과이라운드가 상대적으로 많은 성과를 거둔 바 있다.

다자간무역협상(round)은 회원국들이 한 자리에 모여 진행하는 무역협상으로서 어떤 일정기간 동안 GATT 회원국이 여러 차례 회합을 갖고 관세율의 인하나 철폐, 기타 무역정책에 대하여 협상을 하는 것이다. 케네디라운드와 동경라운드는 관세인하(선진국 평균관세율 각각 35%, 33% 인하)측면에서 커다란 성과를 거두었다. 동경라운드에서는 완벽하지는 못했지만 비관세장벽의 완화를 위한 6개 분야에 대한 다자간 협정과 3개의 특정상품 관련협정이 체결되었다.

이와 같이 여러 나라가 한곳에 모여 관세인하를 벌이는 것은 매우 효과적인 방식이다. GATT에서는 최혜국대우(most favored nation: MFN)원칙이 있는데, 이는 일단 어느 2국간에 성립된 관세인하 합의는 다른 모든 회원국에도 그대로 똑같이 적용된다는 것이다.

이와 같이 1948년 1월 1일 GATT가 창설된 이후 GATT가 추진해 온 주요한 관심사항은 지나친 보호주의의 철폐와 이를 통한 자유무역주의 실현이었다. 그리하여 첫번째의 다자간 협상에서는 주로 국내시장보호를 목적으로 사용되고 있는 무역장벽 및 관세의 축소방안이 거론되었다.

1960년대까지 상당한 정도의 관세인하가 이루어진 이후 각국은 관세장벽보다는 비관세장벽(NTBs)의 해결에 관심을 두게 되었으며, 1963~67년 기간동안 진행되었던 케네디라운드에서는 처음으로 비관세장벽 제한을 위하여 새로운 GATT원칙의 정립을 시도했으나 별다른 진전을 보지 못하였다.

그러나 1973~79년 기간동안 진행되었던 동경라운드에서는 보다 적극적으

표 5-1 GATT의 다자간 무역협상과정

횟수	명 칭	기 간	참가국수	개최장소	신양허품목수	평균관세인하율	관세협상방법	비 고
제1차	일반관세협정	1947	23	제네바(스위스)	약 45,000	불명	품목별 인하	평균관세율이 1947년의 40%에서 61년에 20%로 낮아짐
제2차	〃	1949	13	아느시(프랑스)	약 5,000	〃	〃	
제3차	〃	1951	38	토쾌이(영국)	약 8,700	〃	〃	
제4차	〃	1956	26	제네바(스위스)	약 3,000	〃	〃	
제5차	딜론라운드(Dillon Round)	1960~1961	26	제네바(스위스)	약 4,400	7%(공산품)	〃	
제6차	케네디라운드(Kennedy Round)	1964~1967	62	제네바(스위스)	약 30,000	30~35%(공산품)	일괄인하	전사업부문에 걸쳐 실질적인 관세인하
제7차	동경라운드(Tokyo Round)	1973~1979	102	동경(일본)	약 25,000	33%(공산품)	관세조화	6개 비관세장벽 및 3개 특정상품관련협정
제8차	우루과이라운드(Uruguay Round)	1986~1994	123	푼타 델 에스테(우루과이)	전품목	33%(공산품) 관세무세화 공산품목(75개)	관세조화	협상대상분야가 재화이외에 서비스 및 지적소유권 · 무역관련투자로 확대

자료: WTO홈페이지(http://www.Wto.org/english/the Wto_e/Whatis_e/tif_e/fact4_e.htm)

로 보조금 · 기술장벽 · 수출허가절차 · 정부구매제한 · 관세평가 · 반덤핑절차 등과 같은 비관세장벽(NTBs)의 철폐를 위한 제반 협정이 체결되어 비관세장벽 철폐에 있어서 최초로 많은 성과를 거두었으나, 여전히 상당한 미비점을 남겨둔 채 끝나게 되었다. 이에 따라서 GATT체제를 확립 · 강화시키기 위하여 1986년 9월 우루과이라운드(Uruguay Round: UR)가 시작되었다.

GATT는 「관세 및 무역에 관한 일반협정」이라는 이름에서 나타나듯이 GATT의 제1차적인 중요성은 관세협상 분야에 있었다. 8차례에 걸친 관세인하 협상의 결과 세계 주요 무역국의 공산품 평균실행관세율은 약 2~3%로 인하되어 관세는 무역장벽으로서의 의미가 상대적으로 감소하고 있다(표 5-1 참조).

3. 한 계

제2차 세계대전 직후 자유무역의 기치를 내걸고 1948년에 출범한 GATT체제는 반세기 가까이 관세와 비관세부문에서 국제통상의 장애가 되는 여러 가지 요소들을 지속적으로 제거함으로써 자유세계의 번영을 이끌어 내는 데 결정적인 역할을 해왔다. 즉, GATT를 중심으로 전후 자유무역체제는 분명히 서방제국들의 경제발전에 크게 기여해 온 것만은 사실이다. 그러나 GATT체제가 문자 그대로의 자유무역체제이었던 것도 아니고, 게다가 모든 무역문제를 해결할 정도로 완벽한 것도 아니었다.

GATT체제는 관세인상 금지, 수입수량할당 금지, 수출보조금 금지, 최혜국대우의 상호인정 등의 단순한 사항들에 그 본질이 있었다고 할 수 있다. 이와 같이 GATT체제가 추구해 온 본질은 단순했기 때문에 많은 나라들을 끌어들여 자유무역으로의 이행이 가능했을 것이다. 그러나, 국제간에 무역이나 투자가 확대되고 각국 경제가 보다 긴밀히 결합되어 감에 따라 국경에서의 무역제한조치인 관세나 수입수량 제한을 철폐하는 것을 추구하는 GATT체제로서는 한계가 있었다.

예컨대, 각국의 경제가 보다 한층 더 상호의존적이 되면 일반적으로 해외로부터 수입이 격증되어 국내산업이 큰 피해를 입는 경우가 많아지게 된다. 그러나 GATT체제에서는 이러한 문제에 대해 정확히 대처할 수 없는 경우가 많았기 때문에 주요 국가간의 보호주의적인 대응조치를 유발할 수밖에 없었다. 또한, 서비스무역의 자유화와 지적소유권 문제 등도 과거 GATT규칙만으로는 충분히 처리할 수 없는 문제들이었고, 농업문제도 GATT체제로서는 용이하게 해결할 수 없는 큰 문제이었다.

이러한 문제점들이 드러나게 된 GATT체제의 한계점을 지적하면 다음과 같다.

(1) GATT규정의 구속력 미흡

GATT규정은 최혜국대우, 관세인하, 관세협상, 가맹 및 탈퇴 등의 절차에 대해서는 어느 정도 구속력을 가지고 있었다. 그러나 수량제한의 금지 등 무역확대 규정이나 개도국 문제 등의 경우에는 가맹 시점에서 국내법의 범위 내에서만 그 이행의무가 부여되었기 때문에 이에 관한 법적 효력면에서 절대적인 구속력이 부족했다.

(2) 국제협정으로서의 조건 불충분

제2차 세계대전 직후인 당시 각국의 경제사정으로 볼 때, 갑작스럽고도 완벽한 자유무역주의를 시행하자는 국제무역기구(International Trade Organization: ITO)헌장은 물론 헌장 내용을 준수하기에는 너무 벅찬 상황이었기 때문에 미국 등 여러 국가들로부터 비준을 받지 못했다.

결국 각 가맹국들은 GATT의 잠정적 적용에 관해 서명된 의정서에 대하여 그 나라의 행정권의 범위 내에서 GATT의무를 수락하는 방식에 따라 정부간 신사협정(Gentleman Agreement between Governments)이 발효되었기 때문에 국제협정으로서의 조건이 충족되지 못했던 것이다.

(3) GATT의 국제기구적 성격 미비

GATT와 더불어 브레튼우즈협정에 의해서 탄생한 국제통화기금(IMF)은 그 규정에 의해서 정식으로 설립되었고, 그 규정에 따라 이사회와 기타의 관리기구가 운영되는 손색없는 국제기구적 성격을 보유했다. 그러나 ITO의 무산으로 인하여 대체기구로 시작된 GATT는 국제무역상의 원칙을 규정한 협정에 불과하므로 국제기구로서의 성격을 온전히 갖추지 못했던 것이다.

GATT성립 당시부터 안고 있었던 이와 같은 구조적인 한계성이 내재되어 있었음에도 불구하고 47년 동안 GATT가 국제무역문제를 전담할 수 있었던 것은 가맹국들간의 상호 협조정신(각국 정부가 합의한 내용을 준수하는 하나의 신사협정)에 기초를 두고 있었기 때문이다. 이러한 국제적 협조정신에 의존하여 GATT성립(1948년) 후 1990년까지 세계교역량이 연평균 8.2%씩 증가하는 등 국제무역은 상당한 정도로 확대되었으며, 세계후생 증진에 크게 기여해 온 것만은 사실이다.

그러나 이러한 세계무역의 확대현상은 주로 선진공업국 상호간의 수평적 무역(北-北 무역)에 국한되었으며, 개발도상국간(南-南 무역)에는 큰 효과가 미치지 못했었다. 이로 말미암아, 개발도상국에게는 거의 혜택이 없었기 때문에 반발이 제기되었다. 이에 따라 일부 강경 개발도상국들은 GATT규정을 개정해야 한다는 등 신국제경제질서(New International Economic Order: NIEO)를 주장하게 되었으며, 이는 개발도상국의 2차산업인 제조업 상품에 대하여 선진국 일반적으로 관세를 면제해 주는 일반특혜관세(General System of Preference: GSP)제도 등의 실현으로 반영되기도 하였다.

제 3 절 WTO 성립과 진전

1. UR과 WTO의 성립

GATT의 제8차 라운드인 우루과이라운드(Uruguay Round: UR)는 1986년 우루과이의 푼타 델 에스테에서 출범하여 7년 7개월 동안 다자간 무역협상이 이루어진 결과, 1994년 4월 12일~15일에 모로코의 마라케쉬(Marrakesh)에서 개최된 UR각료회의에서 종료되었다.

UR에서는 지금까지의 GATT체제가 지니고 있었던 한계를 극복하고, 향후의 새로운 국제무역질서를 더욱 효과적으로 규율하기 위하여 세계무역기구(World Trade Organization: WTO)를 창설하도록 합의하였다. 이 각료회의에서는 세계무역기구 설립을 위한 마라케쉬협정이 서명됨으로써 WTO가 출범하게 되었다. WTO는 UR최종 협정을 이행하기 위한 기구로서 GATT보다 강력한 권한을 갖고 국제무역에 관한 UN의 역할을 수행할 것으로 기대되었다.

이로써 1948년 1월에 창설되어 47여년 동안 세계무역을 관할해 오던 GATT체제가 막을 내리고, 신GATT체제라고 할 수 있는 'WTO체제' 시대가 도래하게 되었다.

2. WTO 설립 협정내용

WTO협정을 좀 더 구체적으로 나타내 보면 [그림 5-1]과 같다. 즉, WTO

그림 5-1 WTO 협정문의 구성

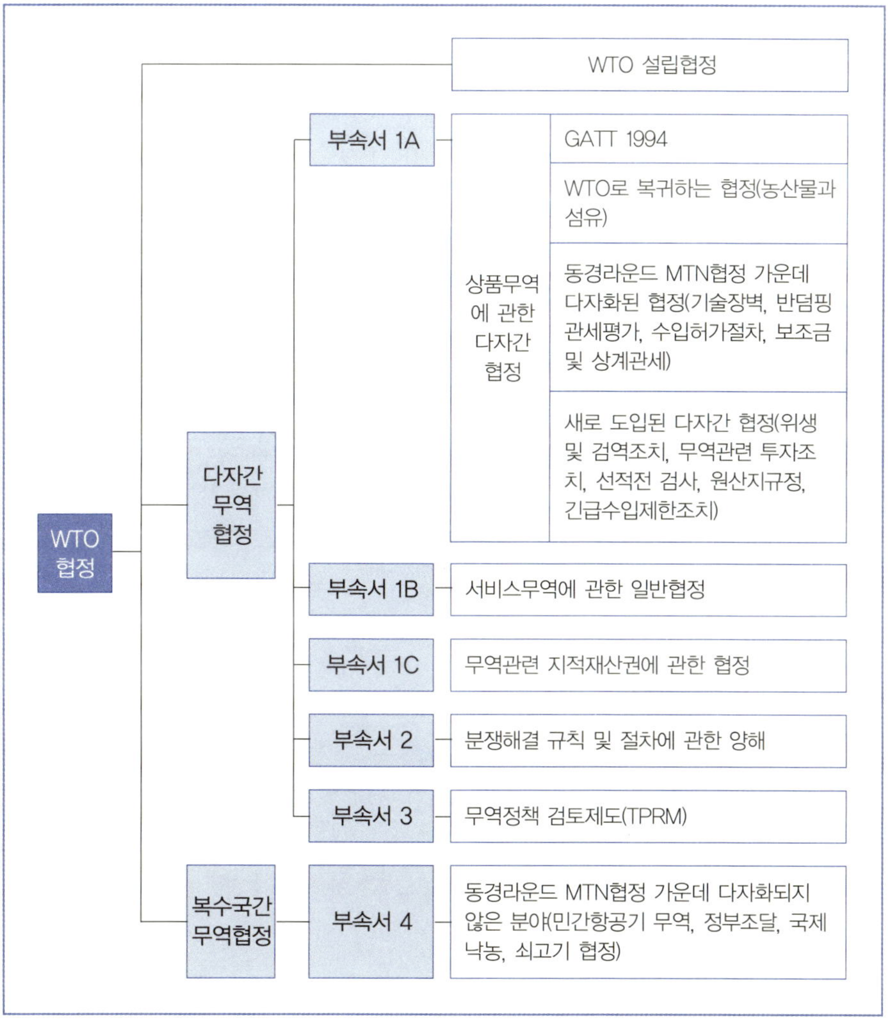

협정은 설립 당시에는 WTO설립협정, 다자간무역협정(GATT 1994, 농산물, 섬유협정, 동경MTN협정 등 13개와 새로운 다자간협정인 서비스협정, 지적재산권협정, 분쟁해결관련양해, 무역정책검토제도 4개 등 총 17개) 및 복수국간무역협정(민간항공기무역, 정부조달 등 2개)으로 구성되어 있다(복수국간 무역협정이었던 국제낙농 및 소고기협정은 다자간무역협정의 성격이 짙어 복수국간 협정에서 제외시키고 농산물협정에서 다루게 되었다).

다자간무역협정(Multilateral Trade Agreement)은 WTO 협정문의 일부로서 모든 회원국에 적용된다. 복수국간무역협정(Pluri-lateral Trade Agreement)은 WTO협정문의 일부이지만 이 협정문을 수락한 회원국에게만 적용되며, 이 분야는 모든 회원국에게 널리 적용될 수 없는 특수한 분야에 해당한다.

상품무역에 관한 다자간협정 중 「GATT 1994」는 1947년 10월에 채택되어 지금까지 개정되어 온 GATT협정문을 개정한 내용에 UR결과 확정된 여러 가지 내용이 추가되어 있다. 「GATT 1994」는 이제 WTO협정 중의 가장 중요한 협정으로서 본래적인 위치로 복귀하게 되었다.

3. WTO의 조직구조

WTO의 조직구조는 WTO협정하의 모든 문제에 대한 의결권을 갖는 각료회의를 정점으로 하여, 각료회의가 휴회 중인 때에 필요에 따라 개최하여 실질적으로 각료회의의 결정을 수행하는(상설기구의 역할) 일반이사회와 그 산하의 3개 이사회 및 2개의 특별기구, 그리고 각료회의 산하의 4개 위원회로 구성되어 있다.

(1) 각료회의

각료회의는 모든 회원국 대표로 구성되며 최소 2년에 1회 개최된다. 각료회의는 다자간무역협정의 모든 사항에 대하여 결정을 내릴 권한을 갖는다. 2015년 12월 아프리카 케냐 나이로비에서 각료회의가 개최되었고, 지금까지 개최된 각료회의의 주요 연도와 개최지는 다음과 같다.

표 5-2 WTO 각료회의 개최

차수	연도	개최지	차수	연도	개최지
제1차	1996년	싱가포르	6	2005년	홍콩
2	1998년	제네바	7	2009년	제네바
3	1999년	시애틀	8	2011년	제네바
4	2001년	카타르 도하	9	2013년	인도네시아 발리
5	2003년	멕시코 칸쿤	10	2015년	케냐 나이로비

(2) 일반이사회

일반이사회는 모든 회원국 대표로 구성되며 필요에 따라 개최된다. 일반이사회는 각료회의 비회기 중에 각료회의의 기능을 수행한다. 일반이사회는 자체적인 의사규칙을 제정하고 각 위원회의 의사규칙을 승인한다.

(3) 각 위원회

각료회의는 무역개발위원회, 무역환경위원회, 국제수지위원회, 지역무역협정위원회 및 예산 · 재정 · 관리위원회를 설치한다. 이들 위원회들은 이 WTO 설립협정 및 다자간무역협정에 의하여 자신에게 부여된 기능 및 일반이사회가 자신에게 부여하는 추가적인 기능을 수행하며, 적절하다고 판단되는 기능을 갖는 추가적인 위원회를 설치할 수 있다.

4. WTO의 지위

WTO는 법인격(法人格)을 가지며, 각 회원국들은 이 WTO에 대해 이 기구가 자신의 기능을 수행하는 데 필요한 법적 능력을 가지고 있다. 각 회원국들은 WTO에 대해 이 기구가 자신의 기능을 수행하는 데 필요한 특권과 면제를 부여받고 있다. 또한, 각 회원국들은 WTO의 관리와 이 기구의 회원국 대표에 대해서도 이들이 WTO와 관련하여 자신의 기능을 독자적으로 수행하는 데 필요한 특권과 면제를 부여받고 있다.

WTO는 모든 분쟁은 분쟁해결협정에 따라 국제무역질서를 어지럽히는 회원국에 대해 WTO의 무역분쟁처리기구(Dispute Settlement Body: DSB)의 힘을 빌려 규제가 가능하게 되었기 때문에 국제무역분쟁에 대한 「국제법원」의 역할을 수행할 수 있게 되었다. 이에 따라 회원국은 상대국의 무역관행에 대해 이의가 있을 경우 GATT체제하에서의 관행이 되어 왔던 쌍무적 해결방법 대신에 WTO에 정식으로 제기하여 해결할 수 있게 되었다.

기존의 GATT체제와 새로운 WTO체제를 상호 비교하여 요약하면 〈표 5-3〉과 같다.

표 5-3 GATT와 WTO 비교

구 분	GATT	WTO
출범일시	1948. 1. 1.	1995. 1. 1.
법적 성격	국제무역기구(ITO) 설립을 위한 잠정적 국제협정	법인격을 갖는 법적 기구
부속협정	GATT협정(본문 38개조, 부속서 및 관세양허표), 9개 분야별 다자간 무역협상규약	WTO설립협정, 17개 분야별 협정, 4개 복수국간무역협정
적용분야	상품(주로 공산품)	상품을 비롯, 서비스, 지적재산권, 투자분야까지 확대
적용대상국가	주로 선진국(다자간무역협상규약은 가입국만 해당)	WTO전회원국(복수국간 무역협정은 가입국만 해당)
무역자유화 방향	주로 관세인하에 주력(비관세분야는 동경라운드를 통해 일부 철폐시도)	관세인하는 물론 일부품목 관세의 무세화, 관세조화 및 비관세장벽 철폐를 강화
무역규범	보조금, 반덤핑 등의 규정이 불명확하고 여타 다자간무역규범이 미미	기존 규정의 명료성을 제고하고 세이프가드, 원산지규정 등 분야별 협정을 별도 마련
신분야에 대한 규범	별도의 협상을 통해 새로운 협상규약을 채택	회원국간 무역관계에 대한 계속적인 협의의 장의 역할
분쟁해결	해당분야별로 각기 별도 처리	전담상설기구(분쟁해결기구) 및 상소기구 설치
의사결정	컨센서스	컨센서스 방식이 원칙이나, 불가시 다수결

5. WTO 주요원칙

WTO는 UR협정을 이행하는 정식적인 국제기구이므로 UR협상의 배경이나 포괄범위, 협상결과 등 UR과 관련되는 모든 사항이 그대로 WTO의 기초를 이루고 있다. UR에서의 새로운 3대 분야는 농산물, 서비스, 지적재산권이었으며, 이들을 포함한 UR협정의 주요 내용은 WTO에서 잘 반영되고 있다. 무역자유화를 위한 WTO 협정의 주요 원칙은 다음과 같다.

(1) 무차별원칙(non-discrimination)

이에는 최혜국대우(most favored nation treatment: MFN) 원칙과 내국민대우원칙(national treatment)이 있다. 전자는 통상관계에서 제3국에 부여하고 있는 제 조건보다 불리하지 않은 대우를 다른 국가에도 부여(관세동맹 및 자유무역지대, 개도국에 대한 특혜관세 등의 예외는 있음)한다는 것으로서 회원국간에 차별을 두지 않는다는 것이다.

후자는 수입품에 대해 적용되는 내국세나 국내규칙이 국내상품에 대해 부여하는 대우보다 불리하지 않은 대우를 부여한다는 것으로, 외국상품에 대해서 국내상품과 차별하지 않는다는 것이다.

(2) 관세화(tariffication)

WTO에서는 수량제한은 금지되고 그 대신 관세를 통하여 국내산업을 보호할 수 있도록 한다. 이는 수량제한이 관세에 비하여 더욱 엄격한 규제조치이기 때문이다. 따라서 많은 비관세장벽(Non-Tariff Barriers: NTBs)들을 관세화 하였다. 물론 관세의 경우에도 매우 엄격한 규율을 두어 관세의 인하 혹은 철폐를 목표로 한다.

(3) 공정무역원칙(fair trade)

WTO는 자유무역을 지향하지만 다른 한편으로는 공정하고(fair) 왜곡 없는 경쟁이라는 원칙을 갖고 있다. 예컨대, 덤핑(dumping) 및 보조금(subsidy) 등의 불공정한 경쟁에 대한 보복관세를 부과할 수 있도록 하였고, 공정경쟁을 위하여 농산물협정, 지적재산권 보호, 서비스경쟁조건 향상, 정부조달의 구매 규칙을 강화하는 등 다양한 규정을 두었다.

(4) 개발도상국 우대원칙(developing countries preference)

이는 개도국들의 경우 자유화의 속도에 유연성을 부여함으로써 경제개발을 지원한다는 의미이다. WTO/DDA협상의 가운데 D는 Develpment의 약자로서 개발도상국들의 경제발전을 지원한다는 약속이었으며, 홍콩각료회의에서 합의한 '무역을 위한 원조'(Aid for Trade: AfT)도 개도국들이 자유무역을 수행하여 경제발전을 이룰 수 있도록 무역관련 인프라에 지원한다는 것 등은 모두 WTO차원에서의 개도국 우대조치들이다.

제 4 절 도하개발어젠다

1. 도하개발어젠다(DDA)의 출범과 결렬

GATT체제하에서의 8번째 다자간무역협상이었던 UR의 결과 WTO가 설립되어 활동하게 되었지만, 모든 부문의 완전한 무역자유화가 달성된 것은 아니므로 추가적인 협상은 계속 필요하게 되었다.

WTO 출범 후 좀 더 자유로운 무역을 추진하기 위하여 UR에 이은 추가적인 다자간무역협상의 출범에 대한 논의가 계속되었다. 그 결과 2001년 11월 카타르의 도하에서 열린 WTO 제4차 각료회의에서 WTO체제 하에서의 첫 다자간무역협상인 '도하개발어젠다'(Doha Development Agenda: DDA)가 출범되게 되었다.

전통적으로는 라운드(round)라는 용어를 붙였으나, 도하각료회의에서는 저개발국이나 개도국의 입장을 중시하여 개도국의 경제발전을 지원하기 위한 의제(agenda)를 중심으로 무역자유화를 추구한다는 취지에서 개발어젠다(의제)라는 용어를 붙이기로 하였다.

DDA협상은 UR협상에서 논의되었으나 타결을 보지 못하고 차기 무역협상에서 논의하기로 하였던 농업과 서비스분야(이를 기설정의제, built-in agenda 라고 부른다)는 물론 수산업 · 반덤핑 · 보조금 · 투자 · 경쟁정책 · 무역원활화 등도 협상대상으로 포괄하여 전세계의 무역틀을 새롭게 짜고자 하는 작업이었다.

본 협상을 위해서는 당초 3년간의 협상기간이 설정되어 2004년 말까지는 협상을 끝내고 2005년부터는 새로운 자유무역체제가 시작되도록 시작되었다. 그러나 2001년 11월에 시작한 DDA협상 의제 중 농산물과 비농산물(Non-Agricultural Market Access: NAMA)의 관세감축, 농업보조금 감축에 대하여 선진국(미국, EU)과 개도국(브라질, 인도 등)간의 이견이 너무 커서 여러 차례 협상을 시도하였으나 2015년 12월 말 현재까지 DDA협상이 시작된 지 14년이 지나도록 완전한 타결을 이루지 못하고 있다.

그리하여 WTO회원국들은 162개국의 회원국들이 동시에 자유무역을 실시하는 것을 대신하여 자유무역의 이점을 누리고자 하는 나라들끼리만 참여하는 지역무역협정(RTA)을 선호하게 되어 DDA협상을 대체하는 추세를 이루고 있다.

2. DDA협상의 주요 의제

DDA협상의 주요 의제는 농업, 비농산물, 서비스, 규범, 지적재산권, 환경, 분쟁해결양해(DSU), 개발 및 무역원활화 등이다. 현재까지 DDA협상이 타결될 전망은 매우 불투명하고, 그 대신에 이 DDA협상 의제를 중심으로 FTA 등 지역무역협정이 국가들 사이에 활발하게 이루어지고 있다.

(1) 농업협상

농업협상은 '관세와 보조금의 감축 수준과 방식'을 결정하는 자유화세부원칙(Modality)을 합의하고, 각국이 이러한 세부원칙에 따라 품목별 또는 보조금 프로그램별 감축이행계획을 작성한 국별이행계획서(Country Schedule)를 작성하여 이를 다자적으로 검증한 뒤 전체 협상을 종결하도록 하고 있다.

(2) 비농산물협상(NAMA)

비농산물협상은 DDA협상이 출범한 이래 협상 세부원칙의 기본골격(framework)을 도출하고, 주요 사항별 논의를 통해 합의점을 모색하는 과정을 거쳐 왔다. 기본골격 합의에는 관세율이 높을수록 감축폭이 커지는 관세 감축공식 문제, 개도국에게 어떤 형태의 대우를 부여할 것인가, 분야별 자유화 협상, 비관세장벽 해소 등에 대한 기본 내용이 포함되어 있다.

(3) 서비스

서비스분야는 WTO 기설정의제로서 DDA 협상과 관계없이 이미 '서비스 무역에 관한 일반협정'(GATS)에 의거하여 주기적으로 협상을 하도록 규정되어 있다. 따라서 DDA 출범 이전에 이미 WTO 차원에서의 협상이 진행되고 있었고, DDA 출범에 따라 DDA 협상의 일부가 된 것이다.

(4) 규 범

규범협상은 2001년 11월 도하각료회의에서 현행 반덤핑협정, 보조금협정 및 지역협정의 기본원칙과 개념을 유지하면서 관련 규정을 명료화하고 개선하도록 하는 협상지침을 합의함에 따라 분야별로 협상이 시작되었다. 이 중 반덤핑 분야는 가장 활발하게 논의가 이루어지고 있는 분야로 개정항목을 발굴하여 항목별로 구체적 개정문안을 논의하고 있다. 보조금 분야는 협상 주도 그룹이 없어 협상이 부진한 상태이다.

(5) 지식재산권

지식재산권협상에서는 포도주(wine), 증류주(spirit), 생수(mineral water), 커피, 치즈 등 농산물의 '지리적 표시'(Geographical Indication: GI) 통보 및 등록을 위한 다자등록처 설립 문제, GI 특별보호대상 확대문제, 무역관련 지식재산권(Trade Related Intellectual Property Rights: TRIPs)협정과 생물다양성협약(Convention on Biological Diversity: CBD)과의 관계 등을 다루고 있다.

(6) 환 경

환경협상은 크게 협상의제와 검토의제로 다루고 있다. 협상의제는 WTO 무역과 환경위원회 특별회의에서 다루고, 검토의제는 무역과 환경위원회 정례회의에서 다루고 있다.

도하각료선언(2001.11)에 규정되어 있는 협상의제는 (i) WTO규범과 다자간환경협약(Multilateral Environmental Agreement: MEA)상 특정무역의무(Specific Trade Obligation: STO)와의 관계, (ii) WTO와 MEA 사무국간 정보교환 정례화 및 옵저버 지위 부여기준 마련, (iii) 환경상품 및 서비스에 대한 관세장벽 · 비관세장벽 감축 또는 철폐 등 세 가지가 있다.

표 5-4 WTO/DDA협상 주요 쟁점

협상 의제	주요 내용
농업	관세와 보조금의 감축 수준과 방식 결정
비농산물	관세감축공식 및 관세감축공식 적용시 개도국에게 어떤 형태의 대우를 부여할 것인지, 분야별 자유화 협상 및 비관세장벽 해소 등
서비스	전체 12개 분야 155개 세부 업종을 대상으로 포지티브 방식(positive system)과 양자협상(request/offer approach) 방식으로 진행
규범	반덤핑협정, 보조금협정 및 지역협정의 기본원칙과 개념을 유지하면서 관련 규정을 명료화하고 개선하는 협상
지적재산권	포도주와 증류주의 지리적표시(GI) 통보 및 등록을 위한 다자등록처 설립 문제, GI 특별보호대상 확대문제, 무역관련지적재산권(TRIPS) 협정과 생물다양성협약(CBD)과의 관계 등
환경	무역과 환경위원회 특별회의에서 다루는 협상의제와 무역과 환경위원회 정례회의에서 다루는 검토의제
분쟁해결양해	이행 및 보복조치에 적용되는 규정의 명확화, 분쟁해결절차의 신속화, 패널과정의 공개 등
개발	개도국 우대 조항을 보다 정확하고 실효적이고 운용이 가능하도록 함
무역원활화	통과의 자유, 수출입 절차 및 수수료, 무역규정의 공표 및 시행을 중심으로 통관절차를 개선하여 무역거래 비용을 줄여 무역을 촉진시키는 방안과 개도국에 대한 기술지원 및 능력배양 방안 모색

(7) 분쟁해결

분쟁해결협상은 WTO 체제가 출범할 당시 4년 이내 분쟁에 관한 협정(DSU)에 대한 재검토를 실시토록 규정하였고, 이에 따라 1998년부터 DSU 재검토 작업을 시작하였으나 아직까지도 미합의된 상태이다. 논의되고 있는 주요 쟁점은 이행 및 보복조치에 적용되는 규정의 명확화, 분쟁해결절차의 신속화, 패널과정의 공개 등이다.

(8) 개 발

개발협상은 개도국 우대조항을 보다 정확하고 실효적이고 운용이 가능하도록 만들기 위한 것이다. 이를 위하여 수차례 협상 시한을 연장하면서 WTO 무역개발위원회 특별회의에서 협상을 진행하고 있다.

(9) 무역원활화

무역원활화협상은 통관절차를 개선하여 무역거래 비용을 줄이고 무역을 촉진하는 무역원활화 규범을 수립하는 것을 목표로 진행되고 있다. 또한, 개도국에 대한 기술지원 및 능력배양 방안에 대한 논의도 다루고 있다.

DDA협상의 주요 의제를 요약하면 앞의 〈표 5-4〉와 같다.

3. DDA를 대신한 FTA

DDA협상이 지지부진한 상황에서 WTO 회원국들은 양자간 혹은 몇 개국 사이에 FTA를 체결하여 무역자유화를 지향하고 있다. 회원국이 FTA 등 지역무역협정(Regional Trade Agreement: RTA)을 체결하면 WTO지역무역협정위원회에 통보해야 한다.

주요용어

중상주의	부국강병책	신중상주의	항해조례
중농주의	자유방임	비교생산비설	비교우위론
보호무역정책	유치산업론	닉슨쇼크	신보호무역주의
도하개발어젠더	DDA	보이지 않는 손	국제분업
수입제한	비관세장벽	NTBs	산업혁명
세계대공황	보복관세	관세전쟁	무역전쟁
석유위기	신보호무역주의	케네디라운드	사양산업
동경라운드	우루과이라운드	브레튼우즈협정	GATT
IMF	IBRD	ITO	국제무역기구
브레튼우즈체제	미국체제	Pax Americana	마라케시
GSP	WTO	다자간무역협정	복수국간무역협정
GATT 1994	최혜국대우(MFN)	내국민대우	다자간무역협상
round	도하개발어젠다	비교역적 관심사	싱가포르이슈
일괄타결방식	다자간환경협정	NTCs그룹	관세화
공정무역	무차별원칙	개도국우대원칙	NIEO
기설정의제	TRIPs	GI	NAMA
지역무역협정	공정무역	무차별원칙	무역을 위한 원조
AfT	법인격	분쟁해결협정	DSU
분쟁해결기구	DSB	관세화	Tariffication
무역개발위원회	무역환경위원회	지역무역협정위원회	

연습문제

1. 중상주의와 중농주의의 무역관을 차이점을 중심으로 설명해 보시오.
2. 신보호무역주의는 언제 나타났는가? 어떤 배경에서 나타났는가? 그 내용은 기존의 유치산업보호론과 어떻게 다른가?
3. GATT는 현대 무역의 자유화를 다루기에는 어떠한 한계점들이 있었는가? 이들 한계점과 관련하여 WTO는 어떻게 달라졌는가?

4. WTO협정 중 다자간 무역협정에서는 어떠한 내용들이 들어 있는가? 복수국간무역협정은 무엇을 다루고 있는가? 둘 사이의 성격 차이는 어떤 점에 있는가?
5. WTO 주요원칙 중 최혜국대우 원칙과 내국민대우의 원칙은 무엇이며 둘 사이에는 어떤 차이가 있는가?
6. 도하개발어젠다는 무엇인가?
7. DDA협상에서 가운데 D는 Development의 약어인데, 이 D는 무슨 의미를 가지고 있는가?
8. DDA협상에서 논의하고 있는 주요 Agenda(의제)는 어떤 것들이 있는가?
9. 제4차 WTO각료회의에서는 DDA협상 기간을 당초 3년으로 설정하였는데 현재까지 타결을 보지 못하고 있는 결정적인 요인은 무엇인가?
10. DDA협상에 있어서 한국은 어떠한 자세로 대응해야 할 것인가?

읽을거리

이란, 경제 제재 해제 … 이란과의 무역 원활해진다

2016년 1월 16일 이란에 대한 국제사회의 경제 제재가 해제되면서 우리 정부도 금융 · 교역 · 건설 등 각종 제재규제를 해제하기로 했다. 이에 이란 수출길이 활짝 열리면서 우리 경제에 순풍이 불 것으로 예상된다. 1월 17일 기획재정부, 산업통상자원부, 외교부 등 관계부처에 따르면 이번 조치로 핵무기 관련 군사전략물자를 제외한 거의 모든 품목에 대한 수출입 제한이 해제된다.

이에 따라 우리 기업들은 석유자원개발, 정유제품, 석유화학제품, 조선, 해운, 항만, 자동차, 귀금속 등의 품목을 이란과 자유롭게 교역할 수 있게 됐다.

우선 이번 조치로 이란과의 금융거래가 원활해진다. 그동안은 공사 등을 위해 이란에 송금을 할 때 한은의 허가를 받아야 하는 '한은 허가제'가 적용돼 왔다. 하지만 이번 조치로 '한은 허가제'가 폐지되면서 원화에 대해서는 허가절차 없이 자유송금이 가능해지게 됐다. 단, 달러화 송금이나 결제는 당분간 허용되지 않는다.

전략물자, 석유화학제품, 자동차, 귀금속 등 이란을 상대로 한 교역금지 내용을 규정한 '이란 교역 및 투자 가이드라인'도 폐지된다. 이로써 이란과 교역하고자 하는 기업들이 전략물자관리원에서 발급받아야 했던 '비금지확인서'가 앞으로는 필요하지 않게 됐다. 다만, 전략물자의 경우 산업통상자원부 등 관계기관의 허가를 받는 경우에만 수출이 가능하다.

원유수입의 경우 그동안 규제에 따라 이란산 원유수입량을 매년 지속적으로 축소해야 했으나 앞으로는 정유사들이 국내수요에 맞춰 원유수입량을 자율적으로 결정할 수 있게 됐다.

또 이란국영석유회사(NIOC) 등이 제재해제 대상에 포함되면서 이란의 주요 국영기업 및 은행들과의 거래가 자유로워질 전망이다.

건설 분야의 경우 '해외건설활동 가이드라인'이 폐지되면서 국내기업이 이란의 사업을 수주할 때 사용됐던 '비제한 대상 공사확인서'도 필요 없게 됐다.

출처: 동아일보, 2016. 1. 17.

제6장 현대 무역의 동향

제 1 절 경제 통합

1. 경제통합의 의의

오늘날의 국제경제질서는 다자주의(multilateralism), 세계주의(globalism) 및 지역주의(regionalism)가 동시에 진행되는 특징을 지니고 있다. WTO체제는 다자주의를 나타내고 있으며, 세계는 하나의 시장으로 통합되고 있는 것이다. 게다가 국제적 지역주의의 흐름이 급속히 확산되고 있는바, 이는 특정 지역 내에서의 경제통합(economic integration)이라는 형태로 나타나고 있다. 예를 들어 EU, NAFTA 등은 세계경제의 중심으로 자리하고 있으며, 한국의 경우, 한-칠레FTA, 한-미FTA, 한-EU FTA 및 한-중FTA는 이러한 흐름을 반영한다고 할 수 있다.

경제통합은 '여러 국가가 모여 확대된 단일시장을 형성하는 것을 목표로 경제협정을 체결하고 체결한 국가들 사이에서는 여타의 국가들과 다른 경제적 혜택을 누리는 정책수혜' 라고 정의하고 있다. 또한, 차별적 무역지대 혹은 특혜무역지대(preferential trading area: PTA)라고 불리기도 한다. 이 정의로부터 우리는 경제통합의 양면성을 볼 수 있다. 역내의 회원국 사이에서는 각종 무역장벽을 철폐하여 하나의 시장(single market)을 지향함으로써 자유무역으로 나아가고자 하고, 역외의 다른 국가들에 대해서는 차별적인 대우를 함으로써 보호무역적 요소(역내자유무역, 역외차별조치)를 지닌다는 점이다.

2. 경제통합의 형태

경제통합은 결속의 정도에 따라 자유무역지역, 관세동맹, 공동시장, 경제동맹, 완전경제통합 순으로 구분되는데, 이들은 서로 배타적인 형태가 아니라 경제통합이 진행됨에 따라 결속도가 더 강한 다음 단계로 진전되게 된다. 실제 적용에서 경제통합이라는 개념은 지역무역협정(RTA)이라는 형태로 나타나고 있다.

(1) 자유무역지대

자유무역지대(free trade area)는 역내에서는 무역장벽을 완전히 철폐하여 자유무역을 하고, 역외의 국가에 대해서는 각 회원국들이 독자적인 관세정책을 실시하는 경제통합이다. 오늘날 자유무역협정(Free Trade Agreement: FTA)은 자유무역지대를 형성하고자 체결한 협정을 의미한다. 한-미FTA, 한-중FTA나 NAFTA(북미자유무역협정)가 이 단계이다.

(2) 관세동맹

관세동맹(customs union)은 역내에서 자유무역을 한다는 점에서는 자유무역지역과 똑같지만, 더 나아가 역외국에 대해서도 대외공통관세(Common External Tariff: CET) 등 공통적인 대외 정책을 취하는 단계이다. 역사적으로 보면 이러한 관세동맹이 가장 전형적인 형태의 경제통합 형태라고 할 수 있다. 과거에 존재했던 독일관세동맹이나 베네룩스(BENELUX)관세동맹 등이 있다.

(3) 공동시장

공동시장(common market)은 관세동맹에서 한 걸음 더 나아가 회원국 간에 생산요소의 자유로운 이동까지도 포함하는 형태이다. 사실 경제통합의 기본적인 목표는 이렇게 재화나 생산요소를 하나의 시장에 편입하여 자원의 효율적 배분을 이루려는 데 있다. 과거 유럽공동체(EC)가 이에 속한다.

(4) 경제동맹

경제동맹(economic union)은 각 회원국들의 국내 경제정책(화폐, 이자율, 물가 등)을 서로 조정하는 데까지 나아가는 형태이다. EU는 현재 Euro라는 단일 통화를 통용하고 있기 때문에 경제동맹의 단계를 이미 지났다고 볼 수 있다.

(5) 완전경제통합

완전경제통합(complete economic integration)은 화폐, 금융, 재정, 사회정책 등까지 통합하며 궁극적으로는 정치적 통합을 이루는 단계를 지칭한다. 현재 EU는 리스본조약을 발효시킴으로써 정치적 통합을 목전에 두고 있어 완전경제통합의 단계를 완성해가고 있다.

3. 자유무역협정의 의의

(1) 원산지규정

최근 DDA가 지지부진함에 따라 이를 대신하여 급격히 증가하고 있는 FTA협정의 경우 가장 큰 문제점의 하나는, 회원국들이 독자적 대외정책을 갖고 있기 때문에 역외의 국가들이 일단 역내의 국가 중 가장 자유무역적인 국가에 물품을 수출하여 역내에서 이동시킬 수 있다는 점이다. 이렇게 되면 강한 무역규제를 하고 있는 회원국들의 규제가 의미가 없어지기 때문이다. 이를 저지하기 위하여 흔히 원산지규정(rule of origin)을 사용한다. 예를 들어 한-미FTA의 경우, 중국이 어떤 물품을 미국으로 수출하기 위해 먼저 관세가 낮은 한국에 수출하여, 한국에서 미국으로 수출하고자 할 것이다. 이러한 우회적 무역을 막기 위해서 설정한 것이 원산지규정으로서, 각 수입품에 대하여 원산지가 어디인가를 규정하는 제도이다.

자유무역협정은 기존의 다자간 무역협정에 비해 현실적인 무역자유화 추구 정책수단이 될 수 있다. FTA가 활발하게 체결되고 FTA상호간에 통합을 하다보면 언제가는 WTO전체회원이 가입하는 하나의 거대 FTA를 이루어 DDA타결과 같은 것과 같은 효과를 거둘 수 있을 것이다. 이러한 것을 'FTA의 WTO효과' 라고 부른다.

한편으로는 이러한 지역적 자유무역협정이 다자간 무역체제에 도움이 되기 보다는, 시간이 흐를수록 FTA는 확고한 효과를 발휘하지만 DDA협상은 완전 실패하여 WTO자체가 존재의미가 없어지는 'FTA의 WTO저해요인'(WTO-substitute)이 되어 무역마찰 및 블럭 간 무역장벽을 증가시킬 가능성도 있다. 더욱이 특혜무역협정이 상호 중복될 경우에는 더욱 복잡한 문제들이 제기될 수 있다.

(2) 관세동맹과의 비교

자유무역협정과 관세동맹을 비교해 보자. 관세동맹의 경우 회원국간에 동일한 대외공통관세(CET)가 적용되는 반면, 자유무역협정은 각국이 자국 나름의 독자적인 관세정책을 유지한다는 점에서 두 제도는 다음과 같은 큰 차이점을 보이고 있다.

첫째, 자유무역협정에 비해 관세동맹은 대외공통관세(CET)를 적용하기 때문에 범세계적인 자유무역 조성에 도움이 더 되는 경우가 많다. 둘째, 자유무역지대에 속해 있는 회원국들은 각자의 고유 대외관세율을 유지하기 때문에 여러 개의 자유무역지대가 중복적으로 체결될 수 있으나 관세동맹은 중복체결이 불가능하다.

자유무역협정이 세계무역자유화에 방해되는 요인으로 작용하는 가장 중요한 문제는 '원산지 규정'이다. 현실적으로 너무 많은 원산지규정들이 중첩되어 있어 무역에 많은 규제로서 작동되는 경우가 많다. 이 때문에 세계 자유무역의 확대를 위해서는 중복된 자유무역협정보다는 관세동맹의 확대가 상대적으로 더 바람직하다고 할 수 있다. 관세동맹 하에서는 대외공통관세율(CET)이 적용된다는 점에서 역외교역의 문제점이 훨씬 간결해진다.

(3) 최근 자유무역협정

앞에서 분류한 다섯 단계의 경제통합협정은 전통적인 방식에 불과하며, 실제 경제에서는 이러한 구분이 명확하지 않다. 이들 중 자유무역협정(free trade agreement: FTA)이 가장 흔히 이루어지고 있는데, 이는 본래 회원국간 제조업 위주의 관세 인하와 철폐를 의미했다. 여기에 더해 비회원국에 대해 대외공통관세(CET)를 부과하면 '관세동맹', 자본 · 노동 등 생산요소의 회원국간 자유로운 이동까지 아우르면 '공동시장'이라고 규정했다.

그러나 최근 WTO/DDA협상의 진전이 더디자 이를 대신하여 FTA협상이 붐을 이루고 있다. FTA협상에서는 제조품의 관세 · 비관세 문제만 다루는 것이 아니라 DDA협상에서 다루는 거의 모든 분야를 의제에 포함시키고 있다. FTA이지만 DDA협상과 비슷한 효과를 기대할 수 있다는 의미에서 이를 'FTA의 DDA효과'라고 부른다.

즉, 오늘날에는 투자 · 서비스 · 지적재산권 등이 자유무역협정에 포함되는 소위 '포괄적 자유무역협정'(Comprehensive Free Trade Agreement: CEPA)이 체결되면서 전통적 경제통합 구분은 큰 의미가 없어졌다. 심지어 유럽연합(EU)도 높은 수준의 자유무역협정으로 볼 수 있다. WTO에서 경제통합이라는 용어 대신 지역무역협정(regional trade agreement: RTA)이라는 표현을 쓰는 것은 이러한 흐름을 반영하는 것으로 볼 수 있다. EU는 칠레 · 멕시코 등과 맺은 포괄적 자유무역협정을 공식적으로는 '연합협정'(Association Agreement)으로 부르고 있다.

세계은행은 자유무역협정을 체결 주체별로 미국이 주도하는 미국식, 유럽연합이 맺고 있는 유럽식, 개발도상국간에 체결하는 남-남식으로 구분한 바 있다. 남-남식은 상품 교역에 치중하지만, 미국과 유럽식은 서비스 · 투자 · 지재권 분야에도 많은 관심을 갖는다. 남-남식은 회원국간 인력의 자유로운 이동을 요구하지만, 미국식과 유럽식은 쿼터 등을 통해 엄격히 제한하려 한다.

표 6-1 체결 주체별 FTA협정 구분

구분	미국식	유럽식	남-남방식
관심분야	서비스, 투자, 지식재산권	서비스, 투자, 지식재산권	상품무역의 관세인하
인력이동	제한	제한	자유
서비스시장 개방방식	negative 개방원칙, 예외 허용	positive 개방원칙, 열거한 것만 개방	–
투자시 현지고용 및 부품 사용의무	의무 부과 금지	관련규정 없음	–
ISD(투자자의 투자유치국 정부 제소 여부)	제소인정	제소불인정	–

* 개도국은 관세가 높으나 선진국은 이미 매우 낮은 수준에 도달.

미국식과 유럽식에도 차이가 있다. 서비스시장의 경우 유럽식은 협정문에 열거한 품목만 개방을 허용하고 있다. 미국식은 모두 허용하는 것이 원칙이되 일부 품목의 예외를 인정하는 수준이다. 투자자유화 요구에 있어서도 미국식은 더욱 광범위하게 자유화를 요구하고 있다. 예컨대, 투자자에게 현지인 고용과 현지 부품 사용 등의 의무를 지우는 것을 미국식은 금지하지만, 유럽식은 관련 규정이 없다. 미국식은 유럽식과 달리 ISD 조항을 삽입하여 투자자가 투자유치국 정부를 제소할 수 있다. 반면에 미국식에는 지속가능한 발전, 시민사회, 인권, 협력기금 같은 조항이나 개념이 없다.

4. 세계의 주요 경제통합

제2차 세계대전 이후 현재까지의 지역무역협정(RTA)의 수는 점차 증가하는 추세에 있으며, 2015년 12월 1일 현재 GATT/WTO포함의 경우 619개의 지역무역협정(RTA)이 체결되었고 이 중 413개가 발효 중이다. 특히 WTO체제 하에서는 452개가 체결되었고, 그 중 265개가 발효중이다. 이들의 90% 정도가 자유무역협정(FTA)형태이다. 오늘날 세계무역기구(WTO) 회원국 중에서 적어도 한 개 이상의 특혜무역협정(Preferential Trade Agreement: PTA)을 체결하지 않은 국가는 몽골을 제외하고는 거의 찾아볼 수 없을 뿐만 아니라, 많은 국가들이 다수의 특혜무역협정을 체결하고 있고 세계 도처에서 새로운 자유무역협정 제안이 끊임없이 나타나고 있다.

자유무역주의를 표방하고 있는 WTO체제 하에서 보호무역주의 성향이 있는 이러한 지역주의 및 경제블록화가 확산되고 있는 것은 WTO내의 협정인 GATT 1994의 최혜국대우(Most Favored Nations Treatment: MFN) 예외조항(제24조)에 근거하고 있다. 여기에서는 모든 회원국에 대한 무차별대우원칙으로서 최혜국대우 원칙이 적용되고 있는데, 예외적으로 RTA에 대해서는 차별대우를 할 수도 있음을 인정하고 있다. 이를 허락하는 이유는 RTA가 일부 지역에서나마 자유무역주의를 지향하는 측면이 있음을 인정하고 있기 때문이다.

최근 들어 각 통합체의 배타적인 성격을 지양하고 RTA간에 통합하는 움직임도 나타나고 있다. 예컨대, EU와 MERCOSUR 사이의 자유무역이 추진되고 있으며, 미국과 EU를 통합하려는 범대서양무역투자동반자협정(Transatlantic Trade and Investment Partnership: TTIP) 등이 그 좋은 예이다.

(1) 유럽연합(EU)

EU는 세계의 경제통합체 중 가장 대표적인 형태이다. 유럽의 경제통합과정은 1921년 7월 25일 벨기에, 네덜란드 및 룩셈부르크간의 베네룩스관세동맹에서부터 시작되어, EEC, EC 등의 단계를 거쳐 현재까지 계속되고 있다. EU 내에서는 노동 · 자본 · 상품의 완전한 자유이동을 위한 역내시장통합을 구축하기 위하여 노력하고 있다.

특히 유럽경제통화동맹(Economic and Monetary Union: EMU)을 통하여 'Euro' 라는 단일화폐를 사용하고 있으며, 민주주의를 통한 정치적 통합을 목적으로 하는 EU헌법에 해당하는 유럽연합 개정조약(EU Reform Treaty, 일명 리스본 조약)이 2009년 12월 1일 발효됨으로써 EU정상회의 상임의장(대통령격)과 외교 · 안보정책고위대표(외무장관격)를 선출하였다. EU는 최초의 회원국이었던 6개 국가에서부터 2004년 5월 1일에 10개 국가가 가입했던 것을 포함하여, 여섯 차례의 성공적 확장을 통해 최근(2013년 7월 1일) 크로아티아(Croatia)가 가입하여 2015년 12월 현재 총 28개 국가가 되었다. 터키가 오랫동안 가입을 희망해 오고 있으며, 그 이외에도 옛 동국권 국가들과의 협상도 현재 진행 중이다.

(2) 북미자유무역협정(NAFTA)

미국 · 캐나다 · 멕시코 3개국이 1994년 1월 1일에 북미자유무역협정(North American Free Trade Agreement: NAFTA)을 발효시킴으로써 인구면에서 세계의 약 7%(3억 7천만명) 그리고 GDP면에서는 세계의 약 25%를 차지하여 EU보다 더 큰 거대한 경제통합체가 탄생되었다.

NAFTA는 미국의 자본과 기술, 캐나다의 풍부한 천연자원 그리고 멕시코의 상대적으로 풍부한 노동력과 그에 따르는 저렴한 임금을 상호 보완적으로 결합하여 단일시장(single market)을 형성시켜, 고용을 새로이 창출시키고 나아가 각국의 경제성장을 가속화시킬 목적으로 성립시킨 그리고 선진국-개도국간 FTA(南-北간 FTA)를 성공시킨 최초의 무역 및 투자에 관한 자유무역협정이다.

(3) 아시아 · 태평양경제협의체(APEC)

아시아 · 태평양지역은 세계경제활동(GDP)의 57%정도를 차지하고 있으며, 세계수출의 43%, 수입의 45%, 무역의 44%를 차지하고 있다. 이는 그 비중이 다른 어느 지역보다도 크다는 것을 의미한다. 또한 다음과 같은 특징을 가진 지역이다.

① 상이한 경제발전단계로 인한 다양한 경제구조를 가지고 있다.

② 매우 역동적인 경제성장지역이다. APEC 21개 회원국의 총면적은 세계 전체의 47%(6,300km²), 인구는 40%(26억명), GDP는 54% 그리고 교역규모는 44%를 차지하고 있다.

③ 국가 상호의존성이 심화되고 있다. 특히 역내무역 및 상호투자가 급격히 증가하고 있다. 특히, 아시아의 경제개발로 인한 상호의존성이 확대되었다. 전반적으로 아시아태평양지역은 세계경제성장의 중심이며, 견인차로서 21세기 세계경제성장을 주도할 것으로 기대되고 있다.

④ APEC는 느슨한 형태의 협력기구이지 결속력이 있는 통합체가 아니어서 회원국간 협력의 진전이 느린 편이다. 그래서 APEC는 최근 경제통합체로 탈바꿈하기 위해서 협의 중이다. 논의 중인 형태는 아 · 태 자유무역협정(Free Trade Agreement in Asia Pacific: FTAAP)이다.

(4) 남미공동시장(MERCOSUR)

남미공동시장은 아르헨티나, 브라질, 우루과이, 파라과이 등 4개국이 1991년 3월 아순시온조약의 체결에 의해 성립하여 1995년 1월 1일 정식으로 발효된 공동시장이다. 2012년에 볼리비아가 가입하여 5개국으로 구성되어 있다.

MERCOSUR는 경제적으로 밀접하게 연관되어 있는 주변국가간에 경제성장 및 국제경쟁력 강화, 역내국에 대한 투자증대 등을 위한 상호보완적 산업협력 체제의 구축의 필요성이 대두되어 탄생하게 되었다. 특히 브라질은 미국과의 통상마찰 심화에 대처하기 위한 역내무역 확대의 필요성이 크게 요구되었고, 아르헨티나는 매년 큰 폭의 무역수지적자를 기록하고 있는 브라질과의 무역불균형 개선을 위하여 경제통합을 적극적으로 추진하게 되었다.

표 6-2 주요국의 지역무역협정들

국가	발효중 혹은 기타결 FTA
미국	이스라엘 FTA, NAFTA, 요르단 FTA, 싱가포르 FTA, 칠레 FTA, 호주 FTA, 모로코 FTA, 바레인 FTA, DR-CAFTA, 오만 FTA, 페루 TPA, 한국 FTA, 콜롬비아 TPA, 파나마 TPA 등
중국	태국 FTA, 홍콩 CEPA, 마카오 CEPA, ASEAN FTA, 칠레 FTA, 파키스탄 FTA, 뉴질랜드 FTA, 싱가포르 FTA, 페루 FTA, 코스타리카 FTA, 대만 ECFA, 아이슬란드 FTA, 스위스 FTA, 한국 FTA, 호주 FTA 등
일본	싱가포르 EPA, 멕시코 EPA, 말레이시아 EPA, 칠레 FTA, 태국 EPA, 인도네시아 EPA, 브루나이 EPA, 필리핀 EPA, ASEAN EPA, 스위스 EPA, 베트남 EPA, 인도 EPA, 페루 EPA, 호주 EPA, 몽골 EPA

(5) 세계의 지역무역협정

수많은 지역무역협정 중 미국, 중국, 일본에서 2015년까지 이미 체결한 경우만을 열거해 보면 〈표 6-2〉와 같다.

(6) 한국의 자유무역협정

한국은 GATT와 WTO로 대표되는 다자무역체제의 가장 큰 수혜국 중의 하나이며, 한국은 무역을 통한 성장을 이루어 가고 있는 전형적인 국가이다. 최근 각국의 FTA 체결 경쟁은 현재 진행중인 DDA협상이 합의 도출에 난항을 겪고 있어 많은 국가들이 지역협정에 의존하는 경향이 더욱 뚜렷해지고 있는 가운데 나타나고 있다. FTA를 많은 국가와 체결함으로써 결국 WTO 162개국들과의 자유무역을 실시하는 것과 유사한 효과를 얻고자 하는 것이다.

한국은 2004년 이래 동시다발적으로 FTA를 추진해 왔으며, 2009년부터는 거대경제권과 자원부국 및 주요 거점 경제권을 중심으로 FTA체결 확대 전략을 통한 FTA 네트워크를 구축해 나가고 있다. 현재는 메가급(한 · 중 · 일FTA, TPP, RCEP, FTAAP)과의 FTA협상을 진행중에 있다.

FTA 체결 효과를 극대화하기 위하여 상품분야에서의 관세철폐 뿐만 아니라, 서비스 · 투자 · 정부조달 · 지적재산권 · 기술표준 등을 포함하는 포괄적인 FTA를 지향하고 있다. 또한, WTO의 상품과 서비스관련 규정에 일치하는 높은 수준의 FTA를 추진함으로써 다자주의를 보완하고, FTA를 통해 국내제도

표 6-3 한국의 FTA (2015년 12월)

상 황	FTA
발효중(12개 FTA, 51국)*	칠레, 싱가포르, EFTA, ASEAN, 인도 EU, 페루, 미국, 터키, 호주, 캐나다, 중국
협상 타결 후 발효 대기중	터키 투자 및 서비스협정, 베트남, 콜롬비아
협상진행중	한중일, RCEP, 중미, 에콰도르
재개 여건조성중	인도네시아, 일본, 멕시코, GCC
협상준비용 공동연구중	MERCOSUR, 이스라엘, 말레이시아

* 51개국(싱가포르는 한번만 계산)

의 개선 및 선진화를 도모하고 있다.

한국은 〈표 6-3〉에서 나타난 바와 같은 FTA가 진행중이다.

5. 경제통합의 효과

세계 각국은 왜 경제통합을 하고자 하는가? 경제통합은 세계경제에 도움이 되는가? 어떤 한 시점에서의 자원의 효율적 배분이라는 측면에서 보면 시장에 왜곡이 존재하지 않는 한 자유무역이 보호무역보다 낫다. 이러한 의미에서 볼 때, 경제통합은 자유무역적인 측면과 보호무역적인 측면을 동시에 가지고 있으므로, 다음과 같은 상반된 효과를 지닌다.

첫째, 비교우위원리에 따라 회원국간에 자유무역을 한다는 점에서 무역이익과 소비자 후생(소비자 가격 인하 및 소비자 선택의 폭 증가 등)을 증가시킨다.

둘째, 비회원국들에게는 차별적인 조치를 취하기 때문에 무역이익과 소비자 후생을 감소시킨다.

따라서 경제통합의 순효과는 어떻게 될지 모른다. 전자의 총효과가 후자의 총효과를 능가할 때만 경제통합의 순효과는 플러스가 되어 경제통합 체결의 타당성을 갖게 된다.

경제통합의 효과를 측정할 때는 공통관세를 적용하는 관세동맹의 경우를 기준으로 하는 것이 효과측정이 상대적으로 쉽기 때문에 일반적이다. 경제통합의 경제적 효과는 정태적 효과(static effect)와 동태적 효과(dynamic effect)

로 구분된다. 정태적 효과는 무역창출효과(trade creation effect)와 무역전환효과(trade diversion effect)로 다시 세분화된다. 동태적 효과는 시간의 흐름을 고려하는 것으로서 경제성장효과, 고용효과, 교역조건 개선효과 등을 말한다.

(1) 무역창출효과

한국, 중국, 일본 3국의 경우를 가정하자. 중국이 생산비용이 가장 높고 한국, 일본의 순서라고 해보자. 첫번째 경우로서, 현실경제에서 중국이 수입에 대해 매우 높은 관세를 부과하고 있는 경우를 생각해 보자. 이 경우 중국 내에서는 중국 제품가격이 가장 낮을 것이므로 외국으로부터 수입을 전혀 하지 않을 것이다.

이 때 중국이 한국간에 관세동맹(실제로 FTA를 체결하여 2015년 12월 20일 발효함)을 맺으면 한국으로부터의 수입품에 대해서는 관세가 부과되지 않으므로 중국은 생산비용이 싼 한국에서 수입하게 되고 한국은 중국에 새로이 수출하게 되어 무역이 창출되며, 중국은 생산 및 소비 측면에서 무역의 이익을 얻게 된다. 이것을 무역창출효과(trade creation effect)라고 한다. 무역창출효과로 자원을 효율적으로 사용하게 되므로 긍정적인 효과를 발생시킨다.

(2) 무역전환효과

두번째 경우로서, 만일 FTA 체결 전에 그다지 높지는 않은 관세율이 부과되고 있어 관세를 포함한 수입가격이 중국 내에서의 생산비용보다 낮은 경우를 생각해 보자. 이 경우, 중국은 생산비용이 제일 낮은 일본에서 수입하고 있었을 것이다. 그러나 중국이 한국과 관세동맹을 맺으면 한국으로부터는 관세 없이 수입되고 일본 제품에 대해서는 관세를 부과한 가격으로 구입하게 된다. 중국의 소비자는 관세까지 포함한 일본 제품값이 한국 제품값보다 더 싸지 않은 한 한국에서 수입할 것이다. 따라서 무역은 일본으로부터 한국으로 전환되며, 이 경우 중국이 한국에 지불해야 되는 비용은 FTA 이전에 일본에 지불한 것보다 비싸다. 이를 무역전환효과(trade diversion effect)라고 부른다. 일본과의 무역이 한국과 무역으로 전환되어 효율성이 더 작아진 것이다. 무역전환효과는 자원을 비효율적으로 사용하므로 부정적인 효과가 발생된다.

이와 같이 양국이 경제통합(관세동맹)을 체결하면 어떤 부문에서는 무역창출효과(긍정적 효과)가 발생되고, 또 다른 부문에서는 무역전환효과(부정적 효과)가 발생하게 되어 전반적으로 보아 무역창출효과(긍정적 효과)가 무역전환효과(부정적 효과)보다 더 크게 되면 경제통합을 체결하는 것이 좋을 것이다.

제 2 절 신통상의제

1. 신통상의제의 의의

현대 무역에서는 단순히 관세나 비관세장벽과 같이 국가 사이의 무역에 대한 관세 및 비관세장벽 이외에도 많은 국내 경제 문제들이 무역과 연관되고 있다. 이에 따라 WTO 출범 직후에 첫 다자간 협상의제를 선정하는 과정에서 이러한 국내문제들과 무역을 어떻게 연계하여 무역자유화를 이루고 효율적 경제운용을 할 수 있을 것인가에 대한 관심이 고조된 바 있었다.

그러나 WTO/DDA협상이 시작되면서 이들 중 '환경과 무역간의 연계조치' (이를 소위 '환경라운드' 라고 칭함)만 주요 이슈로 수용되었을 뿐 나머지는 수용되지 않았다. 환경라운드(Environment Round: ER) 이외에도 노동라운드(Blue Round: BR), 기술라운드(Technology Round: TR), 투자라운드(Investment Round: IR), 부패라운드(Corruption Round: CR), 인터넷라운드(Internet Round: IR) 등으로 불리었던 이들을 신통상의제라고도 한다.

이러한 의제들도 조만간에 국제무역의 흐름에 중요한 의제로 떠오를 것으로 예상하고 있다. 이 주제들은 대부분 다음과 같은 특성을 갖는다.

① 특정 부문에 대해 국제적으로 통일된 기준을 마련하여, 이를 선진국뿐만 아니라 개도국이나 후진국까지도 포함한 모든 국가들에게 공통적으로 적용하자는 내용으로 이루어지고 있다. 이 기준에 미달하면 그 국가의 무역과 연계하여 무역규제 등 불이익을 주도록 한다는 내용이다. 예를 들어 환경라운드에서는 모든 국가가 세계의 환경문제 해결을 위해 환경오염에 대하여 선진국들이 유지하고 있는 상당한 정도의 수준에서 규제를 하도록 하고 있다.

만일 이를 지키지 못하면 그 국가로부터의 수입품에 대하여는 수입규제 등의 조치를 취하겠다는 내용이다.

② 기존의 GATT와는 달리 WTO시대에는 무역에 대한 정의 자체가 많이 달라졌다. 이전에는 재화만이 무역논의의 대상이었으나 지금은 서비스분야가 포함되고 있다. 또한, 이전에는 최종생산물 시장에서의 경쟁, 최종생산물의 무역이 주요 관심사였으나, 이제는 생산과정에서의 문제들도 무역과 깊은 관련이 있음을 인지하게 되었다. 따라서 단순히 국경 사이에 존재하는 무역 장벽뿐 아니라 국내의 각종 제도나 규제 등도 무역자유화와 밀접한 관계를 갖게 된 것이다. 이러한 맥락에서 다양한 주제들과 무역과의 연관성이 신통상의제로서 논의되었던 것이다.

③ 각 분야에서의 주장은 나름대로의 명분을 가지고 있다. 예컨대, 환경라운드의 경우 환경보호라는 명분이 있고 노동라운드의 경우 인권보호라는 명분이 있다.

④ 이러한 명분들이 공정무역(fair trade)이라는 개념과 결부되어 개도국이나 후진국도 선진국 수준의 기준을 충족시키는 상태에서 무역을 해야 공정한 무역이 된다고 하는 논리이다. 이는 개도국이나 후진국에게 불리하게 작용할 가능성이 많다. 이에 따라 개도국들은 공정무역이라는 기치하에 위장된 보호무역주의로 나아가는 것이 아닌가 경계하고 있기도 하다.

⑤ WTO는 무역분쟁해결제도를 통하여 제재조치를 취할 수 있는 강력한 권한을 가지고 있다는 점에서 기존의 다른 국제기구들과는 다르다. 이러한 제재조치를 이용하려는 것이 신통상의제에서의 경향이다.

2. 새로운 주제와 무역의 연계

(1) 환경문제와 무역의 연계

무역과 관련해서 볼 때, 환경오염 발생 산업에 대해서 환경오염을 규제하면 항상 두 가지 상반되는 효과가 있다. 환경오염에 대해 강력히 규제하면 한편으로는 환경오염을 감소시킬 수는 있으나, 다른 한편으로는 해당 재화의 생산비용을 증가시켜 국제경쟁력을 상실하게 되고 국제수지의 악화를 가져오게 되며, 따라서 환경규제는 비교우위 패턴에 영향을 끼칠 수 있다.

① 환경 선진국의 입장

환경라운드(Green Round)는 기본적으로 '환경문제와 무역간의 연계'라는 명제에 대한 토의이며, 환경규제를 강화하면 국제경쟁력이 떨어진다는 전제하에서 전개되고 있다. 환경오염에 대한 규제가 엄격한 국가들, 예컨대 환경면에서의 선진국들은 다음과 같은 견해를 가지고 있다.

첫째, 자신들의 환경규제만으로는 지구의 환경오염문제를 해결할 수 없다.

둘째, 자국의 환경오염에 대한 엄격한 규제 때문에 국제시장에서 자국의 경쟁력이 떨어져서 손실을 보는데, 이는 다른 국가들이 자국들과는 달리 환경오염에 대해 강력히 규제하지 않기 때문이라고 본다.

셋째, 게다가 환경규제가 약한 국가들 때문에 세계의 환경오염이 심화된다고 보기 때문에 이러한 문제를 해결하기 위하여 무역규제라는 수단을 이용할 수 있다는 것이다.

따라서 어떤 환경기준에 못 미치는 국가나 산업으로부터 생산되는 상품에 대해서는 무역이라는 측면에서 규제할 수 있도록 하자는 것이 기본적인 아이디어이다. 이로부터 '환경문제와 무역의 연계'라는 '환경라운드'라는 개념이 생기게 되었다. 사실은 다른 새로운 통상라운드 이슈들인 노동라운드, 경쟁라운드, 부패라운드, 기술라운드 등도 대부분 같은 맥락에서 출발하고 있다. 국가간에 해당 분야에 대한 규제의 정도가 달라서 무역에 어떤 영향을 미치므로 이를 무역을 통하여 제재하려는 움직임인 것이다.

② 환경 후진국 입장

이에 대해 환경보호 측면에서의 수세적 입장에 있는 후진국들의 경우에는, 이러한 환경문제들을 이유로 하여 국제무역을 제재하는 것은 후진국 제품에 대하여 새로운 형태의 비관세장벽(NTBs)을 설정하여 선진국들에의 수출을 제한하겠다는 의도라고 주장을 하고 있다. 즉, 자칫 잘못하면 환경규제의 문제나 노동조건 등의 차이를 빌미로 하여 자유무역이 위협받고 보호주의로 회귀할 수 있다는 것이다.

또한 각 국가의 고유한 문화나 역사의 차이 혹은 현 상황의 차이들을 무시하고 일률적인 기준을 적용하여 이를 무역에 대한 제재로 연결시키려는 것은 보호무역주의적인 발상이라는 것이다.

③ WTO 입장

WTO에서 환경을 다루는 별도의 협정은 아직까지는 없지만, 자유무역을 추구하는 WTO는 환경보호를 이유로 하는 무역규제를 하는 것은 원칙적으로 반대하는 입장이다. 다만 WTO협정들은 일정한 조건을 충족할 경우 각국 정부가 환경을 보호할 권리를 확인하고 있다.

또한, 지속가능한 개발(sustainable development)과 환경보호의 목적이 WTO설립협정 서문에 서술되어 있을 정도로 중요하게 여겨지고 있다. UR가 종결된 1994년 당시 참가국 통상장관들은 WTO에서 무역과 환경에 관한 종합적인 작업프로그램에 착수하기로 결정하였다. 그 결과 이들은 무역환경위원회(Committee on Trade and Environment: CTE)를 출범시켰으며, 환경 및 지속 가능한 개발 이슈는 WTO작업의 주류로 부각되었다. 2001년 도하각료회의에서 이 주제에 관한 일부 분야에서의 협상 개시가 합의되었다..

무역환경위원회(CTE)는 상품, 서비스 및 지식재산 등 다자무역체제의 모든 영역에 걸쳐 포괄적인 역할을 담당한다. 또한, 이 위원회는 무역과 환경간의 관계를 연구하고. 무역협정 중 수정이 필요한 사항에 관하여 권고하는 것을 주된 임무로 한다.

(2) 노동문제와 무역의 연계

노동라운드(Blue Round)는 '국제적으로 인정된 노동기준을 설정하여 동 기준보다 낮은 노동기준 하에서 생산된 제품의 수출에 대해서 혹은 수출국에 대해 무역제재조치를 취할 수 있는 근거를 다자간 무역규범 내에 마련하려는 일련의 움직임' 이라고 할 수 있다. 이 때 노동기준에는 고용차별, 강제노동, 아동착취 등의 금지, 결사의 자유 등의 핵심적 노동기준(core labor standard)이라는 것이 있다. 이러한 핵심적 노동기준이 준수되지 않는 상태에서 생산되는 경우, 이러한 물건의 무역에 대해서 규제를 해야 하는가 하는 것이 문제의 본질이다.

이러한 핵심적 노동기준은 노동자의 권리보호라는 측면에서도 중요하지만, 이러한 측면에서의 권리가 지켜지지 않으면 생산이 효율적으로 이루어지지 않고 경제발전이 어려워진다는 점에서 정당성을 가지고 있다. 그러나, 이러한 기준들이 지켜지지 않은 상태에서 생산되는 경우 해당 상품이나 혹은 해당국의 상품에 대하여 무역규제라는 방법을 이용하여 제재하는 것이 옳은가 혹은 제재하는 것이 가능한가에 대한 논의를 하는 것이 노동라운드에서의 신통상의제라고 할 수 있다.

미국과 프랑스를 중심으로 한 선진국은 노동기준 준수의 문제를 무역과 연계시키는 방향으로 주장하고 있다. 개도국들은 노동조건은 각국의 역사적 정치적 사정에 의해 발생한 것이며, 노동라운드는 선진국의 경기침체로 인한 실업률 상승을 호도하려는 위장된 보호무역정책이라고 보고 있다.

(3) 기술문제와 무역의 연계

기술라운드는 '기술에 관한 개도국의 무임승차를 차단하고 기술개발정책에 대한 세계적인 신국제기술규범을 제정하기 위한 다자간 협상'이다.

선진국들은 기술개발이라는 측면에서 '공정한' 경쟁이 이루어져야 하는데, 자국들이 개발해 놓은 기술에 대하여 개도국이나 후진국들이 무임승차하게 되면 국제경쟁에서 선진국들이 불리하게 된다는 입장을 가지고 있다. 따라서 후발 개도국들이 공정하지 못한 기술정책으로 경쟁력을 창출하려는 데 대해 규제하려는 의지를 가지게 된 것이다. 또한, 후발개도국들의 성장이 무임승차에 의한 것이라는 인식하에 지식재산권(intellectual property right)문제를 주요 의제로 제기하고 있다.

(4) 경쟁정책과 무역의 연계

자본주의경제에서는 시장에서의 자유로운 경쟁이 있을 때에만 가장 효율적인 경제가 될 것이다. 이러한 자유로운 경쟁을 보장하기 위하여 각국 정부는 경쟁정책을 시행하고 있다. 한국의 경우 공정거래위원회와 공정거래법 같은 관련법들이 존재하여 시장의 경쟁질서를 방해하는 각종 행동이나 제도들에 대하여 규제하고 있다.

만일 각국의 정부가 아무런 무역규제를 하지 않는다면 정말로 자유무역이 이루어질까? 그렇지 않을 것이다. 그 이유 중의 하나는 시장구조 때문이다. 각국에는 독점이나 과점기업들이 있고, 이들은 여러 가지 수단을 이용하여 외국의 경쟁자들을 제한하려는 시도를 할 것이기 때문이다. 따라서 각국의 시장이 자유로운 경쟁시장이 되지 않으면, 무역장벽이 없다고 할지라도 진정한 의미에서의 자유무역이 이루어지기는 어려울 것이다. 이 때문에 경쟁정책은 무역과 중요한 관련성을 가지고 있다.

예를 들어, 미국시장에는 일본 자동차가 즐비하게 운행되고 있는데, 왜 일본시장에는 미국 자동차를 보기 힘드냐 하는 것이다. 이에 대하여 일본사람들은 미국자동차 시장에서 일본자동차가 비교우위에 있으니 미국사람들이 일본자동차를 선호하기 때문이며, 마찬가지로 일본사람들은 일본에서 일본자동차가 비교우위에 있어 일본차를 구매할 따름이라고 주장한다.

그러나 미국의 주장은 다르다. 미국시장은 독점금지법이 매우 강력하여 상당히 자유경쟁에 가깝게 운영되고 있는데 반하여, 일본시장은 독점금지법이 느슨하여 독과점이 행해지고 있기 때문이다. 그래서 일본기업은 경쟁제한적인 자국시장에서 획득한 초과이윤을 기초로 하여 세계시장에서 경쟁우위를 누릴 수 있다는 것이다.

이러한 인식하에 시장개방과 내국민대우(National Treatment)의 관철 혹은 경쟁을 왜곡하는 시장구조와 기업관행의 차이 제거 등의 '경쟁조건의 평준화' 문제 등이 주요 주제로 떠오르게 된 것이다. 그런데, 이러한 문제들을 전통적인 무역정책으로만 해결하는 것은 불가능하며, 각국의 국내법이나 국내제도와도 밀접하게 관련되어 있기 때문에 경쟁정책이라는 측면에서 각국이 협조 혹은 협의하는 것이 필요하다.

(5) 부패문제와 무역의 연계

뇌물수수 및 부패문제에 대한 논의가 새로운 통상의제가 된 데에는 해외시장에서의 뇌물수수 및 부패가 공정한 국제무역을 저해하고 있다는 인식이 배경이 되고 있다. 특히, 미국은 해외부패방지법(Foreign Corrupt Practice Act)이라는 법으로 미국기업들이 해외에서의 뇌물공여 등을 엄격히 금지하고 있는데, 이로 인해 다른 나라의 기업들에 비해서 해외경쟁에서 불리하다고 인식하고 있다. 따라서 타 국가들도 미국과 같은 수준으로 해외에서의 부패에 대해 규제를 해야 한다는 것이다.

예를 들어 환경규제법의 경우, 모든 기업이 이 환경규제법을 준수하고 있는데 한 기업만 뇌물을 써서 지키지 않는다면 공정한 경쟁이 될 수 없을 것은 자명한 것이다. 물론 각국마다 부패방지를 위한 규제가 있으나 문화 등의 차이로 인해 이행 정도가 다르다. 특히 개도국의 경우 부패나 뇌물이 더 심하다고 인식되고 있으며, 선진국의 경우에도 자국 내에서의 부패문제에 대해서는 단호하지만, 해외에서의 뇌물공여에 대해서는 규제하지 않는 경우가 많다. 이러한 현상이 심화되면 공정경쟁이 어려울 뿐만 아니라 결국 뇌물은 거래비용을 증가시키는 경쟁적 측면에서의 효과를 초래하게 될 것이므로 자원의 효율적 배분에 저해되는 것이다.

그러나 개발도상국은 부패방지라는 원칙에는 동조하나, 이것이 무역장벽으로 작용하지 않을까 우려하고 있다.

(6) 기타 주제들

① 투자자유화

자본이 국가들 사이에 얼마나 자유롭게 움직일 수 있느냐 하는 것이 초점이 되고 있다. 무역의 개념이 상품무역에 국한되지 않고 해외직접투자, 자본투자, 서비스(금융, 통신) 각국의 산업정책문제 등까지도 포함됨에 따라 이러한 투자자유화 문제가 중요하게 되었다. 투자에서는 내국민대우(National Treatment)가 가장 중요한 문제인데, 이는 외국의 투자자와 투자 자체에 대해 투자의 모든 단계에서 내국투자자와 투자 자체에 대해 부여하는 대우와 동등한 대우를 제공해야 한다는 것이다.

이 투자자유화에 대해서는 WTO차원에서의 다자간협상 이전인 1995년부터 OECD에 의하여 직접투자의 장벽제거를 목적으로 추진된 바 있다. OECD 차원에서 시도된 다자간투자협정(Multilateral Agreement on Investment: MAI)의 주요 목적은 국제간에 일어나는 투자를 보호하고 분쟁이 일어났을 때 해결하는 것이며, 주요 내용은 투자의 광범위한 정의, 높은 수준의 투자자유화, 구속적인 분쟁해결절차 등이었다.

그러나 많은 나라의 비정부기구(Non-Government Organization: NGO)들이 전세계적 투자와 자유화는 결국 '다국적기업의 권리장전'이며, 그래서 전세계적 규모의 노동자 착취 및 환경 파괴, 인권 침해를 야기할 것이라는 이유로 반대하였다. 결국 OECD내에서의 MAI는 1998년 10월 '자국문화의 보호'를 주장한 프랑스 정부가 교섭에서 빠진 후 이후 복귀하지 않으면서, 1998년 12월 3일 MAI체결을 위한 지속적인 협상은 GATT(다자간)차원에서 논의하기로 하고 OECD차원에서의 논의는 정식으로 중단되었다. 그래서 투자 자유화 의제가 WTO차원에서의 새로운 의제로 부상하였다.

② 회계기준의 통일

회계라운드는 각국간의 회계기준이나 작성방법이 달라 발생하였던 여러 가지 문제를 해결하고 기업경영의 투명성을 확보하기 위하여 국제회계기준을 정하고 이에 따르는 문제가 그 핵심이 되고 있다.

국가간에 서로 다른 회계언어를 사용함으로써 발생하는 문제점들을 해소하기 위하여 영국에 본사를 둔 국제회계기준위원회에서 제시하는 국제회계기준(International Financial Reporting Standars: IFRS)을 국제적으로 통용하도록 하고 있다.

IFRS는 현재 전세계 110개국 이상이 사용하고 있으며, 호주(2005년 도입), 브라질(2010), 한국, 인도, 캐나다(2011년), 일본(2012년), 미국(2014년)이 도입하고 있다. IFRS에서는 연결재무제표(모기업과 자기업의 매출액과 영업이익, 순이익, 자산, 부채 등을 모두 연결하여 장부를 작성하는 것)와 공정가치평가(현재시점에서 기업이 갖고 있는 자산가치 적정한 시장가격으로 표시하는 것)를 따르고 있다.

제 3 절 세계화와 그 비판

현대 경제에서 진행되고 있는 세계화(globalization)에 대해서는 여러 비판이 있다. 세계화 혹은 지구화는 세계를 하나의 시장(혹은 경제)으로 보고 전세계적 수준에서 분업을 이루어 생산 및 소비에서 최고의 효율을 추구한다. 이러한 세계화는 기존의 국제분업(international division of labour)과는 달리 자본이나 노동 등의 생산요소를 국제적으로 자유롭게 이동시키고, 이를 통하여 효율성을 달성하고자 하는 형태로 나타나고 있다. 이로 인해서 국제적인 경쟁은 더욱 치열해지고 있으며, 동시에 그에 따른 비판도 거세게 일고 있다.

1. 신자유주의

(1) 자유주의와 신자유주의

자유주의(liberalism)는 아담 스미스의 논의에서와 같이 정부의 개입이 없이 개인들에게 모든 선택을 맡겨 두면 "보이지 않는 손"(invisible hand), 즉 시장(market economy) 및 가격메카니즘(price-mechanism)에 의해서 경제는 가장 효율적인 상태로 가게 된다고 주장한다. 그러나 자본주의의 문제점들이 드러나자, 20세기에 들어서서 정부의 개입은 정당화되었고, 특히 케인즈경제학이 나타난 이후 정부부문의 역할이 중시되었다. 제2차 세계대전 이후에는 정부들이 사회복지부문에의 지출을 강화하여 복지국가로 나아가야 한다는 조류가 나타났다.

신자유주의(neo-liberalism)는 본래 20세기 초에 이미 나타났는데, 전통적인 자유주의와는 달리 정부의 개입을 인정하였다. 그러나 신자유주의는 원래 정부가 적극적으로 개입하여 시장의 질서를 잡고 자유로운 경쟁체제가 이루어지도록 독점기업을 규제해야 된다는 주장이었다.

그럼에도 불구하고, 현재 통용되고 있는 신자유주의라는 개념은 1970년대 초 세계경제가 침체되고 신보호무역주의가 나타남에 따라 이를 극복하기 위한 과정에서 나타났다고 할 수 있다. 기존의 사회복지적 경제운용을 비판하고, 자유로운 경쟁 특히 국제수준에서의 경쟁을 통하여 효율성을 확보해야 된다는 세계화의 경향과 병행해 나타난 사상의 흐름이라고 할 수 있다.

(2) 세계화 추세와 신자유주의

세계화는 국제수준에서의 자유로운 경쟁을 의미하고 있다. 신자유주의는 이러한 세계화 흐름과 병행하여 나타나고 있으며, 그에 따라 다음과 같은 주장과 경향으로 나타나고 있다.

① 국제적으로 공정한 경쟁이 이루어져야 하므로 공정무역(fair trade)을 위한 환경조성이 필요하다.

② 정부의 역할은 자유로운 경쟁을 지원하기 위한 역할만을 해야 하며, 작은 정부가 필요하다.

③ 노동과 환경 문제를 해결하기 위해 기업들을 너무 규제하면 국제경쟁

력이 약해지므로 규제완화는 불가피하다. 이들 분야에서의 각종 보조금을 감소시켜야 한다.

④ 정부는 재정적자를 줄이고 균형예산을 추구해야 하며, 낮은 세율, 국영기업의 민영화, 금융자유화 등을 추구해야 한다.

2. 세계화에 대한 비판

세계화에 대한 비판도 많다. 이들은 위와 같은 세계화 추세하에서 다음과 같은 부정적인 상황이 벌어지고 있다고 주장한다. 따라서 세계화는 저지되거나 혹은 천천히 이루어져야 한다고 주장하며, 세계화와 신자유주의 흐름에 대해 반대하고 있다. 이러한 주장이 최초로 가장 크게 나타났던 것은 1999년 시애틀에서 열린 WTO 제3차 각료회의에서이다. 당시 NGO(비정부기구)들을 중심으로 한 반대자들의 시위가 매우 큰 규모로 나타났으며, 이후 각종 세계화관련 회의(예컨대 IMF 총회)가 열릴 때마다 이러한 반대는 발생하고 있다.

(1) 빈부격차의 확대

세계화가 진행됨에 따라 국제자본이 각국으로 진출하게 되고, 다국적기업들은 생산비용이 가장 적은 국가에서 생산을 하는 방법으로 효율성을 증가시키고 있다. 하지만 이러한 과정에서 다음과 같은 빈부격차가 확대되고 있다.

① 부국과 빈국간의 격차확대

자본은 대부분 부국 혹은 선진국들에서 소유하고 있으므로 세계화 과정은 부국들의 부를 확대시켜 주고 있으나, 반대로 개도국이나 빈국은 더 가난해지고 있다.

② 각 국가 내에서의 빈부격차 확대

각 국가 내에서도 노동자들은 더욱 가난해지고 있다. 예컨대, 미국의 경우조차도 1970년대에 비하여 최근 미숙련노동자들의 실질임금은 감소하였다. 이러한 주장들은 『세계화의 덫』(Hans-Peter Martin and Harald Schuman, 2003)이라는 책에서 80:20이라는 숫자로 제시됨으로써 잘 나타나고 있다. 세계화 과정에서 20%의 국가들은 이익을 보지만 나머지 80% 국가들은 손해를 입으며, 한 국가 내에서도 이러한 비율의 법칙은 성립된다는 것이다.

(2) 바닥을 향한 경쟁

각국 정부는 노동문제 혹은 인권문제나 환경문제 등을 개선하기 위해 기업활동에 대해서 많은 규제를 하고 있다. 그러나 이러한 규제들은 기업의 국제경쟁력을 감소시킨다고 하여 세계화과정에서는 줄여야 된다는 주장이 많다. 예컨대, 각종 경제특구가 지정되고 있는데, 이들 내에서는 이러한 규제들을 예외로 인정해 주는 것을 보면 쉽게 알 수 있다. 이로 인해 각국, 특히 개도국의 노동자들은 보호를 받을 수 없게 되고, 지구의 환경은 악화되게 된다. 이러한 현상을 세계화에 대한 비판자들은 바닥을 향한 경쟁(race to the bottom)이라고 부른다.

(3) 정부의 역할 축소

국영기업의 민영화, 각종 규제의 완화 등 세계화 과정에서의 각종 경제정책에서 보듯이, 세계화는 다국적기업의 힘을 강화시키고 반대로 정부의 역할과 힘은 감소시킨다. 각 정부들은 외국자본을 유치하기 위해서 많은 특혜를 주게 되며, 정부의 역할을 포기하고 외국 기업의 요구에 따라 경제정책을 변경시킬 수밖에 없게 된다. 사회복지를 강조하며, 약자를 보호하는 기존의 정부 역할을 제대로 할 수 없게 된다는 것이다.

(4) 선택폭의 축소

이전에는 경제정책이나 혹은 기타의 정책이라는 측면에서 국민들은 투표를 하여 자신이 원하는 선택을 하였다. 예컨대, 보수적인 정부와 진보적인 정부, 혹은 자유시장을 강조하는 정부와 복지지출을 확대하는 정부, 혹은 자유무역을 강조하는 정부와 보호주의적인 정부 등과 같이 상당히 다른 성향을 가진 정책에 대하여 투표로서 선택할 수 있었다.

그러나 세계화 추세에서는 이러한 성향 차이가 점차 없어지게 되었다. 예컨대 세계의 많은 국가들에서 각 정당들의 정강은 매우 비슷해지고 있으며, 유권자들의 입장에서는 별 차이가 없게 되었다. 영국의 사회학자인 안소니 기든스(Anthony Giddens)가 제시하고, 토니 블레어 영국 총리가 표방한 「제3

의 길」(The Third Way)을 보면 확실히 알 수 있다.

이전까지 노동당의 정강들이 바뀌어 보수당이나 자유주의적인 정책들과 별 차이 없게 된 것이다. 이들은 어떤 정당이건 위에서 언급한 신자유주의적인 정책을 추구한다는 점에서 별 차이가 없게 된 것이다. 즉, 각 정당들이나 정부의 정책은 점점 비슷해지고 서로 수렴해가는 경향이 있다. 따라서 유권자들에게 다양한 선택의 폭이 없어지고 있다.

3. 비판에 대한 논의

세계화는 우리에게 무역이익(gains from trade: GFT)을 보장해 준다. 따라서 소득을 증가시키고, 생활수준이 높아지게 되며, 효용이 커진다. 그러나 위와 같은 비판에도 귀기울일 필요가 있다. 이하에서는 위의 비판에 대하여 한편으로는 정당한 측면도 있다는 것을 인정하면서 다음과 같은 반대 논거를 제시한다.

① 세계화가 진전됨에 따라 한 국가 내에서 부분별로 소득분배 상태를 악화시키는 경우도 있지만, 국가 평균적으로 보면 소득수준의 향상을 가져온다. 또한 소득분배 악화가 세계화 때문이라기보다는 기술진보 등 다른 요인이 더 중요한 역할을 하여 나타난다고 할 수 있다.

② 빈국들의 소득이 더 감소하는 것도 사실이지만, 앞에서 설명했듯이 세계화에 적극적인 국가들의 경제성장률은 선진국들의 성장률보다 훨씬 높다.

③ 대체로 노동문제와 환경문제의 경우 소득이 높은 국가들일수록 그리고 세계화에 적극적인 국가들(혹은 무역을 많이 하는 국가들)일수록 노동자의 권리가 확보되고 있고, 환경오염이 덜 발생하고 있다.

④ 각국 정부의 힘은 아주 작아지지 않고 있다. 예컨대, 각국 정부의 예산액이 경제규모(GDP)에서 차지하는 비중을 보면 20여년 전보다 결코 작아지고 있지 않다.

⑤ WTO 등의 기구는 각 국가에게 무엇을 강요하는 것 대신에 오히려 중재적인 역할을 한다고 보는 것이 옳을 것 같다.

⑥ 각국의 정당정책들은 국민이 요구하기 때문에 점점 수렴해지는 경향이 있는 것이다. 따라서 정책수렴 경향이 있다고 해서 국민들의 선택의 폭을 줄이는 것이라고만 할 수는 없다.

주요용어

다자주의	세계주의	지역주의	경제통합
자유무역지대	관세동맹	공동시장	경제동맹
완전경제통합	원산지규정	최혜국대우	
무차별대우	유럽연합(EU)	북미자유무역협정(NAFTA)	
아시아 · 태평양경제협력기구(APEC)		남미공동시장(MERCOSUR)	
한 · 칠레 자유무역협정		무역창출효과	
무역전환효과	신통상의제	공정무역	환경라운드
노동라운드	핵심적 노동기준	경쟁라운드	부패라운드
해외부패방지법	기술라운드	투자자유화	MAI
인터넷무역	회계라운드	국제회계기준	GAAP
ISAB	IFRS	연결재무제표	공정가치평가
궁핍화성장	교역조건	아시아신흥공업국	ANICs
수출주도형 경제개발전략		수입대체형 경제개발전략	
동태적 무역이익	정태적 무역이익	다자간섬유협정	MFA
농업특별소비세	장기농어촌구조개선프로그램		자유주의
신자유주의	세계화의 덫	제3의 길	내국민대우

연습문제

1. 세계주의와 지역주의(경제통합)는 조화될 수 있는가? 지역주의의 양면성을 중심으로 설명해 보시오.
2. 국제지역경제블록화 추세가 어떻게 전개되고 있으며, 그 전망은 어떠한가?
3. 경제통합의 형태에 대하여 설명하되 각 단계별 차이를 중심으로 설명하시오.
4. 최혜국대우는 무엇이며, 이는 내국민대우와 어떻게 다른가?
5. 최근 지역무역협정(RTA) 중 자유무역협정(FTA)이 가장 많이 체결되고 있는 이유를 설명하시오.
6. 한국은 한 · 칠레 자유무역협정을 맺음으로써 세계의 지역경제통합 대열에 합류

하였다. 이렇게 자유무역협정에 가입했을 때 한국의 무역에 미치는 영향은 무엇일까?

7. 경제통합을 이루면 어떤 경제적 효과가 발생하기 때문에 경쟁적으로 체결하고 있으며, 그 경제적 효과에는 어떤 것이 있는가?
8. 환경오염을 발생시키는 물품에 대하여 수입금지하겠다는 미국의 조치는 타당한 것일까?
9. 노동라운드를 중국과 미국간의 관계를 가지고 설명해 보시오.
10. 경쟁라운드를 일본과 미국간의 관계를 가지고 설명해 보시오.
11. 최근 이슈가 되고 있는 국제회계기준을 가지고 회계라운드를 설명해 보시오.
12. 한스 피터 마르틴과 하랄드 슈만이 저술한 『세계화의 덫』이라는 책 중 '80:20'이라는 것은 무엇을 의미하고 있는가?
13. 영국의 사회학자인 안소니 기든스가 먼저 제시하고, 이것을 토니 블레어 총리가 정치적으로 활용한 「제3의 길」이란 무엇인가를 설명해 보시오.
14. 세계화는 좋은 것인가, 아니면 피할 수는 없지만 환영받지 못할 것인가? 본인의 논리를 세워 설명하시오.
15. 「세계화」와 「반(反)세계화간」의 갈등을 잘 조화시킬 수 있는 새로운 아이디어를 제시해 보시오.

읽을거리

한-미 FTA 발효 후 '해외 직구' 급팽창

최근 환태평양경제동반자협정(TPP) 타결 및 한-중 자유무역협정(FTA) 국회비준을 앞두고 자유무역의 이해득실에 대한 관심이 높아지고 있다. 주로 수출 및 국내 주요 산업에 대한 영향에 초점이 맞춰져 있지만 전문가들은 FTA를 활용한 '영리한' 개별 소비자들이 늘면서 소비 행태에도 변화가 생겼다고 분석한다.

한국소비자원에 따르면 25~59세 1,350명을 대상으로 설문조사를 한 결과 'FTA를 통해서 제품 품질이 좋아질 것'(47.5%) '가격이 하락할 것'(32.7%)이라는 답변이 '품질이 나빠질 것'(6.1%), '가격이 오를 것'(20.9%)이라는 응답보다 크게 높았다.

특히 FTA가 속속 체결되면서 한국 소비자 가운데 온라인 쇼핑몰을 통해 외국 상품을 직접 구매하는 이른바 '해외 직구족'이 급증했다. 관세청에 따르면 한미FTA가 발효되기 전인 2009년 220만 건이던 해외 직구를 통한 수입 규모가 2013년에는 2,165만 건으로 늘었다. 연평균 증가율은 60% 가량이나 된다. 해외 직구를 통한 수입 금액도 2009년 911억원에서 2013년 5,881억원으로 연평균 48%씩 증가했다. 국가별로는 미국, 독일, 중국 제품을 가장 많이 구입했고, 품목별로는 비타민 같은 건강기능식품이나 곡물, 텔레비전을 가장 선호했다.

해외에서 물품을 사게 되면 관세와 부가세 등을 내야 하지만 FTA를 통해 협정세율을 적용하게 되면서 8% 안팎의 관세가 면제되자 소비가 급증했다는 게 관세청 등의 분석이다. 정보가 많이 공개되면서 해외 물품에 대해 갖고 있던 막연한 불안감이 사라졌고, 가격 인하 효과를 직접 체감할 수 있게 된 것이 해외 직구가 급팽창하는 이유로 분석된다.

식탁도 풍성해졌다. 한 연구에 따르면 2012년 한-미 FTA 발효 전후 소비자들의 식탁물가에 대해 조사한 결과 과일, 일반채소, 곡물의 전반적인 수입단가가 하락해 수입농산물의 소비가 7.7~151% 증가했다.

FTA를 통해 다양한 해외제품을 구입할 수 있게 되면서 소비자들의 선택권이 크게 확대되고 있는 것이다. 이는 국내 기업들에 더 혁신적인 상품과 서비스를 내놓아야 한다는 압력으로 작용해 국내 기업의 생산성 향상을 이끌어낼 것으로 기대된다.

출처: 동아일보, 2015. 10. 19.

제 7 장 국제수지와 자본이동

제 1 절 국제수지

1. 국제수지의 개념

(1) 국제수지 정의

국제수지(balance of payments: BOP)는 '일정기간 동안에 거주자와 비거주자 사이에 일어난 모든 경제거래를 체계적으로 정리한 것' 이다. 이러한 정의에는 다음과 같은 내용이 포함되어 있다.

첫째, 일정기간이란 통상 1년이지만 분기나 월별로 작성되기도 한다. 이는 국제수지가 일정기간에 대해 정의되는 유량(flow) 개념임을 의미한다(*cf.* 저량, stock).

둘째, 거주자(resident)와 비거주자(non resident)라는 것은 경제활동의 중심이 어디에 있느냐의 문제이지 국적을 의미하지는 않는다. 통상 1년 이상 거주여부가 중요한 기준이 되고 있다.

셋째, 복식부기의 원리에 의해 작성하기 때문에 항상 국제수지표는 차변과 대변이 같게 된다는 점에 유의할 필요가 있다.

표 7-1 우리나라의 국제수지표 구성

구분	수지항목	주요 거래내용	수지적자 유발내용	수지흑자 유발내용
경상수지	상품수지	상품수출과 수입거래를 본선인도조건으로 기록	상품수입	상품수출
	서비스수지	가공, 운수, 여행, 통신, 금융, 건설, 보험, 통신, 유지보수, 정부서비스, 지식재산권사용료	서비스수입	서비스수출
	본원소득수지	급료, 임금, 투자소득	해외에 대한 지급	해외로부터의 지급
	이전소득수지	무상원조, 증여성송금	〃	〃
금융계정	직접투자	직접투자(10% 이상의 의결권이 있는 경우의 투자자와 투자기업 사이) 거래	외국에 투자	외국인의 국내 투자
	증권투자	주식 및 채권거래	외국증권매입	외국인의 국내증권매입
	파생금융상품	파생금융상품 거래로 인한 손익, 옵션프리미엄	파생거래 이익	손실
	기타투자	기타의 모든 금융거래 (무역신용, 대출 및 차입, 현금 및 예금, 특별인출권)	금융자산 증가	금융자산 감소
	준비자산	외환보유액거래 변동	외환보유 증가	외환보유 감소
자본수지		상표권, 영업권 등의 취득 및 처분, 채무면제		
오차 및 누락		경상수지 금융계정 자본수지합계가 0이 되지 않는 경우 그 차액에 (−)부호를 붙임		

(2) 국제수지의 구성

우리는 흔히 국제수지 적자 혹은 흑자를 언급하지만, 국제수지라는 용어에는 여러 가지 다른 의미가 내포될 수 있다. 우리나라에서는 2010년 개정된 IMF의 새 기준(제6차 Balance of Payment Manual)에 따라 〈표 7-1〉과 같이 국제수지표를 작성하고 있다.

국제수지는 크게 경상수지(current account), 금융계정(financial account), 자본수지(capital account) 부분으로 나뉜다. 거주자와 비거주자 사이에 경제적 거래가 이루어지면 이는 국제수지 각 항목의 대변 부분이나 차변부분에 기록되게 되는데, 복식부기의 원리에 의해 자산의 증가는 차변에 기록하고

자산의 감소는 대변에 기록한다. 쉽게 풀이하면, 외국으로부터 수취를 발생시키는 거래는 대변에 기록하여 흑자를 유발하고, 실제 수취한 자산(현금등)은 차변에 기록하여 적자로 나타난다고 생각할 수 있다. 외국으로 지급을 발생시키는 거래는 반대이다. 예컨대 상품을 수출하는 경우 이는 수취를 발생시키는 거래이기 때문에 상품수지가 흑자가 된다. 상품수출은 실물자산이 감소하는 것이기 때문에 대변에 상품수출을 기록하게 되고 대신 반대급부로 현금이나 혹은 금융자산이 증가하게 되므로 이를 차변에 기입하게 된다. 결국 특정 항목에서 대변이 차변보다 크면 해당항목의 흑자라고 부른다.

경상수지에는 상품 및 서비스의 수출 및 수입이 기록된다. 또한 외국에 투자하거나 근로자가 외국에 가서 벌어들이는 소득 등도 포함된다. 이 중 상품의 수출입은 상품수지라고 하며(이전에는 무역수지라고 불렀다[1]), 수출이 수입보다 많으면 상품수지 흑자가 된다. 서비스의 수출이 수입보다 많으면 서비스수지(이전에는 무역외수지의 일부였다)가 흑자가 된다. 투자수익이나 임금 등은 소득수지라고 한다(이것도 전에는 무역외수지였다). 예컨대 외국인 노동자가 1년 미만의 기간동안 한국에 와서 일하고 임금을 받는 경우 한국의 국제수지표에서는 본원소득수지 적자가 발생한다.

다음으로 금융수지(혹은 금융계정)은 외국에 투자하거나 혹은 투자를 받아들이거나 자본을 빌리는 것, 주식이나 채권의 거래 등의 금융거래를 기록한다. 외국에 투자를 많이 하면 금융계정은 적자가 된다. 금융계정 중에서 기타투자항목은 특히 중요한데 이는 많은 국제거래들이 기타투자에 기록을 유발시키기 때문이다. 예컨대, 상품수출을 하고 현금이나 외상채권을 받는 경우 상품수지 흑자가 되는 동시에 기타투자수지의 차변(자산증가)이 증가하여 금융계정의 적자가 발생한다. 또한, 외국인들이 현금으로 삼성전자 주식을 매입하면 증권투자 항목에서 흑자가 되며 기타투자수지가 적자가 된다.

자본수지는 상표권, 영업권 등의 취득 및 처분, 채무면제를 기록하며 이는 전체 국제수지에서 차지하는 비중이 매우 작은 특수한 항목이다. 한편, 실제의 집계에서는 경상수지 금융계정, 자본수지를 모두 합하여 균형이 되지 않는 것이 일반적인데 이는 오차 및 누락항목으로 기록되어 보정된다.

1) 정확하게는 무역수지와 상품수지 사이에는 집계 기준 등에서 약간의 차이가 존재한다.

(3) 경상수지와 금융계정의 관계

경상수지가 적자이면, 이는 우리나라의 상품이나 서비스 수출액이 수입액보다 작다는 것을 의미한다. 이러한 적자는 우리가 외국으로부터 자본을 빌려다가 상품이나 서비스를 구입하는 경우에 가능하다. 이에 따라, 경상수지가 적자일 때는 금융계정은 흑자가 되는 것이 일반적이다. 또 경상수지가 흑자이면 금융계정은 대체로 적자로 나타나게 된다. 따라서 경상수지에 금융계정을 합하면 균형으로 나타나는 것이 일반적이다.

하지만, 경상수지 흑자가 누적되고 달러 등 해외자산이 국내로 많이 유입되어 외환시장에서 환율이 하락하는 경우 중앙은행은 이를 조절하기 위해 외환(달러)을 매입하는 경우가 있다. 이러한 경우 외환보유고가 증가하게 된다. 물론 반대로 중앙은행이 외환을 매도하는 경우에는 외한보유고가 감소하게 된다.

2. 우리나라의 국제수지

2014년 우리나라 국제수지 데이터가 〈표 7-2〉에 나타나고 있다.

2014년을 기준으로 우리나라 국제수지를 설명해보면, 경상수지는 약 890억 달러 흑자이고 이는 대부분 상품수지 흑자 때문이다. 경상수지에서 상품수출이 차지하는 비중이 매우 크기 때문에 이러한 현상이 나타난다. 반면 서비스수지는 약간 적자를 기록하고 있다. 경상수지가 대규모의 흑자를 기록함에 따라 금융계정은 비슷한 크기의 적자를 시현하고 있다.

우리나라의 국제수지가 변화해 온 상황은 [그림 7-1]에서 나타나고 있다.

① 그림에서는 나타나고 있지 않지만, 1950년대부터 1970년대까지는 계속해서 상품수지나 경상수지는 적자를 이루고 있었다. 경제개발을 위해 각종 생산시설의 확충 등이 필요하였지만 물자의 국내생산은 부족했기 때문에, 외국으로부터 수입을 증가시키지 않을 수 없었다. 이에 따라 경상수지 적자가 나타났으며, 이 적자는 금융계정의 흑자, 즉 외국에 대한 채무증가로 나타났다.

② 국내 생산기반이 확충되고 우호적인 국제 경제환경이 조성됨에 따라, 1986년부터 1989년까지는 반대로 경상수지가 흑자를 이루게 되었다. 그 대신 자본수지가 적자였는데, 이는 그 기간 동안 외채를 많이 갚았음을 의미한다.

표 7-2 한국의 국제수지표(2014년) (단위: 백만 달러)

항목			2014		
경상수지	상품수지	상품수출	621,298	92,687	89,220
		상품수입(FOB)	528,611		
	서비스수지	서비스수입	106,855	-8,163	
		서비스지급	115,018		
	본원소득수지			10,197	
	이전소득수지			-5,501	
자본수지					-9
금융계정	직접투자			-20,659	-90,383
	증권투자			-33,605	
	파생금융상품			3,704	
	기타투자			-21,937	
	준비자산			-17,885	
오차 및 누락					1,172

그림 7-1 한국의 경상수지

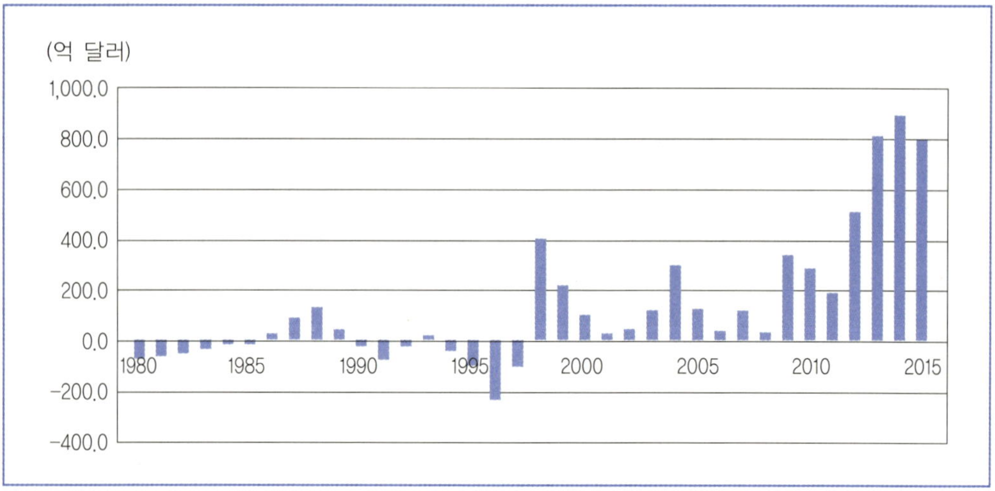

③ 1990년대에는 투자와 소비가 급격히 증가하여 다시 경상수지가 적자로 돌아섰다. 1993년도에는 균형에 가까이 가기도 하였지만, 1994년 이후 경상수

지 적자가 급격히 증가하여 외채가 급증했으며, 1996년에는 236억 달러의 경상수지 적자를 보았다. 이렇게 경상수지 적자가 누적되고 자본수지 흑자로 메꾸어진 결과, 1997년 말, 1,500억 달러의 총외채라는 결과로 나타났으며, 외환위기로 나타나게 되었던 것이다.

④ 1997년부터는 경상수지 적자폭이 감소하였고, 외화위기 이후, 1998년에는 흑자로 돌아서게 되었으며, 이후 계속해서 경상수지는 흑자를 유지하게 되었으나, 2008년에는 국제금융위기로 인해 그 폭이 매우 작았다가 다시 커지고 있다.

제 2 절 국제수지와 경제

국제수지의 개념이 여러 가지가 있는 데서 알 수 있듯이 국제수지를 결정하는 변수도 다양하며 또한 국제수지가 경제에 미치는 영향도 다양하다. 이들을 종합하여 국제수지에 대한 여러 가지 이론이 존재한다.

1. 환율과 상품수지

환율은 국제수지와 밀접한 관계를 가지고 있다. 이를 중시하는 이론을 탄력성 접근방법(elasticity approach)이라고 부른다. 이는 국제수지는 재화의 가격에 의해서 결정된다고 보는 시각이며, 가격접근 방법(price approach)이라고도 한다. 국내 재화의 가격이 외국 재화에 비해서 낮은가 높은가에 따라 수출량과 수입량에 결정적 영향을 미친다고 보고 있다. 그런데 각 국가 내에서 재화가격이 고정되어 있다고 하더라도 환율이 변화하면 국제시장에서 재화가격도 변하므로 환율이 국제수지 결정에 있어서 가장 중요한 변수이며 주된 관심대상이 되는 국제수지는 상품수지이다.

환율의 변화가 상품수지에 미치는 영향은 어떠한가? 상품수지는 수출액으로부터 수입액을 뺀 것이다. 예컨대, 환율이 1달러당 1,000원에서 1,100원으로 상승하면 1달러짜리 수입재가 원화로 환산하면 전보다 비싸게 되므로 소비자들은 수입재보다는 국내재화를 구매하게 될 것이다. 이에 따라 수입량은 감소하게 되며 수요가 작아진 수입재(달러표시) 가격은 하락한다. 우리나라의 경우 국제수지는 모두 달러로 표시하기 때문에, 환율상승시 효과를 달러액으로 계산하면 다음과 같은 식이 성립한다.

수입량(↓)×수입가격(↓) = 수입액(↓)

한편 수출재 공급자의 입장에서 보면, 전과 동일한 달러표시가격으로 팔아도 실제로 자기가 받는 원화는 많아지므로 달러표시가격을 떨어뜨리고 이전보다 더 많이 팔 수 있다. 혹은 전과 똑같은 원화표시 가격으로 판매해도 외국인들의 입장에서 보면 달러표시 가격이 하락한 것이기 때문에 수요가 증가한다. 그 결과 수출량은 증가한다. 반면 달러표시가격이 하락하므로, 다음 식에 나타난 바와 같이 달러표시 수출액은 증가할지 감소할지 불명확하다.

수출량(↑)×수출가격(↓) = 수출액(?)

이 때, 수출가격이 하락하고 수출량이 증가할 때 수출액이 증가할 것인가 감소할 것인가 하는 것은 외국의 수입수요탄력성에 따라 달라지게 된다. 우리나라 수출품에 대한 외국의 수입수요탄력성이 1보다 크면 가격하락폭보다 수출량증가율이 더 커서 수출액이 증가할 것이며, 외국의 수입수요탄력성이 1보다 작으면 오히려 수출액이 감소할 수도 있다. 즉, 우리나라의 재화에 대한 외국의 수입수요탄력성이 1보다 크면 수출액이 증가하며, 1보다 작으면 오히려 감소한다.

따라서 수출 측면과 수입측면을 동시에 고려해 보면, 환율이 상승하면 수요측면에서는 상품수지가 개선되지만 공급측면에서는 탄력성의 크기에 따라 달라진다. 하지만 양자를 다 고려하면, 특별한 경우가 아닌 한 환율이 상승했을 때 상품수지는 개선되는 것이 일반적이다.

이와 같이 탄력성의 크기가 무역수지의 변화에 결정적 역할을 하므로 이 접근방법을 탄력성 접근방법이라고 일컫고 있다. 일반적으로 이러한 조건은 현실에서도 성립된다고 믿어지고 있다. 예컨대 한국의 원화가치가 폭락하여 환율이 급격히 상승한 외환위기 시기인 1997년 말부터 1998년 초 이후의 상황을 보면, 한국의 수입은 급격히 감소하고 수출은 증가하는 것을 볼 수 있다.

2. 국민소득과 경상수지

1997년 말 외환위기 전후를 돌이켜보면, 1996~1997년의 경상수지적자가 매우 컸던 데 비하여 1998년 이후에는 흑자로 전환되었다. 이는 환율 상승의 효과 때문이기도 했지만 다른 요인도 있다. 외환위기가 발생함에 따라 한국인이 미래에 대한 전망이 비관적으로 되었으며 이에 따라 소비 및 투자가 감소한 것도 중요한 요인이었다. 이러한 측면을 생각해 보면 경상수지는 환율뿐 아니라 우리가 생산한 것에 비하여 얼마나 지출했는가 하는 것에 의해서도 결정되는 것을 알 수 있다. 즉, 경상수지는 다음과 같이 한 경제에서 생산한 것(즉 소득)에서 소비한 것(즉 지출)을 뺀 것이다.

$$CA = Y - A$$ (CA: **경상수지**, Y: **국민소득**, A: **지출**)

이때 지출을 흡수(absorption)라고 하기 때문에 이러한 이론은 흡수접근방법(absorption approach)이라고 한다. A로 표시된 흡수에는 소비, 투자, 정부지출 등이 포함된다. 이 식에서 Y가 증가하면 경상수지는 흑자로 가게 되고 A가 증가하면 적자로 가게 된다. 소득이 지출보다 크면 그 차이만큼이 외국으로 수출되어 경상수지가 흑자가 되고 반대로 소득이 지출보다 작으면 지출부분을 수입해야 하는데 이 부분이 경상수지 적자가 되고 이 지출을 위해 외국으로부터 자금을 빌려오게 되면 금융계정에서는 흑자가 발생하게 된다.

한편, 경상수지 흑자가 국민소득에 어떤 영향을 미치는가를 위의 식을 이용하여 설명할 수 있다. 위 식을 다음과 같이 바꾸어보자.

$$Y = A + CA$$ (CA: **경상수지**, Y: **국민소득**, A: **지출**)

이 식에서 경상수지흑자가 되면 즉 $CA>0$이면 이는 국내재화에 대한 총수요가 증가한다는 것을 의미하며 이에 따라 소득을 증가시키는 요인이 된다. 이 때문에 경제운용에서 경상수지흑자가 매우 중요한 것이다. 이상을 정리하면 다음과 같다.

▶ Y증가 → 경상수지흑자, A증가 → 경상수지적자
▶ 경상수지흑자 → Y증가, 경상수지적자 → Y감소

3. 통화와 국제수지

경제에는 실물부문도 중요하지만 통화(money, 혹은 화폐) 부분이 매우 중요한 역할을 하며, 이러한 화폐적 측면은 국제수지와 중요한 관계를 갖고 있다. 예를 들어서 수출이 잘되어 달러가 국내로 유입된다고 해보자. 수출업자는 이들 달러를 원화로 교환하게 되기 때문에 경제에서는 통화량을 증가시키는 요인이 된다. 통화량이 증가하면 이는 한편으로는 물가상승 요인이 되며 다른 한편으로는 경기를 상승시키는 역할을 하게 될 것이다.

또한, 어떤 정책적 이유로 정부가 통화량을 증가시키게 되면, 통화량이 통화수요보다 많아지게 되고 이에 따라 사람들은 화폐를 지출하여 재화를 사고자 한다. 위에서 보았듯이 재화에 대한 지출이 증가하면 외국재화에 대한 지출도 증가하므로, 경상수지의 악화로 이어진다. 한편 화폐량이 화폐수요보다 작으면 지출을 감소시키게 되며, 이는 경상수지를 개선시키는 역할을 하게 된다. 이와 같이 화폐와 국제수지의 관계를 설명하는 이론이 화폐적 접근방법(monetary approach, 통화적 접근방법)이다.

이러한 경우 국제수지 적자에 대한 처방은 통화량을 줄이는 것이 될 것이다. 화폐량을 줄이면 국민들의 입장에서는 자신들의 지출을 줄이게 된다. 또한 화폐량이 줄면 자금의 수요공급이라는 측면에서 볼 때, 자본시장에서의 공급이 줄어들므로 자본의 가격이라고 할 수 있는 이자율이 높아진다. 따라서, 다른 조건이 똑같다면 사람들은 소비를 덜하고 보다 높은 이자를 받기 위해 예금을 하거나 혹은 저축성 자산을 사게 될 것이다. 우리나라에 외환위기가 발생했을 때 IMF가 우리나라에 구제자금을 빌려주면서 내건 조건을 생각해 보자. 첫째, IMF는 정부재정의 건전성을 요구하고 있는데 이것은 정부가 지출을 줄임으로써 경상수지를 개선시키라는 것이다. 둘째, 화폐긴축을 요구하고 있는데 이 부분이 바로 화폐적 접근방법과 통한다. IMF에서는 한국은행이 화폐를 환수하고 시장금리가 높은 상태가 유지될 것을 주문한 바 있다. 이러한 측면에서의 화폐적 접근방법은 주로 경상수지 적자와 관련이 깊다.

▶ 통화량증가 → 경상수지 악화, 통화량감소 → 경상수지개선
▶ 경상수지흑자 → 통화량 증가, 경상수지적자 → 통화량 감소

4. 국제수지 불균형의 의미

전체 국제수지는 복식부기의 원리에 의해 기록되기 때문에 항상 균형이 이루어진다. 하지만 실제경제에서는 국제수지 불균형이라는 말을 많이 듣는다. 이러한 경우 국제수지는 실제로는 상품수지 혹은 경상수지를 지칭하는 경우가 많다. 경상수지를 중심으로 불균형의 의미를 생각해보자.

특정 시기의 경상수지 적자가 좋은가 흑자가 좋은가 하는 문제를 생각해볼 수 있다. 경상수지가 흑자가 되거나 혹은 적자가 되면 경제에는 어떤 현상이 발생하는가? 경상수지 적자는 우리나라에서 생산된 재화에 대한 수요가 감소하는 것을 의미하므로 생산도 따라서 감소하게 되고 국민소득이 감소하고 일자리가 줄어들어 실업을 발생시킨다. 둘째, 위에서 설명했듯이 외화가 유출되고 결국은 통화량이 감소한다. 반면, 경상수지가 흑자가 되면 소득증가와 실업률 감소가 나타나는 반면 통화량이 증가하여 인플레이션 압력이 발생한다. 이를 요약하면 다음과 같다.

▶ 경상수지흑자 → 인플레이션 압력 증가
▶ 경상수지적자 → 실업증가

이와 같이 불균형은 경제에 문제를 발생시킬 수 있다. 이 때문에 국제수지(경상수지) 불균형보다는 수지균형이 경제운용에서 매우 중요한 목표가 된

다. 하지만 실제 경제에서는 경상수지 적자보다는 흑자를 지향하는 경우가 많다. 이는 흑자로 인한 인플레이션 발생가능성은 다른 경제정책을 이용하여 적절히 통제할 수 있는데 비하여 적자로 인해 실업이 발생하면 이는 극복하기 어렵다는 현실을 보여준다.

그러면 수지균형은 가장 좋은 것인가? 만일 어느 국가가 국제수지균형만을 목표로 경제정책을 수행하여 성공적으로 그 목표를 달성했다면 그것이 장기적으로 볼 때는 오히려 좋지 않은 결과를 가져오는 경우도 있을 수 있다. 예를 들어 우리나라의 경제정책을 살펴보자. 우리는 경제발전 과정에서 초기단계에 소득이 너무 적고 자본이 부족했기 때문에 오랫동안 경상수지 적자를 겪을 수밖에 없었다. 소비 및 투자를 위해 경제개발 시기에 외국으로부터의 많은 수입을 통하여 물자를 조달하였고 이는 바로 경상수지 적자를 의미하였다. 그러다가, 1980년대 중반에 이르러서는 소득 혹은 생산이 소비 혹은 지출보다 많아 국제수지흑자를 이룰 수 있었다. 이와 같이 우리의 경제성장 발전은 상당부분 외국으로부터의 수입에 의존하였다. 지금 돌이켜 보면, 어떤 시기에는 적자였으며 어떤 시기에는 흑자이기도 하였으므로 국제수지 불균형을 경험하며 지내왔지만, 그렇다고 해서 항상 국제수지균형을 이루며 지내온 것보다 잘못된 것이라고만 할 수는 없을 것이다.

만일 우리가 매시기에 수지균형을 맞추어 왔다면 국가적으로 볼 때 더 큰 효용을 얻을 수 있었을 것이라고 할 수 있을까? 아마도 수지균형은 이루었을지 모르나 지금과 같은 경제발전은 불가능했을 것이며 소득이 적었던 초기의 고통은 더 컸을 것이다. 이런 점에서 누구도 우리의 국제수지불균형들이 잘못된 선택이었다고 할 수는 없을 것이다. 결국, 경상수지 균형, 적자, 흑자 중 어느 것이 좋을까? 단기적인 거시경제 목표의 달성이라는 측면에서 보면 균형이 가장 바람직하다고 볼 수 있다. 하지만 궁극적이고 장기적인 관점에서는, 매 기간의 균형보다 불균형이 더 바람직할 수도 있다.

5. 국제수지 의미와 외환위기

1997년 말에 불어 닥친 외환위기 문제를 좀 더 자세히 살펴보자. 1990년대 들어서 우리나라의 기업들은 과잉 중복투자에 열을 올렸고, 개인들은 소득수준을 초과하는 소비생활을 즐겼다. 그 결과 수입이 수출보다 많아 상품수지 적자가 발생했다. 또한, 외국으로 관광, 유학, 로열티지급 등의 과다로 인하여 서비스수지 적자폭이 매우 커지게 되어 이들을 합한 경상수지 적자는 더욱 더 컸다.

이러한 경상수지 적자는 금융계정 흑자로 메꿔졌다. 이는 외국으로부터 장 · 단기 외채를 들여와서 그 돈으로 투자를 하고, 소비를 하였음을 의미한다. 특히 외채 중에서 장기외채보다도 단기외채의 비중이 컸다. 이러한 외채 증가를 통하여 경상수지 적자에도 불구하고 전체 수지는 흑자 혹은 균형을 맞추어 온 것이다.

그런데 이러한 경제상황하에서 외국의 투자자나 자본가들이 우리에게 돈을 잘 빌려줄 때는 외채의 액수가 커지는 것으로만 나타날 뿐 다른 문제는 잘 발생하지 않는다. 하지만 당시에 외국 자본가들의 입장에서 볼 때 우리의 경제에 문제가 있다고 보고 돈을 회수하기 시작하였으며 이로 인해 우리의 외환위기가 왔다. 이는 일견 갑자기 온 것처럼 보였으나 사실은 외환위기는 오랫동안에 걸친 국제수지(경상수지)적자의 누적이 그 원인이라고 할 수 있다.

제 3 절 국제자본이동

현대 세계는 자본의 이동을 통하여 각국 경제 사이의 관계가 급격하게 밀접해지고 있으며, 이에 따라 상호의존성이 커지고 있다. 국가간의 자본이동은 국내자본이동과 마찬가지로 수익률이 낮은 국가에서 높은 국가로 이동하는 특성이 있다. 이렇게 자본이 국가간에 이동하게 되면 각국 경제에 매우 큰 영향을 미치게 된다.

1. 국제자본이동의 형태

국가 간의 자본이동은 국가들의 경제에 큰 영향을 미치기 때문에 과도하지 않은 적절한 자본이동을 위해 각국 정부들은 여러 가지 방법으로 국제자본이동에 대해서 규제하는 경향이 있다. 이러한 국제자본 이동은 크게 세 가지로 분류할 수 있다. 첫째, 금융기관 사이에 서로 빌려 주거나 빌려 오는 방법이다. 이는 대출이므로 외채나 대외채권 등의 형태를 띠게 된다. 둘째, 기업과 기업 사이에 직접투자를 통한 방법이다. 이는 회사의 경영을 목적으로 외국에 투자하는 경우이며, 흔히 해외직접투자(foreign direct investment: FDI)라고 불린다. 셋째, 외국에 대한 투자를 통하여 단순히 자본이득이나 배당수익을 얻으려고 하는 경우를 포트폴리오투자(portfolio investment) 혹은 증권투자라고 한다.

2. 국제자본이동의 효과

(1) 긍정적 효과

자본이 풍부한 선진국의 경우에는 일반적으로 자본에 대한 수익률이 낮을 수밖에 없으나 자본이 부족한 개도국의 경우 자본의 생산성이 매우 크고 수익률이 높다. 따라서, 국가간에 자본자유화가 이루어지게 되면 선진국으로부터 개도국으로 유입되게 되며, 이를 통해 개도국 경제 전반적으로 생산이 증가하고 효율성이 커진다. 세계경제 전체의 입장에서도, 자본의 한계생산성이 더 높은 곳으로 이동하여 효율적으로 배분된다는 의미에서 자본자유화는 세계 경제의 후생을 증가시킨다.

또한, 자본이 여러 국가로 이동하게 됨에 따라 자본투자가의 입장에서는 리스크를 감소시키는 위험분산효과를 누릴 수 있다. 자본을 받아들이는 국가의 입장에서는 부족한 투자를 메꿀 수 있어 생산기반을 창출할 수 있으며, 선진국의 경영기법 등 많은 정보를 받아들일 수 있다는 점에서 경제발전에 지대한 공헌을 할 수 있다.

우리나라의 경제발전 과정에서 외국의 자본유입은 이러한 측면에서 경제발전에 큰 도움이 되었으며, 최근 중국에의 자본유입은 중국 경제를 발전시키는 데 결정적인 역할을 하고 있다.

(2) 자본자유화의 부정적 효과

많은 개도국들, 특히 남미국가들에서는 1970년대 말부터 자본자유화 정책을 시행했으나 결과는 기대했던 것과 반대의 현상이 나타나기도 하였다. 아르헨티나 · 칠레 · 우루과이 등의 예를 보면, 처음에는 미국 등으로부터 자본

유입이 생겼다가 곧바로 자본이 도로 미국 등으로 유출되어 버렸다. 우리나라를 비롯한 아시아의 국가들도 자본시장 개방 후 외환위기를 겪어 경제에 매우 큰 부담이 되었다. 왜 그러한 일이 생겼을까?

자본시장이 개방되면 경제에 대한 충격이 크고 부정적인 효과도 나타날 수 있다. 예를 들어 미국의 한 투자자를 생각해 보자.

미국에는 자본이 많으므로 이자율 혹은 자본의 한계생산성이 낮다. 그러나 한국은 자본이 적으므로 이자율과 자본의 한계생산성이 높다. 이 때 한국에서 자본자유화가 이루어지면 높은 수익률을 기대하는 달러자본들이 한국의 자본시장에 투자할 것이다.

그러나 이에 따라 한국의 외환시장에서 달러 공급량이 늘어 원화 가치가 상승하고 환율이 떨어지게 되면, 한국의 경상수지는 악화될 것이다. 이 때 실물경제 부문이 건실하여 실물부문에서 이러한 경상수지 악화가 심각하지 않고 곧 이를 극복하고 경제가 성장하리라고 예상되면 자본이 다시 유출될 이유가 없다. 그러나 경상수지 악화가 발생하기 시작할 때, 투자자들이 한국경제의 미래에 대해서 비관적 전망을 하게 되면 자본을 유출하게 될 것이다. 현재 수익률이 높다고 해도 투자에 따른 위험부담이 커지고, 환율상승으로 인해 달러로 환산한 수익률이 떨어지기 때문이다.

(3) 자본자유화와 외환위기

1997년에 발생한 우리나라의 외환위기에는 국제자본시장 상황도 역할을 했다. 1990년대 초반부터 계속된 세계금융시장에서의 자본초과공급으로 인하여 한국을 비롯한 소위 신흥시장으로 자본이 유입된 결과라고도 할 수 있기 때문이다. 선진국의 경우 자본의 수익률이 매우 낮아 개도국에 투자하였는데, 이 자본 유입은 우리나라 원화가치가 과도하게 높게 유지되는 데 기여하였다. 그 결과, 한국의 경상수지는 적자를 초래하였으며, 이에 따라 원화가치의 하락도 예상되었다.

이들 외국인 투자자들은 우리나라에서 높은 수익을 올려도 원화가치가 하락하면, 달러로 다시 환산했을 때는 수익률이 낮아지게 되므로 환율이 상승하기 전 서둘러 철수하기 시작했으며, 이는 주식시장의 폭락을 초래했을 뿐 아니라 환율을 실제로 크게 상승시키는 역할을 하여 자본시장(주식시장)과 외환시장이 악순환을 가져왔고 결국은 외환위기가 오게 된 것이다.

3. 국제 자본이동 추이

1980년대 말 국제자본시장에서는 하루에 약 2,000억 달러가 거래되었으나, 2013년에는 1조 5천억 달러 이상이 거래되고 있다. 이는 무역액과 비교할 수 없는 큰 자본량이 국제적으로 이동되고 있음을 의미한다. 직접투자에 해당하는 전세계 FDI만 보더라도 2012년 한 해 동안에 1조 5,000억 달러가 이동한 것을 나타나고 있다.

이들 FDI의 유입국을 보면, 미국, 중국에 이어 EU국가들이 대부분이다. 이를 보면 FDI 자본이동이 개도국보다는 선진국들에로 이동하여 왔다는 것을 알 수 있다. 이를 통해, FDI는 단순히 수익률 차이에 의한 자본이동이라기 보다는 다른 이유로 이루어지는 것을 알 수 있다. 개도국만 보면, 대부분의 자본이 중국으로 유입되고 있는 것이 최근 자본흐름의 특징이지만, 동남아에 이어 중남미 국가들에 대한 유입도 증가하고 있다.

국제자본이동이 어느 정도나 되는가를 측정하는 여러 가지 방법이 있다. 첫째는 자본에 대한 수익률이 국가 간에 균등화되고 있는가를 측정하는 방법이다. 만일 자본이동이 자유롭다면 국가간 자본의 수익률이 같을 것이기 때문이다. 이러한 방법으로 측정해 보면 현대경제에서도 국가 간 자본이동은 완전히 자유롭다고 보기는 힘들다. 둘째는 GDP대비 순자본이동 액수(유입액과 유출액의 차액)의 비율을 나타내는 방법이다. 2000년대의 경우 이는 약 2~3%정도인 것으로 나타나고 있다. 그런데 재미있는 것은 이러한 수치는 제1차 세계대전 이전의 상황보다도 더 낮은 수치라는 점이다.

최근 국제자본이동성이 매우 커지고 있기는 하지만 투자가들은 외국에 대한 정보부족, 환율변화의 위험성 등 여러 가지 이유로 외국보다는 국내에 투자하는 것을 원하는 경향이 있다는 것을 알 수 있다.

구체적으로 보면, 전세계 자본이동은 2003년 이후 단기자본이동이 주도하고 있고, 권역별로는 미국이 유럽을 압도하는 추이를 보이고 있다. 또한, 우리나라 국제자본이동은 자본이동의 단기화 추세로 단기자본이 주류를 이루고 있고, 자본이동의 변동성이 커지고 있으며, 2005년 이후 내국인 자본의 해외이동이 크게 확대되고 있으며, 외국의 주식투자 유입액이 크게 감소하고 있고, 2006년 이후 해외로부터의 차입이 크게 늘고 있는 추이를 시현하고 있다.

제 4 절 외환위기, 국제금융위기

1. 외환위기

외환위기는 자본이 국내시장에서 급격히 유출되어 국내에서 외환이 부족하여 외국에 대하여 결제하기 어려워지게 되는 상황을 총칭한다. 이는 '갑자기 환율이 특정수준 이상으로 급격히 상승하거나' 혹은 '외환보유고가 급격히 감소하는 경우'라고 정의되기도 한다.

이의 발생원인은 기본적으로 경제내외의 여러 측면에서 설명할 수 있겠으나 투기적 공격(speculative attack)이론을 살펴볼 필요가 있다. 투기적 공격이란, 중앙은행의 외환보유액 고갈로 자국통화의 평가절하가 임박했을 때 국내외 투자자들이 외환보유에 따른 자본이득을 얻기 위하여 외환시장에서 외환을 일시에 경쟁적으로 매입하고 국내화폐를 매각하는 것을 말한다. 이에는 기존대출금의 만기가 되었을 때 외국채권자들이 집단적으로 대출연장(roll over)을 거부하는 것도 포함된다.

외환위기를 가져오는 투기적 공격에 관한 이론은 다음과 같이 세 가지로 구분되는 것이 보통이다.

(1) 기초여건론

경제에는 재정적자, 통화량, 실질국민소득, 경상수지 적자 등 여러 가지 기초경제여건(fundamentals)이 있는데, 환율수준이 이러한 기초여건과 맞지 않을 때 투기적 공격이 발생한다.

예컨대 여러 가지 경제적 기초변수가 있으면 이들과 균형을 이룰 수 있는 환율수준이 존재한다고 한다. 그런데 경제에서 경제정책당국이 개입하여 실제 환율이 이 균형환율보다 낮다면 투자자들은 환율이 곧 이 균형환율로 갈 것이라고 생각하게 된다.

예를 들어, 우리나라에서 환율이 현재 1달러당 1,000원이지만 경상수지 적자폭이 매우 크고, 기타의 경제의 여건으로 볼 때 이 환율수준은 유지되지 못할 것이라는 것이 예상되면, 투자자들은 외환시장에서 달러를 사들이고 원화를 매각하게 되는 것이다. 이때의 매입-매각 행위를 투기적 공격이라고 한다.

(2) 자기실현적 기대

외환보유액이 어중간하거나 외채규모가 비교적 크고 외채구조가 취약한 경우, 기초경제 구조에 별문제가 없다고 하더라도, 실제 외환위기의 발생여부는 앞으로의 환율에 대한 시장 참가자들의 예상에 달려 있다. 시장 참가자들간에 급격한 환율 상승에 대한 예상이 우세하면 달러를 사고 원화를 매도할 것이므로 실제로 환율 급등이 초래된다.

그러나 경제사정이 다소 좋지 않더라도 환율이 계속 안정될 것이라는 예상이 우세한 경우에는 환율 상승이 일어나지 않게 된다. 이 경우 시장참가자들이 기대하고 예상한대로 실제 환율변화가 이루어지므로 자기실현적 기대(self-fulfilling expectation)라고 부르기도 한다.

(3) 금융기관의 본질적 문제

현대 금융기관은 예금액을 모두 대출로 사용하고 매우 작은 지불준비금만을 보유하고 있다. 이를 부분지불준비시스템이라고 하는데, 이는 평상시에는 아무런 문제가 없으나 유사시에 예금자들이 한꺼번에 경쟁적으로 인출요구를 할 경우, 이에 대하여 인출해 주지 못하는 사태가 발생할 수 있다. 이를 뱅크런(bank run)이라고 한다.

이와 비슷하게, 대규모의 외국자본이 직접투자가 아닌 금융기관의 간접금융 형태로 유입되었다가 갑자기 유출되면서 은행위기와 외환위기가 함께 초래된다. 국내기업의 채산성 악화 혹은 국제 금리의 상승과 같은 작은 충격이 있을지라도, 금융기관의 자금중개 활동을 통해 국내에 투자된 외국자본들이 은행의 지급불능 상태로 연결될 것을 우려하면, 투자자금을 조기에 경쟁적으로 회수하게 되고, 피투자국은 유동성 부족으로 인하여 은행위기와 외환위기를 동시에 경험하게 된다.

2. 우리나라의 외환위기

우리나라 외환위기의 경우, 아래의 전개과정에서 보듯이 위에서 설명한 이론들 모두에 의해 다음과 같이 설명이 가능하다.

① 1990년대에 들어오면서 선진국의 시장개방 압력과 한국의 OECD 가입 추진 등을 배경으로 자본자유화가 폭넓게 추진되었고, 막대한 경상수지 적자를 보전하기 위해 해외로부터의 자본유입이 대폭 확대되었다. 1996년에 사상 최대의 경상수지 적자를 시현하였다. 이는 우리나라의 기초여건이 부실하게 되었음을 의미한다.

② 이로 인해 약간의 우려가 있는 상태에서, 1997년 후반 동남아시아에 외환위기가 발생하게 됨에 따라 국내외적으로 원화를 매도하고 달러를 매입하는 투기적 공격이 발생하게 되었다. 예컨대, 우리나라에서 거주자 외화예금은 1996년 말 15억 달러에서 1997년 10월 말에는 47억 달러로 증가했으며, 수출기업들의 수출대금 국내 송금 지연, 개인과 기업의 달러화 사재기 등이 나타났다. 결국 사람들이 예상대로 실제로 환율이 상승하게 되었다.

③ 외환위기를 결정적으로 촉발한 것은 외국 금융기관들의 대출상환요구라고 할 수 있다. 특히, 그 때까지는 자동적으로 연장해 주던 단기대출에 대해 대출연장을 해주지 않고 상환요구를 한 것이 외환위기의 직접적 원인이 되었다.

외환위기 발생에 따라 외환시장에서는 외환 공급이 부족하게 되어, 한국 정부는 더 이상 시장평균환율제를 유지하는 것이 의미가 없다고 보고 변동환율제로 이행하게 되었다. 이에 따라 환율은 순식간에 900 근처에서 1,700대까지(한때는 그 이상으로 올라가기도 하였다.) 상승하게 되었다. 이러한 외환위기가 발생하면 외국에 대한 지불이 불가능할 뿐 아니라 국내 금융부문에도 위기를 가져온다. 은행들은 더 이상 외국으로부터 자본을 들여올 수 없으므로 국내기업들에 대하여 대출하여 줄 수 없고, 이에 따라 금융부문의 기능이 마비되어 연쇄적으로 기업들을 도산위기에 빠지게 하는 것이다.

이 과정에서 기억해야 할 것 중의 하나는, 수입품 결제 불가능 우려에 따라 수입품의 공급 감소로 인해 수입물가가 급등하였다는 점이다. 예컨대, 커피, 설탕 등의 생활용품에 대한 물가가 폭등하고 사재기가 발생하였으며, 병원에서는 X-Ray 필름 수입이 중단되어 촬영을 하지 못하는 경우까지 나타났다.

3. 국제금융위기

2008년에는 미국발 국제금융위기(international financial crisis)가 발생하였는데 이러한 금융위기는 한국경제에 어떤 문제가 있어서 발생한 것이 아니었으나 미국뿐 아니라 한국 등 아시아 국가들과 유럽 국가들까지 세계경제가 큰 고통을 겪게 되었다.

(1) 국제금융위기의 발발과 전개

2008년 시작된 국제금융위기는 서브프라임(sub-prime) 모기지 관련 상품의 부도로 촉발되어 미국에서부터 시작되었다. 서브프라임 모기지란 신용이 확실치 않은 비우량 담보를 의미하며 부동산 등 경기가 위축될 경우 가장 먼저 대출금 환수가 어려워지는 부분이라고 할 수 있다. 그런데 미국의 불경기 및 부동산 시장 위축이 왔을 때 이들 부분이 가장 먼저 영향을 받았고 결국 미국의 은행 및 금융기관들이 파산하면서 세계적으로 금융시스템에 대한 불신감이 고조되었다. 이에 따라 실물경기도 위축되었으며 세계 교역량의 급격한 감소와 세계 각국의 경제위기가 초래되었다. 이러한 금융위기는 미국, 유럽 등 선진국에 특히 큰 타격을 끼쳤으며 중국 등 아시아 국가의 성장 둔화로 이어졌다.

이러한 상황을 극복하고자 미국이나 일본 등의 국가들은 통화량을 증가시키는 정책으로 경기 불황을 이기고자 하였다. 양적완화(QE: quantity easing) 정책이 바로 그것으로서 통화량을 확대하고 이자율을 낮춤으로써 투자 및 소비를 증가시키고 유효수요를 확대할 수 있는 정책이다. 미국은 이러한 정책을 통하여 금융위기를 극복하여 2015년에는 양적완화정책을 종식하고 12월에는 기준금리를 기존의 0%에서 상승시킬 수 있게 되었다.

하지만 미국으로부터 촉발된 국제금융위기는 세계경제의 불안정을 가져왔다. 유럽의 경우는 EU 및 EURO를 통해 경제가 통합되어 있는 상황이어서 미국처럼 통화량을 임의로 증감시킬 수 없는 상황이다. 유럽중앙은행(ECB)에서 통화를 증가시켜야 하지만, 국가들 사이의 상황에 차이가 나기 때문에 일률적인 통화량 증가는 불가능했다. 따라서 EU 각국은 재정지출 증가를 통해 이를 극복하고자 하였으나 정부의 재정적자가 누적되어 취약한 국가들인 소위 PIGS(포르투갈, 이탈리아, 그리스, 스페인)을 중심으로 유럽재정위기를 초래하게 되었다.

반면 아시아 각국은 상대적으로 금융위기의 여파가 작았다고 할 수 있다. 하지만 중국, 한국 등 아시아 국가들은 미국이나 유럽들에 대해 수출을 함으로써 경제가 운용되고 있는 상황이기 때문에 세계경제의 불황은 아시아국가들에도 상당한 영향을 미칠 수밖에 없었다. 이로 인해 아시아국가들도 미국 유럽처럼 금융 및 재정확대 정책을 사용하는 국면이 전개되었다.

동아시아 외환위기나 국제금융위기에서 보듯이 국제금융시장은 각국간에 매우 밀접하게 연관되어 있기 때문에 한 국가 내에서의 금융위기는 금방 타국으로 전이되는 특징을 가지고 있다. 국가간 자본흐름이 자유화되어 있어 매우 빠른 속도로 자본유출입이 발생하고 이는 바로 실물 경제에 영향을 미치기 때문이다.

에컨대 한국의 경우 1990년대 말의 외환위기를 극복하고 경제가 안정되었으나 2008년 국제금융위기를 맞아 미국 및 유럽지역 금융시장이 붕괴되어 한국에 투자했던 자금이 회수됨에 따라 대규모의 자본유출이 발생되었고 이후 수출감소와 더불어 경제에 매우 큰 타격을 주었다. 이로 인해 세계경제뿐 아니라 한국 경제도 아직까지 경기침체로 고통을 받고 있다.

(2) 국제금융위기 이후의 변화

국제금융위기 이후의 국경간 자본 흐름의 주요 특징은 다음과 같이 설명할 수 있다.

첫째, 자본이동흐름에 대한 규제논의가 활발하게 이루어지고 있다. 급격한 자본유출입으로 인해 경제의 불안정성이 커짐에 따라 자본이동을 규제하기 위한 많은 논의가 있는데 '토빈세(Tobin tax)'의 도입 문제가 대표적이라고 하겠다. 토빈세는 노벨경제학상 수상자인 토빈이 제안한 것으로 국가간 자본이동에 대해서 일정한 비율의 세금을 부과하자는 것이다. 그러할 경우 장기자본이동에 대해서는 큰 영향을 미치지 않지만 단기자본이동은 상당히 감소하게 되는 효과가 있다.

둘째, 글로벌 금융위기에 따른 금융시장 위축으로 국경간 자본흐름이 급감하였다가 다시 꾸준하게 회복되고 있는 추세이다. 글로벌 금융위기 이후

국경간 자본흐름 감소의 주 원인은 서유럽 은행간 대출 감소였으며 선진국으로의 자금흐름이 신흥국으로의 자금흐름보다 변동성이 더 크다는 사실에서 국제금융위기의 영향이 선진국 중심으로 나타났다는 것을 알 수 있다.

셋째, 2010년 이후 신흥시장 중 자본 순유입국은 남미, 동유럽, 인도, 아프리카이며, 자본 순유출국은 중국, 신흥아시아, CIS국가, 중동 및 북아프리카가 해당된다. 다시 말하면 2000년대까지 주 유입국이었던 중국, 동남아시아로부터 여타의 지역으로 자본이 흘러가고 있음을 알 수 있다.

주요용어

국제수지	거주자	비거주자	경상수지
자본수지	해외직접투자	포트폴리오투자	자본자유화
외환위기	금융위기	투기적 공격	펀더멘털
균형환율	자기실현적 기대	부분지불준비시스템	뱅크런
IMF	세계은행	대외채무불이행	서브프라임모기지
국제금융위기	유럽재정위기		

연습문제

1. 상품수지 적자이면 경상수지가 적자가 되는가? 아니면 그렇지 않을 경우도 있는가?
2. 경상수지 적자 때문에 외채를 들여올 수밖에 없다면 자본수지는 적자가 되는가 흑자가 되는가?
3. 원화의 대미달러 환율이 상승하면 우리나라의 상품수지는 개선되는가? 어떠한 조건이 성립될 때 그러한가?
4. 화폐량을 줄이고 긴축정책을 시행한다고 해보자. 무역수지는 개선될까? 악화될까?
5. 자본시장을 개방하는 것을 자본자유화라고 한다. 이렇게 자본시장을 개방하면 자본이 부족한 개도국의 경우 선진국으로부터 자본이 유입되게 된다. 이 경우 개도국으로서는 어떠한 이익이 발생하며 어떠한 불리점이 발생할까?
6. 투기적 공격이라는 용어에 대하여 설명하고, 이것이 외환위기를 불러올 수 있는 경로에 대하여 생각해 보시오.
7. 자본자유화로 외환위기를 초래할 수 있는 상황을 1997년 당시 우리나라의 예를 들어서 설명하시오.
8. 최근 세계의 국제자본이동의 추이와 우리나라의 국제자본이동의 추이를 설명하시오.
9. 2008~2009의 세계금융위기 발생배경과 처방 그리고 교훈에 대하여 설명해 보시오.

10. '양적완화'에 대해 조사해보고 이는 경제에 어떤 영향을 미칠 것인가를 생각해 보시오.

11. 유럽 재정위기는 무엇인가? 미국이나 아시아 국가들과 달리 유럽국가들의 경우에는 금융위기가 재정위기로 나타나게 된 이유는 무엇일까?

읽을거리

탈(脫)무역수지 시대 열겠다

신임 산업통상자원부 장관이 산업부가 제조업 위주의 정책 틀에서 벗어나야 한다는 주문을 하고 나섰다. 산업부가 서비스 · 콘텐츠 분야 등도 적극 챙겨 새로운 수출 동력으로 삼겠다는 전략이다.

취임 전 산업부 간부들로부터 사전 업무보고를 받는 과정에서 "산업부가 제조업 위주의 통관기준 무역수지만 따지지 말고, 서비스 수출입까지 포함한 경상수지를 관리해야 한다"고 강조했다.

일본은 무역수지가 적자이더라도 서비스수지와 소득수지가 흑자인 덕분에 경상수지 흑자를 기록하고 있다"며 "한국도 중국과의 경쟁으로 무역수지 흑자가 정체돼 있다면 서비스 수출로 만회할 수 있는 전략을 짜야 한다"는 것이다. 자동차 조선 같은 상품 수출도 중요하지만, 눈에 보이지 않는 서비스 수출에 힘써야 한다는 얘기다.

이에 따라 산업부는 제조 상품뿐 아니라 서비스, 기술 · 브랜드 등의 부문에 무역금융을 올해 4조8,000억원 특별 지원하기로 했다. 중국 베이징에 K-콘텐츠 비즈센터도 설치하기로 했다. KOTRA가 서비스 · 기술 분야 중소기업 수출도 지원해주도록 조직을 조만간 개편할 계획이다. 중국은 최소 연 6% 이상 성장해 2014년 기준 4조 달러인 내수시장 규모가 5~6년 후 두 배인 8조 달러로 커질 것이고 서비스나 문화 콘텐츠 분야는 성장세가 더 빠른 만큼 대비해야 한다.

산업부는 새로운 수출 통계를 도입하는 것도 검토 중이다. 통관기준으론 잡히지 않는 콘텐츠나 기술 수출을 파악하기 위해 부가가치 기준으로 수출 실적을 집계하는 방안을 마련하고 있다.

그렇다고 기존 주력제품 수출에 손을 놓겠다는 건 아니다. 전통 주력산업은 구조조정을 통해 고부가가치화를 추진한다는 정책은 유지할 계획이다.

출처: 한국경제, 2016. 1. 20.

제 8 장 환 율

제 1 절 환율의 개념과 결정이론

1. 환율의 개념

(1) 환율의 표시방법과 의미

환율(exchange rate)은 서로 다른 국가의 화폐 사이의 교환비율 즉, 상대가격을 의미한다. 외국화폐를 외환이라고 부르기로 한다면, 환율은 외환(foreign exchange)의 가격이라고 할 수 있다. 환율의 표시방법은 두 가지가 있다. 예컨대 환율이 1달러당 1,000원이라고 해보자. 환율은 단순히 양국 화폐의 상대적 교환비율을 나타내므로 이 때 환율이 1,000이라고 할 수도 있고 1/1,000이라고도 할 수 있을 것이다.

그러나 국제적 관례에 따르면 영국 등 극소수의 국가의 환율만 자국의 화폐를 기준으로 표시하며 대부분의 국가들은 미국달러나 외국통화를 기준으로 표시한다.

예컨대 일본에서는 달러를 기준으로 하여 환율을 1/100라고 하지 않고 100이라고 하는 것을 볼 수 있다. 우리나라의 경우도 달러에 대한 환율을 1/1,000이라고 하지 않고 1,000이라고 한다. 이러한 표시 방법을 자국화폐표시방법이라고 한다. 이에 비해 EU의 경우에는 1Euro를 기준으로 표시하여 대달러 환율이 1.5라고 하면 1Euro당 1.5달러와 교환되는 것을 의미한다. 이러한 표시방법을 외국화폐표시방법이라고 한다.

이하에서는 자국화폐표시방법을 이용하여 설명한다. 따라서, 환율이 900원에서 1,000원으로 올랐을 때 이를 우리는 환율상승 혹은 원화의 가치하락(depreciation)이라고 한다. 이렇게 환율이 상승하는 국면을 원화 약세 혹은 달러 강세라고 표시하기도 한다. 이는 우리나라의 원화 가치가 달러가치에 비하여 상대적으로 떨어진 것을 의미한다. 반대의 경우는 가치상승(appreciation)이다. 고정환율제도하에서는 환율이 정부의 의지에 의해서 움직이는 경우가 있는데, 이 경우 환율을 상승시킬 때는 평가절하(devaluation) 그리고 환율을 하락시킬 때는 평가절상(revaluation)이라고 한다.

(2) 여러 가지 환율

실제 경제에서는 여러 가지 종류의 환율이 존재한다. 대표적인 환율을 소개하면 다음과 같다.

① 매입환율과 매도환율: 은행의 입장에서 고객에게 외환을 매도할 때 적용되는 환율이 매도환율(selling rate), 매입할 때 적용되는 환율이 매입환율(buying rate)이다. 매도환율은 매입환율보다 높다. 이 차이는 은행의 수입이 된다.

② 전신환율과 현찰환율: 같은 외환 매입하는 환율이라도 전신환을 매입할 때(혹은 외국에 계좌이체할 때)보다 현찰을 매입할 때 더 비싸다. 이는 은행의 입장에서 현찰을 관리하는 비용이 더 들기 때문이다.

③ 현물환율과 선물환율: 외환의 매입, 매도와 동시에 결제가 이루어지는 거래가 현물환거래이고, 매입매도 계약 후 상당기간(최소 2일 이상) 이후에 실제로 외환의 결제가 이루어지는 것이 선물환거래이다. 각각에 적용되는 환율을 현물환율(spot exchange rate), 선물환율 혹은 선도환율(forward exchange rate)이라고 한다.

④ 은행간환율과 대고객환율: 우리나라의 은행들은 대부분 외국환거래를 하므로 외국환은행이다. 은행들은 고객에게 외환을 매도하거나 고객으로부터 외환을 매입한다. 하지만 항상 매입액과 매도액이 일치하는 것은 아니므로 초과공급, 초과수요가 있게 된다. 이 경우 은행간 외환거래가 발생하게 되는데, 이 때 적용되는 환율을 은행간환율이라고 한다. 은행간환율은 대고객매입

환율보다는 높고 대고객 매도환율보다는 낮다. 좁은 의미에서의 외환시장은 은행간에 발생하는 외환거래를 의미한다.

2. 환율결정이론

(1) 국제수지와 환율

앞에서 설명했듯이 환율은 상품수지에 지대한 영향을 미친다. 뿐만 아니라 국제금융시장의 측면에서 보아도 어느 통화로 표시된 자산에 투자할 것인가에 대해서 환율변화가 매우 큰 영향을 미친다. 이러한 이유로 각국은 환율정책에 대해서 큰 관심을 쏟고 있다.

환율은 어느 수준에서 결정되어야 적정한가, 혹은 어떤 원리에 의해서 결정되는가? 기본적으로, 환율은 외환의 가격이므로 외환시장의 수요와 공급에 의해서 결정된다. 외환시장에서 외환에 대한 초과수요가 있으면 외환가치가 상승할 것이고, 자국 화폐의 가치가 떨어지게 된다. 이는 환율이 상승하는 것을 의미한다. 만일 어떤 이유로 인해서 환율이 상승하지 못하고 너무 낮은 어느 수준에 머무르고 있으면 자국 화폐는 과대평가(過大評價, over-valued) 되어 있다고 한다.

환율결정이 외환수급에 의해 결정되므로 외환의 수요와 공급을 결정하는 요인들이 무엇인가를 분석하면 환율결정 요인들을 알 수 있을 것이다. 이들 요인들은 경제를 보는 시각에 따라 다르게 나타나며, 앞 장에서 보았듯이 그 시각에 따라 여러가지 국제수지 접근방법들이 있다. 기본적으로, 외환시장에 직접적인 영향을 미치는 것은 경상수지와 금융계정이다. 따라서 이러한 국제수지들의 추세를 보면 앞으로 환율의 추세가 어떻게 되리라는 것을 대략 알 수 있다.

(2) 구매력평가설

장기적 균형 환율수준에 관한 가장 기본적인 이론이 구매력평가설(purchasing power parity theory: PPP)이다. 예컨대 원화의 대미달러환율이 1,000이라고 하면 이는 미국에서 1달러와 한국에서 1,000원의 구매력이 같음(평가; 平價)을 의미한다. 미국에서 1달러로 살 수 있는 물건이 볼펜이라면 한국에서는 1,000원을 가지고 똑같은 물건을 살 수 있다는 것을 말한다. 즉, 모든 물품이 자유롭게 이동한다면, 환율은 양국 화폐의 구매력이 양국에서 똑같도록 하는 수준에서 결정된다는 것이 구매력평가설이다.

만일 미국에서 1달러짜리 볼펜이 한국에서는 1,500원인데, 원화의 대달러 환율은 1,000이라고 해보자. 이 경우, 한국에서 볼펜의 달러표시 가격은 1.5달러가 되어 미국보다 한국에서 더 비싼 것을 의미하므로, 자유무역하에서는 볼펜이 미국에서 한국으로 수입될 것이다. 그 결과 외환시장에서 달러화 수요가 많아져 환율은 1,000보다 더 상승하게 될 것이며, 결국은 1,500을 향해서 변화하게 될 것이다. 그 결과 다음과 같은 식이 성립하게 된다.

$$E = p / p^*$$

여기에서 E는 환율(1달러당 원화의 단위수), p는 한국의 원화표시 물가, p^*는 외국(여기서는 미국)의 달러화표시 물가수준을 의미한다.

p가 커지면 E도 커지고 p^*가 커지면 E는 작아진다는 것을 알 수 있다. 한국에서 물가가 오르면 한국 원화의 구매력이 떨어지므로 환율이 상승하게 되고, 미국에서 물가가 오르면 반대로 달러가치가 떨어지고 원화의 대 달러환율은 하락하게 된다.

이러한 구매력평가설을 국제수지와 연결시켜 보자. 이는 특히 무역수지(상품수지)에 의한 외환시장에서의 수요 · 공급과 관련이 매우 깊다. 예컨대, 양국의 물가는 여러 요인에 의해서 결정되지만 대체로 통화량과 물품 생산량에 의해 결정된다고 할 수 있다. 통화량이 증가하면 이는 시중에 돈이 많이 풀리는 것을 의미하게 되고, 그에 따라 물가가 상승한다. 반면 생산량이 커지면 화폐수요가 커지므로 물가를 안정시키는 역할을 한다. 이는 외국에서도 마찬가지이다. 따라서 다음과 같은 관계가 성립한다.

① 국내통화량이 증가하면 국내물가가 상승하고 이에 따라 환율이 상승한다.

② 볼펜의 예를 들어 생산량과 환율의 관계를 설명해 보면, 국내경제에서 볼펜 생산량이 늘면 이는 소득이 증가함을 의미한다. 볼펜공급이 늘면 볼펜가격이 떨어진다. 이는 다른 조건이 일정할 경우 경제의 생산량이 늘면 물가

가 떨어지는 것을 의미한다. 이에 따라 환율은 하락하게 된다.

③ 외국의 경제변수들의 변화는 이와 반대의 영향을 미친다. 외국의 화폐량이 늘거나 외국의 생산량이 줄면 우리나라의 환율은 떨어지게 된다.

(3) 현실에서의 구매력평가 문제

현실 경제에서도 구매력평가설에서와 같이 양국의 물가의 비율에 의해서 환율이 결정되는가? 예컨대 100달러를 미국에서 사용하는 것과 이를 중국 위안화로 바꾸어 중국에서 쓰는 것의 가치가 같은가?

명백히, 그렇지는 않다. 일반적으로 같은 돈으로 중국에서는 한국이나 미국에서보다 더 많은 것을 살 수 있는 것이 현실이다. 왜냐하면 중국에서는 물건 값이 미국이나 우리나라보다 싼 것으로 알려져 있기 때문이다. 또 다른 예로 세계에는 1인당 GDP가 500달러 미만인 국가가 많이 있다. 1인당 500달러이면 한 달에 약 40달러임을 의미하는데, 이 돈을 가지고 한국이나 미국에서 생존할 수 있는가? 이는 불가능하다. 그러나 일부 저소득국가 내에서는 가능하다. 왜냐하면 그 국가 내에서는 물가가 낮기 때문이다.

이러한 사실들은 물가가 낮은데도 불구하고 환율은 물가수준에 따라서 결정되지는 않음을 의미한다. 이러한 관찰로부터 볼 때, 환율이 항상 양국 화폐의 구매력을 같게 하도록 정해지지 않음을 의미한다.

왜 이와 같이 구매력평가설에 의한 환율수준과 실제 환율수준이 다른 결과가 나오는가? 이에는 여러 요인이 있다. 그 중에서 중요한 것들을 나열해 보면 다음과 같다.

① 모든 재화가 다 교역재(交易財)가 아니라는 점이다. 현실경제에는 비교역재가 존재하기 때문에 양국에서의 재화의 가격이 다르다고 해서 재화가 국가간에 이동할 수 있는 것만은 아니다. 그런데, 대체로 후진국에서는 비교역재의 가격이 싸고 선진국에서는 비싸다고 할 수 있다. 따라서, 같은 금액으로도 후진국에서 더 많은 재화와 서비스를 구할 수 있다.

② 교역재라고 할지라도 국가 사이의 이동에는 비용이 소요되며 여러 가지 무역장벽 때문에 교역이 자유롭지 못한 것이 현실이다. 따라서 국가간에 가격 차이가 난다고 해도 재화가 즉각적으로 이동하여 국가간 가격 차이를 축소시키지 못한다.

③ 환율을 결정하는 외환시장의 수급은 재화의 수요공급에 의해서 뿐만 아니라 투자 및 자산선택에 따른 외환의 수요공급에 의해서 결정되며, 오히려 이 부분이 차지하는 비중이 훨씬 크기 때문이다. 따라서 환율이 재화의 가격을 일치시키는 방향으로 움직이지 않는 것은 현대와 같이 자본이동이 큰 경제에서는 오히려 당연한 것이라고 할 수 있다.

④ 단기적으로는 미래에 대한 기대(expectation)가 환율결정에서 매우 중요한 역할을 하며, 뉴스의 영향력도 매우 크다. 그런데, 어떤 상황이 변하는 뉴스가 생기면 환율은 아주 쉽게 변하지만 가격이나 물가는 쉽게 변하기 어려우므로 환율과 물가가 1 대 1 대응하기는 어렵다.

이상의 요인들 때문에 순간 순간의 단기환율은 구매력평가설에 의한 수준으로 결정되지 못한다. 하지만, 구매력평가설은 장기적이고 기본적인 환율수준을 알려주는 데 중요한 역할을 한다.

3. 구매력평가설과 빅맥지수

빅맥지수는 영국의 경제전문지 『이코노미스트』(The Economist)가 분기마다 한번씩 발표하는 지수로서 미국 맥도널드사의 햄버거 제품인 빅맥을 기준으로 하기 때문에 이런 이름이 붙었다.

세계적으로 품질 · 크기 · 재료가 표준화되어 있어 어느 곳에서나 값이 거의 일정한 빅맥가격을 기준으로 비교할 경우, 각국의 통화가치가 어느 정도인지 알 수 있다는 것이다. 즉, 환율은 각국 통화의 구매력에 따라 결정된다는 구매력평가설과 동일 제품의 가치는 세계 어디서나 같다는 일물일가(一物一價)의 법칙을 전제로 한 산출방식이다.

이러한 산출방식에 따라 『이코노미스트』는 전세계 120여 개국에서 판매되고 있는 미국 맥도널드 햄버거의 빅맥가격을 비교하여 적정환율을 산정하는데, 시장환율과 이론상으로 적정한 환율 사이의 차이를 보여준다.

2016년 1월 빅맥지수에 따르면, 빅맥 하나 값이 한국에서는 4,300원인데 미국에서는 4.79달러이었다. 따라서, 구매력평가설에 의해 환산한 한국 원화의 적정 환율은 4,300/4.79로부터 1달러당 897원이 된다. 하지만 현실에서 환율은 1,185원이었다. 따라서 한국 원화가 상당히 낮게 평가되고 있다는 것을 의미한다. 현재 환율에서 한국의 빅맥가격은 4,300/1,185 = 3.63달러이므로 미국에 비해서 저렴하다. 이러한 상황에서는 대달러 원화 환율은 떨어질 것으로 예측된다. 빅맥가격이 가장 높은 곳은 스위스, 노르웨이, 스웨덴, 덴마크 등이며 가장 낮은 곳은 베네수엘라, 우크라이나, 인도 등이다. 그러나 환율이 구매력에만 의존하는 것은 아니기 때문에, 이 빅맥지수가 항상 현실을 반영하지는 못하며, 다만, 참고자료로 이용되는 정도이다.

한편, 이러한 물가를 고려한 빅맥지수에도 문제가 발행하였다. 즉, 임대료나 임금 등이 다르며 햄버거 원가가 국가마다 차이가 나게 되므로 단순히 빅맥가격을 비교해 환율 수준을 판단하는 것은 유효성이 크지 않다는 점이 대두되었다. 그래서 빅맥지수를 대신할 만한 여러 가지 지수가 등장하게 되었다. 예컨대 카페라테지수가 있는데 이는 스타벅스 커피 가운데 가장 많이 팔리는 카페라테지수이다. 이는 세계적인 커피판매회사인 스타벅스 커피 중 가장 보편적인 카페라테의 국가간 판매가격을 비교한 지수이다.

4. 원-달러 환율 추이

원-달러 환율의 장기 추이는 [그림 8-1]에서 나타나고 있다. 그림에서는 1980년 이전에도 마치 우리나라의 환율이 변동환율인 것으로 나타나고 있으나, 이것은 우리나라가 비교적 자주 평가절하를 해온 사실을 나타낸다.

지난 50여 년간의 전체 추세를 보면, 원-달러 환율은 1985년까지는 계속해서 상승해왔다. 이는 구매력평가설을 적용하여 보면, 대체로 우리나라의 물가상승률과 미국의 물가상승률을 반영하는 것이라고 할 수 있다. 혹은, 우리나라의 경상수지가 1985년까지는 계속해서 적자였기 때문에 환율상승 기조가 유지되어 왔음을 반영한다고 해석할 수도 있다.

1985년 이후에는 강세를 보인 적도 있었는데, 이는 당시 우리나라의 물가가 상대적으로 안정되었음을 의미하기도 하며, 1985년 이후 경상수지가 흑자로 되었음을 의미한다. 1990년대 이후에는 경상수지가 적자였지만 외국의 자본이 많이 유입되어 원화강세 혹은 원화안정세가 유지될 수 있었다.

1997년에는 급격히 상승하였는데, 이는 1997년 말의 외환위기를 반영한다. 외환위기를 겪은 이후 환율은 다시 떨어지는 추세에 있었으나 2008년 국제금융위기이후 다시 상승하였다. 하지만 이후 하락하였다가 최근 다시 상승하고 있다. 한국의 물가수지 안정 및 경상수지 개선을 반영하여 환율이 하락했

그림 8-1 원화의 미국달러 환율

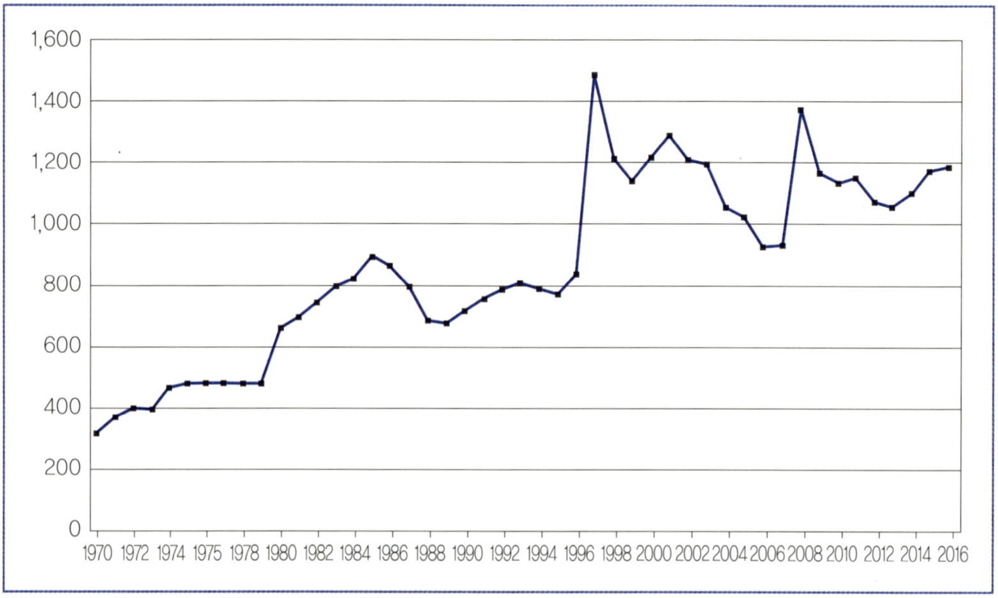

* 외국환 은행들이 대고객 매매율을 결정할 때 기준으로 하는 환율
자료: 한국은행, 「조사통계월보」, 각년도 자료로 작성

던 것이지만, 세계경제의 불안정으로 인해 안정적 화폐인 달러에 대한 선호가 증가하고 미국의 양적완화 정책의 종료 및 금리인상을 반영하여 원화 환율이 상승하고 있다.

제 2 절 환율제도

1. 고정환율제와 변동환율제

환율제도에는 크게 고정환율제와 변동환율제가 있다. 고정환율제(fixed exchange rate)는 환율이 외환시장의 수요와 공급에 의해서 변하지 않고 일정한 수준에서 고정되는 제도이다. 변동환율제(flexible exchange rate)는 외환시장의 수요와 공급에 의해서 환율이 변하는 제도이다. 대체로 선진경제권의 나라들은 변동환율제를 채택하고 있고, 많은 후진국들은 고정환율제도에 가까운 제도를 채택하고 있다.

(1) 변동환율제도

변동환율제도하에서는 환율이 자유롭게 변하므로 원칙적으로 항상 국제수지의 균형이 이루어진다. 이는 기본적으로 국제수지 문제를 시장의 가격메카니즘(price-mechanism)에 맡기는 제도이다. 반면 고정환율제도에서는 국제수지조정을 위해서는 물가나 소득 등 환율 이외의 경제변수 조정이 필요하다.

변동환율제도의 장점은 다음과 같다.

① 가격기구를 통한 자원배분의 효율성을 달성할 수 있다.

② 국가의 거시경제정책을 대외부문과 단절시켜 대내경제정책(특히 통화정책)의 독립성을 유지할 수 있다. 예컨대 한 국가에서 경기침체가 발생했을 경우 이를 치유하기 위해서 확장금융정책을 실시한다고 해보자. 고정환율제도하에서라면, 통화량을 늘리면 경기침체는 치유될 수 있다고 하더라도, 수지적자가 초래되므로 다시 긴축해야 하는 문제가 발생하게 된다. 따라서 원래의 경제정책이 실효를 거두기 어렵다.

③ 변동환율제도에서는 외환시장 개입이나 대외지불준비를 위한 충분한 외화보유고를 필요로 하지 않는다. 따라서 이에 쓰일 외화자산을 투자 등에 사용할 수 있게 된다.

반면 변동환율제도는 다음과 같은 문제점을 가진다.

① 환율 변동이 심하여 무역거래자나 자본거래자들에게 환위험(exchange risk)을 증대시키게 되므로 국제무역과 국제투자를 위축시킬 가능성이 있다는 점이다. 특히 투기가들의 환투기행위가 환율을 불안정화시킬 경우 환율의 변동폭이 더 커지게 되며, 이 경우 외환시장 및 경제가 더욱 불안정하게 된다.

② 변동환율제하에서 환율이 상승되면 이는 물가상승을 유발하고, 물가상승은 다시 환율을 상승시키는 악순환을 낳을 수 있다. 이 때문에 각국에서는 무리해서라도 환율을 어느 일정수준에 고정시키려 노력하는 경우가 많다.

(2) 고정환율제도

고정환율제도는 환율을 어느 일정수준에 고정시키고, 국제수지 불균형이 생기면 정부가 외환시장에 개입하거나 혹은 외환통제 등을 통하여 시정하거나 기타의 경제정책 등을 통해서 국제수지 조정을 하려는 제도이다. 이 제도는 환위험과 환투기를 제거하고 환율과 물가의 안정을 도모할 수 있으나 다음과 같은 점 때문에 그에 따른 사회적 비용도 크다.

① 고정환율제도하에서는 가격을 통제하는 것과 마찬가지이므로 자원배분이 효율적으로 이루어지지 못한다.

② 국제수지가 적자상태로 되면 국민소득 감소와 실업증대로 나타날 수가 있다. 국제수지 적자가 발생하면 변동환율제에서는 환율의 변화로 조정되지만, 고정환율제에서는 통화량 감소와 소득감소로 이어지며, 이는 거시경제 운용이라는 측면에서 큰 문제점이 된다.

③ 위에서 언급한대로 충분한 외환보유고가 있어야만 일정 환율을 유지할 수 있으므로 그 외환보유고를 유지하기 위한 또 다른 비용이 든다.

2. 각국의 환율제도

(1) 세계의 환율제도

제2차 세계대전 이후, 세계 각국은 고정환율제도를 유지해 왔으나, 각국의 국제수지 불균형으로 인하여 고정환율을 유지하는 것이 힘들게 되었다. 이에 1970년대 초 이후 변동환율제도로 이행하기 시작하여 자유변동환율제 혹은 관리변동환율제(managed floating exchange rate)를 운용하고 있다.

제2차 세계대전 이후, 세계 각국은 브레튼우즈(Bretton Woods)에서 전후의 국제금융제도에 대하여 논의한 결과 금환본위제도(금을 기준으로 하여 달러와의 교환비율을 정하고 다른 환율은 달러에 대하여 환율을 정하는 제도)를 유지하기로 하였는데, 이러한 체제를 '브레튼우즈체제(Bretton Woods System)'라고 부른다.

브레튼우즈체제하에서는 달러와 각국의 화폐 사이에 고정환율제가 유지되어 왔다. 그러나 1960년대 말 이후 달러화에 대한 신인도 하락으로 인하여 이러한 제도가 유지될 수가 없게 되었고, 1970년대로 들어서면서 변동환율제도로 이행하게 되었다. 이후에 각 선진국, 개도국은 점차 변동환율제도로 이행하였다.

현실 경제에서 보면, 고정환율제도와 변동환율제도 사이에 관리변동환율제도가 존재하며 실제로는 매우 다양한 양상을 띄고 있다. 다만, 세계 각국의 환율은 점차 변동환율제도에 가까운 쪽으로 이동하고 있으며, 선진국일수록 변동환율제도에 가깝고, 개도국이나 후진국의 경우에는 아직 고정환율제와 비슷하게 움직이는 경향이 있다.

(2) 우리나라 환율제도

우리나라에서는 환율제도를 보면, 다음과 같이 고정환율제도로부터 변동환율제도로 이행해 왔다.

① 고정환율제도시기(1945년부터 1980년 3월까지)가 있었다. 이 때에는 미 달러화에 대하여 고정시킨 제도였으며, 필요시 평가절하(devaluation)를 실시하는 환율정책을 사용하였다.

② 1980년 이후에는 '복수통화바스켓제도'를 도입하여 주요 국가의 통화를 모아서 하나의 바스켓을 구성하고, 각 통화에 가중치(weighted value)를 부여한 후 그 바스켓에 따라 환율이 변화하도록 하였다. 그러나, 이는 외환시장의 수급상황을 반영하지 못하는 부분이 많았고, 정책당국의 개입으로 환율을 인위적으로 결정하는 경우가 있었다.

③ 1990년 3월부터는 '시장평균환율제도'가 1997년 12월까지 시행되었다. 이는 외환시장에서 외국환은행간 거래환율을 해당 거래량으로 가중치를 주어 평균환율을 계산하여 그 다음 날의 기준환율로 삼는 방법이다. 이 기준환율에 상한 혹은 하한을 두어 그 밖에서는 거래가 이루어지지 못하도록 하였다. 이는 자유변동환율제도로 이행하기 위한 전 단계로 도입 · 시행되었다고 할 수 있으며, 1997년까지 계속하여 변동가능폭을 증가시켜 왔다.

④ 1997년 12월에는 외환위기를 맞아 환율의 변동이 크게 요구됨에 따라서 변동폭을 없애고 자유변동환율제도로 이행하게 되었다.

(3) 통화통합

EU 내의 당시 12개국은 1999년 1월 1일부터 EMU(Economic Monetary Union)를 조직하여 Euro 화폐를 통용시켰으며, 2002년부터는 각국의 지폐나 동전은 더 이상 사용되지 않고 없어지게 되었다. 이러한 통화통합은 환율제도라는 측면에서 보면, 가장 극단적인 형태의 고정환율제도라고 할 수 있다.

통화통합은 통화동맹(monetary union)이라는 이름으로 이루어진다. 역내의 각종 지급, 자본이동, 및 외환거래 등에 대한 일체의 규제가 존재하지 않으면서 역내환율이 영구적으로 고정되는 것을 뜻한다. 이 통화통합이 이루어지면 다음과 같은 좋은 효과가 나타날 것이라고 기대된다.

첫째, 환율의 고정을 통하여 경제활동의 불확실성이 제거된다. 즉, 환리스크 등이 없어지고 이는 무역이나 투자를 활성화시킨다. 이는 고정환율제도의 특징이라고 할 수 있다.

둘째, 통화동맹에서는 일반적으로 낮은 인플레이션율을 추구하는 경향이 있으므로 이러한 목표가 성공하면 정부정책에 신뢰가 생기고 이자율을 낮아지게 하는 데 기여할 수 있다.

셋째, 단일 화폐가 활용되기 때문에 역내거래가 촉진된다. 예컨대, EURO가 도입되기 이전에 Euro Zone 17개국을 여행하는 여행자의 경우, 중간에 아무런 지출이 없었다고 해도 환전비용으로만 약 60% 정도의 화폐가 사라졌다. 이것이 Euro 화폐통합이 있기 전에 부담해야 할 비용이었다. 그러나 이제는 통화가 통합되어 그러한 측면이 없어져 무역이나 서비스거래 등이 촉진되는 역할을 하고 있다. 이를 통하여 경제통합으로 인하여 더 큰 시장이 형성되는 것처럼 시장이 확대되는 것이다. 즉 무역창출효과가 나타난다.

넷째, 각국 사이의 생산비용이나 가격비교라는 점에서 투명성이 확보되므로 비효율적인 생산자는 살아남을 수 없고 경쟁이 치열해진다.

다섯째, 금융시장이 통합됨으로써 금융시장에서도 규모의 경제를 이룰 수 있다.

그러나, 다음과 같은 부정적인 측면도 있다.

첫째, 각 국가의 정체성(identity)이 사라질 위험이 있다. 이러한 이유 때문에 영국 등 몇 국가들의 국민들이 Euro 화폐 사용을 반대하여 Euro 회원국이 되지 못한 바 있다. 수 백년간 세계의 중심통화로서 역할을 해온 파운드화폐가 사라진다는 것은 영국인들에게는 용납하기 어려운 결정일 것이다.

유럽연합(EU)의 단일화폐인 유로(Euro)를 국가통화로 도입하여 사용하는 국가나 지역을 통칭하는 것을 유로존(Euro Zone, Euro Land)이라고 한다. 현재 EU회원국 중 Euro Zone에 가입된 나라는 프랑스, 독일, 벨기에, 이탈리아, 네덜란드, 포르투갈, 스페인, 핀란드, 아일랜드, 그리스, 룩셈부르크, 슬로

베니아, 키프로스, 몰타, 오스트리아, 슬로베니아, 에스토니아, 라트비아 등이며, 아직 가입하지 않은 나라는 덴마크, 스웨덴, 영국 3개국과 불가리아, 체코, 헝가리, 라트비아, 루마니아, 폴란드, 리투아니아 등 동유럽국가들이 있다.

둘째, 각국의 독립적인 통화정책이 사라지게 된다. 각국은 자국의 국내 상황을 치유하기 위해 통화정책을 사용할 수 없고 유럽중앙은행이 통화정책을 결정하게 된다. 이로 인해 독자적인 경제목표를 달성할 수 없게 되는 것이다. 또한, 경제에 문제가 있을 때 환율이 적절한 충격완화장치 역할을 해야 하는데, 그러한 능력이 없어진다.

실제로 2008년 이후 발발한 국제금융위기 국면에서 미국 각국은 통화량을 증가시켜 이를 해결하고자 하였다. 이것이 소위 양적완화(QE) 정책이다. 하지만 유럽 국가들은 EURO를 사용함으로 인해 독립적인 통화정책을 시행할 수 없었다. 이에 따라 각국은 재정지출을 늘리는 재정정책을 수행할 수밖에 없었는데 이 과정에서 재정적자가 증가하여 폴란드, 아일랜드, 이탈리아, 그리스, 스페인 등의 소위 PIIGS 국가들은 현재까지 자국내 재정적자문제를 해결하지 못하여 유럽국가들을 하나로 통합시키는 데 있어서 최대의 위기를 맞고 있다.

한편 외환위기를 겪은 후 동아시아에서도 가칭 '아시아통화동맹(Asia Monetary Union: AMU)' 등의 아시아통화통합을 추진하자는 움직임이 일어나고 있다. 그러나 AMU가 EMU(유럽통합동맹) 같은 결속력 있는 형태로 구축되기 위해서는 우선 아시아단일통화의 강력한 필요성, 중국과 일본간의 정치적인 장애요인, 그리고 중국 금융시장의 낙후성 등이 해결되어야 할 것이다.

3. 외환시장 개입

(1) 외환시장 개입이론

1970년대 초 변동환율제도가 채택된 이후, 환율의 변동이 너무 극심하여 각국의 경제를 불안정하게 하는 요인으로 작용하게 되자, 각 외환당국은 외환시장에 개입하여 환율안정화를 시도하였다. 즉, 외환에 대한 초과수요가 존재하여 환율상승 압력이 있을 때는 당국이 보유하는 외환을 방출하여 환율상승을 저지하고, 반대로 외환에 대한 초과공급이 있을 때는 이를 사들이는 것이다. 그러나 이는 일시적인 수급불균형이 있을 때는 매우 유용한 정책이 되지만, 장기적인 측면에서 외환수급 불균형이 있을 때는 효율적이지 못하다. 잘못 개입하는 경우 보유외환만 고갈되고 환율 상승이라는 목표를 달성하지 못할 수도 있기 때문이다.

(2) 외환시장 개입 실패

이러한 무리한 환율유지정책의 경우는 실제로 자주 발생하고 있다. 1994년 12월과 1995년 1월의 멕시코 페소화 가치하락의 경우가 전형적인 예이다. 인플레이션과 경제불안정을 우려하여 억지로 페소화가치를 유지하다가 외환부족으로 이를 유지할 수 없게 되자 급격한 환율상승이 불가피하게 된 것이다.

또한, 1997년 중반 태국을 비롯한 동남아시아의 국가들이 이러한 전철을 밟은 바 있으며, 우리나라에서도 1997년 11월 환율을 어느 정도 수준에서 방어하기 위해서 외환시장에 개입하여 환율을 지키지도 못하고, 결국 외환만 낭비한 끝에 외환위기에 잘못 대처했다는 비난을 받은 바 있다.

4. 세계의 정책협조와 환율

1970년 이후 세계 각국의 환율이 변동환율제로 바뀌면서 환율의 변동폭이 커지게 되었다. 이는 환위험을 증가시키고 경제의 불안정화를 초래하여 국제무역거래나 투자를 위한 자본이동을 위축시키는 요인으로 작용하였고, 한편으로는 국제수지불균형을 심화시키는 악영향을 미쳤다. 또한, 현대경제는 국가간에 매우 긴밀하게 연결되어 있어 한 국가의 경제상황변화는 바로 타국에 영향을 미친다. 이에 따라 각국은 경제정책의 협조를 통하여 세계경제의 안정화를 위해 노력해 왔다.

(1) 1980년대의 환율정책 협조

1980년대에 세계의 국제수지 상황을 살펴보면, 미국은 대규모 경상수지 적자로 고민하고 있었고, 이에 비하여 일본과 독일은 경상수지 흑자 상태였다. 당시 이러한 불균형이 발생한 이유 중의 하나가 달러가치의 과대평가 때문이라고 판단한 각국이 달러가치를 낮게 유지하기 위해 환율정책 협조를 한 바 있다. 미국 워싱턴 플라자 호텔에서 합의한 ‘플라자합의(Plaza Agreement

혹은 Plaza Accord)'가 가장 유명한 예이다.

플라자합의는 1985년 9월 22일 미국 뉴욕에 소재한 플라자호텔에서 경제 선진 5개국(미국, 영국, 독일, 일본, 프랑스)의 재무장관과 중앙은행총재들이 모여 환율에 관하여 합의한 것을 지칭한다. 당시 미국은 대외적으로 무역수지적자를 시현하고 있었고, 대내적으로는 재정적자가 심해지는 소위 쌍둥이 적자가 지속되자 선진국들에게 환율협조를 요청하게 되었다. 이 합의에서 달러가치를 하락시키고, 엔화가치를 상승시키는 합의를 이루었다. 플라자합의를 이룬 그 다음날 1U$가 235엔에서 20엔이 하락하여 215엔으로 되더니 1년 후에는 달러가치가 반으로 하락하여 120엔이 되었다.

(2) 2000년대의 세계 국제수지 불균형과 국가간 협조

또한, 이러한 미국의 경상수지 적자는 2000년대 들어 급격하게 증가하였다. 예컨대, [그림 8-2]에서 보듯이 2006년의 경우 사상 최대로 8천억 달러에 이르는 경상수지 적자를 시현하였으며, 장기간에 걸친 경상수지 적자로 인해서 미국은 세계 최대의 채무국이 되었다. 반면 중국, 일본, 한국 등 동아시아 국가들과 유럽, 중동 산유국 등은 경상수지 흑자기조가 유지되었다.

그림 8-2 미국의 경상수지 적자 추이

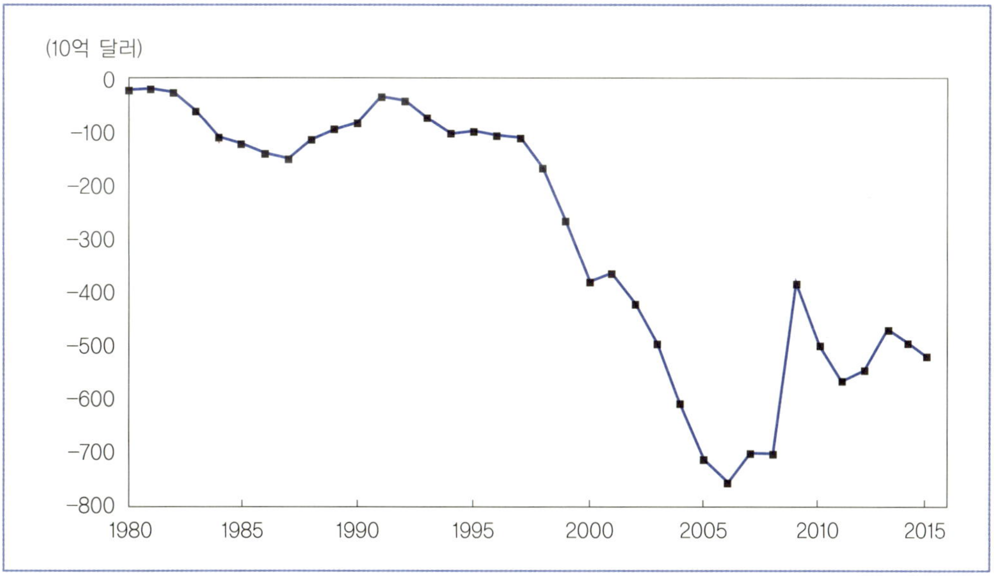

이러한 세계 경제의 상황을 타개하고자 미국은 외국 화폐들의 가치 절상을 원하게 되었는데 그 결과로 나타난 것 중의 하나가 중국에 대한 환율제도 변경요구이다. 미국은 중국의 위안화 가치가 너무 낮게 유지되고 있으며, 이로 인해 대중국 경상수지 적자가 발생하고 있다고 보았다.

즉, 중국 위안화 가치가 상승해야 하는데도 중국 정부의 인위적인 개입에 의해서 고정환율이 유지되고 있으며, 이것이 경상수지를 왜곡하고 있다는 것이다. 이에 따라 중국은 변동환율제에 가깝게 환율제도를 유지하기로 하였으나, 실제로는 중국정부의 개입에 의해 큰 변동없이 유지되어 왔다.

국제금융위기 이후에는 세계경제의 불안정으로 인해 달러가치가 공고히 유지되었고 최근 미국의 양적완화정책의 종료와 금리인상을 반영하여 달러가치가 상승함에 따라 미국의 경상수지 적자는 증가하는 추이에 있다.

주요용어

외환위기	환율	외환	외국화폐표시방법
자국화폐표시방법	평가절상	평가절하	매도환율
매입환율	선물환율	은행간환율	구매력평가설
빅맥지수	카페라테지수	고정환율제	변동환율제
관리변동환율제	복수통화바스켓	시장평균환율제	외환시장개입
EURO	통화동맹	EMU	AMU
플라자 합의	Euro zone	변동폭 확대	

연습문제

1. 은행간환율과 대고객환율 둘 중에서는 어떤 환율이 더 높을까? 이는 매도환율인가 혹은 매입환율인가에 따라 달라지는가?
2. 현실에서 환율 수준은 구매력평가설에 의해서 결정된다고 할 수 있는가? 장단기로 나누어 설명하시오.
3. 구매력평가설의 현실적 사례로서 그동안 빅맥지수가 오랫동안 참고용으로 사용되었는데, 가장 최근에 발표된 빅맥지수를 찾아서 조사해보고 대달러 원화 환율이 상승할 것인지 하락할 것인지를 예측해보시오. 또한 최근 빅맥지수를 대신하여 나타나고 있는 다른 지수들은 어떤 것들이 있는가?
4. 고정환율제도와 변동환율제도의 장단점에 대하여 설명해 보시오.
5. 왜 선진국들은 대체로 변동환율제를 그리고 개도국들은 고정환율제를 채택하고 있는가?
6. 우리나라가 한때 채택했던 시장평균환율제란 무엇인가?
7. 플라자합의에 대해서 세계경제 측면에서 설명해 보시오.
8. 미국은 중국에게 왜 위안화를 평가절상하라고 압력을 가하고 있으며, 중국은 왜 위안화를 평가절상하려 하지 않는가를 설명해 보시오.
9. 미국의 양적완화 정책의 변화를 조사해보고 양적완화 종료에 따라 세계 경제에 어떤 영향을 미칠 것인가를 생각해 보시오.

읽을거리

양적완화

양적완화(quantitative easing)란 정책 금리가 0에 가까운 초저금리 상태에서 경기부양을 위해 중앙은행이 시중에 돈을 푸는 정책으로, 정부의 국채나 여타 다양한 금융자산의 매입을 통해 시장에 유동성을 공급하는 것이다. 이는 중앙은행이 기준금리를 조절하여 간접적으로 유동성을 조절하던 기존 방식과 달리, 국채나 다른 자산을 사들이는 직접적인 방법으로 시장에 통화량 자체를 늘리는 통화정책이다. 자국의 통화가치를 하락시켜 수출경쟁력을 높이는 것이 주목적이다. 통화량이 증가하면 통화가치가 하락하고, 원자재 가격이 상승하여 물가는 상승한다. 한 나라의 양적완화는 다른 나라 경제에도 영향을 미칠 수 있다. 예를 들면 미국에서 양적완화가 시행되어 달러 통화량이 증가하면 달러가치가 하락하여 미국 상품의 수출경쟁력은 강화되나, 원자재 가격이 상승하여 물가는 상승하며, 달러가치와 반대로 원화가치(평가절상, 환율하락)는 상승한다. 한편, 양적완화 정책을 점진적으로 축소하는 것을 테이퍼링(tapering)이라고 한다.

미국은 2008년 리먼브러더스 파산 사태 이후 그해 11월과 2009년 3월, 그리고 2010년 11월(2011년 6월 QE2 종료) 등 두 차례의 양적완화를 시행한 바 있다. 그러나 두 차례의 양적완화는 실물경기 회복에 기대만큼 미치지 못했고, 이로 인해 미 연방준비제도위원회(연준)는 2011년 9월부터 장기 국채는 사들이고 단기 국채는 파는 오퍼레이션 트위스트(OT)로 전환하였다. 미국은 이후에도 경제 불안이 계속되자 2012년 9월 13일(현지시간) 연방준비제도이사회(Fed)는 매달 400억 달러 규모의 주택저당증권(MBS: mortgage backed securities)을 사들이고 0% 수준의 기준금리를 2015년 중반까지 유지하기로 한다는 3차 양적완화(QE3)를 발표하였다. 이후 저금리의 풍부한 자금이 풀리면서 마이너스 성장률을 보이던 경제성장률이 2014년 상반기에는 4.6%까지 회복되었으며, 실업률이 하락하는 등 경기부양 효과가 나타났다. 이에 따라, 2014년 10월 28~29일(현지시각) 열린 연방공개시장위원회(FOMC) 정례회의에서 양적완화 종료를 선언하였다.

출처: 네이버시사상식사전,
http://terms.naver.com/entry.nhn?docId=930448&cid=43667&categoryId=43667)

제 3 부

무역거래의 이해

제9장

무역거래

제 1 절 무역거래의 의의

1. 무역거래의 정의

무역거래는 국가와 국가 간에 물품을 사고파는 상행위를 의미하는데 수출거래와 수입거래로 나누어진다.

(1) 수출의 정의

수출은 일반적으로 상품을 외국에 매각하는 행위라고 할 수 있지만 우리나라 대외무역법에서는 다음 항목 어느 하나에 해당하는 경우를 수출로 정의하고 있다(대외무역법시행령 제2조 3).

첫째, 매매, 교환, 임대차, 사용대차, 증여 등을 원인으로 국내에서 외국으로의 물품을 이동하는 것(우리나라 선박에 의하여 외국에서 채취 또는 포획한 광물이나 수산물을 외국에 매도하는 것을 포함한다)과 유상으로 외국에서 외국으로 물품을 인도하는 것으로서 산업통상자원부장관이 정하여 고시하는 기준에 해당하는 것.

둘째, 거주자가 비거주자에게 대통령령이 정하는 용역을 제공하는 것으로서 산업통상자원부장관이 정하여 고시하는 방법으로 제공하는 것.

셋째, 거주자가 비거주자에게 대통령령이 정하는 전자적 형태의 무체물을 정보통신망을 통하여 전송하거나 그 밖에 산업통상자원부장관이 정하여 고시하는 방법으로 인도하는 것.

① 물품의 인도

대외무역법에서는 수출을 우리나라에서 외국으로 물품이 이동하는 것으로 정의하면서 그 원인을 구체적으로 명시하였다. 특히 수출거래가 복잡 다양화되고 특수화됨에 따라 물품의 매매뿐만 아니라 사용대차,[1] 교환, 증여 등도 수출의 범위에 포함시켰다.

또한 우리나라 선박이 공해상이나 외국의 영해에서 채취 또는 포획한 광물이나 수산물 등을 현지에서 매각하는 것도 그 물품이 우리나라에 속한 것이고 매매에 의해서 외국으로 인도되는 것이기 때문에 수출로 간주되고 있다. 그리고 산업통상자원부장관이 정하여 고시하는 방법으로 유상으로 외국에서 외국으로 물품을 인도하는 것도 수출거래에 해당된다.

② 거주자의 비거주자에 대한 용역의 제공

수출은 물품과 같이 유체물의 이동만 의미하는 것이 아니라 거주자가 비거주자에게 서비스, 지식재산권 등 무형의 용역을 제공할 경우에도 수출로 간주된다. 대외무역법에서는 다음과 같이 두 가지 경우를 수출로 간주되는 용역으로 규정하고 있다(대외무역법시행령 제3조).

첫째, 다음에 해당하는 사업을 영위하는 자가 제공하는 용역은 수출로 인정된다.

- 경영상담업
- 법무관련 서비스업
- 회계 및 세무관련 서비스업
- 엔지니어링 서비스업
- 디자인
- 컴퓨터 시스템 설계 및 자문업
- 문화산업진흥기본법에 의한 문화산업에 해당하는 업종
- 수출유망산업으로서 산업통상자원부장관이 정하여 고시하는 업종

1) 사용대차는 당사자의 일방이 무상으로 사용 · 수익을 한 후 돌려주기로 약속하고 상대방으로부터 물품을 인도받는 계약을 말하는데, 무상이라는 점에서 임대차와 구분된다. 무상으로 그림을 빌려서 전시회를 개최한 후에 반환하는 것은 사용대차에 해당된다.

둘째, 국내의 법령 또는 대한민국이 당사자인 조약에 의하여 보호되는 특허권 · 실용신안권 · 의장권[2] · 상표권 · 저작권 · 저작인접권[3] · 프로그램저작권 · 반도체집적회로의 배치설계권의 양도, 전용실시권의 설정 또는 통상실시권의 허락도 용역으로 간주된다.

③ 거주자의 비거주자에 대한 전자적 무체물 전송

정보통신기술의 발달로 소프트웨어, 디지털 방식의 정보 등 전자적 형태의 무체물을 거주자가 비거주자[4]에게 전송하는 것도 수출에 해당된다. 전자적 형태의 무체물은 다음 각호의 1에 해당하는 것을 말한다(대외무역법시행령 제4조).

• 소프트웨어산업진흥법에 의한 소프트웨어

• 부호 · 문자 · 음성 · 음향 · 이미지 · 영상 등을 디지털방식으로 제작하거나 처리한 자료 또는 정보 등으로서 산업통상자원부장관이 정하여 고시하는 것(여기에 해당되는 것은 영화, 게임, 애니메이션, 만화, 캐릭터를 포함한 영상물, 음향 · 음성물, 전자서적 및 데이터베이스이다).

• 위의 사항의 집합체 기타 이와 유사한 전자적 형태의 무체물로서 산업통상자원부장관이 정하여 고시하는 것.

(2) 수입의 정의

일반적으로 수입은 물품을 외국에서 구매해 오는 것을 말하는데 우리나라 대외무역법에서는 다음 항목 어느 하나에 해당하는 경우를 수입으로 규정하고 있다(대외무역법시행령 제2조 4).

첫째, 매매, 교환, 임대차, 사용대차, 증여 등을 원인으로 외국으로부터 국내로 물품이 이동하는 것과 유상으로 외국에서 외국으로 물품을 인수하는 것으로서 산업통상자원부장관이 정하여 고시하는 기준에 해당하는 것.

---

2) 의장권은 상품의 형상, 모양, 색채 등으로 미감을 일으키는 아이디어를 독점적으로 사용할 수 있는 권한을 말한다.

3) 저작인접권은 직접적인 저작권은 아니지만 저작물의 실제 공연, 방송물 등에 대하여 저작물에 준하는 권리를 말한다.

4) 거주자라 함은 대한민국 안에 주소 또는 거소를 둔 개인과 대한민국 안에 주된 사무소를 둔 법인을 말하며, 비거주자라 함은 거주자 외의 개인 및 법인을 말한다. 다만, 비거주자의 대한민국 안의 지점 · 출장소 기타의 사무소는 법률상 대리권의 유무에 불구하고 거주자로 본다(외국환거래법 제3조 제1항 제12호 및 제13호).

둘째, 비거주자의 거주자에 대한 대통령령이 정하는 용역을 제공하는 것으로서 산업통상자원부장관이 정하여 고시하는 방법으로 제공하는 것.

셋째, 비거주자의 거주자에 대한 대통령령이 정하는 전자적 형태의 무체물을 정보통신망을 통하여 전송하거나 그 밖에 산업통상자원부장관이 정하여 고시하는 방법으로 인도하는 것.

① 물품의 인수

오늘날의 수입은 그 범위가 종전보다 확대되어 물품의 매매나 임대차뿐만 아니라 교환, 사용대차, 증여 등도 모두 수입에 해당된다. 그리고 해외건설현장 등에서 사용하기 위해 시설, 원료, 기재 등을 외국에서 구입하여 사업현장으로 직접 송부하는 거래도 대외무역법상의 수입에 포함된다.

② 비거주자의 거주자에 대한 용역의 제공

비거주자가 거주자에게 서비스, 지적재산권 등을 제공하는 것도 수입으로 간주된다. 수입으로 인정되는 용역의 범위는 수출의 경우와 동일하다.

③ 비거주자의 거주자에 대한 전자적 무체물의 전송

정보통신기술의 발달로 소프트웨어, 디지털 방식의 정보 등 전자적 형태의 무체물을 비거주자가 거주자에게 전송하는 것도 수입에 해당된다. 전자적 형태의 무체물로 인정되는 범위는 수출의 경우와 동일하다.

2. 무역거래의 특징과 절차

(1) 무역거래의 특징

① 무역위험의 발생

무역거래는 국내 상거래에 비해 위험도가 매우 높은 편이다. 먼저 장거리 대량운송으로 인해 거래 상품의 도난, 분실, 파손 등과 같은 위험이 발생할 수 있으며 또한 수출업자와 수입업자간의 거래과정에서 수출대금의 회수가 어렵다든지 수입상품을 입수할 수 없는 위험이 따른다. 그리고 무역거래에는 환율변동에 따른 환위험이 수반되며 아울러 수입제한, 환거래제한 등 정책변동으로 인한 비상위험이 발생할 수 있다.

② 무역보조수단의 필요

무역거래는 운송, 보험, 금융 등 여러 보조수단을 필요로 한다. 무역은 해상운송과 더불어 발전해 왔지만 오늘날에는 육상운송, 항공운송, 컨테이너운송 등 모든 운송수단이 무역거래에서 이용되고 있다. 또한 상품의 장거리 운송에는 많은 위험이 따르기 때문에 해상보험을 통한 보호조치가 반드시 필요하며 아울러 금융기관은 공신력을 이용하여 수출업자와 수입업자 간의 대금결제를 원활히 해준다. 이와 같이 운송, 보험, 금융은 무역을 수행하는 데 절대적으로 필요한 중추적 기능을 수행하고 있다.

③ 국제통일규칙의 준수

무역거래는 국가 간의 정치체제, 행정정책, 언어, 상관습 등의 차이로 여러 가지 마찰과 분쟁이 발생할 소지가 있다. 이에 따라 UN, 국제상업회의소(International Chamber of Commerce: ICC) 등 여러 국제기구들은 그 동안 무역거래에서 보편화된 상관습을 수용하여 통일규칙을 제정하고 이를 당사자들의 합의에 의해 사용하도록 권고하고 있다. 따라서 오늘날의 무역거래는 이러한 국제통일규칙을 근간으로 수행되고 있다.

④ 전자무역의 확대

무역거래의 많은 부분이 인터넷, 전자문서교환 등 전자적 수단에 의해 수행되고 있다. 인터넷을 이용하여 해외시장정보를 얻어 거래를 제의하고 계약을 체결하기도 한다. 그리고 대부분의 선진국에서는 서류를 사용하지 않는 전자문서교환방식의 수출입통관절차를 시행하고 있다. 이러한 전자무역은 과거의 전통적 방식의 무역거래에 비해 시간과 비용을 절약할 수 있어 계속 확대되어 가고 있다.

(2) 무역거래의 절차 개요

무역거래는 상관습에 따른 차이가 다소 있지만 일정한 순서에 의해서 이루어진다. 무역거래의 절차를 개괄적으로 나타내면 [그림 9-1]과 같으며 이를 중심으로 무역거래가 이루어지는 절차를 살펴보면 다음과 같다.

첫째, 수출업자 혹은 수입업자는 해외시장조사를 통해 가장 좋은 조건으로 판매하거나 구매할 수 있는 거래선을 물색한다. 거래선이 확보되면 거래를 제의하고 만약 상대방으로부터 긍정적인 회신이 있으면 구체적인 거래조건을 제시한다.

둘째, 수출업자와 수입업자간에 거래조건에 대한 상호 흥정이 끝나면 정식으로 무역계약을 체결한다. 무역계약을 체결할 때는 거래 상품에 관한 사항과 더불어 무역계약 이행에 필요한 거래조건들도 구체적으로 약정한다.

셋째, 무역계약이 체결되면 수출업자는 계약물품을 정해진 기일 내에 생산 · 확보하여 수출통관을 마친 후 이를 수입업자에게로 선적해 보낸다. 계약물품에 대한 선적이 완료되면 수출업자는 관련 은행 등으로부터 수출대금을 회수한다.

넷째, 수출업자가 계약물품을 선적해 보내면 수입업자는 수입대금을 결제하고 수입화물을 입수한 후 수입통관을 필함으로써 모든 수입절차를 마치게 된다.

다섯째, 수출대금의 회수와 수입물품의 입수가 끝나면 무역거래는 일단 종결되지만 만약 상대방이 클레임을 제기하게 되면 이의 해결과정이 남게 된다.

그림 9-1 무역거래절차 개요

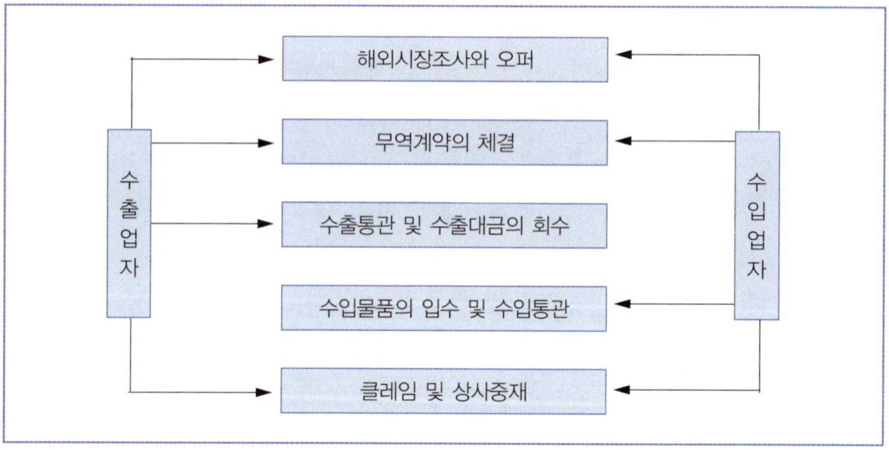

제 2 절 무역의 관리

1. 무역관리의 의의

무역은 한 나라의 경제발전에 많은 영향을 미치기 때문에 대부분의 국가들은 대외무역을 관리하고 있다. 국가가 무역거래에 개입하여 대외무역의 질서를 유지하고 자국의 경제정책에 맞추어 수출을 촉진하고 수입을 적정하게 조정하는 것을 무역관리라 한다.

일반적으로 부존자원이 빈약한 국가나 개발도상국가들은 대외무역의 효율적 관리를 통해 자국의 경제발전을 도모한다. 즉 국제수지를 개선하고 국내 유치산업을 보호하기 위해 수출진흥, 수입제한 등과 같은 정책을 통해서 대외무역을 관리한다. 또한 선진국들도 자국의 경제발전을 목적으로 대외무역을 어느 정도 조정하고 있다. 우리나라의 경우 대외무역을 진흥하고 공정한 수출입 거래질서를 확립하여 국제수지의 균형과 통상의 확대를 도모함으로써 국민경제의 발전에 이바지함을 목적으로 대외무역을 관리한다.

그러나 오늘날의 무역관리는 무역자유화라는 국제적 논리에 따라 무역거래를 제한하는 관리형태는 가급적 최소화하려는 경향이 있다. 따라서 무역관리를 통한 정부의 정책은 억제 또는 제한적인 것보다 오히려 공정한 거래질서를 유지하고 국제무역의 효율성을 기하려는 자율적인 형태를 띄고 있다.

2. 무역관계법규

우리나라의 경우 국제수지의 균형과 통상의 확대를 도모할 목적으로 여러가지 무역관계법규를 통해 대외무역을 관리하고 있다. 따라서 우리나라에서의 무역거래는 무역관계법규에서 규정한 거래질서와 범위 내에서 이루어지는데 무역관리제도의 근간을 이루고 있는 무역관계법규에는 다음과 같은 3대 기본법이 있다.

(1) 대외무역법

대외무역법은 우리나라의 대외무역거래를 전반적으로 조정하기 위한 기준법으로서 1986년 12월 31일부터 시행되고 있다. 아울러 대외무역법에서 위임된 사항과 그 시행에 따른 필요 사항을 정하기 위해 대외무역법시행령 및 대외무역관리규정이 시행되고 있다. 따라서 우리나라의 대외무역법령은 대외무역법, 대외무역법시행령 및 대외무역관리규정으로 구성되어 있다.

대외무역법은 대외무역을 진흥하고 공정한 거래질서를 확립하여 국제수지의 균형과 통상의 확대를 도모함으로써 국민경제의 발전에 이바지함을 목적으로 한다(대외무역법 제1조).

(2) 관세법

관세법은 관세의 부과와 징수, 수출입물품의 통관 등을 적정하게 하여 국민경제의 발전에 기여하고 관세수입을 확보하기 위한 법이다.

(3) 외국환거래법

외국환거래법은 외국환과 외국환거래를 적절히 관리하여 국제수지의 균형, 통화가치의 안정, 외화자금의 효율적 운영 등을 목적으로 하는 법이다.

3. 무역거래자

무역거래자는 수출 또는 수입을 하는 자, 외국의 수입업자 또는 수출업자의 위임을 받은 자 및 수출 · 수입을 위임하는 자 등 물품의 수출 · 수입 행위의 전부 또는 일부를 위임하거나 행하는 자를 말한다. 무역거래자를 무역업자 및 무역대리업자로 구분하여 살펴보고자 한다.

(1) 무역업자

우리나라는 2000년 1월 1일부터 무역업이 완전 자유화되어 누구나 사업자등록증만 있으면 무역거래를 할 수 있다.

① 무역업고유번호

산업통상자원부에서는 각 업체별 수출입 실적관리를 위해 무역을 전문적으로 하고자 하는 업체에 대해서는 무역업 고유번호를 받아서 하도록 권장하고 있다.

이 제도는 의무사항은 아니지만 무역업고유번호가 없으면 수출실적을 공인받을 수 없는 등 여러 불편이 따른다. 무역업고유번호를 받고자 하는 자는 한국무역협회장에 신청하여야 하며 한국무역협회장은 신청서류를 접수하는 즉시 무역업고유번호를 부여한다.

② 웹사이트 구축

인터넷 등으로 무역을 하기 위해서는 웹사이트 구축이 필요하다. 웹사이트 구축은 먼저 홈페이지의 주소라고 할 수 있는 도메인 네임(domain name)을 결정한 후 마케팅 전략과 정보기술이 효율적으로 조화를 이루는 홈페이지의 내용을 작성하고 실제로 제작하는 과정을 밟게 된다. 도메인 네임은 국제인터넷정보센터(InterNIC)의 등록위탁기관(www.network-solutions.com)이나, 한국인터넷진흥원(KRNIC: www.nic.or.kr) 등과 같은 지역별 비영리 망관리기관에 인터넷상에서 온라인으로 등록신청을 하고 인터넷 주소를 부여받는다.

그리고 네트워크가 구축되면 제작 완료된 서버에 홈페이지를 올리고 이를 활용하기 위한 인터넷 접속을 해야 한다. 인터넷에 접속하기 위해서는 인터넷 서비스 제공업체에 가입하여야 하는데, 비용, 속도, 보안, 기타 부가 서비스 등을 고려하여 신중히 결정하여야 한다. 국내에는 한국통신, 데이콤, 하나로통신 등 많은 유료 인터넷 서비스 제공업체(ISP)가 있으며, 각 업체 및 서비스에 대한 정보는 각사의 홈페이지를 참조하면 된다.

(2) 무역대리업자

무역대리업은 외국의 수입업자 또는 수출업자의 위임을 받은 자(외국의 수입업자 또는 수출업자의 지사 또는 대리점을 포함한다)가 국내에서 수출물품을 구매하거나 수입물품을 수입함에 있어서 그 계약의 체결과 이에 부수되는 행위를 업으로 하는 것을 말한다. 무역대리업도 2000년 1월 1일부터 완전 자유화되었다.

① 오퍼상

우리나라에서 오퍼상이라고 하면 외국의 수출업자를 대리하여 국내 수입업자에게 물품매도확약서를 발행하고 부수적으로 수입 업무를 대행해 주는 무역대리업자를 말한다. 물품매도확약서는 무역대리업자가 매매당사자에게 상품명세, 가격조건 등을 주요 내용으로 하는 매입 또는 매도의사를 문서로 발행한 물품공급에 관한 확약서를 말한다. 물품매도확약서를 무역거래에서는 통상 '오퍼장'(offer sheet)이라고 하기 때문에 이런 무역대리업자를 오퍼상으로 부르고 있다.

오퍼상은 해당 분야에 대한 전문 지식과 정보를 가지고 국내 수입업자가 요구하는 물품에 대해 여러 해외 수출업자들로부터 거래조건을 받아 가장 유리한 조건으로 수입할 수 있는 경우를 선정하여 이를 수입업자에게 제시하고 일정한 수수료를 받는다. 그러나 오퍼상은 단순히 오퍼만 발행하지 않고 수입거래에 따른 여러 가지 부대업무도 처리해주기 때문에 일종의 수입대행업자로 간주될 수 있다. 전문적으로 무역 부서를 운영하고 있지 않은 경우나 무역에 대한 지식이나 정보가 부족할 경우 오퍼상을 통해 대행 수입하는 경우가 유리하다.

② 구매대리업자

구매대리업자는 외국의 수입업자를 대리하여 국내에서 물품의 구매, 구매알선 또는 이에 부대되는 업무를 취급하는 외국 기업의 국내 대리점이거나 국내 지사를 말한다. 보통 외국 수입업자들은 국내 관련업계에 정통한 사람이나 업체를 구매대리점(buying agent)으로 지정하거나, 구매대리 업무만을 전문으로 수행하는 지사(buying office)를 운영한다. 이들은 외국 수입업자의 국내 대리인으로서 외국의 수입업자로부터 위임을 받아 우리나라 수출업자와 물품구매계약을 체결하고 구매물품을 외국으로 선적해 보낸다.

4. 수출입 물품

대부분의 국가들은 경제적, 정치적, 사회적 목적에 따라 수출입 물품의 범위를 제한하고 있다. 우리나라의 경우 수출입공고를 통해 수출입 물품의 품목, 수량, 금액, 대상지역 등을 한정한다.

(1) 수출입공고

수출입공고란 개별적인 수출 또는 수입물품에 대하여 수출 · 수입이 제한되는지의 여부와 이에 따른 추천 또는 확인사항 등을 산업통상자원부장관이 종합적으로 정리하여 공고하는 것을 말한다.

산업통상자원부장관은 필요하다고 인정하는 경우에는 수출입 승인대상 물품의 품목별 수량 · 금액 · 규격 및 수출 또는 수입지역 등을 한정할 수 있다. 그리고 산업통상자원부장관은 수출 또는 수입의 제한 및 절차를 정한 경우에는 이를 공고해야 한다.

수출입공고에는 승인대상품목을 게기한다. 따라서 수출입공고상의 수출승인대상품목과 수입대상품목으로 게기되지 않은 품목은 원칙적으로 수출입 자유화 품목이다. 승인대상품목을 수출입하려면 동 공고상의 품목별 수출입요령에 따라 수출입승인을 받아야 한다.

그리고 수출승인대상품목 또는 수입승인대상품목의 수출 또는 수입요령에서 정하는 승인기관의 장 또는 관련단체의 장은 사전에 산업통상자원부장관과 합의(승인)하여 승인요령을 공고하여야 한다. 다만, 단체의 경우에는 주무관서의 장을 경유하여야 한다.

(2) 수출입 통합공고

대외무역법 이외의 다른 법령에서 해당물품의 수출입의 요건 및 절차 등을 정하고 있는 경우에는 산업통상자원부장관은 그 법령에 의해서 규정된 물품의 수출 또는 수입요령을 통합하여 공고하도록 되어 있는데 이를 통합공고라 한다.[5] 현재 약사법 등 49개 관련 법령 중 수출입과 관련된 부문이 통합 · 고시되고 있다.

통합공고에 대한 자료는 관계행정기관의 장이 산업통상자원부장관에게 제출해야 한다. 그리고 산업통상자원부장관은 제출된 소관물품의 수출입요령에 관한 자료에 대해서 수출입규제의 필요성, 대상물품의 타당성, 유사물품과의 혼동, 무역관행 등을 검토 · 조정하여 수출입요령을 정한다. 만약 수출입통합공고에서 정한 요건확인의 내용과 수출입공고의 제한내용이 동시에 적용될

---

5) 예를 들어 향정신성 의약품은 주무부서가 보건복지부이므로 이의 수출입 요건 및 절차 등은 보건복지부에서 규정하고 산업통상자원부에서는 이를 통합하여 공고한다.

경우에는 모두 충족되어야만 수출 또는 수입이 가능하다.

(3) 전략물자의 수출입

현재 주요 국가들은 세계적인 테러 행위를 방지하기 위해 대량살상무기의 제조에 사용되는 원료, 물품, 기술 등 전략물자로 분류하여 이의 유통을 엄격히 제한하고 있다. 이에 우리나라 대외무역법에서도 2007년 4월부터 모든 제조업자, 수출업자, 수입업자 및 중개업자들로 하여금 의무적으로 전략물자의 확인, 수출허가, 신고, 중개허가 등을 받도록 하여 전략물자의 국내외적 이동을 관리하고 있다.

전략물자는 다자간 국제수출통제체제의 원칙에 따라 국제평화 및 안전유지와 국가안보를 위하여 수출허가 등 제한이 필요한 물품 · 기술 등으로 세부품목은 산업통상자원부 "전략물자 · 기술수출입통합고시"로 지정 · 고시된다. 여기서 말하는 전략물자는 단순히 전쟁에서 사용하는 무기만이 아니라, 무기를 만들 수 있는 원료 · 물품 · 기술 등이 모두 포함된 넓은 개념이므로 일상생활에 흔히 쓰이는 용품이라도 재질에 따라 전략물자로 분류될 수 있다. 따라서 제조업자나 무역거래자는 거래물품 등이 전략물자에 해당되는지 여부를 판단 확인해야 한다.

그리고 전략물자를 수출할 경우 수출업자는 매 수출시마다 사전에 산업통상자원부장관이나 관계 행정기관의 장의 허가를 받아야 한다(대외무역법 제19조). 전략물자의 제조업자나 수입업자는 전략물자를 제조하거나 수입하는 경우 출고일 또는 수입신고의 수리일부터 30일 이내에 대통령령으로 정하는 바에 따라 관계 행정기관의 장에게 신고하여 한다.

(4) 품목분류기준

무역에서는 수많은 상품이 거래되고 있는데 이들 상품의 이름은 국가마다 조금씩 차이가 있고 동일한 이름의 상품도 독특한 기능이 추가됨에 따라 여러 가지로 분류될 수 있다. 또한 똑같은 기능을 가진 상품이더라도 그 용도에 따라서 적용되는 관세율이 달라질 수 있다.[6] 따라서 무역상품에 대한 업

6) 예를 들어 우리나라에서 스쿠버 다이빙을 할 때 적용되는 재킷의 경우 일반의류 재킷으로 판단되면 13%의 관세율이 적용되지만 수상운동용품으로 판단되면 8%가 적용된다.

무를 신속히 처리하거나 수출입 통계를 작성하고 적절한 관세율을 적용하기 위해서는 상품을 체계적으로 분류하는 기준을 만들어 그 기준에 따라서 세계 각국이 공동으로 사용할 수 있는 고유번호를 부여하는 것이 필요하다.

이에 따라 1950년 유엔에서 표준국제무역분류(Standard International trade Classification: SITC) 방식을 제정했는데 이 방식은 1960년에 전면 개정되었고 이후 2차례 개정되어 오늘에 이르고 있으며, 대부분의 국가들이 무역통계를 집계할 때 이 방식을 사용하고 있다.

한편 1955년 관세협력이사회에서는 관세를 공정하게 부과하고 제각각인 세계 여러 나라의 관세행정을 통일시키기 위해 관세협력이사회 품목표(Customs Cooperation Council Nomenclature: CCCN)를 만들어 사용했다. 그러나 과학기술의 발달로 새로운 상품이 많이 개발됨으로써 모든 상품을 분류할 수 있는 방식이 필요하여 관세협력이사회에서는 1988년 '통일 상품명 및 부호 체계(Harmonized Commodity Description and Coding System: HS)를 개발하여 현재 세계 각국은 이 방식에 따라 상품을 공통으로 분류하고 있다.

HS 분류체계는 먼저 대분류 수준에서 21개의 부(section)를 수평으로 배열하고, 각 부는 중간 단계 차원에서 류(chapter)로 중분류하고, 각 류는 그 다음의 낮은 단계 차원에서 호(heading)로 소분류하고, 호는 다시 더 낮은 단계의 소호(sub-heading)로 세분류하는 순으로 하향 수직 배열되어 있다. 류→호→소호 순으로 각각 2단위의 코드번호가 부여되는데 총 6단위의 코드번호는 세계 공통이다.

주요용어

임대차	사용대차	거주자	비거주자
전자적 무체물	무역거래자	오퍼상	구매대리업자
수출입공고	통합공고	전략물자	

통일 상품명 및 부호 체계(Harmonized Commodity Description and Coding System: HS)

읽을거리

공무역과 사무역

공무역은 국가가 무역의 주체가 되는 것으로 국가의 계획과 협정에 의하여 정부 또는 정부의 대행기관이 수행하는 무역거래이고, 사무역은 민간 무역업자가 자유로운 경쟁하에 행하는 무역을 말한다. 역사적으로 우리나라의 대표적인 공무역은 조공이다. 중국과의 조공무역은 정치적으로 사대주의의 발상이라고 비판되지만 실제 조공을 통해서 이익을 보는 것은 조선이었다. 그래서 조선 초기 명나라는 3년 1공을 주장했는데 조선은 거꾸로 1년 3공을 주장하여 1년에 3번 중국과 조공무역을 했었다. 그리고 우리나라의 대표적인 사무역은 역관들에 의한 중국, 조선 및 일본을 연결하는 중계무역이다. 역관은 중국어 통역관인데 신분은 중인신분으로 낮지만 탁월한 외국어 실력과 협상력으로 중계무역을 통해 많은 부를 축적하였고 조선 경제를 활성화시켰다. 이들은 중국으로 출장 갈 때 출장비 대신 인기품목이었던 인삼 8포의 무역권(팔포제)을 얻어 이를 경비와 무역자금으로 활용했는데 당시 인삼은 중국뿐만 아니라 일본에서도 굉장히 인기 있는 품목으로 만병통치약으로 간주되었다. 우리가 잘 아는 박지원의 허생전에서 거지 행색의 허생에게 만 냥을 선뜻 꾸어준 변씨는 역관 출신인 조선 제일의 부자 변승업이다.

제 10 장 전자무역

제 1 절 EDI

1. EDI의 의의

EDI(Electronic Data Interchange)는 컴퓨터와 정보통신기술을 결합시켜 보다 효율적으로 정보를 전달하는 전자문서교환을 의미한다. 즉 EDI는 관련 당사자들이 종이서류를 작성하여 이를 인편, 우편, 팩스 등으로 전달함으로써 정보를 처리하는 대신 컴퓨터를 이용하여 상거래서식이나 공용서식을 표준화하고 이를 상호 합의된 통신표준에 따라 컴퓨터 간에 교환하여 즉시 업무에 활용하는 새로운 정보전달방식을 말한다.

기존에는 대부분 종이서류를 작성하여 이를 사람이 직접 전달하거나 우편, 팩스 등을 이용해서 정보를 처리하였다. 사람이 일일이 동일한 정보를 반복해서 입력해야 하고 관련 자료도 수작업으로 처리해야만 된다. 이런 과정에서 오류가 발생하고 자료도 정확하지 못하며 또한 종이서류 전달에도 상당한 시간이 소요되어 업무처리의 효율성이 많이 떨어졌다.

EDI를 이용하면 발신인은 보내고자 하는 정보를 표준전자문서로 변환시켜 데이터 통신망을 통해 수신인에게 전송하고 수신인은 표준전자문서를 통해 상대방의 의사를 이해하여 그에 따른 조치를 취하게 된다. 종이서류를 교환하지 않고도 거래상대방과의 업무를 신속 정확하게 처리할 수 있어 업무처리시간을 단축하고 많은 인건비를 절감할 수 있게 된다.

EDI는 1960년대 국제운송회사들이 운송서류를 신속히 전달할 목적으로 전자문서를 표준화하여 사용한 것이 시초이다. 오늘날에는 정보전달의 효율성과 편리성으로 인해 많은 공공서식들이 EDI 방식으로 처리되기 시작하였으며, 상거래에서도 주문서, 운송지시서 등 관련 서식들이 이 방식으로 처리되고 있다. 특히 서류를 많이 활용하는 국제무역거래에서는 많은 부문에 걸쳐 EDI를 활용하고 있다. 우리나라의 경우 정부의 정책에 의해 수출입통관은 100% EDI로만 처리가 가능하다.

EDI의 효과를 구체적으로 살펴보면 다음과 같다.

첫째, EDI의 직접적 효과는 정보처리의 신속성 및 효율성이다. 정보처리에 소요되는 비용을 절감하고 처리시간을 단축할 수 있으며, 업무처리과정에서 발생하는 오류를 절감할 수 있다.

둘째, EDI는 정보처리에 필요한 인력을 절감시키고 최소한의 인력배치를 가능하게 하여 관리의 효율성을 증대시키는 간접적 효과를 가지고 온다. 이 밖에 EDI는 재고의 감소, 고객서비스의 강화, 효율적 자금관리 등 부수적인 효과를 제공한다.

마지막으로, EDI의 직접·간접효과로 인해 거래상대방과의 관계를 개선하고 타기업과의 경쟁에서 유리한 위치에 설 수 있으며, 또한 정보시스템을 구축하여 신규 사업을 창출하는 전략적 효과를 누릴 수 있다.

EDI 방식과 기존의 업무처리방식을 상호 비교해보면 〈표 10-1〉과 같다.

표 10-1 무역업무 처리방식의 비교

구 분	현 행	무역업무 자동화
업무수단	종이서류	전자문서
서류작성	수작업 재입력	컴퓨터 자동입력
전달방법	인편, 우편, FAX 등	컴퓨터통신
매개자	우체국, 전신전화국	VAN 또는 인터넷
법적효과	서명, 날인	전자서명
보안대책	위조, 변조의 위험성	비밀번호, 스마트카드

2. EDI의 표준

EDI를 통해 자료를 효율적으로 송·수신하기 위해서는 먼저 EDI 표준(standard)이 이루어져야 한다. EDI 표준은 사용자가 동의하고 따라야 하는 표준양식(format) 및 구문(syntax)을 정한 규칙이다. 이는 언어, 업무처리방식, 컴퓨터 시스템이 서로 다른 거래당사자들이 전자문서를 자유롭게 교환하는 데 필요한 공통언어라 할 수 있다.

이러한 EDI 표준을 활용함으로써 사용자들은 상호간에 정해진 양식과 절차에 따라 업무 데이터를 교환할 수 있다. 재래식 시스템에서는 업무담당자가 다양한 양식을 직접 검토하여 자료의 내용을 인식하지만 EDI에서는 이것이 불가능하므로 모든 문서는 통일된 양식으로 작성되어야 한다. 따라서 EDI 표준은 서로 다른 거래상대방간 또는 이들의 내부업무 시스템 간에 전자문서 교환이 이루어지게 하는 가장 핵심적인 역할을 하게 된다.

EDI 표준은 그 성격에 따라 [그림 10-1]과 같이 구분된다.

(1) 전자문서표준 및 통신표준

EDI 표준은 용도에 따라 전자문서표준 및 통신표준으로 구분되는데, 전자문서표준(formatting standard)은 전자적으로 전달될 수 있는 문서, 정보, 순서

그림 10-1 표준의 종류

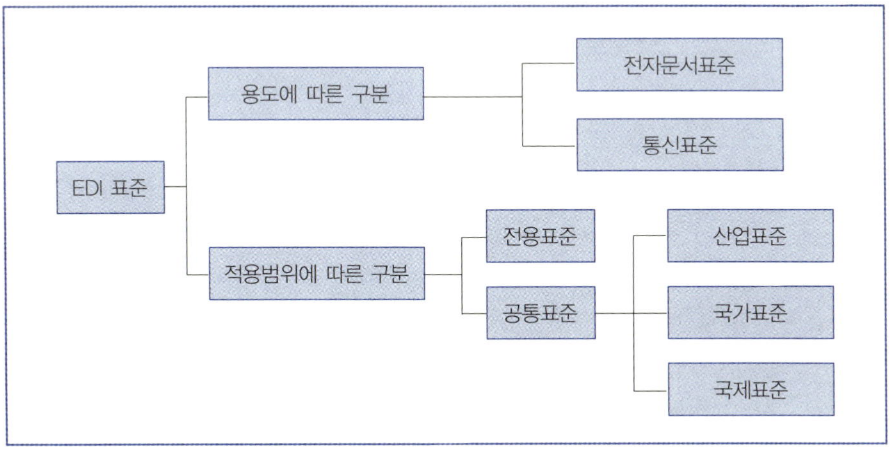

와 형태, 정보 각 부분의 의미 등에 대한 지침을 말한다. 그리고 통신표준(communication standard)은 컴퓨터를 통한 전자문서의 송수신 규약으로 어떤 정보를 어떤 방식으로 전송할 것인가에 관한 사용자간의 합의를 뜻한다. 일반적으로 의미하는 EDI 표준은 전자문서표준을 의미한다.

(2) 전용표준 및 공통표준

한편 EDI 표준은 적용범위에 따라 전용표준 및 공통표준으로 구분된다. 전용표준은 특정 기업만이 활용할 수 있는 표준으로 사설표준이라고도 한다. 초창기의 EDI는 주로 개별기업 또는 그룹 차원에서 사설표준을 기반으로 컴퓨터를 연결시켜 정보를 교환하는 정도였다. 그러나 이런 정보교환에는 한계가 있기 때문에 여러 기업, 산업, 국가의 사용자들이 함께 사용할 수 있는 공통표준이 개발되었다. 공통표준은 개발단계에 따라 기업표준, 산업표준, 국가표준 및 국제표준으로 세분화될 수 있다.

국가 간의 거래를 위해서는 전세계의 모든 산업에 공통되고 사용자들이 함께 사용할 수 있는 국제표준이 필요하다. 이에 따라 UN 산하의 유럽경제위원회에서는 EDI 국제표준으로 '행정, 무역 및 운송에 관한 EDI 국제표준'(Electronic Data Interchange for Administration, Commerce and Transport: UN/EDIFACT)을 개발하였다. UN/EDIFACT는 국제상업회의소, 각국의 EDI 관련 단체들로부터 호응을 받아 1987년 국제표준화기구에 의해 EDI 국제표준으로 승인되어 현재 각국에서 널리 사용되고 있다.

3. EDI 사용자 시스템

EDI가 가능하기 위해서는 사용자 시스템이 구비되어야 하는데 이는 거래당사자간에 데이터 통신망을 통해 전자문서를 주고받기 위해 갖추어야 할 컴퓨터 하드웨어, 소프트웨어 및 통신장비를 말한다. EDI는 컴퓨터에 의한 정보전달방식이기 때문에 당사자 간에는 일차적으로 개인컴퓨터가 있어야 가능하다. 그리고 다양한 업종의 많은 참여자들이 활용하기 위해서는 여러 가지 형태의 사용자 서류들을 EDI 표준으로 전환시키는 변환 소프트웨어 및 모뎀 등과 같은 통신장비가 있어야 한다.

그림 10-2 EDI 사용자 시스템의 구성

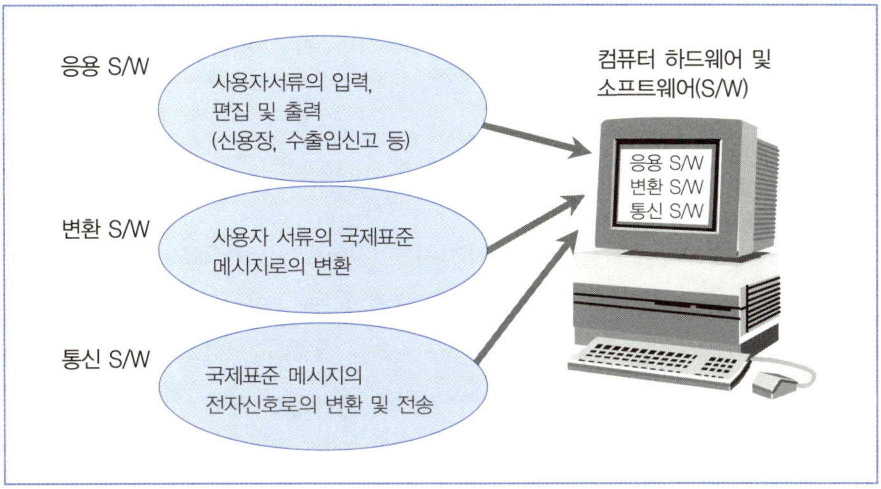

사용자 시스템 중에서도 변환 소프트웨어가 매우 중요하다. 개인, 기업, 국가마다 데이터베이스의 구조형태가 다르고 행정서식이나 상거래서식을 작성하는 방식도 조금씩 틀리기 때문에 이를 표준화하지 않으면 EDI의 한계가 있다. 따라서 EDI를 효과적으로 활용하기 위해서는 가장 먼저 다양한 형태의 정보를 EDI 표준으로 변환시키는 EDI 변환 소프트웨어가 절대적으로 필요하다.

EDI 변환 소프트웨어는 첫째, 기업 고유의 내부문서나 자료를 EDI 표준 포맷으로 만들어 상대방에게 전송하기 위해 통신시스템으로 이동시키거나, 둘째, 상대방으로부터 수신하여 통신시스템에 대기 중인 EDI 표준자료를 기업고유의 내부 자료로 바꾸어 주는 역할을 한다([그림 10-2] 참조).

4. EDI 네트워크

전자문서가 하나의 컴퓨터로부터 다른 컴퓨터로 전달되기 위해서는 전용 데이터회선이나 공중 데이터회선을 보유한 네트워크가 필요하다. 이러한 EDI 네트워크는 직접 네트워크, 제3자 네트워크 및 인터넷으로 구분된다.

(1) 직접 네트워크

직접 네트워크에서는 보통 모뎀을 통해 거래상대방의 컴퓨터와 직접적으로 연결된다. 그러나 거래상대방의 수가 증가할수록 거래상대방에 대한 통신 회선 유지, 비밀유지 등 어려움이 증가하므로 제3자 네트워크를 통하여 거래 상대방과 통신하는 경우가 많다. 이 방식은 EDI가 도입된 초기단계에 주로 사용되었다.

(2) 제3자 네트워크

제3자 네트워크는 부가가치통신망(value added network: VAN)이라고도 하는데, 이는 단지 데이터만을 전송하는 것이 아니고 정보의 축적, 가공, 변환처리 등을 통해 부가가치 서비스를 제공하는 정보통신망을 의미한다.

EDI를 이용하는 당사자들 간에는 전자문서를 주고받는 통신방법, 시간, 속도 등이 다르므로 중간에서 이를 통합·관리하고 분쟁이 발생할 경우 해결할 수 있는 제3자가 필요한데 이를 VAN이라고 한다. 따라서 VAN은 중간에서 정보를 중계·전송하기 때문에 기존 방식에 있어서의 우체국과 유사한 기능을 수행하게 된다.

VAN을 이용하게 되면 다른 기종, 다른 시스템간의 접속이 보장되고, 사용자들은 장거리에 있는 수신인과 저렴한 비용으로 단 한번 접속을 통해 다양한 문서를 전송할 수 있다. 그리고 전자문서의 중계, 전송 및 송수신 기록이 보관되어 24시간 그 내역을 확인할 수도 있다. 우리나라의 무역업무자동화 시스템에서는 한국무역정보통신(KTNET), DACOM 등이 VAN 사업자로 지정되어 수출입거래 전반에 걸쳐 무역업체와 관련 기관을 연결해 주고 있다.

(3) 인터넷 네트워크

오늘날 인터넷이 대중화됨에 따라 저렴한 비용으로 전세계의 상대방들과 전자문서를 주고받을 수 있는 인터넷을 EDI의 네트워크로 활용하는 경우가 급속도로 늘어나고 있다. 인터넷을 활용하게 되면 VAN을 이용할 경우 소요되는 초기 가입비용과 통신비용의 부담이 필요 없게 된다.

인터넷 EDI가 지니고 있는 장점을 살펴보면 다음과 같다.

첫째, 비용이 절감된다. 인터넷은 비상업적인 네트워크이기 때문에 기존의 EDI를 이용할 경우 소요되는 전용선, 소프트웨어 설치비용, 송신료 등을 절약할 수 있다.

둘째, 접속이 용이하고 대상이 광범위하다. 기존의 EDI는 폐쇄형으로 가입자들 간에만 정보처리가 가능했지만 인터넷은 개방형이기 때문에 사용자와 장소에 아무런 제한이 없다. 인터넷을 이용하는 당사자들은 누구나 접속이 가능하게 된다.

마지막으로 통합성으로 인해 업무 간의 연계가 쉬운 편이다. 기존의 EDI로 거래되는 문서와 데이터는 직접적으로 타 업무에 재활용하기가 어렵고 수작업이나 추가적인 변환프로그램이 있어야만 했다. 그러나 인터넷 EDI는 사용자가 특정 문서의 구조를 정리하여 사용할 수 있기 때문에 타 업무 프로그램과 연계가 쉽다.

이런 연유로 현재 인터넷 EDI의 사용이 증가하고 있으며 우리나라의 경우도 정부의 정책에 의해 반드시 EDI로 처리되는 수출입통관 절차도 2004년부터 인터넷 EDI가 도입되어 기존의 방식과 병행되고 있다.

5. 교환약정

EDI는 기업 내부의 업무처리를 단순히 전산화하는 것이 아니라 전혀 다른 업무처리 시스템을 가진 거래상대방과 자료를 교환하는 것이므로 EDI로 업무를 처리하기 위해서는 관련 당사자 간에 거래약정을 맺는 것이 매우 중요하다. 이러한 약정은 네트워크 약정과 거래약정으로 구분된다.

(1) 네트워크 약정

네트워크 약정은 사용자와 VAN 사업자간의 EDI 서비스 이용에 따른 제반 사항을 약정하는 것이다. 무역업무자동화 시스템에서는 무역업체, 은행, 선박회사, 보험회사, 세관 등이 사업자와 서비스 이용 약정을 체결한다. 약정사항은 보통 사용자에 관한 인적사항, 요금부담자, 비밀번호, 수신 · 발신인, 접속방법 등이다. KTNET와 네트워크 약정을 체결할 경우에는 'KTNET 종합무역자동화서비스 표준약정서' 가 이용되고 있다.

(2) 거래약정

거래약정(interchange agreement; I/A)은 사용자와 사용자간의 EDI 거래에

따른 제반 사항을 약정하는 것을 말하는데 우리나라에서는 EDIFACT 위원회(KEC)가 고시한 표준안과 각 은행에서 공동으로 사용 중인 거래약정이 있다. 거래약정의 주요 내용은 전자문서 및 표준에 대한 합의, 해당 업무별 사용자의 명시, 수신인 · 발신인 확정, EDI 서비스 제공업자 및 데이터통신망 합의 등이다. 무역업체가 은행과의 무역업무를 EDI로 처리할 때는 '무역업무자동화 이용신청서'를 작성하여 관련 은행에 제출해야 한다. 이 신청서 뒷면에는 무역업무자동화처리약관이 인쇄되어 있다.

제 2 절 무역자동화

1. 무역자동화의 의의

무역자동화는 종전처럼 사람이 서류를 직접 들고 은행, 수출입단체, 세관 등을 일일이 다니거나 우편 또는 팩스를 이용해서 무역 업무를 처리하는 대신에 EDI 방식에 의해 컴퓨터로 사무실에서 빠르고 간편하게 무역 업무를 처리하는 것을 말한다. 다시 말해 수출입에 관련된 각종 행정 및 상거래서류를 컴퓨터가 읽을 수 있는 표준화된 전자문서의 형태로 바꾸어 컴퓨터로 주고받음으로써 궁극적으로는 종이서류 없는 무역(paperless trade)을 실현하는 것을 의미한다.

무역규모가 확대됨에 따라 과거와 같이 수작업으로 무역서류를 작성하는 데는 한계가 있어 가급적 서류를 이용하지 않는 무역자동화의 필요성이 제기되었다. 무역자동화는 1970년대 스웨덴에서 처음 논의된 이래 미국, EC, 일본 등 선진국에서 폭넓게 이용되고 있으며 현재 미국, 우리나라 등 선진국에서는 세관신고를 EDI로 제출할 것을 요구하고 있다. 유엔에서도 무역자동화를 통해 세계무역을 확대하고자 행정, 무역 및 운송에 관한 EDI 국제표준(EDIFACT)을 제정하여 기존의 무역관계서류들을 보다 효율적이고 합리적으로 운영할 수 있도록 하였다. 우리나라에서도 1981년 '무역업무 자동화촉진에 관한 법률'이 제정됨에 따라 무역자동화가 도입되기 시작하였다.

지금까지의 전통적인 무역업무 처리체계는 [그림 10-3]과 같이 무역업체,

그림 10-3 전통적인 무역업무 처리체계

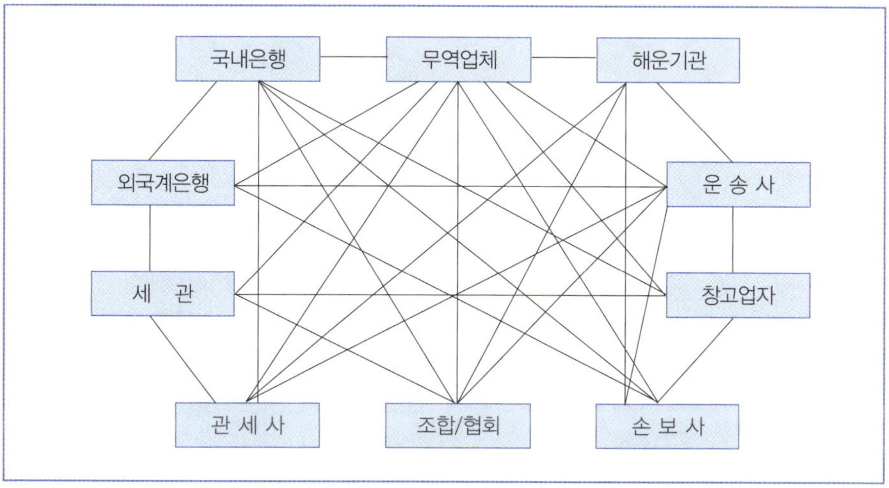

세관, 은행, 조합, 항만, 선사 등 무역유관기관이 마치 거미줄과 같이 복잡하게 얽혀 있어서 인력과 시간의 낭비가 많았다. 따라서 거래당사자들은 독자적인 전산망을 구축하거나 사람이 서류를 가지고 일일이 돌아다니면서 무역절차를 밟아야만 했다.

그러나 무역자동화시스템에 의하면 한국무역정보통신(KTNET)과 같은 무역자동화 지정사업자가 수출입절차 전반에 걸쳐 중앙에서 무역업체와 무역유관기관을 유기적으로 연결하여 무역관련 각종 전자문서와 무역정보를 24시간 중계, 전송하게 된다. 따라서 무역업체와 무역유관기관은 [그림 10-4]와 같이 지역이나 시간에 제약을 받지 않고 국내는 물론 외국과의 무역 업무를 컴퓨터에 의해 신속 정확하게 처리하는 것이 가능하게 된다.

2. 무역자동화의 효과

(1) 무역부대비용의 절감

무역자동화가 완성되면 상역, 외환, 보험, 운송, 통관부문에 걸친 모든 무역절차가 컴퓨터로 처리됨에 따라 무역업무 처리시간이 단축되어 무역부대비용을 절감할 수 있다.

그림 10-4 EDI에 의한 무역자동화

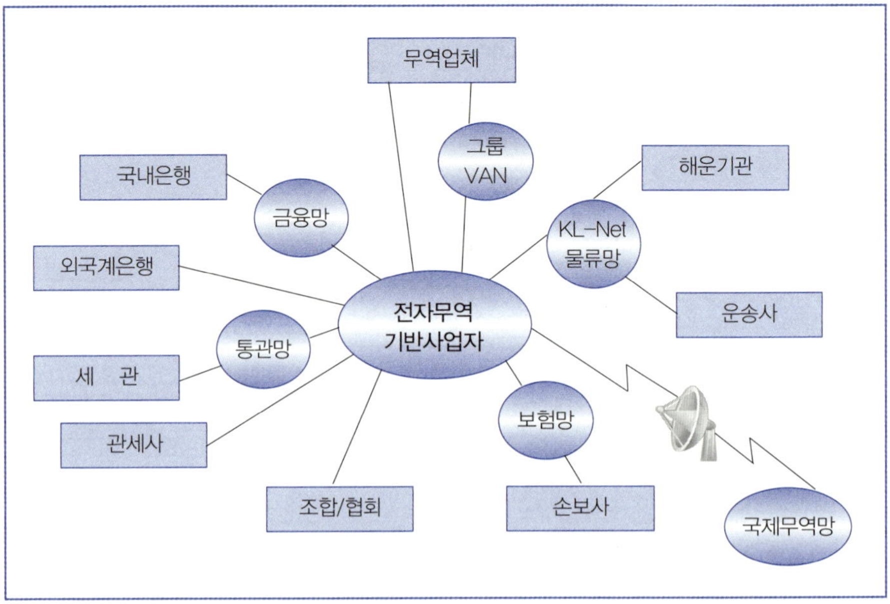

(2) 기업의 지방분산

무역 업무가 자동화되면 전국 어디에서나 시간과 공간의 제약 없이 컴퓨터로 무역 업무를 즉각적으로 처리하는 것이 가능해 진다. 따라서 무역업체의 지방 분산과 지방 중소기업의 소량다품종 수출이 활발해 진다.

(3) 정보산업의 수요창출

무역자동화시스템의 구축 및 확산과정에서 하드웨어, 소프트웨어 및 네트워크와 같은 정보산업 전 분야에 걸쳐 막대한 신규수요가 창출될 수 있다.

(4) 기업경쟁력의 확보

EDI를 이용하게 되면 실시간으로 이용 가능한 정확한 정보의 가용성이 높아지기 때문에 기업들은 고객의 욕구에 보다 신속하고 효과적으로 반응할 수 있게 된다. 즉, 주문이나 판매 정보를 신속하고 정확하게 공장이나 공급자에게 전송함으로써 시장환경 변화에 즉시 대응할 수 있으며 기업 경쟁력을 높이게 된다.

3. 무역자동화사업의 추진현황

무역자동화사업은 무역관련 각종 절차와 서식을 표준화하고 새로운 정보전달 수단인 EDI 기술을 이용하여 모든 무역업체와 무역유관기관을 컴퓨터 통신망으로 연결하는 무역자동화시스템을 구축하는 것을 말한다. 이를 토대로 무역업무 처리시간이 단축되고 관련 비용이 절감됨으로써 보다 효율적이고 자동화된 무역환경을 조성하고, 우리나라 산업의 국제경쟁력을 강화시켜 선진무역입국을 조기에 실현하고자 하는 것이 무역자동화사업의 기본 목표이다.

현재 우리나라에서 추진하고 있는 무역자동화사업은 기본적으로 상역, 외환, 통관, 운송, 보험 등 수출입절차 전반에 걸쳐 모든 무역업체와 무역유관기관이 컴퓨터로 업무를 처리할 수 있도록 신뢰성이 있고 보안 및 안전성이 보장된 사용자 중심의 시스템 구축에 역점을 두고 있다. 이를 위해 무역자동화는 단계별로 나누어 추진되고 있는데 현재 우리나라에서 무역자동화 추진현황을 부문별로 살펴보면 다음과 같다.

(1) 상역/외환 부문

현재 시행되고 있는 상역부분의 무역자동화 업무는 수출입승인 및 요건확인, 수출입추천 관련 비자발급, 물품매도확약서 발행 등이 자동으로 처리되고 있다. 그리고 한국은행, 금융결제원 및 국내 외국환은행들 간의 금융망과 무역자동화망 간 접속에 관한 기본협정을 체결하여 신용장 업무 등을 비롯한 외국환 업무의 상당 부분이 자동화되어 있다. 특히 국내 외국환은행들은 국제은행간 정보통신망 시스템을 이용하여 외국의 거래은행과도 외국환업무를 컴퓨터로 처리하고 있다.

(2) 통관부문

수출입통관 자동화의 필요성에 따라 관세청은 통관자동화시스템을 구축하여 수출통관 및 수입통관을 모두 EDI 방식에 의하고 있다.

(3) 물류 및 보험부문

물류자동화시스템은 정부와 민간분야의 수출입화물의 선적 및 하역, 운송,

보관 등 물류와 관련된 업무를 하나로 연결하는 EDI 시스템이라고 말할 수 있다. 그 대상으로는 국적 외항선사, 선박대리점, 하역운송업체, 포워더, 내륙컨테이너기지, 검수 · 검정회사, 컨테이너터미널, 항만운송 부대사업업체, 연안화물 여객선사 등이 모두 포함된다. 중앙에는 전체의 물류운송을 통제하기 위한 기구로서 KL-Net라는 중앙센터가 있고 중앙센터 아래에는 각 지역을 통제하는 지역 센터가 있는데, 이 양 기구는 상호 연결되어 필요한 정보를 주고받을 수 있도록 되어 있다.

적하보험 업무도 EDI 방식으로 처리하기 위한 시스템이 구축됨으로써 1995년 5월부터 무역업체와 손해보험사 간의 적하보험업무가 EDI 방식으로 처리되고 있다.

제 3 절 전자무역의 개요

1. 전자무역의 의의

근래에 들어 컴퓨터의 보급이 확산되고, 정보통신기술이 급속도로 발전함에 따라 무역거래에서도 점차 이를 활용한 새로운 변화가 일어났다. 대표적으로 무역거래서식 일부를 전자식 표준문서로 변환하여 이를 컴퓨터를 통해 주고받는 EDI 방식이 무역 업무에 활용되기 시작하였다. 기존에 사람이 일일이 작성하고 수작업으로 처리했던 업무들이 컴퓨터를 통해 효율적으로 처리할 수 있게 된 것이다.

보편화된 무역 업무는 자동화 시스템을 갖추어 EDI 방식에 의해 컴퓨터로 사무실에서 빠르고 간편하게 무역 업무를 처리할 수 있게 되었다. 따라서 종전처럼 사람이 서류를 들고 직접 은행, 세관 등을 일일이 다니거나 우편, 팩스 등을 통해 업무를 처리할 필요 없이 무역자동화시스템에 의해 무역업체와 무역유관기관이 유기적으로 연결되어 24시간 무역 업무를 효율적으로 처리할 수 있게 되었다.

특히 인터넷이 대중화됨에 따라 인터넷에 의한 상품이나 서비스의 국제간 거래가 가능하여 전통적인 무역거래의 일부분을 인터넷을 사용하는 방법으로 대체하게 되었다. 최근 개방형 네트워크인 웹을 통한 서비스가 가능해 짐에 따라 상당 부분의 무역 업무가 인터넷에 의해 처리되고 있다.

이와 같이 무역거래에서 인터넷을 포함한 정보통신기술을 활용하여 이루어지는 형태를 기존의 무역형태와 구분하여 전자무역(e-Trade)이라고 한다. 전자무역은 무역의 모든 과정 또는 일부를 인터넷, 전자문서교환 등 각종 정보통신기술을 이용하여 전자적으로 처리함으로써, 시간과 공간의 제약 없이 무역 업무를 보다 편리하고 신속 정확하게, 그리고 경제적으로 수행하는 무역거래의 형태를 말한다.

전자무역이 등장함에 따라 전통적인 무역에 대한 상대적인 개념으로서 새로운 용어가 필요하였는데 그 동안 인터넷무역, 사이버무역, 전자무역 등이 사용되었다. 그러나 우리나라에서는 용어를 통일하여 무역의 전부 또는 일부가 컴퓨터 등 정보처리능력을 가진 장치와 정보통신망을 이용하여 이루어지는 거래를 모두 전자무역으로 정의하고 있다.

오늘날 무역업체들은 인터넷이나 EDI를 이용하여 상호 정보를 주고받아 그 동안 해외시장조사, 거래제의 및 알선, 계약 등 전통적으로 많은 시간과 비용이 소요되었던 무역과정을 신속 정확하게 수행할 수 있게 되었다. 또한 수출입에 관련된 각종 상거래 서식이나 행정서식이 표준화되어 통관, 대금결제, 물류 등 주요 무역관련 시스템이 인터넷으로 연결되어 처리됨으로써 무역부대비용을 절감할 수 있게 되었다.

이러한 전자무역이 지니고 있는 효과를 기존의 무역거래와 비교해 살펴보면 다음과 같다.

첫째, 전자무역은 전세계를 시장으로 한다. 인터넷은 공간의 한계를 초월하기 때문에 그 동안 국가별로 구분되던 시장이 하나의 단일 시장으로 통합된다. 따라서 최소의 비용으로 시간과 공간의 제약 없이 전세계를 대상으로 광고 활동을 할 수 있고 전세계 어디의 누구와도 무역거래를 할 수 있다.

둘째, 전자무역에서는 시장에 관한 모든 정보를 쉽게 얻을 수 있다. 기존의 무역거래에서는 거래처를 물색하는 데 많은 시간과 비용이 들었고 정보가 부족하여 무역중개업자를 통하기도 하였다. 그러나 전자무역에서는 인터넷을 통해 특정 상품을 어떤 나라의 어떤 기업이 공급하고 있는가를 쉽게 찾아볼 수 있게 된다. 또한 시장 정보를 실시간으로 얻을 수 있기 때문에 특정 상품을 필요로 하는 거래당사자들 간에는 철저한 시장원리가 적용되어 가장 합리적인 기준에 의해 거래가 이루어지게 된다.

셋째, 무역거래 비용이 절감된다. 전통적인 무역거래에서는 정보를 취득하거나 거래를 성사하기 위해서는 상담을 하거나 서류를 주고받아야 하므로 비용과 시간이 많이 필요했다. 그러나 전자무역에서는 인터넷을 통해 정보와 서류를 주고받기 때문에 통신비용이 절감된다. 또한 전자무역에 관련된 결제시스템이 개발되어 안전하고 확실한 대금결제가 보장되고 있어 금융 수수료를 절감할 수 있다.

넷째, 전자무역을 하게 되면 원천적으로 제품이나 서비스의 가격이 낮아진다. 전자무역은 인터넷과 컴퓨터를 통해 수출업자와 수입업자가 바로 연결되기 때문에 유통구조가 간단하여 유통비용이 하락한다. 생산과정에 대한 정보가 공개됨에 따라 가격구조가 평준화되어 제품이나 서비스의 가격이 전반적으로 하락하게 된다.

마지막으로 전자무역에서는 중소기업들의 활동영역이 넓어진다. 인터넷을 이용하여 일반 중소기업들도 네트워크를 구축하여 과거 대기업만이 독점했던 전세계를 대상으로 하는 광고나 시장개척활동을 할 수 있다.

2. 전자무역의 특징

전자무역은 무역거래의 일부나 전부를 컴퓨터나 정보통신 수단을 활용하는 것이기 때문에 무역업무 수행과정이 전통적 방식의 무역거래에 비해 많은 차이가 있다.

(1) 정보 수집

무역거래에서는 먼저 잠재적 거래처를 물색하고, 여러 가지 시장환경을 조사해야 하는 등 해외시장조사가 선행되어야 한다. 과거 전통적 무역거래에서는 이를 위해 현지를 직접 방문하거나, 무역유관기관의 전문가와 상담하거나 간행물을 통해 관련 정보를 입수했지만 오늘날에는 대부분 인터넷을 통해 해외시장정보를 검색하거나, 무역유관기관에서 운영하는 거래알선 사이트 등을 이용하고 있다.

(2) 무역서류

무역거래는 서류의 흐름이라 할 정도로 많은 무역서류를 필요로 한다. 무역은 수출업자와 수입업자 두 당사자로만 수행되는 것이 아니라 운송기관, 보험사, 금융기관, 세관, 수출입승인기관 등의 행정기관, 기타 무역유관기관 등 많은 당사자들의 도움을 필요로 한다.

전통적 무역거래에서는 이러한 보조기관과의 업무를 모두 종이서류로 처리했기 때문에 서류 작성에 오류가 발생하고 서류 전달에 많은 시간과 비용이 들었다. 전자무역거래에서는 종이서류 대신 전자문서를 사용하고 EDI 방식으로 전달하고 있다. 대표적으로 우리나라 수출입통관 절차는 반드시 종이서류를 사용하지 않는 EDI 방식으로 이루어지고 있다.

(3) 거래지역 및 업무시간

전통적 방식의 무역거래에서는 정보 수집의 어려움으로 제한된 일부 지역과의 거래로 편중되었지만 전자무역에서는 인터넷을 통해 전세계 지역과의 무역거래가 가능하게 되었다. 우리나라도 그 동안 미국, 일본, 유럽 등과의 무역거래가 주류를 이루었지만 이제는 남미, 아프리카 등과도 많은 거래가 이루어지고 있다.

그리고 과거에는 제한된 영업시간 내 무역거래의 업무가 가능했지만 지금은 24시간 무역업무가 가능하다. 예를 들어 우리나라에서 수출통관을 위한 수출신고도 해당 세관이 업무를 하는 시간 내에서만 가능했지만 지금은 해당 세관의 컴퓨터에 수출신고를 하기 때문에 24시간 가능하다.

(4) 의사소통

그 동안 수출업자와 수입업자들은 국제전화, 팩스, 우편, 해외출장 등에 의해 상호간 의사소통을 했는데 지금은 전자우편, 인터넷, 팩스 등을 많이 이용하고 있다. 시간과 비용을 절약함으로써 무역원가를 낮출 수도 있을 뿐만 아니라 시급한 의사결정을 요하는 거래도 쉽게 성사되고 있다.

이러한 특징으로 전통적 방식의 무역거래 과정은 점차 전자무역과정으로 변모하고 있는 실정이다.

3. 전자무역 관련 법규

(1) 전자무역 관련 국내 법규

① 대외무역법

전자무역은 무역의 일부 또는 전부를 전자적 수단에 의해 수행되는 거래이기 때문에 당연히 대외무역법의 적용을 받는다. 그리고 전자무역의 촉진을 위해 산업통상자원부장관은 전자무역촉진에 관한 법률에 의거하여 종합정책 기본방향, 국제협력, 분쟁조정, 무역업무자동화 촉진, 통계자료수집, 분석 및 활용방안 등과 같은 전자무역종합정책을 수립 · 시행하도록 하고 있다.

② 전자문서 및 전자거래기본법

전자무역도 전자상거래의 한 분야라 할 수 있으므로 우리나라 전자상거래와 관련된 법규의 적용을 받는데 전자문서 및 전자거래기본법(법률 제5834호)은 전자상거래를 기존의 상거래와 마찬가지로 안전하게 거래할 수 있도록 제정된 우리나라 전자상거래를 규율하는 기본법이다. 이 법은 1999년 7월 1일부터 시행되고 있는 전자거래기본법을 개정한 것으로, 전자상거래에 대한 정부규제의 최소화, 민간주도에 의한 추진, 신뢰성의 확보 및 국제협력강화를 기본원칙으로 하고 있다.

이 법에서는 전자상거래에서 반드시 필요한 전자문서 및 전자서명에 대하여 그 법적 효력을 인정하고 있다. 따라서 다른 법률에서 특별히 별도로 규정하고 있는 경우를 제외하고는 문서가 단지 전자적 형태로 되어 있다는 이유만으로 문서로서의 효력이 부인되지 않는다. 마찬가지로 공인인증기관에서 인증한 전자서명도 다른 법률에서 특별히 그 효력을 부인하는 것을 규정하고 있는 경우를 제외하고는 서면상의 기명날인 또는 서명과 동일한 효력을 갖게 된다.

③ 전자서명법

전자서명법(법률 제5792호)은 전자서명에 대한 법적 효력을 부여한 법으로서 1999년 7월 1일부터 시행되고 있다. 이 법에 의해 공인인증기관에서 발급한 인증서에 포함된 전자서명인증 키에 합치하는 전자서명생성 키로 생성한 전자서명은 법령에서 인정하는 서명 또는 기명날인으로 간주된다.

이에 따라 전자서명도 일반 서류상의 서명과 마찬가지로 해당 전자문서 명의자의 서명 또는 기명날인으로 간주하고 해당 전자문서는 전자서명 후에는 그 내용이 변경되지 않은 것으로 추정하게 된다. 현재 전자서명법에 의해 우리나라 공인인증기관은 한국정보인증, 금융결제원, 코스콤, 한국전자인증, 한국무역정보통신(KTNET) 등이다.

(2) 전자무역 관련 국제법규

국가 간에 이루어지는 전자무역과 관련된 활동을 규율하기 위해서는 국제적 통일규칙이 반드시 필요한데 현재 전자무역과 관련된 법규로서는 다음과 같은 것이 있다.

① UNCITRAL 전자상거래모델법(Model Law on Electronic Commerce)

UNCITRAL(United Nations Commission on International Trade Law)은 주로 국제무역관계법을 통일하기 위해 활동하는 유엔 산하의 국제무역법위원회이다. 이 위원회의 전자상거래작업반에서 세계 각국이 전자상거래 관련법을 제정할 때 참고하도록 만든 것이 유엔의 전자상거래모델법이다. 이 법은 모델법의 형식을 취하고 있는데 정보가 데이터 메시지 형태라는 이유만으로 법적 효력, 유효성 및 집행력이 부인되어서는 안 된다는 것을 규정하고 있다.

② UNCITRAL표준전자서명법(Model Law on Electronic Signature)

국제전자상거래의 핵심 요소인 전자서명과 인증기관에 대한 문제를 규율하기 위해 유엔에서 2000년도에 제정한 국제적인 표준규범이다. 이 법은 전자서명, 인증기관 및 외국전자서명 등에 대한 규정을 두고 있어 전자무역의 법적 안정을 도모하고 있다.

③ 국제상업회의소의 가이드

국제상업회의소가 빠르게 성장하고 있는 인터넷 국제상거래를 표준화하기 위해 금융부분, 운송부분, 서비스 및 보험 등에서 사용되는 용어의 사용기준을 제시한 것이다.

4. 전자무역 관련 사업자

(1) 전자무역 기반사업자

전자무역은 비대면(非對面) 방식으로 관련 업무가 처리되기 때문에 그 성격상 신뢰성과 안정성이 무엇보다 중요하다. 전자무역을 활성화하기 위해서는 먼저 정부가 전자무역을 공식적으로 인정하고 이를 종합적으로 지원하는 기관이 필요하다. 이에 따라 정부는 전자무역을 효율적으로 지원하고 이를 신속히 확산시키기 위해 전자무역 기반사업자를 지정하고 있다.

전자무역 기반사업자는 전자무역을 활성화하기 위해 실제 전자무역을 하려는 기업에게 무역거래의 알선, 전자무역문서의 전달 등 전자무역에 필요한 모든 서비스를 한곳에서 제공하는 전자무역 종합지원기관을 가리킨다.

현재 전자무역 기반사업자로는 한국무역정보통신(KTNET)이 단독 지정되어 있으며 이의 역할은 다음과 같다(전자무역촉진에 관한 법률 제6조 2항).

① 전자무역기반시설의 운영업무

② 전자무역기반시설과 외국의 전자무역망간의 연계업무

③ 무역 관련 업무의 전자무역기반시설을 통한 중계 · 보관 및 증명 등의 업무

④ 전자무역문서의 중계사업

⑤ 제2호의 규정에 의한 연계를 활용한 사업

⑥ 전자무역기반시설을 활용한 전자무역서비스 관련 사업

⑦ 전자무역문서의 표준화에 관한 연구사업

⑧ 전자무역문서 및 무역화물유통정보 등 무역관련정보를 체계적으로 처리 · 보관하여 검색 등에 활용할 수 있는 집합체(데이터베이스)의 제작 · 보급과 이를 활용한 사업

⑨ 무역업자 및 무역유관기관에 대한 전자무역문서 중계 등에 관련된 기술의 보급 및 보급한 기술에 대한 사후관리사업

⑩ 그 밖에 전자무역의 촉진을 위한 교육 · 홍보 등 대통령령이 정하는 사업

(2) 전자무역 전문서비스업자

전자무역전문서비스업자는 전자무역기반시설을 이용하여 중개알선, 온라

인 해외마케팅, 전자무역대행 등 부가서비스를 제공하는 업체를 말한다. 현재 전자무역 전문서비스업자에 대한 자격요건은 없으며 일반 IT업체이면 누구나 다 전자무역 전문서비스업을 수행할 수 있다.

① 정보통신망을 통한 무역거래의 알선 및 대행사업

② 정보통신망을 통한 무역업자의 해외마케팅 지원 사업

③ 전자무역문서의 중계사업

④ 제6조 제2항 제2호의 규정(외국의 전자무역망간의 연계업무)에 의한 연계를 활용한 사업

⑤ 전자무역기반시설을 활용한 전자무역서비스 관련 사업

⑥ 전자무역문서 및 무역정보의 데이터베이스 제작 · 보급 및 이를 활용한 사업

⑦ 그 밖에 전자무역의 촉진을 위한 사업으로서 대통령령이 정하는 사업

5. 전자무역 인프라

전자무역인프라의 가장 기본적인 요건은 인터넷에서 무역절차를 일괄 처리하는 전자무역플랫폼을 구축하는 것이다. 전자무역플랫폼이 구축될 경우 무역업체는 인터넷상에서 시장조사, 계약, 운송, 통관, 결제 등 모든 무역업무를 내부업무와 연계하여 원스톱(one-stop)으로 처리할 수 있게 된다.

(1) 전자무역플랫폼의 개념

전자무역플랫폼(e-Trade platform)이란 인터넷 환경에서 무역업체가 언제 어디서나 인터넷을 통하여 시장조사에서 계약, 통관, 결제까지 모든 무역업무 프로세스를 단절없이 일괄처리할 수 있는 단일창구(Single Window)를 제공하며, 특히 무역프로세스에 간여하는 여러 기업들 상호간에 협업적 상거래(Collaboration Commerce)를 가능케 하는 인프라를 말한다.

(2) 전자무역플랫폼의 기능

전자무역플랫폼은 무역을 행하는 기업들이 전체 무역프로세스를 원스톱(one-stop)으로 처리할 수 있는 싱글 윈도우(single window) 환경을 제공한

다. 전자무역플랫폼의 구체적 기능은 다음과 같다.

첫째, 무역프로세스에 관련된 다양한 기관과의 시스템 연계를 위해서는 다양한 인터페이스 방식의 통합이 필요한데, 자연스러운 업무프로세스를 구현하기 위해서는 각 프로세스의 유기적 연계 및 통합 기능을 제공한다. 특히, 사용자 기업은 하나의 아이디로 단 한번 전자무역플랫폼에 로그인함으로써 전자무역의 모든 프로세스, 즉 통관, 물류, 결제 등을 유기적으로 처리할 수 있게 된다.

둘째, 전자무역플랫폼은 전자문서보관소를 구축하여 제공한다. 즉, 전자문서보관소를 전자무역플랫폼과 연계하여 구축하고 보안 및 장애 관리 등을 포함한 운영자 역할을 수행한다.

셋째, 무역관련 여러 기업들과의 협업프로세스 제공을 위한 연계 솔루션을 개발하여 제공한다. 상역, 물류, 금융, 통관 서비스 제공 주체들, 즉 관세청, 수출입 유관기관, 은행, 보험사, 물류업체 등과의 연계 솔루션을 개발하고 연계시스템을 구축하여 운영함으로써 무역기업들이 전자무역플랫폼 내에서 전체 무역프로세스를 원스톱 처리할 수 있다.

넷째, 전자무역플랫폼은 전자문서에 PKI 전자서명을 적용하여 거래의 신뢰성 및 안전성을 보장함은 물론, e-비즈니스의 국제표준인 ebXML을 채택하

그림 10-5 전자무역플랫폼의 개념도

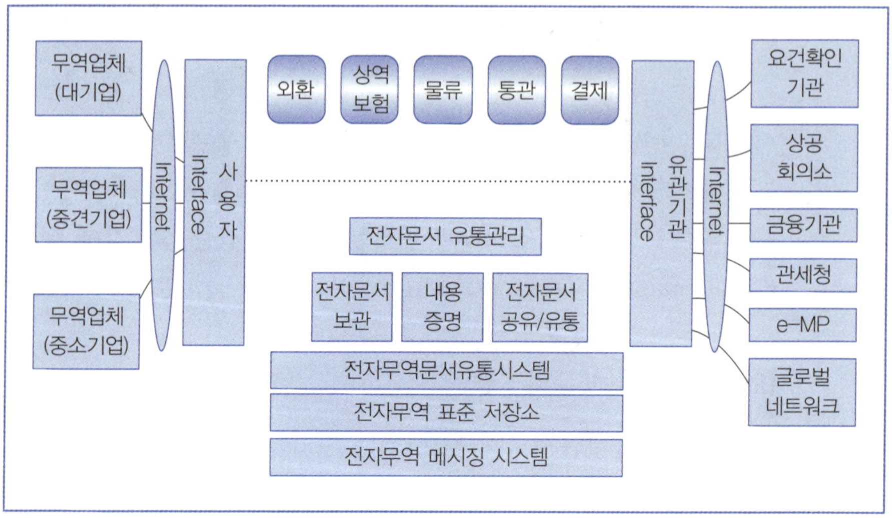

여 상호 일관된 거래 방식을 제공한다.

다섯째, 무역업체가 전자무역 플랫폼을 용이하게 이용할 수 있는 다양한 접근방안 및 연계모듈의 개발 및 관련서비스를 제공한다. 전자무역플랫폼은 전용 S/W를 통한 접속과 웹 브라우저를 통한 접속 등 다양한 접속방식을 제공하고, 개별기업의 기간시스템 또는 내부시스템과 연계함으로써 무역프로세스를 마치 기업내부의 업무프로세스와 마찬가지로 처리할 수 있음을 물론, 더 이상 국내시장과 해외시장의 구분이 없는 글로벌 무역환경이 가능하다. 또한, 무역 ASP 서비스 등 중소기업이 보다 손쉽고, 경제적으로 전자무역인프라에 접근하고 활용할 수 있는 수단을 제공하는 것도 전자무역인프라의 활용을 높일 수 있다.

(3) 전자무역플랫폼의 구조

① 기능적 측면

전자무역플랫폼은 일반적으로 구조상 최하단에 위치하는 기반플랫폼, 기반플랫폼을 토대로 인증 · 보안, 결제, 물류 등의 구체적인 기능별 서비스를 제공하는 기능적 요소, 그리고 콘텐츠, 커뮤니티, 커머스, 협업 등을 의미하는 4C 등 세 가지 수준으로 구성된다. 이 가운데 기반플랫폼이 전자무역플랫폼의 가장 핵심적이고 필수적인 구조적 요소이며, 나머지 두 요소는 경우에 따라서는 외부의 e-Marketplace나 전문 서비스를 활용할 수도 있다.

첫째, 기반 플랫폼은 다양한 시스템과 서비스를 연계 · 통합하여 다수의 무역당사자 기업은 물론 무역거래에 관련된 기업간의 전자적 거래활동을 지원한다. ebXML과 같은 e-비즈니스 표준 언어를 활용하여 개발되어 여러 플랫폼간의 호환성 내지는 연계성을 확보함으로써 거래프로세스의 지원은 물론 B2B 익스체인지나 거래기업과의 시스템 연계 또는 통합을 통한 실시간 정보공유 및 거래시스템을 구현한다.

둘째, 전자무역플랫폼에서는 기반 플랫폼을 토대로 하여 구체적인 기능별 서비스가 구현된다. 이러한 기능들은 기업간 거래의 프로세스를 구성하는 개별기능들로서 신용평가, 인증 및 보안, 결제, 물류 등이 대표적이다. 특히 인터넷이라는 개방적 네트워크를 통해 이루어지는 전자무역의 특성상 보안 및 인증, 결제, 기업신용정보 등의 기능이 강조된다. 이러한 기능적 요소들이 제대로 작동하기 위해서는 효율적인 프로세스 및 서비스 역량과 이를 뒷받침하는 기술적 · 시스템적 역량이 균형을 이루어야 한다.

셋째, 전자무역플랫폼은 또한 콘텐츠(Contents), 커뮤니티(Community), 커머스(Commerce), 그리고 협업(Collaboration) 등의 이른바 4C 서비스도 제공하게 될 것이다. 이는 전자무역플랫폼이 단순히 거래이행 프로세스의 자동화가 아니라, 실제 기업간의 새로운 무역기회 창출을 지원할 수 있을 때 비로소 완벽한 전자무역플랫폼이 될 수 있기 때문이다.

② 서비스 운영측면

전자무역플랫폼은 전자무역의 모든 프로세스를 통합적으로 처리할 수 있는 역량을 갖추어야 한다. 그러나 반드시 단일 사업자 또는 서비스가 전자무역플랫폼을 구현하는데 필요한 관련시스템을 구축하고 이를 토대로 여러 기능적 요구사항을 구현할 필요는 없다. 여기서 '통합'이라 함은 기능적 통합을 의미할 뿐, 즉 사용자에게 통합적 서비스를 제공되어야 한다는 측면을 강조할 뿐 이 서비스의 제공주체 자체가 통합적인 단일주체이어야 함을 전제로 하지는 않는다.

현실적으로도 어느 단일 기업이 전자무역 구현에 필요한 모든 인프라 요소를 단기간에 구성하기는 곤란하기 때문에, 각 영역에 특화되고 전문화된 서비스 모델간에 협력 네트워크를 통해 전자무역플랫폼이 구현될 수 있을 것이다. 즉, 시장기능에 따라 다양한 방식의 서비스 모델들이 생겨나고 이들간에 고객확보경쟁을 통해 시장 지배적 지위를 확보한 전자무역플랫폼이 탄생하게 될 것이다. 이처럼 경쟁의 결과로 도출되는 전자무역플랫폼은 아마도 단일기업의 형태라기보다는 주도적 플랫폼 모델을 기반으로 다양한 기능별 인프라서비스들이 네트워크 형태로 결합된 구조를 띠게 될 것이다.

주요용어

전자문서교환 전자문서표준 전용표준 공용표준
부가가치통신망 무역자동화 종이서류 없는 무역(paperless trade)
전자문서 및 전자거래기본법 전자서명법 전자무역기반사업자
전자무역전문서비스업자

읽을거리

전자상거래와 e-Business

최근 전자상거래(Electronic Commerce)라는 용어는 e-Commerce, e-Business, 인터넷 비즈니스, 인터넷 상거래(Internet Commerce) 등의 유사 용어와 명확한 의미의 구분 없이 사용하는 사람의 관점과 편의에 따라 혼용되고 있어 상당한 혼란을 초래하고 있다. 그러나 전자상거래에서 인터넷 웹의 비중이 절대적으로 중요한 위치를 접하게 됨에 따라 이들 용어의 구분은 점차 그 필요성과 설득력을 잃고 있다.

최근의 경향은 전자상거래를 기업의 다양한 비즈니스 프로세스 중에서 재화의 교환행위에 수반된 상거래(commerce or transaction)만을 지칭하는 협의의 개념으로 규정하고, e-Business를 전자상거래보다 상위 내지 광의의 개념으로 정의하고 있다. e-Business라는 용어를 처음으로 사용한 IBM은 e-Business를 "인터넷 기술을 기반으로 간편하고 광역적으로 핵심적인 비즈니스 업무 수행과정과 시스템을 결합함으로써 다양한 비즈니스 가치를 추구할수 있는 안전하고 유연하며, 통합된 비즈니스방식"으로 정의하고 있다. 즉 e-Business는 기업간의 영업 및 마케팅 활동을 중심으로 기업간의 정보공유와 의사결정모형을 통합한 확정된 전자상거래의 개념이라고 할 수 있다.

이를 종합하면 e-Business란 제품의 기획과 개발, 제조, 생산, 유통 및 소비까지 이어지는 모든 과정이 인터넷과 접목하는 경영활동을 뜻하며, 제품이나 정보 혹은 서비스를 인터넷상에서 판매·구입하는 전자상거래보다는 포괄적 개념이라고 할 수 있다. 따라서 e-Business로서의 변모는 단순한 경영 패러다임의 변화이기보다는 향후 인류전체의 모습을 바꾸게 될 문화 대혁명으로 인식되고 있다.

제 11 장 해외시장조사와 오퍼

제 1 절 해외시장조사

무역거래를 처음 시작할 때 가장 먼저 해야 할 일은 자기가 생산한 제품을 누구에게 판매하고 어떻게 상대방에게 접근할 것인가에 대해 계획을 세우는 일이다. 이를 위해서는 해외시장조사를 통해서 잠재구매력을 지닌 수입업자를 발굴하고 또한 외국의 수입업자가 원하는 상품이 무엇인가를 찾아야 한다.

1. 해외시장조사의 의의

무역거래에서는 국내거래와 달리 지역적인 격리성, 상이한 문화와 법체계, 종교, 상관습, 언어 등의 차이 때문에 거래당사자들이 극복해야 할 어려운 점이 많다. 그러므로 무역거래에 따르는 위험을 감소시키고, 이윤을 극대화하기 위해서는 정확한 시장조사가 선행되어야 한다.

해외시장조사는 흔히 수출업자의 임무로만 보고 잠재적인 판로(販路)를 개척하는 것으로 생각하기 쉽다. 그러나 수입업자의 입장에서 가장 유리한 조건으로 구매할 수 있는 공급처를 찾는 것도 해외시장조사의 일환에 속한다. 따라서 해외시장조사는 특정 상품에 대한 판매가능성이나 구매가능성을 조사하는 것을 의미한다고 볼 수 있다.

좀더 구체적으로 보면 수출업자는 해외시장조사를 통하여 잠재구매력을 지닌 수입업자를 발견하고, 수입업자가 원하는 상품이 무엇인가를 살펴본 후 이러한 기본정보를 토대로 자기가 생산하는 물품을 언제, 어느 지역에, 가장 많이 그리고 가장 값비싸게 수출할 수 있는가를 조사해야 한다.

한편, 수입업자는 구매하고자 하는 물품의 공급처를 사전에 탐색하여 언제, 어느 지역으로부터, 가장 유리한 조건으로 수입할 수 있는가를 알아보아야 한다. 무역거래에서 수입업자는 최종 소비자에게 다시 시판하기 위해 물품을 수입하므로 최적의 조건으로 수입하는 것은 곧 최대의 이윤을 보장하는 것과 마찬가지이다. 따라서 해외시장조사는 수출업자뿐만 아니라 수입업자에게도 중요한 무역업무이다.

지피지기(知彼知己)면 백전백승(百戰百勝)이라 하듯이 무역업을 성공적으로 수행하기 위해서는 먼저 상대방에 대한 철저한 분석이 뒤따라야 한다. 특정 시장을 형성하고 있는 여러 가지 상황의 변화를 과학적으로 조사 · 분석한 후 이에 적합한 수출계획이나 수입계획을 세워야 한다.

2. 해외시장조사의 내용

해외시장조사에서는 어느 국가의 어느 고객에게 어떠한 상품을 판매할 것인가 또는 어느 국가의 어떤 공급선으로부터 필요한 상품을 구매할 것인가를 분석해야 한다. 따라서 해외시장조사 내용으로는 수출입대상 국가, 소비자, 공급선, 상품 등이 있다.

(1) 수출입대상 국가의 환경

① 정치적 환경

정치적 환경은 수출입대상 국가의 정치체제, 정치적 안정도, 정치적 위험의 발생가능성 등을 의미한다. 정치적 위험은 수출업자에게 대금회수불능의 위험을 초래하므로 구매력이 높은 시장이라 하더라도 정치적 위험이 발생할 가능성이 있으면 쉽게 접근할 수 없다. 특히 후진국가의 경우 경제발전에 대한 의욕도 높고 해외상품에 대한 선호도가 높지만 정변이 발생할 위험이 높다면 그동안 많은 비용과 노력을 들여 개척한 시장을 일시에 상실할 수 있다.

② 경제적 환경

국민소득, 경제성장률, 노동 · 고용사정, 임금, 물가 등 수출입대상 국가의 경제전반에 관련된 사항과 국제수지, 품목별 · 지역별 수출입규모, 외환관리, 수출입 규제제도 등 대외무역에 관련된 사항을 말한다.

해외시장조사에서는 대상국가의 경제적 환경 모두를 분석하는 것보다 거래상품의 성질에 따라 필요한 사항만을 선별 · 분석하는 것이 바람직하다. 자동차를 수출하려면 국민소득, 경제성장률뿐만 아니라 장차 현지 생산에 대비한 노동 · 고용사정, 임금수준 등을 종합적으로 분석하는 것이 필요하지만 향수를 수출한다면 수입국의 노동 · 고용사정 등은 조사할 필요는 없을 것이다.

③ 사회적 환경

사회적 환경의 분석은 수출입 대상 국가의 인구, 기후, 종교, 문화, 교육수준 등 사회일반에 관한 사항과 통신시설, 항만시설, 공항시설 등 사회기반시설을 파악하는 것이다.

인구수는 구매량과 연결되므로 여기에 따른 수출계획을 세우는 것이 바람직하다. 예를 들어 인구는 작지만 국민소득이 높은 국가에는 여러 가지 고가제품을 소량으로 판매하고, 인구가 많아 1인당 국민소득은 낮더라도 국가 전체의 경제력이 클 경우에는 생산설비나 기자재 등을 수출한다. 그리고 대상국가의 기후에 적합한 상품을 판매해야 하는 것은 물론 종교적 배경도 함께 고려해야 한다. 예를 들면 미국산이나 호주산의 쇠고기는 인도에서는 상품으로서의 가치가 없다. 문화나 교육수준에 맞는 상품의 개발도 해외시장개척에 꼭 필요하다.

한편 무역거래에서 매매당사자들은 서신, 전화, 팩시밀리 등의 여러 가지 첨단 통신시설을 사용하여 상담을 하기 때문에 해외시장조사에서는 이러한 시설의 사용여부를 확인해야 한다. 통신시설이 발달하지 못한 국가에 계절적 상품을 수출하려면 충분한 시간적 여유를 두고 수출계획을 세워야 한다.

그리고 수출물품을 효율적으로 운송하기 위해서 항만사정이나 공항시설을 철저히 분석해야 한다. 수입국가가 내륙지역에 위치할 경우에는 해상운송과 육상운송을 연계하는 방법을 강구하고 패션제품이나 긴급 수송을 요하는 부품 등은 국제공항을 이용한 항공운송계획을 수립한다.

(2) 소비자에 관한 사항

수출상품을 실제 소비하는 소비자에 대해서는 소비자의 소득별 분포, 구매능력, 취향, 상품 및 브랜드에 대한 만족도, 생산자에 대한 이미지(image) 등을 체계적으로 조사 · 분석한다. 소비자에 대한 종합적 분석에 따라 수출제품을 차별화, 다양화하여 새로운 모델을 계속 개발함으로써 해외시장을 유지 · 확대할 수 있다.

(3) 공급선에 관한 사항

수입업자가 상품을 구매하기 위해서 해외시장을 조사할 경우에는 원하는 상품을 적기에 공급할 수 있는 공급선(수출업자)에 대한 조사가 이루어져야 한다. 이와 관련하여 조사할 사항은 공급선의 성실성, 영업태도, 업계에서의 평판, 재무상태, 생산능력, 선적시기 등이다.

무역거래에서는 생면부지의 당사자들이 물품을 직접 확인하지 않은 상태에서 서신을 통해 거래를 시작하기 때문에 성실성, 영업태도 등 거래 상대방의 성격을 분석하는 것이 매우 중요한 일이다. 그리고 수입규모와 수입시기를 결정하기 위해서는 공급선의 생산능력과 선적가능시기를 조사해야 한다.

(4) 거래상품에 관한 사항

① 상 품

수출업자는 판매하고자 하는 상품의 품종, 품질, 디자인, 상표, 포장, 가격 등을 현지 생산품이나 기타 경쟁품, 대체품 등과 비교하여 해외시장에서의 경쟁력 정도를 분석해야 한다. 이러한 경쟁력 분석을 통해서만이 해외시장에 적합한 상품을 수출할 수 있다.

② 유통과정

이는 수출상품이 현지에서 유통되는 과정과 유통기구에 대한 사항을 조사하는 것이다. 수입업자가 상품을 수입하여 최종소비자가 소비하기까지의 유통과정이 복잡할 경우에는 상품의 포장을 견고히 해야 한다.

③ 서비스 및 판매촉진

전자제품, 자동차 등과 같은 내구성 제품은 사후 서비스의 여부에 따라 수출량이 결정될 수 있다. 따라서 이들 제품의 수출계획에는 반드시 사후 서비스에 대한 대책이 포함되어야 한다.

현지시장에 적합한 수출상품의 판매촉진 프로그램에 대해서도 조사한다. 카탈로그, 안내서 등은 소비층의 취향에 맞도록 제작 · 배포하고 수출상품을 효율적으로 선전할 수 있는 현지의 광고매체를 선정한다.

3. 해외시장조사방법

해외시장조사에서는 여러 가지 방법들이 이용되고 있지만 최근에는 인터넷을 이용한 조사가 가장 많이 이용되고 있다.

(1) 인터넷에 의한 조사

인터넷을 이용하면 일반적인 해외시장에 관한 정보는 물론 무역이나 시장 상황에 관한 정보를 손쉽게 얻을 수 있다.

무역과 관련한 각종 최신 뉴스와 정보 등은 1차적으로 무역일보, 한국경제신문, 매일경제신문, 일본경제신문, Journal of Commerce, Financial Times, Reuters, CNN, NewsPage 등과 같은 국내외 무역 및 경제 관련 뉴스 사이트에서 키워드 기사검색을 통해 관련 내용을 찾아 볼 수 있다. 세계 각국에 대한 전반적인 개요와 무역관련 정보는 미 중앙정보국 , 미 국회도서관, 미 무역대표부, 미 상무성 국제무역관리국, 미 국무성, 국제무역기구, 세계은행 등의 웹사이트에서 입수할 수 있다.

아울러 한국무역협회, 한국무역정보통신, 대한무역투자진흥공사, 한국외국기업협회 등 무역진흥기관의 웹사이트에서 제공하는 국내외 무역관련 유용한 링크 사이트를 찾아가서 정보를 얻을 수 있다. 또한 자신이 직접 정보검색엔진 등을 이용하여 필요한 각종 정보를 수집할 수도 있다.

특정 시장정보, 마케팅 조사 보고서, 상품정보 등은 전문 서비스업체에 의해 대부분이 유료로 제공되고 있다. I-trade, DataQuest, Market Search, CEEBIC, Profound 등이 대표적인 웹사이트이다.

표 11-1 해외 마케팅 및 시장조사 사이트

구 분	운영기관	인터넷 주소
상품/마케팅 조사	I-trade DataQuest Market Search CEEBIC Profound	www.i-trade.com www.dataquest.com www.marketsearch-dir.com www.mac.doc.gov/ceebic/ceebic.html www.profound.co.uk
시장 조사	대외경제정책연구원 산업연구원 삼성경제연구소 LG경제연구원 현대경제연구원 대우경제연구소	www.kiep.go.kr www.kiet.re.kr seriecon.seri.org www.lgeri.com www.hri.co.kr www.dweri.re.kr
전시회	Expoguide Tscentral COEX	www.expoguide.com www.tscentral.com www.coex.co.kr
특허 정보	미 특허청 특허청	www.uspto.gov www.kipo.go.kr

표 11-2 국내 및 해외의 주요 인터넷 전화번호부 서비스

구 분	인터넷 주소
한 국	www.114.co.kr www.ktdom.com www.paran.com
해 외	www.bigbook.com(미) www.bigyellow.com(미) www.china.websop.net/search(중) www.epita.fr:5000/11/english.html(프) www.yellow-pages.de/btbs.htm(독) www.yell.co.uk/yell/eye.html(영) www.pearnet.org/jtd(일) www.nyp.com(일) www.asiapages.com.sg/phonebook.htm(싱) news.std.com/newbury/moscow/index.com(러)

최근에는 대외경제정책연구원, 산업연구원 등과 같은 국책연구기관은 물론 삼성경제연구소, 현대경제연구원, LG경제연구원, 대우경제연구소 등과 같은 그룹사 계열의 민간 경제연구소에서도 각국의 경제 및 시장동향 관련 통계와 보고서 등을 회원제 운영을 통해 제공하고 있다.

또한 국제박람회와 전시회에 관한 정보는 Expoguide, Tscentral, COEX 등에서 얻을 수 있고, 특허정보는 US Patent and Trademark Office, 특허청 등에서 찾아 볼 수 있다. 그리고 환율정보는 Oanda(www.oanda.com), 여행정보는 Travelocity(www.travelocity.com), 법률정보는 Netlaw(www.netlaw.co.kr) 등 무역과 관련된 각종 정보들도 인터넷상에서 손쉽게 찾아볼 수가 있다.

(2) 유관기관의 자료 이용

해외시장에 관한 기본 정보를 입수할 경우에는 무역통계자료를 이용하는 것이 바람직하다. 이러한 2차 자료를 활용할 경우 수출하고자 하는 상품과 직접적으로 관련이 있는 정보를 얻기는 어렵지만 특정 시장의 구매잠재력을 측정하는 데 많은 도움이 된다.

국내 무역통계는 관세청, 한국무역정보통신의 통관정보시스템, 한국무역협회의 무역정보시스템 등을 통해 인터넷상에서 얻을 수 있다. 또한 업종별·품목별로 세분화된 무역통계는 한국의류산업협회, 한국전자공업협동조합, 한국기계공업진흥회 등의 업종별 단체 홈페이지에서 대부분 무료로 얻을 수 있다.

이 중 가장 널리 활용되고 있는 통관정보시스템은 관세청에서 제공하는 무역통계 서비스와 동일한 시스템이지만, 검색방식이 보다 전문적이고 무역통계 중심으로 내용이 구성되어 있으며, 무역업체 확인을 통해 무료와 유료가 결정된다는 점에서 차이가 있다. 따라서 무역업체가 아닌 일반 기업이나 개인 등은 무료로 제공되는 관세청 홈페이지의 무역통계 서비스를 이용하면 된다. 한편 한국무역협회의 홈페이지는 무역통계 외에 무역과 관련한 각종 통상정보 등을 담고 있다.

일반적으로 무역통계는 관세부과를 위해 세계관세기구(WCO)에 의해 제정되어 전세계적으로 공통적으로 활용되고 있는 HS(Harmonized System) 품

표 11-3 국내 및 해외의 무역통계 사이트

구 분	운영기관	인터넷 주소
국 내	관세청(KCA) 통관정보시스템(KCIS) 종합무역정보시스템(KOTIS)	www.customs.go.kr kcis.ktnet.co.kr www.kita.net
	한국의류산업협회 한국전자공업협동조합 한국기계공업진흥회	www.kaia.or.kr www.keic.org www.koami.or.kr
해 외	STAT-USA Piers 일본관세청 일본관세협회 유럽국제비즈니스협회	www.stat-usa.gov/tradtest.nsf www.piers.com www.mof.go.jp/~customs www.kanzei.or.jp www.ecib.com/stata.htm

목분류에 의해 작성된다. 따라서 해당 품목의 HS 코드를 모르면 무역통계를 얻을 수 없다. 이 밖에 해당 품목의 수출입요령과 절차, 관세율, 수출입통계, 국내 수출입업체, 관련 법규 등은 관세청 홈페이지나 통관정보시스템에서 손쉽게 조회해 볼 수 있다.

또한 각국의 무역통계는 해당 국가의 관세청, 상무성, 통계청 등과 같은 정부기관이나 전문 무역통계 서비스업체 등의 웹사이트에서 대부분 유료로 얻을 수 있다. 이러한 기관들의 인터넷 웹사이트는 야후와 같은 검색엔진에서 키워드 검색을 통해 찾아볼 수 있다.

미국의 경우 STAT-USA가 대표적인 사이트이다. 최근에는 미 관세청의 허가를 받은 Piers가 무역통계와 상품, 바이어 정보 등을 원하는 대로 유료로 CD-ROM으로 제작 배포하거나 인터넷상에서 유료로 정보를 볼 수 있도록 하고 있다.

(3) 위탁조사

품목별로 보다 상세한 정보를 얻고자 할 경우에는 대한무역투자진흥공사(Korea Trade and Investment Promotion Corporation: KOTRA)를 통한 위탁조사가 가능하다. 대한무역투자진흥공사는 세계적인 조직망을 갖추고 있기 때문에 이 기관의 해외시장조사는 신뢰도가 매우 높은 편이다.

표 11-4 대한무역투자진흥공사의 조사대행 항목

- 관심 바이어 조사 : 시장성, 바이어 명단, 수입관심도
- 관심 바이어 상담 : 시장성, 바이어 명단, 수입관심도, 기초상담결과
- 시장동향 : 수요, 수출입, 생산, 경쟁, 가격동향, 유통구조
- 바이어 정보 단순 확인조사
- 해외현장확인정보, 기타

현재 대한무역투자진흥공사에서 실시하고 있는 조사대행 서비스의 주요 항목들은 〈표 11-4〉와 같으며 항목에 따라 수수료, 조사기간 등이 다르다. 수출업자는 인터넷으로 해당 지방 무역관에 신청하고 담당자와 협의하여 수수료를 확정한 후 일정 기간 내에 해당 정보를 얻을 수 있다.

(4) 자체 현지조사

가장 신빙성이 높은 조사방법은 대상지역을 직접 방문하여 조사하는 것이다. 수출업체 단독으로 현지 출장조사를 할 수 있고 수출입 조합이나 경제단체의 해외시장 조사단에 참가하여 조사할 수도 있다.

현지를 방문하면 먼저 우리나라의 공관, 대한무역투자진흥공사의 현지무역관 또는 현지의 상업회의소를 방문하여 일반적인 시장현황을 청취하고 최대한의 협조를 구한다. 구체적인 자료를 수집하기 위해서는 현지에 진출한 동업자를 만나 조언을 구하고 백화점, 도매상, 소매상 등을 방문하여 해당 품목의 시황, 유통구조, 소비자패턴, 가격, 특허, 상표 등을 조사한다.

4. 신용조사

(1) 신용조사의 의의

무역거래에서는 대부분 수출업자와 수입업자가 직접 면담을 하지 않은 채 단지 서류상의 검토로 거래가 성립되므로 상대방의 신용상태에 대한 조사가 매우 중요하다. 이에 따라 해외시장조사를 통하여 신규 거래처가 잠재적으로 선정되면 먼저 신용조사를 통하여 상대방의 신용상태를 조사해야 한다.

신용조사에는 주로 상대방의 성격, 능력, 자본 등이 파악되어야 한다.

성격(character)은 성실성, 영업태도, 업계에서의 평판, 계약이행에 대한 열

의 등 거래에 임하는 상대방의 신뢰도에 관한 것이다. 능력(capacity)은 영업형태, 연간매출액, 경력 등 상대방이 실제 무역거래를 수행할 수 있는 거래능력을 의미한다. 그리고 자본(capital)은 상대방의 재무상태, 즉 부채비율, 자기자본비율 등을 의미하며 이는 채무이행능력의 척도가 된다.

(2) 신용조사 방법

① 은행조회(Bank Reference)

상대방이 거래하고 있는 은행을 통하여 신용조사를 수행하는 방법이다. 주로 상대방의 자본에 관련된 내용을 조사한다.

② 동업자조회(Trade Reference)

상대방과 거래한 경험이 있는 업자에게 신용상태를 조회하는 방법이다. 상대방의 성실성, 영업태도, 업계에서의 평판 등 성격에 관한 자료를 얻을 수 있다.

③ 무역관련기관의 이용

현재 우리나라의 무역업자들은 대한무역투자진흥공사 등 무역관련기관을 통해서 해외신용조사를 많이 하고 있다. 대한무역투자진흥공사는 해외무역관을 활용해서 신용조사 업무를 유료로 수행해 주고 있다.

④ 상업흥신소를 통한 방법

신용조사 전문회사인 상업흥신소에 신용조사를 의뢰하는 방법이다. 미국의 'Dun & Trades Protections'과 같은 상업흥신소는 세계 전역에 지소 및 연락사무소를 두고 신용조사업무를 수행하고 있다.

제 2 절 거래의 제의와 조회

1. 거래 제의의 의의

해외시장조사를 통해 시장 상황을 알고 난 후엔 자신의 상품을 소개하며 거래관계를 맺고 싶다는 의사를 표시해야 하는데 이를 거래의 제의 혹은 상품거래에 대한 조회(inquiry)라 한다. 따라서 거래제의는 어떤 상품을 팔려고 하는 사람 또는 사려고 하는 사람이 처음으로 자기 의사를 상대방에게 타진하는 것이다.

거래의 제의는 상품을 팔려는 사람이 살려고 하는 상대방에게 먼저 문의하는 수출업자의 거래제의(selling inquiry)와 사려는 사람이 그 상품을 가지고 있는 사람에게 팔지 않겠느냐고 문의하는 수입업자의 거래제의(buying inquiry)로 구분할 수 있다. 하지만 무역거래에서는 대부분 수출업자가 먼저 자신의 상품을 소개하고 거래관계를 맺고 싶다는 의사표시를 한다.

거래제의는 특정 상대방을 대상으로 할 경우도 있고 반면 불특정 다수를 상대로 거래를 제의하는 경우가 있다. 만약 수출업자가 해외시장조사를 통해 유망한 거래처 명단을 입수한 경우이면 이들 상대방에게 직접 거래를 제의하고 그렇지 않은 경우에는 해외 광고를 하거나 박람회 등에 참석하여 자신의 상품을 알릴 수 있다.

2. 거래제의의 방법

(1) 권유장의 이용

이는 장차 거래관계를 맺을 수 있는 거래선에게 자기 회사와 상품을 소개하는 권유장(circular letter)을 발송하여 거래를 제의하는 방법이다. 권유장은 남발하는 것보다 특정 지역의 몇몇 거래선 앞으로 보내는 것이 효과적이며 시차를 두는 것도 바람직하다.

특히 권유장을 작성할 때는 첫째, 어떤 경로를 통해서 상대방의 이름과 주소를 알게 되었다는 것을 설명해 주어야 한다. 전연 모르는 사람으로부터 아무런 이유 없이 편지를 받는 것은 별로 흥미 있는 일이 못된다. 그러므로 어떤 경로를 통해서 알게 되었다는 것을 서두에 알려주면 우선 읽는 사람으로서는 마음의 부담감이 적어질 것이다.

둘째, 우리는 누구이며, 무엇을 생산(또는 판매)하고 있으며, 월간(또는 연간) 생산 능력이 얼마며, 주문 후 얼마 만에 선적해 줄 수 있다는 등의 자기 회사의 능력을 말해 주어야 한다.

셋째, 우리 제품의 특징, 즉 품질이 다른 것보다 우수하다, 가격이 월등히 저렴하다, 또는 선적이 빠르다는 것 등을 강조하여 구미가 당기게 하여야 한다.

넷째, 흥미가 있으면 견본 등을 보내 주겠다는 내용, 즉 상대방이 행동으로 옮길 수 있는 구체적인 방법을 제시해 주어야 한다.

다섯째로, 상대방에게 우리의 재력과 배경을 알려줌으로써 거래하는 데 하등의 불안을 느끼지 않도록 해야 한다. 즉 우리의 거래 은행 등을 알려 주어 우리 쪽의 신용조회를 해 보도록 하는 것이 좋다.

(2) 공공기관의 이용

한국무역협회나 대한무역투자진흥공사 등에서 시행하고 있는 거래알선 서비스를 받아 거래선을 확보하거나 이들 기관이 운영하고 있는 무역전문 사이트를 통해 거래선을 물색할 수 있다. 웹 프로모션과 관련하여 국내 및 해외의 무역유관기관과 민간기업들이 무료 또는 유료로 운영하는 무역거래알선 사이트를 이용하는 것이 비용과 시간면에서 더 효과적인 경우가 많다.

이러한 무역거래알선 사이트를 이용하여 전세계를 대상으로 기업 및 상품 정보를 등록/조회하고 사거나 팔고자 하는 상품에 대한 오퍼를 등록/조회함으로써 보다 손쉽고 저렴하게 해외홍보/마케팅 및 거래선 발굴을 할 수 있다.

현재 EC21, ECPlaza, KOTRA, 중소기업진흥공단(SBC), 한국외국기업협회(KOFA), 대한상공회의소(KCCI) 등 무역유관기관과 경기도 등의 지방자치단체, 그리고 Tpage, Surplus 등과 같은 민간전문업체에서 전자카탈로그와 거래알선 등을 지원하는 사이트를 개설하여 서비스를 하고 있다.

아울러 국제연합(UN/GTPNet ETO), 세계무역클럽협회(WTC), 북미조약기

표 11-5 국내 및 해외의 주요 무역거래알선 사이트

구 분	운영기관	인터넷 주소
국 내	ECPlaza EC21 Tpage 대한무역투자진흥공사(KOTRA) 중소기업진흥공단(SBC) 대한상공회의소(KCCI) 한국외국기업협회(KFCA) 서울사이버프레이트센터 경기인터넷무역센터	www.ecplaza.net www.ec21.com www.tpage.com www.buykorea.org www.gobizkorea.com www.korcham.net www.forca.org www.hiseoultrade.com www.tradehelper.org
해 외	국제연합(UN/GTPNet ETO) 세계무역클럽협회(WTC) 북미조약기구(NAFTA)	www.untpdc.org www.wtca.org www.nafta.net/buysell
	알리바바(Alibaba) 글로벌소시스(Global Sources) 트레이드 콤파스(Trade Compass) 커머스넷(CommerceNet)	www.alibaba.com www.globalsources.com www.tradecompass.com www.commerce2000.net

구(NAFTA) 등과 같은 국제무역 관련기관은 물론 Alibaba, Global Sources, CommerceNet, Trade Compass 등의 외국기업들도 국제적인 거래알선 서비스를 제공하고 있다.

(3) 홍보 및 해외광고의 이용

거래처를 물색하기 위해서 해외 홍보용 카탈로그를 제작하여 예상 거래처에 배포하거나 국내외의 광고 매체를 활용할 수 있다. 또한 우리나라는 정보통신강국으로 세계적으로 널리 알려져 있어 인터넷을 통해 우리나라 기업과 상품을 검색하는 외국 기업들이 많기 때문에 정보통신망을 이용하여 자기 회사와 수출 상품을 홍보하는 것도 좋은 효과를 얻을 수 있다.

홍보용 카탈로그와 광고는 종합광고 대행사나 광고기획사 등 전문가에 의뢰하여 영문과 대상지역의 언어로 제작하는 것이 바람직하다. 홍보용 카탈로그의 배포처는 지역별 상공인명부, 한국무역협회나 대한무역투자진흥공사를 통해 그 명단을 얻을 수 있다. 특히 해외에서 발급되는 전문잡지의 구매자는 특정 물품에 관련된 잠재구매자로 판단될 수 있으므로 취급물품을 전문으로 하는 잡지의 배포처 명단을 입수하여 카탈로그를 배포할 수 있다.

광고매체는 여러 가지 종류가 있기 때문에 그 성격, 배포부수, 배포지역, 구독층을 신중히 분석하여 적정한 매체를 선정하는 것이 효과적이다. 현재 국내 수출유관기관에서는 다양한 해외홍보 매체를 제작 · 배포하고 있으므로 이를 적절히 활용할 수도 있다.

(4) 해외출장 및 각종 행사이용

해외로 출장가거나 무역유관기관에서 주선 · 파견하는 각종 민간무역사절단, 박람회, 전시회 등에 참가하여 유망한 거래처를 물색하여 거래 제의를 한다. 해외시장조사를 통해서 자사의 제품을 수입할 가능성이 높은 국가를 일차적으로 선정한 후 현지로 직접 출장 가서 거래처를 물색한다. 출장비용은 많이 소요되지만 예상 거래처와 직접 면담을 할 수 있어 거래가 성립될 확률이 높다. 해외 출장을 갈 경우 현지의 거래처에 나눠 줄 카탈로그, 안내서, 권유장, 견본 등을 충분히 준비하고, 대한무역투자진흥공사의 현지무역관이나 우리나라 재외공관의 협조를 구하는 것이 효율적이다.

그리고 한국무역협회에서 총괄하여 파견하는 민간무역사절단이나 대한무역투자진흥공사에서 주최하는 각종 박람회, 전시회 등에 참여하면 각종 경비의 지원뿐만 아니라 사전 홍보를 통해 예상 거래처와의 상담을 주선해 주기도 한다. 특히 국제박람회에 출연한다는 것은 자사 제품의 품질이 공식적으로 인정된 것이나 마찬가지여서 거래처에 좋은 인상을 줄 수 있다.

3. 거래제의에 대한 회신

해외의 수출업자가 보내 준 권유장에 관심이 있거나 광고에 게재된 물품을 구매하고 싶은 거래처는 가격, 공급능력, 선적시기, 결제방법 등에 대해서 보다 상세하게 수출업자에게 문의하는 회신(counter inquiry)을 한다. 따라서 거래제의에 대한 회신은 수입업자가 최초로 물품의 구매와 관련하여 자기의 의사를 나타내는 것이라 할 수 있다. 수출업자의 거래제의와 이에 대한 수입업자의 회신을 통해 점차 무역거래가 성사되어 가는 것이다.

수입업자가 수출업자의 거래제의에 대해서 회신을 할 때 주의할 점을 요약하면 ① 거래제의에 명시된 상품명, 규격, 품질, 수량, 인도기일 등을 반복하여 재확인할 것, ② 상품의 가격조건 및 수량의 단위를 확인할 것, ③ 견본을 보낼 때는 일련번호를 반드시 붙여 후일에 조회하기 편리하게 할 것, ④ 현재의 시황을 설명하여 주문을 유도할 것 등이다.

회신은 우편, 팩스, 이메일 등으로 할 수 있는데 그 회답 내용이야 어떻든 신속해야 한다. 아무리 긍정적인 회신을 해준다고 해도 너무 기일이 늦어지면 상대방은 이미 다른 곳으로부터 회답을 받고 그쪽과 거래가 이루어지고 있을 수 있다. 특히 가격변동이 심한 물품이나 계절적 상품 등은 빠른 통신수단을 이용한다.

제 3 절 오 퍼

1. 오퍼의 발행과 승낙

(1) 오퍼의 발행

수출업자의 거래제의에 대해서 수입업자가 관심을 가지고 구체적인 거래조건을 문의해 오면 수출업자는 대부분 오퍼(offer)를 발행한다. 오퍼는 청약자가 상대방과 일정한 조건으로 계약을 체결하고 싶다는 의사표시를 말한다. 즉 수출업자가 수입업자에게 특정 물품을 일정한 조건으로 판매하겠다는 의사표시 또는 반대로 수입업자가 수출업자에게 일정한 조건으로 물품을 구매하고 싶다는 의사표시를 오퍼라 한다.

표 11-6 오퍼의 주요 기재사항

품명(commodity name)	대금결제방법(payment condition)
규격(grade or specification)	보험(insurance)
수량(quantity)	선적일자(shipdate)
단가(unit Price)	발행일자(offer Date)
원산지(origin)	유효기간(validity)
포장방법(packing method)	주의사항(remarks), 기타

오퍼는 구두로 행하여도 무방하지만 무역거래에서는 일정한 서식을 갖춘 오퍼장(offer sheet)을 사용한다. 그리고 오퍼는 매매조건을 구체적으로 제시하는 것이기 때문에 특정 상품의 매매와 관련되는 모든 사항이 오퍼장에 기재된다. 일반적인 무역거래에서 오퍼장에 기재되는 사항은 〈표 10-1〉과 같다.

(2) 오퍼의 승낙

오퍼를 받은 당사자는 상대방이 발행한 오퍼의 내용에 자기 나름대로의 조건을 첨가하여 반대오퍼(counter offer)를 보내기도 한다. 이 반대오퍼는 원래의 오퍼에 대하여 그 조건의 변경을 요구하는 식으로 자기의 수정의사를 표시하는 것이다. 일단 반대오퍼가 제시되면 이전의 오퍼는 무효가 된다. 이와 같이 오퍼와 반대오퍼를 상호 몇 차례 보낸 후 최종적으로 오퍼가 승낙되면 곧 무역계약이 체결된다.

오퍼의 승낙(acceptance)은 상대방의 오퍼에 대한 수락의 의사표시를 말한다. 승낙은 원칙적으로 오퍼의 모든 사항에 대하여 무조건으로 동의하는 것이어야 하며, 새로운 사항을 추가하거나 오퍼의 내용을 제한 · 변경하는 것은 승낙으로 간주되지 않는다. 그리고 승낙은 오퍼의 유효기간 이내에 이루어져야 하고 만약 오퍼장에 승낙방법이 별도로 명시되어 있으면 그 방법에 따라야 한다.

(3) 승낙의 효력발생시기

승낙의 효력발생시기에 대해서는 크게 발신주의와 도달주의 두 가지 입장이 있다. 발신주의는 피청약자가 승낙의 의사표시를 발신한 시점에서 계약이 성립한다는 것이고, 도달주의는 피청약자의 승낙의사표시가 청약자에게 도달한 시점에서 계약이 성립한다는 것이다.

우리나라, 일본, 영미법계통에서는 대화자간(대화, 전화, 텔렉스)의 경우 승낙의사표시의 효력은 도달주의 입장이고, 격지자간(우편, 전보)의 경우는 수락통지를 발신한 때부터 효력이 발생하는 발신주의 원칙을 채택하고 있다. 독일법 계통 및 비엔나 협약에서는 대화자간 및 격지자간 구분 없이 모두 도달주의 원칙을 채택하고 있다.

비엔나 협약(국제물품매매계약에 관한 UN협약: United Nations Convention

on Contracts for the International Sale of goods; UNCCISG, 1980)을 무역계약의 준거법으로 사용하도록 비준을 한 국가 간의 거래에서는 당연히 도달주의 원칙이 적용되므로 별 문제가 되지 않는다. 그렇지 못할 경우에는 국가나 지역에 따라 승낙통지의 효력발생시기가 다를 수 있으므로 오퍼장에 승낙의 방법과 효력발생시기를 분명히 해두는 것이 중요하다.

2. 오퍼의 종류

(1) 국내발행오퍼와 국외발행오퍼

동일한 국내에서 발행되는 오퍼를 국내발행오퍼라 하고, 외국에서 발행되어 오는 오퍼를 국외발행오퍼라 한다. 무역거래에서는 대부분 국외발행오퍼가 사용되지만 우리나라의 오퍼상들이 외국 수출업자를 대신해서 국내 수입업자에게 발행하는 물품매도확약서는 국내발행오퍼이다.

(2) 판매오퍼와 구매오퍼

수출업자가 판매조건을 제시할 경우에는 판매오퍼(selling offer)이며, 수입업자가 먼저 구매조건을 제시하여 수입의사를 표시할 경우 구매오퍼(buying offer)이다. 국제거래에서 오퍼라고 하면 대부분 판매오퍼이며, 구매오퍼는 주문생산이라야만 가능한 특수 기계의 수입이나 건설공사의 입찰 등에서 주로 이용되고 있다.

(3) 확정오퍼와 미확정오퍼

확정오퍼(firm offer)는 오퍼의 유효기간이 명시되어 있고 그 기간 내에 승낙할 것을 조건으로 하는 오퍼이다. 오퍼의 내용이 취소불능이라는 표현이 오퍼장에 명시되어 있어 이를 취소불능오퍼라고도 한다.

미확정오퍼(free offer)는 유효기간 내의 승낙을 조건으로 하지 않거나 오퍼의 내용이 확정적 또는 취소불능이라는 표현이 없는 오퍼를 말한다. 청약자는 유효기간 내에 일방적으로 오퍼를 철회하거나 그 내용을 변경할 수 있다. 이 오퍼는 여러 가지 오퍼 중에서 제일 많이 사용되며 실무적으로 상대방에게 가격, 선적일자 등을 사전에 알려주는 수단으로 사용된다.

(4) 조건부 오퍼

일정한 조건을 붙여서 오퍼를 발행하고 그러한 조건이 충족되면 오퍼가 유효한 것으로 간주할 경우 조건부 오퍼라 한다. 예를 들어 오퍼에 'subject to being unsold' 등과 같은 조건이 있을 경우 상대방이 이를 수락할 당시 해당 물품이 아직 판매되지 않았을 경우에만 유효하게 된다. 한정된 재고품을 오퍼할 때 많이 이용된다.

서식 11-1 오퍼장

Messrs. Base Line Inc.
2300 Arapahoe, Boulder
CO., USA

October 30, 2016

Dear Sirs,
We are pleased to offer you as follows :

SUPPLIER : JSK Corporation
ORIGIN : Republic of Korea
PACKING : About 500 yards in a carton box
SHIPMENT : Within 2 months after the date of contract sheet
INSPECTION : Seller's Inspection to be final
PAYMENT : By an irrevocable L/C at sight in our favor
VALIDITY : By the end of December, 2016
REMARKS : Subject to our final confirmation

Item No.	Description	Quantity	Unit Price	Amount
100% Acrylic Fast Color 0514	Printed Synthetic Fabric 44 x about 500yards	10,000yards	CIF New York in U.S. Currency $0.72	$7,200US $

Yours very truly,

JSK Corporation

주요용어

위탁조사	신용조사	은행조회	동업자조회
권유장	오퍼	국내발행오퍼	국외발행오퍼
판매오퍼	구매오퍼	확정오퍼	미확정오퍼
조건부오퍼			

읽을거리

해외시장조사

지피지기면 백전백승이라 하듯이 무역업을 성공적으로 수행하기 위해서는 상대방에 대한 철저한 분석이 뒤따라야 한다. 우리나라의 경제 성장에 많은 도움을 준 지역은 해외건설 붐이 일어났던 중동지역이다. 특히 이란은 우리나라의 중동 최대 수출시장이며 산업화를 꿈꾸는 중동의 자원대국이고 차세대 에너지 중심 국가이다. 이란이 세계 2위의 보유량을 자랑하는 천연가스는 다음 세기의 주요 연료가 될 것으로 기대되는 에너지원이다. 우리나라와 이란은 지금까지 우호적 관계를 유지해오고 있는데 1970년대 1, 2차에 걸친 오일 쇼크 때 이란은 아무도 주지 않으려 했던 기름을 공급해 주었고 이 때 양국 간의 협력의 상징으로 우리나라에는 테헤란로, 이란에는 Seoul Road가 생겼다. 그런데 이란을 상대로 무역거래를 상담할 때 마라톤과 칭기즈칸 이야기는 금물이다. 이란의 고대국가인 페르시아가 그리스를 상대로 전쟁을 벌일 때 마라톤 대평원에서 패하여 국력이 쇠퇴하고 멸망하게 된다. 마라톤은 이란 사람들에겐 치욕이라 아직까지 이란에는 마라톤 운동이 없다. 그리고 칭기즈칸은 13세기 이란을 점령하면서 대규모 학살을 자행하여 이 때 인구의 격감이 20세기 중반에 와서야 회복됐을 정도이다. 반면 마라톤과 칭기즈칸은 우리나라 사람들에게 너무 익숙하여 자연스럽게 나온 말이 무르익은 협상을 원점으로 돌릴 수 있다는 사실을 명심해야 한다.

제 12 장 무역계약과 Incoterms

제 1 절 무역계약의 체결

1. 무역계약의 개념

일반적으로 오퍼는 거래를 맺고 싶다는 상호간의 의사표시일 뿐, 당사자들을 법적으로 구속하는 것은 아니다. 오퍼의 내용대로 모든 것이 이행되기 위해서는 매매당사자간에 정식으로 무역계약이 체결되어야 한다. 무역계약은 오퍼, 반대오퍼 그리고 최종 승낙과정을 거치면서 추가되거나 삭제된 것을 모두 정리하여 실제 매매거래에 필요한 모든 조건들을 기재하고 상호간에 서명함으로써 성립된다.

무역계약은 국가간에 이루어지는 일종의 물품매매계약으로 매도인이 대금을 받고 매수인에게 물품의 소유권을 이전하거나 또는 이전하기로 약정하는 계약을 말한다. 무역계약을 체결하는 것은 매매당사자들이 상호 의도하는 바를 법률적으로 명확히 하고, 당사자들을 구속하는 규칙을 설정해서 불필요한 분쟁을 사전에 방지하는 목적이 있다. 따라서 국제무역거래에서 무역계약서의 작성은 반드시 지켜져야 할 업무이다.

2. 무역계약서의 작성방법과 종류

(1) 무역계약서의 작성방법

무역계약은 구두로도 성립되지만 가능한 한 양 당사자가 거래조건들을 확인하고 서명한 계약서를 작성하는 것이 바람직하다. 무역거래에서는 주로 다음과 같은 계약서가 사용되고 있다.

① 판매서

판매서(sales note)는 수출업자가 작성하여 수입업자에게 보내는 특정 물품의 구매확인서이다. 수출업자가 최종적으로 수락된 오퍼의 내용과 동일하도록 판매서를 2통 작성하여 서명한 후 수입업자에게 보내면, 수입업자는 그 내용을 확인한 후 이의가 없으면 역시 서명하여 1통은 보관하고 나머지는 수출업자에게 보낸다.

② 구매서

구매서(purchase note)는 수입업자가 특정 물품을 일정한 조건으로 구매하겠다는 주문서이다. 수입업자가 일방적으로 작성하여 보내면, 수출업자는 이의가 없을 경우 서명하여 1통은 보관하고 1통은 수입업자에게 보내게 되는데 이것이 곧 무역계약서가 된다.

③ 오퍼장

오퍼장에는 주로 거래조건이 기재되어 있기 때문에 별도의 계약서를 작성하지 않고 오퍼장을 그대로 계약서로서 이용할 수 있다. 즉, 수출업자가 발행한 오퍼장에 수입업자가 승낙의사표시의 서명을 하거나 또는 수입업자가 발행한 오퍼장에 수출업자가 서명함으로써 오퍼장을 무역계약서로 이용한다.

④ 각 서

수출업자와 수입업자가 한 곳에 모여 모든 매매조건을 합의하여 계약서를 작성하는 경우가 있는데, 이런 형식의 계약서를 각서라 한다.

(2) 무역계약의 종류

① 개별계약

개별계약은 거래가 성립될 때마다 매매당사자가 거래조건에 합의하여 계약서를 작성하는 경우를 말한다. 판매서, 구매서, 오퍼장, 각서 등은 모두 개별계약에 해당된다. 매 거래시마다 별도로 계약을 체결해야 하는 번거로움은 따르지만 모든 거래조건을 법적으로 분명히 해 둠으로써 분쟁을 미연에 방지할 수 있다.

② 포괄계약

포괄계약(master contract)은 매매당사자간에 서로 오랜 기간 거래를 하여 잘 알고 있을 경우 특정 품목을 지정하여 일정기간 포괄적으로 계약을 체결하고 필요할 때마다 선적해 주는 경우에 사용되는 계약형태이다.

포괄계약을 체결할 때는 지정 품목에 대해서 일반거래조건을 합의한 일반거래협정서를 당사자간에 교환한다. 동일 품목을 반복해서 거래할 경우 매 거래시마다 거래조건을 확인해야 하는 개별계약보다 일반거래협정서에 의한 포괄계약이 편리하다.

③ 독점계약

수출입을 특정 기업에 국한시킬 경우에는 당사자간에 독점계약이 체결된다. 독점계약이 체결되면 수출업자는 계약품목을 수입국가의 지정수입업자 외에는 수출해서는 안되며, 마찬가지로 수입업자도 수출국의 다른 기업으로부터 동일한 품목을 수입해서도 안 된다.

독점계약을 체결하는 목적은 당사자간의 이윤극대화에 있기 때문에 수출업자는 가능한 한 저렴한 가격으로 오퍼를 하고 해당 품목의 품질을 보장해 주어야 한다. 그리고 수입업자는 가장 좋은 가격으로 최대한 계약물품을 판매하도록 노력해야 하며 연간 어느 정도 판매량을 보장해 주어야 한다.

3. 무역계약의 약정사항

무역계약의 약정사항은 계약을 체결할 때마다 당사자들이 합의해야 할 개별약정사항과 모든 거래에 공통으로 적용되는 일반약정사항으로 구분된다.

개별약정사항은 품질, 수량, 가격, 선적, 보험, 대금결제, 포장, 분쟁해결방안 등으로 개개의 거래내용을 구체적으로 합의한 것이며 일반약정사항은 무역거래의 일반적 기준을 약정한 것으로 보통 계약서의 이면에 인쇄되어 있다.

(1) 품질에 관한 조건

무역거래에서 수입업자가 제기하는 클레임은 대부분 품질 불량, 품질 상이 등 주로 상품의 품질과 관련될 정도로 품질은 중요한 약정사항이다. 품질을 결정하는 데는 다음과 같은 방법이 사용된다.[1]

① 견본매매

견본에 의해 상품의 품질을 결정하는 방법으로 무역거래에서 가장 많이 이용되고 있다. 견본매매에서는 대부분 매도인이 견본을 만들어 매수인에게 보내지만 매수인이 희망하는 품질을 나타내기 위해 자신의 견본을 먼저 보내기도 한다.

② 상표매매

유명 상표는 상표(brand or trade mark) 그 자체로 품질을 인정받게 된다. 이처럼 상표만을 가지고 품질을 인정받아 매매의사결정이 이루어지는 방법을 상표매매라 한다.

③ 규격매매

상품의 규격이 국제적으로 정해져 있거나 수출국에서 공식적으로 인정하는 것일 경우 규격이나 등급으로 품질을 경정하는 방법이다. 예를 들어 국제표준화기구(International Organization for Standardization), 일본의 JIS(Japan Industrial Standard), 우리나라의 KS(Korean Standard) 등과 같은 규격을 이용한다.

④ 명세서매매

상품의 재료, 구조, 성능 등을 자세히 설명한 명세서, 설명서, 청사진 등에

---

1) 운송 도중 품질이 변할 수 있는 상품을 거래할 경우에는 품질의 기준시기를 선적시점과 양륙시점으로 분명히 해야 한다. 선적품질조건은 선적완료시점에서의 품질을 기준으로 하는 방법이며 일반공산품의 거래에 많이 이용된다. 수출업자는 운송 도중의 변질에 대해서 책임지지 않는다. 곡물거래에서는 이 조건을 Tale Quale(TQ)로 표시한다. 반면 양륙품질조건은 양륙시점의 품질의 기준으로 하는 방법이며 운송과정에서 변질된 품질에 대해서는 수출업자가 책임을 져야 한다. 이 조건은 호밀(rye)거래에 많이 사용되었다고 하여 Rye Terms(RT)라 한다.

의해서 품질을 결정하는 방법이다. 주로 견본이 곤란한 선박, 철도차량, 기계류, 의료기구 등 고가상품의 거래에서 많이 이용된다.

⑤ 점검매매

수입업자가 실제로 상품을 살펴보고 품질을 확인한 후 매매계약을 체결하는 방법으로 수입업자의 대리인이 수출국에 상주할 경우 가능하다. 보세창고도거래에서는 수입업자가 보세창고에서 상품의 품질을 확인할 수 있다.

⑥ 표준품매매

농 · 수산품 등 1차 산품의 품질은 해당 연도의 표준품에 의해서 결정되는데, 이에는 평균중등품질조건, 판매적격품질조건 등이 있다.

평균중등품질조건(fair average quality: FAQ)은 선적지에서 출하된 수확물 중에서 중간의 품질을 표준으로 하는 방법인데, 면화 · 곡물 · 차 등의 품질을 결정할 때 많이 사용된다.

판매적격품질조건(good merchantable quality: GMQ)은 외관상으로 품질을 결정하기 어려운 목재나 냉동물품 등의 거래에서는 수입지에서 판매 가능성을 전제조건으로 하여 품질을 결정한다. 수입된 목재를 절단하여 보니 내부가 부패되어 있어 판매가 부적격하면 수출업자에게 변상요구를 할 수 있다.

(2) 수량에 관한 조건

① 수량의 단위

상품의 수량을 결정할 때는 중량,[2] 길이, 용적, 개수 등이 사용된다.

② 과부족 용인조건

운송 도중 감량이 예상되는 품목을 거래할 때는 과부족용인조건(More or Less Clause: MOL Clause)을 활용하면 일정 비율의 과부족을 인정받을 수 있다. 예를 들어 "More or Less 5%"로 매매계약을 체결하면 5% 이내의 과부족이 발생해도 클레임이 제기되지 않는다.

---

2) 중량의 측정방법에는 총중량, 순중량 및 법적 중량 등이 있다. 총중량(gross weight)은 상품을 포장한 채로의 중량, 순중량(net weight)은 포장무게를 제외한 순상품의 무게를 말한다. 그리고 법적중량(legal weight)은 상품의 무게와 법적으로 인정되는 포장무게를 합한 중량을 말한다.

(3) 가격에 관한 조건

무역거래에서 상품의 가격을 결정할 때는 운송비, 보험료, 통관비 등 부대비용과 위험을 누가 어디까지 부담할 것인가는 동시에 결정해야 한다. 이에 따라 계약서에는 매매당사자들의 비용부담과 책임한계를 함축하고 있는 FOB, CIF 등과 같은 가격조건이 금액과 함께 표시된다. 오늘날에는 Incoterms, 2010에서 규정하고 있는 11가지 가격조건이 많이 이용되고 있다. 여기에 관한 것은 다음의 제3절에 구체적으로 설명되어 있다.

(4) 선적에 관한 조건

대부분의 화물은 해상으로 운송되지만 소량의 고가제품, 유행성 제품 등은 항공운송을 이용하기도 한다. 그리고 컨테이너를 이용하여 송화인의 문에서 수화인의 문(door to door)까지 일괄적으로 운송하는 복합운송도 많이 이용되고 있다.

선적조건에서는 선적시기, 분할선적, 환적, 선적지연에 따른 면책조항 등에 관하여 약정한다.

① 선적시기

선적시기를 결정할 때는 선적일자를 확정하지 않고 보통 최종선적일 또는 선적월을 정한다. 선적월을 정할 경우에는 수출업자가 임의로 선적시기를 선택해서 정해진 달 내에 선적을 하면 된다. 그러나 선적시기를 표시할 때 신속히(prompt), 즉시(immediately), 가능한 한 빨리(as soon as possible) 등과 같은 막연한 표현을 사용해서는 안되며 이러한 표현이 사용되었을 경우 은행은 이를 무시한다.

② 선적지연에 관한 면책조항

수출업자의 고의, 과실 또는 태만 등으로 인한 선적지연에 대해서는 수출업자가 책임을 져야 하나 천재지변, 전쟁 등과 같은 불가항력에 의한 선적지연은 면책될 수 있다.

(5) 보험에 관한 조건

무역거래에서 주로 이용되는 보험은 해상보험이다. 해상보험계약은 가격조건에 따라 매도인 또는 매수인이 체결하는데 CIF 및 CIP 조건을 제외하면 보험에 대한 약정은 별도로 필요 없다. CIF조건과 CIP조건에서는 매도인이 매수인을 위해서 보험계약을 체결해 주므로[3] 보험조건, 보험금액 등에 관한 약정이 필요하지만 나머지 가격조건에서는 모두 자신들을 위해 보험계약을 체결하므로 보험에 대한 약정이 필요 없기 때문이다.

(6) 대금결제에 관한 조건

무역거래에서는 수출대금 회수불능의 위험이 발생할 수 있으므로 수출업자는 대금결제조건을 가장 신중히 다루어야 한다. 이 조건에서는 수출대금의 결제방법과 결제시기를 주로 합의하는데 여기에 관한 자세한 내용은 제14장에서 설명하기로 한다.

(7) 포장에 관한 조건

개품화물의 경우 물품을 안전하게 보관하고 상품으로서의 가치를 유지하기 위해 포장은 반드시 필요하다. 수출화물의 포장은 가볍고 튼튼해야 하며 포장비용도 저렴해야 한다. 그리고 계약물품임을 쉽게 확인할 수 있도록 외관상 식별이 명확해야 한다.

포장조건에서는 포장방법, 포장의 종류, 화인 등을 약정해야 한다. 화인(shipping marks)은 운송관계자나 수입업자가 쉽게 식별할 수 있도록 포장의 외장에 기호, 번호 등으로 계약물품을 표시하는데 이를 통틀어 화인이라 한다. 대부분 수입업자가 화인의 모양을 지시하며 수출업자는 지시내용대로 화인을 표시해야 한다.

---

3) Cost, Insurance and Freight(운임 및 보험료 포함조건: CIF) 및 Carriage Insurance Paid To(운송비 및 보험료 지불인도조건: CIP) 조건에서는 수출업자가 상품의 대금 속에 운임과 보험료를 포함시켰기 때문에 목적지까지 상품을 운송해 주고 보험계약도 체결해 주어야 한다. 이에 대해서는 제2절에 자세히 설명되어 있다.

(8) 분쟁해결조건

이 조건에서는 매매계약 체결 후 발생할지 모르는 당사자간의 분쟁에 관한 사항을 약정한다. 클레임은 거래상품이 목적지에 도착하여 검사 후 일정 기일(보통 14일) 이내 제기하도록 한다. 그리고 클레임은 타협, 조정 등과 같이 가능한 한 우호적으로 해결하고 이것이 실패할 경우에는 중재기관의 중재에 의해서 해결하도록 한다. 여기에 관한 자세한 내용은 제16장에서 다루기로 한다.

제 2 절 무역가격조건과 Incoterms

1. 무역가격조건의 의의

국내거래에서의 상품가격은 대개가 생산비용에다 매도인의 적정한 이윤을 합한 것이다. 그러나 무역거래에서는 수출국 내에서의 운송비, 수출통관비용, 목적지까지의 운송비 및 보험료, 수입통관비용 및 수입관세, 수입국 내에서의 운송비 등 부차적으로 고려해야 할 가격요소가 많다. 따라서 무역거래에서는 이러한 수출입비용 중 어느 정도를 가격에 포함시켜야 하는가를 결정해야 한다.

막연하게 일정 금액으로만 상품가격을 표시하게 되면 양 당사자들은 자기들한테 유리한 방향으로 해석하기가 쉽다. 예를 들어 컴퓨터를 대당 1,000달러로만 제시하게 되면 수출업자는 생산비와 수출국 내에서 소요되는 운송비 정도만 포함된 가격으로 보고 나머지 부대비용은 모두 매수인이 부담하는 것으로 생각할 수 있다. 그러나 수입업자는 이 가격에 모든 수입비용이 다 포함된 것으로 생각하여 선뜻 가격결정에 동의할 수 있는데 이 양자는 엄청난 가격차이를 초래할 수 있다.

그리고 국가간의 거래는 매매당사자가 멀리 떨어져 있고 나라마다 상관습이 다르기 때문에 매도인과 매수인의 책임한계를 특정 지점으로 미리 합의를 해야 한다.

이와 같이 무역거래에서는 매매당사자들이 상품의 가격을 약정할 때 그 가격에 어떠한 수출입 부대비용을 포함시킬 것인가, 그리고 당사자들의 책임은 어느 지점에서 이전되는가를 동시에 결정해야 한다. 그렇다고 하여 계약을 체결할 때마다 당사자들이 모여 각자가 부담해야 할 비용과 책임한계를 정하도록 하는 것은 현실적으로 불가능하다. 이에 따라 무역거래에서는 오래 전부터 매매당사자들의 비용부담 및 책임 한계가 관습적으로 어느 정도 표준화된 FOB, CIF 등과 같은 용어들이 사용되어 왔는데 이를 무역가격조건이라 한다.

2. Incoterms의 제정

무역거래에서는 오래 전부터 FOB, CIF 등 가격조건과 관련된 용어들이 사용되어 왔지만 이에 대한 통일된 규칙이 없어 각국에 따라 해석상의 차이가 많았다. 더욱이 매매당사자들은 국가간의 상이한 상관습을 알지 못해 많은 오해와 분쟁이 초래되어 왔다.

이에 따라 무역거래상의 분쟁요소를 없애고 국제무역의 확대를 도모하기 위해서 1936년 국제상업회의소(International Chamber of Commerce: ICC)는

표 12-1 현행 Incoterms 11가지 무역거래조건

구 분	가격조건	전신약호
모든 운송에서 사용하는 거래조건	작업장인도(Ex Works) 운송인인도(Free Carrier) 운송비지불인도(Carriage Paid To) 운송비 · 보험료지불인도 (Carriage and Insurance Paid To) 터미널인도조건(Delivered At Terminal) 목적지인도조건(Delivered At Place) 관세지급인도(Delivered Duty Paid)	EXW FCA CPT CIP DAT DAP DDP
해상운송, 내수로운송에 사용하는 거래조건	선측인도(Free Alongside Ship) 본선인도(Free On Board) 운임포함인도(Cost and Freight) 운임 · 보험료포함인도 (Cost, Insurance and Freight)	FAS FOB CFR CIF

무역거래조건의 해석에 관한 국제규칙(International Rules for the Interpretation of Trade Terms) 즉 Incoterms 1936을 제정하였다.[4] 그 후 Incoterms는 무역관습의 변화에 따라 여러 차례 개정되었으며 현재 사용되고 있는 것은 2010년도에 개정된 Incoterms 2010이다.

현행 Incoterms 2010에는 〈표 12-1〉에서처럼 11가지의 조건들이 2개의 그룹으로 나누어 규정되어 있다.

3. 무역가격조건의 해설

(1) 모든 운송에서 사용가능한 조건

이 그룹에 속하는 조건은 7가지이며 운송방법에 상관없이 모든 운송에서 사용할 수 있다.

① 작업장인도조건(Ex Work; EXW)

작업장인도조건은 매도인이 계약물품을 작업장에서 매수인에게 인도하는 조건이다. 이 조건에서 의미하는 작업장은 계약물품의 성격에 따라 공장, 농장, 광산 등의 장소가 된다. 실제 거래에서는 이 장소를 구체적으로 표시하여 매도인과 매수인의 책임분기점을 분명히 한다.

예를 들어 물품이 있는 장소가 공장이면 Ex Factory, 공장 중에서도 제철 · 제분 · 제지공장이면 Ex Mill, 농장이면 Ex Plantation, 창고이면 Ex Warehouse, 광산이면 Ex Mine으로 표현한다.

매도인은 작업장에 계약물품을 적치할 때까지의 비용과 위험을 부담한다. 별도의 합의가 없는 한 매도인은 매수인이 제공한 운송수단에 계약물품을 적재하거나 수출통관을 이행해야 할 필요는 없다. 반면, 매수인은 계약물품이 현존하는 장소에서부터 최종목적지까지 운송하는데 소요되는 모든 비용과 책임을 부담해야 한다. 따라서 Incoterms의 11가지 가격조건 중 매도인에게는 최소한의 의무가 부여되는 조건이다.

② 운송인 인도조건(Free Carrier; FCA)

이 조건은 매도인이 지정된 장소에서 매수인이 지명 · 통보한 운송인의 관

4) Incoterms는 International Commercial Terms의 약칭에서 따온 말이다.

리 하에 수출통관된 물품을 인도함으로써 자신의 의무가 끝나는 조건이다. 따라서 이 조건에서는 지정된 장소에서 운송인에게 계약물품이 인도되는 시점이 바로 매매당사자간의 비용부담과 책임의 분기점이 된다.

이 조건에서 매도인은 계약물품의 수출에 필요한 모든 법적 절차를 취한 후 지정된 운송인에게 물품을 인도해야 한다. 지정 운송인은 매수인이 운송계약을 체결하여 매도인에게 그 명의를 통보한 운송인이며 여기에는 운송수단은 실제 보유하지 않고 단지 운송의 책임을 지는 계약운송인도 포함된다. 따라서 매수인은 운송인이 아닌 운송주선인(freight forwarder)에게 물품을 인도하라는 지시를 할 수 있다.

FCA조건에서는 작업장인도조건(EXW)에 비해 매도인이 수출 통관된 물품을 지정된 운송인에게 인도해야 하는 의무가 추가된다. 한편 매수인은 매도인이 계약물품을 인도할 수 있도록 운송인과 운송계약을 체결하고 운송인 명의, 인도기일 등을 매도인에게 통보해 주어야 한다.

③ 운송비 지불 인도조건(Carriage Paid To; CPT)

운송비 지불 인도조건(CPT)은 매도인이 자신과 목적지까지 운송계약을 체결한 운송인에게 수출통관된 물품을 인도함으로써 매도인의 책임이 끝나는 것으로 하는 조건이다. 이 조건에서 매도인은 먼저 자신의 위험과 비용으로 수출에 필요한 모든 통관절차를 이행해야 한다. 그리고 합의된 목적지까지 적합한 운송계약을 체결하고 운송비를 지급해야 하며 계약물품을 운송인에게 인도 완료해야 한다.

이 조건에서 매도인이 목적지까지 운송계약을 체결하고 운송비를 지급한다고 해서 자신의 책임이 목적지까지 연장되는 것은 아니며 매도인의 책임은 자신과 운송계약을 체결한 운송인에게 물품을 인도하는 시점에서 끝이 난다. 즉 매도인과 매수인의 책임분기점은 매도인이 체결한 운송인에게 물품을 인도하는 시점이 된다.

앞의 FCA 조건은 매수인이 물품을 실어가기 위해 매수인 자신이 운송계약을 체결하고 운송비를 지급하는 것이지만 CPT 조건은 반대로 매도인이 물품을 목적지까지 실어주고 운송비를 지급하는 조건이다. 매도인이 지급한 운송비는 물품의 가격에 포함되어 있다.

④ 운송비 · 보험료 지불 인도조건(Carriage and Insurance Paid To; CIP)

운송비 · 보험료 지불 인도조건(CIP)은 매도인이 계약물품에 대한 수출통관을 필하고 목적지까지 보험계약을 체결한 후 이를 자신과 운송계약을 체결한 운송인에게 인도하는 조건이다.

따라서 이 조건에서 매도인은 자신의 위험과 비용으로 수출에 필요한 모든 통관절차를 이행해야 한다. 그리고 목적지까지 운송계약과 보험계약을 체결하여 운송비 및 보험료를 지불하고 계약물품을 운송인에게 인도해야 한다.

이 조건은 앞의 운송비 지불 인도조건(CPT)과 동일한데 단지 매도인이 목적지까지 적합한 보험계약을 체결하고 보험료를 지불해야 한다.

⑤ 터미널 인도조건(Delivered At Terminal; DAT)

터미널 인도조건은 매도인이 계약에서 합의된 지정 목적항, 혹은 지정 목적지의 터미널에서 운송수단으로부터 물품을 하역하여 수입통관을 필하지 않고 이를 매수인의 임의처분상태로 인도하는 조건을 말한다. 이 조건에서 의미하는 터미널은 덮개의 유무를 불문하며, 부두, 창고, 컨테이너 야드(container yard), 도로 · 철도 또는 항공화물 터미널을 포함한다.

이 조건의 경우 매매당사자간의 비용 및 위험부담의 분기점은 지정 터미널이 된다. 따라서 이 조건을 사용할 경우 터미널 혹은 터미널 내에서의 특정 지점을 명확히 해 두어야 한다. 만약 특정 터미널이 합의되지 않았거나 관습에 의해 결정되고 있지 않은 경우, 매도인은 합의된 목적 항구 또는 목적지에서 자기의 목적에 가장 적합한 터미널을 선택할 수 있다.

⑥ 목적지 인도조건(Delivered At Place; DAP)

지정목적지 인도조건(DAP)도 Incoterms 2010에 처음 소개된 것으로 이 조건에서 매도인은 지정 목적지에서 수입통관을 필하지 않은 계약물품을 도착된 운송수단으로부터 하역되지 않은 상태로 매수인의 임의처분상태로 인도해야 한다.

이 조건을 사용할 경우 DAP 뒤에 지정 목적지를 표시한다.

이 조건에서 매도인은 자기의 비용으로 지정목적지 또는 경우에 따라 지정 목적지의 합의된 지점까지 물품을 운송하기 위한 운송계약을 체결하여야 하고, 지정지까지 물품을 운송하는데 따른 모든 위험을 부담한다.

만약 특정 지점이 합의되지 않았거나 관습에 의해 결정되고 있지 않은 경우, 매도인은 지정 목적지에서 자기의 목적에 가장 적합한 지점을 선택할 수 있다. 그리고 매도인은 지정 목적지에 도착한 운송수단으로부터 물품을 하역해줄 의무는 없다.

⑦ 관세지급인도조건(Delivered Duty Paid; DDP)

관세지급 인도조건은 매도인이 계약물품을 매수인이 지정한 수입국의 장소까지 운송하여 인도하는 매도인의 의무가 가장 많은 조건이다.

따라서 매도인은 자신의 위험과 비용으로 첫째, 수출국에서 수출통관을 필하고 둘째, 수입항까지의 운송계약과 보험계약을 체결하고 셋째, 수입국에서 수입허가를 취득하고, 관세 · 조세 등을 지급하여 수입통관을 필한 후 마지막으로 수입국의 지정 목적지까지 계약물품을 운송하고, 물품의 인수에 필요한 관례적인 운송서류를 매수인에게 인도해야 한다.

(2) 해상 혹은 내수로 운송에서만 사용가능한 조건

현행 Incoterms의 11가지 조건 중에서 FAS, FOB, CFR 및 CIF 4가지는 해상운송 혹은 내수로 운송에서만 사용가능한 조건이다. 이들 조건은 전통적으로 국제무역에서 많이 사용되어 왔던 조건인데 최근 운송방식이 여러 운송수단을 동시에 활용하는 방식으로 바뀜에 따라 Incoterms 2010에서는 후순위에 규정되어 있다.

① 선측인도조건(Free Alongside Ship; FAS)

선측인도조건은 매도인이 선적항의 부두에서 또는 부선으로 본선의 선측에 계약물품을 인도함으로써 자신의 인도의무가 완료되는 조건이다. 이 조건에서 매매당사자간의 비용부담과 책임의 분기점은 선적항의 선측이 된다. 이 지점 이후에 발생하는 물품의 멸실 또는 손상에 따른 모든 비용과 위험은 매수인이 부담해야 한다.

② 본선인도조건(Free on Board; FOB)

무역거래에서 많이 이용되고 있는 FOB 조건은 계약물품이 지정된 선적항에서 매수인이 지명 · 통보한 선박에 적재될 때 매도인의 인도의무가 완료되는 조건을 말한다. 따라서 매매당사자간의 비용부담 및 책임부담의 분기시점은 계약물품이 본선상에 적재되는 시점이 된다.

FOB 조건에서 매도인은 합의된 선적기간 내에 매수인이 지정한 운송선박에 계약물품을 선적하게 되면 자신의 책임이 끝나며, 선적 이후의 모든 책임과 비용은 매수인이 부담하게 된다. 이 조건에서 매수인은 계약물품을 수입지까지 운송할 선박과 운송계약을 체결하고 선명, 정박지, 선적기일 등을 매도인에게 충분히 통지해야 한다.

③ 운임포함 인도조건(Cost and Freight; CFR)

운임포함 인도조건은 매도인의 책임은 선적항의 본선에서 끝나도록 하고 대신 매도인이 목적지까지 해상운송계약을 체결하고 운임을 지불해야 하는 조건이다. 이 조건에서 매매당사자간의 책임한계점은 FOB조건과 마찬가지로 계약물품이 선적항의 본선에 적재되는 시점이다. 따라서 계약물품이 선적항의 본선에 적재되면 물품과 관련된 모든 책임은 매수인에게로 이전된다.

CFR조건에서 매도인은 지정된 도착항까지 계약물품의 운송에 적합한 선박과 통상적인 해상운송계약을 체결하고 운임을 지불해야 한다. 그리고 계약물품에 대한 수출통관을 필하여 본선에 인도하고 선박회사로부터 무사고운송서류를 교부받아 이를 매수인에게 전달해야 한다.

이 조건은 FOB조건에서 매수인이 부담했던 해상운송계약의 체결의무와 운임부담이 매도인에게로 이전된 조건이 된다. 따라서 매도인이 수출가격을 CFR조건으로 제시하려면 먼저 목적지까지의 해상운임을 계산해야만 한다.

④ 운임 및 보험료 포함인도(Cost, Insurance and Freight; CIF)

CIF 가격조건은 물품의 원가, 목적지까지의 보험료 및 운임의 세 가지 요소가 가격에 통합된 조건이다. 이 조건에서 매도인은 계약물품을 목적지까지 운송하는 해상운송계약과 항해 중의 위험에 대비한 해상보험계약을 체결하고 운임 및 보험료를 지급해야 한다. 그리고 매도인은 이러한 계약이 적합하게 체결되었음을 증명하는 운송서류를 매수인에게 제시해야 한다.

이 조건은 CFR 조건에 매도인이 해상보험계약을 체결해야 하는 의무가 추가된 것으로 볼 수 있다. 그러나 매도인의 책임은 FOB조건이나 CFR조건과 마찬가지로 계약물품이 선적항의 본선에 선적되는 시점이기 때문에 만약 운

송 도중 사고가 발생하더라도 이에 대한 책임은 매수인에게 있다.[5)]

주요용어

판매서 구매서 개별계약 포괄계약
표준품매매 평균중등품질 판매적격품질 과부족용인조건
Incoterms 작업장 인도조건 운송인 인도조건 운송비지불 인도조건
운송비 및 보험료 지불인도조건 터미널 인도조건 목적지 인도조건
관세지급 인도조건 선측인도조건 본선인도조건 운임포함 인도조건
운임 및 보험료 포함인도조건

읽을거리

매수인을 위한 해상보험계약

CIF조건에서는 매도인이 매수인을 위하여 해상보험계약을 체결하기 때문에 반드시 보험조건과 보험금액(insured amount)에 관한 명시적 규정이 필요하게 된다. 매도인은 보험료를 적게 부담하기 위해서 보험요율이 낮은 보험조건을 선호할 것이고, 반면 매수인은 광범위하게 보상을 받기 위해서 보험요율이 가장 높은 보험조건을 선호하게 된다. 이에 따라 Incoterms 2010에서는 최저의 보험조건(C조건)으로 계약을 체결하도록 규정하고 있다.

보험금액은 보험자의 최고보상금액인데, 이 금액을 기준으로 보험료가 산정된다. 양 당사자간의 분쟁을 막기 위하여 CIF금액의 110%로 규정하고 있ㅆ다. 여기서 10%는 희망이익(expected profit)을 의미한다. 즉, 상품이 운송도중 멸실되지 않고 무사히 목적지에 도착하게 되면 10% 정도의 이익이 생길 것이라고 희망한 것이다.

---

5) FOB 조건, CFR 조건 및 CIF 조건 세 가지는 우리나라에서 가장 많이 사용되는 가격조건들이다. 만약 동일한 물품을 FOB Pusan 1,000$으로 제시할 경우 이 가격을 CFR New York 가격으로 환산하면 부산에서 뉴욕까지 운임 200$를 추정 · 계산하여 CFR New York 1,200$가 된다. CFR 가격 조건에서 매도인이 목적지까지 운임을 지급하지만 이 운임은 상품의 가격에 포함되어 매수인으로부터 받게 된다. 그리고 CIF 가격으로 환산한다면 보험료가 50$로 추정하여 CFR New York 1,250$가 된다.
위의 예에서 동일한 물품을 수출업자는 외형적으로 가장 큰 금액인 CIF New York 1,250$으로 수출하면 좋겠지만 200$와 50$는 각각 선박회사와 보험회사에 지급해야 된다. 그리고 수입업자는 외형적으로 가장 금액이 낮은 FOB Pusan 1,000$ 조건으로 물품을 수입하면 유리할 것 같지만 이제 자신의 비용으로 해상운송계약과 해상보험계약을 체결하고 운임 및 보험료를 지급해야만 한다.

제 13 장

운송과 보험

제 1 절 국제운송

무역과 해운은 상호 필수불가분의 관계로 무역의 발달 없이 해운도 발달할 수 없고 해운의 발달 없이 무역의 발달을 기대할 수도 없다. 이와 같이 운송은 국제무역의 수행에 절대적으로 필요한 중추 기능이다. 오늘날 국제물동량의 대부분은 해상운송에 의해 운송되며, 유행성 제품이나 고가의 소량화물의 경우에는 항공기로 운송되고 있다. 그리고 1970년대부터 컨테이너를 이용한 복합운송이 발전됨에 따라 많은 물동량이 컨테이너에 적재되어 소위 문에서 문까지의 일괄운송이 실현되고 있다.

1. 해상운송

(1) 해상운송의 의의

일반적으로 해상운송은 선박을 운송수단으로 하여 타인의 화물이나 사람을 운송하고 그 대가로 운임을 받거나 또는 선박회사가 자기의 화물을 직접 운송하여 이익을 얻는 상업활동을 뜻한다. 그러나 무역에서 의미하는 해상운송은 주로 매매당사자간에 약정된 상품을 국가간에 운송하고 운임을 취득하는 전자의 경우를 말한다.

해상운송은 다른 운송에 비해 다음과 같은 특성을 지니고 있다.

첫째, 해상운송은 대량운송이 가능하다. 선박건조기술의 발달로 오늘날의 선박은 다른 운송수단에 비해 일시에 대량의 화물을 운송할 수 있다.

둘째, 해상운송은 경제성이 있다. 해상운송은 대량운송이 가능하기 때문에 단위당 운송비가 육상운송이나 항공운송에 비해 상당히 저렴하다.

셋째, 해상운송은 원거리의 국제운송에 적합하다. 육상운송은 특정 국가에 국한되지만, 해상운송은 공해상에서 국적에 관계없이 상업활동을 할 수 있기 때문에 원거리의 국제운송에 적합하다.

이러한 특성으로 인하여 해상운송은 국제무역의 운송수단으로서 중요한 위치를 차지하고 있다. 특히 우리나라의 경우는 육상운송에 의한 국제교역이 불가능하기 때문에 대부분의 수출입 물동량은 해상운송에 의존하고 있는 실정이다.

(2) 해상운송의 형태

해상운송은 선박의 운항형태에 따라서 정기선 운송과 부정기선 운송으로 구분되며 이들 운송에 투입된 선박을 각각 정기선 및 부정기선이라 한다.

① 정기선 운송

정기선(liner)은 소량의 화물을 불특정 다수의 화주로부터 위탁받아 운송업을 행하는 형태로 반드시 공시된 항로와 운항일자에 따라 규칙적으로 운항한다. 정기선의 특징을 설명하면 다음과 같다.

첫째, 정기선은 고정된 항로(정기선 항로)를 따라 적재량에 관계없이 공시된 운항일정표에 의해 규칙적이고 반복적으로 운항한다.

둘째, 정기선에서 취급하는 상품은 일반적인 포장화물이며 주로 완제품 내지 반제품인 2차 상품이다. 그리고 각 화주와 개별적으로 개품운송계약이 체결된다.

셋째, 정기선 운임은 고시된 운임표에 따라 결정된다.

정기선 항로는 전세계적으로 많이 개설되어 있으며, 대표적인 항로에는 북미와 유럽지역을 연결하는 북대서양 항로, 유럽과 아시아 및 오세아니아를 연결하는 수에즈운하 항로, 북미와 남미를 연결하는 남미 항로 그리고 태평양을 중심으로 하는 환태평양 항로 등이 있다.

② 부정기선 운송

부정기선(tramper)은 고정 항로, 운항 일정 등이 정해진 바 없이 주로 단일제품을 소수의 화주로부터 위탁받아 불규칙적으로 운항하는 형태이다. 부정기선이 취급하는 화물은 양곡, 원면, 원당 등 주로 1차 산품이기 때문에 이들이 수확되는 계절에 집중적으로 운항되는 경우가 많다. 또한 이러한 화물들은 일시에 대량으로 취급되므로 일정 기간 선박을 빌려 운송하는 용선계약에 의해 운송된다.

부정기선에는 일반 건화물을 취급하는 건화물 부정기선과 화물의 성질에 따라 특수한 시설을 갖춘 냉동선, 유조선, 곡물전용선, 목재전용선 등과 같은 특수전용선이 있다. 부정기선 운임은 당시의 수요와 공급에 따라 선주와 화주간의 협상에 의해 결정된다. 정기선 운임은 일정기간 고정되어 있지만 부정기선 운임은 계절적인 물동량의 상황, 경기변동, 국제정세 등에 따라서 수시로 변동한다.

(3) 해상운송계약의 종류

해상운송계약은 화주와 선주간에 체결되는 계약으로서 운송화물의 성질, 수량 등에 따라 개품운송계약과 용선계약으로 구분된다.

① 개품운송계약

개품운송계약은 개개의 물품을 대상으로 선박회사가 화주와 개별적으로 운송계약을 체결하는 것을 말한다. 이 경우 선박회사는 여러 종류의 화물을 다수의 화주로부터 인수하여 적재하고 주로 정기선이 이용된다. 개품운송계약에서 화주는 가격조건에 따라서 수출업자 또는 수입업자로 결정된다. FOB 조건에서는 수입업자가 운송계약을 체결해야 하고 CFR 조건 및 CIF 조건에서는 수출업자가 화주의 입장에 서서 운송계약을 체결한다.

② 용선계약

용선(charter)계약은 화물을 운송하기 위하여 화주가 선박회사로부터 선복[1]의 일부 또는 전부를 빌리는 운송계약을 말한다. 용선계약에 의해서 운송되

---

1) 선복(船腹)은 선박 내에서 화물을 적재할 수 있는 공간을 의미한다.

는 화물은 석탄, 원면, 양곡, 광석 등과 같이 일시에 대량 운송이 필요한 화물이며 주로 부정기선이 이용된다. 해상운송에서 자기 화물을 운송하기 위하여 용선하는 경우도 있지만 선박회사들이 타인의 화물을 운송하기 위하여 선박 소유주로부터 선박을 용선하는 경우가 많다.

2. 선하증권(Bill of Lading)

(1) 선하증권의 기능

해상운송에서 의미하는 선하증권은 선주와 화주간의 운송계약에 의해 선주가 발행하는 일종의 유가증권을 말한다. 즉, 선하증권은 선주가 화주로부터 화물운송을 위탁받은 사실과 화물을 목적지까지 운송하여 이를 선하증권의 소지자에게 인도할 것을 약속하는 증권이다.[2]

선하증권은 무역거래에서 반드시 요구되는 운송서류로서 다음과 같은 기능을 수행한다.

첫째, 선하증권은 선주와 화주간에 운송계약이 체결되었다는 사실을 증명하는 증거서류이다. 선주가 선하증권을 발행하면 선주와 화주간에 운송계약이 존재하는 것으로 간주된다.

둘째, 선하증권은 선적된 화물의 수취증이면서, 선적화물의 수량과 상태에 관한 명세서의 역할을 한다. 선하증권은 선주가 화주로부터 운송을 위탁받은 화물을 수취하거나, 또는 본선상에 선적하게 되면 발급된다. 따라서 선하증권은 선주가 선하증권상에 표기된 화물을 영수하였다고 인정하는 서류의 역할을 수행한다. 또한 선하증권에는 운송화물의 수량, 중량, 상태 등이 기재되기 때문에 선하증권은 곧 화물에 대한 명세서이기도 하다. 선주는 선하증권상에 기재된 명세의 내용 그대로 화물을 선하증권의 소지인에게 인도할 의무가 있다.

마지막으로, 선하증권은 화물에 대한 권리를 주장할 수 있는 권리증권이다. 선하증권의 소지인은 곧 화물을 소유할 수 있는 법적 권리를 갖게 되며, 선주도 반드시 선하증권과 상환하여 화물을 인도하게 된다.

2) 선하증권에 대한 표기를 선화증권(船貨證券)으로 해도 무방하다.

(2) 선하증권에 관한 국제규칙

해상운송의 국제성으로 인하여 선하증권에는 반드시 해상사고를 해결할 수 있는 준거법이 필요하게 된다. 해상운송의 준거법으로는 헤이그 규칙(Hague Rules)[3]이 1924년부터 사용되었다. 이 규칙은 1968년 비스비(Visby)에서 개정되었으며 주로 선주와 화주간의 권리와 의무 그리고 선주의 면책사항을 규정하고 있다. 그 후 1978년 유엔에서 해상화물운송조약을 채택했지만 주요 선진국가들로부터 비준을 얻지 못하여 아직까지 헤이그-비스비 규칙(Hague-Visby Rules)이 그대로 사용되고 있다.

이에 따라 선하증권은 헤이그-비스비 규칙의 내용을 골자로 하는 선적지의 해상법 및 규칙에 의해 유권 해석되고 있다. 세계 주요 국가의 해상운송법은 자국의 특수한 상황을 고려하여 제정되었지만 그 기본정신은 헤이그-비스비 규칙에 입각하고 있어 사실상 선하증권은 헤이그-비스비 규칙에 따르고 있다.

(3) 선하증권의 종류

① 선적선하증권 · 수취선하증권

선적선하증권(shipped B/L)은 운송물품이 본선에 적재된 후 발급되는 선하증권이다. 따라서 증권상에 선적이 완료되었음을 나타내는 'shipped' 또는 'laden on board' 등과 같은 표현이 있다. 선적선하증권의 발행일자는 곧 화물이 본선에 적재된 일자로 간주된다.

그리고 운송선박이 아직 부두에 정박하지 않았거나 입항조차 하지 않았을 경우 화물은 일단 선박회사의 부두 창고에 입고되어 선적순서를 기다리게 되는데 이 때 선박회사는 화물을 수취하였음을 나타내는 수취선하증권(received B/L)을 발급한다.

② 무사고 선하증권 · 사고부 선하증권

화물을 본선상에 선적할 때 화물의 상태가 외관상 양호하고 수량이 맞아 선하증권상에 아무런 표시가 없는 선하증권을 무사고 또는 무고장 선하증권

3) 이의 정식 명칭은 선하증권에 관한 통일조약(International Convention for the Unification of Certain Rules of Law relating to Bill of Lading)이다.

(clean B/L)이라 한다. 선하증권은 외관상 아무런 하자사항이 없는 양호한 화물이 본선상에 선적되었음을 나타내는 "shipped on board in apparent good order and condition"라는 표현이 있어야만 완전한 선하증권이 된다.

만약 포장상태가 불완전하거나 수량이 부족할 경우에는 선하증권상에 단서조항이 기재되는데 이런 선하증권을 사고부 선하증권(dirty B/L)이라 한다. 사고부 선하증권은 유통도 되지 못할 뿐더러 은행에서도 별다른 지시사항이 없는 한 수리를 거절한다. 따라서 수출업자는 반드시 무사고 선하증권을 발급받도록 노력해야 한다.

③ 해양선하증권 · 내국선하증권

국제해상운송인 경우에는 해양선하증권(ocean B/L)이 발행되고, 국내의 해상운송인 경우는 내국선하증권(local B/L)이 발행된다. 무역거래에서는 해양선하증권이 이용된다.

④ 기명식 선하증권 · 지시식 선하증권

기명식 선하증권(straight B/L)은 화물을 받아 보는 수화인의 이름이 선하증권상에 구체적으로 표시된 선하증권을 말하는데 통상 수입업자의 이름이 기재된다. 기명식 선하증권은 기명된 수화인이 배서를 해야만 유통될 수 있다. 기명식 선하증권은 널리 이용되지는 않지만 유럽 국가들 간의 무역거래 또는 수입국에 수출업자의 대리인이 있을 경우에 국한하여 사용된다.

유럽 인접국가들 간의 거래에서는 수출업자가 굳이 은행을 통하지 않고 수입업자에게 직접 기명식 선하증권을 제시하고 수출대금을 받을 수 있다. 또 수입지에 수출업자의 대리인이 있으면 수출업자는 선하증권을 대리인에게 보내어 그로 하여금 수입업자에게 제시하여 배서를 받도록 한다.

지시식 선하증권(order B/L)은 수화인에 대한 표시가 'Order', 'Order of ABC Bank' 등과 같이 표시되어 있는 선하증권을 말하는데 수출업자는 선하증권의 뒷면에 백지 배서(blank endorsement)만 하면 이 선하증권은 자유롭게 유통된다. 오늘날의 무역거래에서는 대부분 지시식 선하증권이 사용되고 있다.

⑤ Stale B/L

선하증권이 발급되면 수출업자는 관련 은행에 가서 운송서류를 제시하고 수출대금을 찾는데 만약 선하증권이 발행되고 21일이 지난 뒤 관련 은행에 제시하게 되면 별다른 지시사항이 없는 한 은행은 지체된 운송서류를 수리하지 않는다. 이와 같이 선하증권이 발행된 후 21일이 지난 뒤 은행에 제시되는 선하증권을 Stale B/L이라 하고, 특별히 'Stale B/L acceptable' 이라는 조항이 없는 한 은행에서 수리하지 않는다.

3. 항공운송

(1) 항공운송의 발전

항공운송은 육상운송이나 해상운송에 비해 신속하다는 장점을 지니고 있다. 그러나 운임이 상대적으로 비싸고 일시에 대량의 화물을 운송할 수 없으며 또한 국제공항이 있는 지역간의 운송에만 국한된다. 이에 따라 그 동안 무역거래에서는 주로 부피가 적고 신속한 운송을 요하는 고가제품만이 항공운송을 이용해 왔다.

그러나 경제발전에 따라 비싼 운임을 지급하여도 충분히 채산이 맞는 부가가치가 높은 반도체, 정밀기기, 통신기기, 광학기기 등의 제품이 많이 개발되어 항공운송에 대한 의존도가 점차 높아지기 시작하였다. 또한 항공운송체제가 확립됨에 따라 세계 주요 도시의 공항이 정비되어 내륙지역까지 항공운송으로 직접 운송할 수 있는 범위가 확대되었다.

이와 때를 같이 해서 1970년대부터 대형 화물전용기가 국제선에 취항하여 항공운송에서도 어느 정도 대량운송이 가능하게 됨에 따라 무역거래에서 항공운송이 차지하는 비중이 급속히 증가하게 되었다. 특히 컨테이너 운송이 발전됨에 따라 1980년대부터는 단순한 항공운송으로서가 아니라 육상운송 및 해상운송과 연계한 해상/항공/육상 또는 항공/육상 등의 복합운송까지도 가능하게 되었다.

(2) 항공운송의 장점

항공운송의 최대의 장점은 신속성이다. 이러한 신속성으로 인해 항공운송은 수송기간을 단축시키고 재고비용을 절감하며 또한 양호한 수송조건을 제공할 수 있는데 이를 구체적으로 살펴보면 다음과 같다.

첫째, 항공운송은 신속성으로 인해 수송기간이 상당히 단축된다. 따라서 예기치 못한 수요의 급격한 증가에도 즉각 대처할 수 있으며, 또한 납기가 늦어짐으로써 발생할 수 있는 위약금이나 계약 해제에 따른 손해도 막을 수 있다. 그리고 수송기간이 짧게 되면 변질되기 쉬운 상품이나 판매수명이 짧은 상품도 원거리 시장에서까지 경쟁력을 유지할 수 있게 된다.

둘째, 신속한 운송은 재고비용을 절감시킨다. 즉 제품이 신속하게 운송되면 각 지역에 다량의 재고품을 묶어 둘 필요가 없기 때문에 재고비용이나 보관비용을 절감할 수 있다.

셋째, 항공운송은 수송조건이 양호하다. 수송기간이 짧기 때문에 위험에 노출되는 시간도 짧아 도난, 분실 등의 위험이 적다. 또한 항공기는 선박과는 달리 요동이 별로 없기 때문에 화물이 파손될 위험도 적다.

(3) 항공화물운송장(Air Waybill)

① 항공화물운송장의 기능

송화인과 운송인간에 항공운송계약이 체결되면 항공화물운송장이 발급되는데 이 운송장은 항공운송에서 화물의 유통을 보장하는 유일한 운송서류로서 해상운송에 있어서 선하증권과 비교될 수 있다. 항공화물운송장이 갖는 기능을 살펴보면 다음과 같다.

첫째, 항공화물운송장은 송화인과 운송인 간에 운송계약이 체결되었다는 사실을 나타내는 증거서류이다.

둘째, 항공화물운송장은 운송인이 화물을 운송하기 위해 이를 수령했다는 증거서류이다.

셋째, 항공화물운송장은 운임청구서의 기능을 수행한다. 항공사가 운송장을 발급하면 송화인은 운송장에 기재된 운임 및 기타 수수료를 지불해야 한다.

마지막으로 항공화물운송장은 보험증명서가 되기도 한다. 항공보험은 보험기간이 3~4일 정도에 불과하기 때문에 항공화물은 항공사에서 제공하는 화주보험에 가입되는 경우가 많다. 만약 이런 사실이 운송장에 기재되면 이 운송장은 화물이 보험에 가입하였다는 사실을 증명하는 보험증명서가 될 수 있다.

② 항공화물운송장과 선하증권의 비교

선하증권은 유통 · 유가증권이지만 항공화물운송장은 양도성이 없는 비유가증권이다. 만약 항공화물운송장에도 선하증권과 마찬가지로 유통 · 유가증권의 성질을 띠도록 한다면 화물은 이미 목적지에 도착했는데 운송장이 아직 도착하지 않아서 화물을 찾지 못하는 경우가 항상 발생한다. 왜냐하면 화물은 항공기로 직송되지만 운송장은 수출지의 관계 은행을 거쳐 수입지의 관계 은행을 통해서 수화인에게 전달되므로 화물보다 늦게 도착한다. 이렇게 되면 신속하게 운송하기 위해서 항공운송을 이용한 것이 아무런 의미가 없게 된다.

4. 복합운송

(1) 컨테이너(Container)

① 컨테이너의 개념

최근 수출입화물의 대부분은 컨테이너로 운송되고 있는데 이 컨테이너는 일정 화물을 안전하게 보관하여 운송할 수 있는 규격화된 운송용기를 말한다. 모든 컨테이너는 동일한 규격으로 설계되어 있기 때문에 대량 화물을 일시에 적재하거나 하역할 수 있어 운송기간이 단축될 뿐만 아니라 운송수단간의 접속 및 환적이 매우 용이하다. 이에 따라 컨테이너를 이용하게 되면 최종 목적지까지 운송을 완결시킬 수 있는 소위 "문에서 문까지(door to door)"의 운송을 실현할 수 있다.

컨테이너를 이용한 운송은 원래 컨테이너를 철도 화차에 적재하여 일정 역에서 특정 역까지 운송하고는 역에서 그대로 트레일러를 이용하여 최종 목적지까지 운송하는 방법으로 시작되었다. 그러나 오늘날에는 육상운송에만 국한되지 않고 육상, 해상, 항공운송을 동시에 이용하여 화물운송에 있어서의 3대 원칙인 경제성, 신속성, 안전성을 최대한 충족시키면서 목적지까지 일괄수송(through transport)하는 컨테이너 복합운송으로까지 발전하게 되었다.

② 컨테이너의 장점

화물을 컨테이너에 적재해서 운송할 경우에는 다음과 같은 장점이 있다.

첫째, 정박기간이 단축된다. 컨테이너는 동일하게 규격화되어 있어 하역작업 시간이 단축되며 또한 컨테이너는 밀폐된 운송용기이기 때문에 악천후에도 작업이 가능하다.

둘째, 운송수단간의 환적이 용이하다. 컨테이너는 모든 운송수단에 적재될 수 있도록 설계되어 있어 운송수단간의 환적이 쉽다. 따라서 수화인이 지정하는 최종목적지까지 운송을 완결시킬 수 있다.

셋째, 창고료가 절감된다. 컨테이너는 하나 하나가 별개의 독립된 창고 역할을 하므로 부두의 유료 창고에 보관할 필요가 없다.

마지막으로 화물이 안전하다. 모든 화물이 견고하고 밀폐된 기구에 의해 운반되므로 파손이나 도난의 위험이 적다.

(2) 복합운송

① 복합운송의 의의

모든 운송에서 컨테이너화가 진전됨에 따라 여러 운송수단을 유기적으로 결합한 운송시스템이 급속히 발전했는데 이를 복합운송(multimodal transport)이라 한다. 복합운송은 출발지에서 최종 목적지까지 복합운송인이 전체 운송구간에 대해서 책임을 지고 육상, 해상, 항공 중 적어도 두 가지 이상의 운송형태를 결합하여 운송하는 방식을 말한다.

이러한 복합운송은 오늘날 해상과 육상을 연결하는 형태와 해상과 항공을 연결하는 형태로 이용되고 있다. 해륙복합운송은 대륙을 횡단하는 육상운송을 통해 해상과 육상을 연결하는 운송형태인데 대륙을 교량으로 이용한다고 하여 이를 랜드 브리지 서비스(land bridge service)라고 한다. 그리고 해공복합운송은 해상운송이 가지는 저운임과 항공운송이 갖는 신속성을 효과적으로 결합하기 위해서 해상과 대륙을 선박과 항공기로 연결하는 형태이다.

② 복합운송인(운송주선업자)

복합운송에서는 주로 운송주선업자(freight forwarder)들이 전 운송구간에 걸쳐 효율적인 운송수단을 선정하고 운송책임을 부담하고 있다.

운송주선업자는 일반적으로 운송수단을 소유하지 않은 채 화주들을 위하여 운송을 주선하는 계약운송인을 말하는데 이에는 해상운송주선업자, 항공운송주선업자, 통관업자 등이 있다.

운송주선업자의 주요 기능은 화주의 대리인으로서 적절한 운송수단을 선택하여 이들을 유기적으로 결합해 주는 것이다. 이 외에도 운송주선업자들은 운송관련 서류의 작성, 통관, 포장 등 운송에 관한 총괄적인 업무를 수행하고 있다.

③ 복합운송의 경로

현재 복합운송이 진행되고 있는 주요 경로는 시베리아 대륙을 교량으로 이용하여 극동과 유럽이나 중동지역을 연결하는 시베리아 랜드 브리지(Siberian Land Bridge: SLB) 경로이다. [그림 13-1]에서처럼 극동지역으로부터 대륙 운송의 접점인 러시아의 나흐드카(Nakhodka)나 보스토치니(Vostochny)까지 컨테이너선으로 해상운송하고 그 곳에서 시베리아 횡단철도에 의해 육상 운송한 후 유럽 또는 중동의 운송기관과 연결하여 목적지까지 운송한다.

④ 복합운송증권

복합운송증권(multimodal transport document: MTD)은 육상, 해상, 항공 중 두 가지 이상의 운송수단을 이용한 컨테이너 복합운송에서 운송계약을 증명하기 위해 복합운송인이 발행하는 증권을 말한다.

현재 사용되고 있는 복합운송증권의 형태는 선하증권을 복합운송에 알맞도록 조금 변경한 것으로 선하증권에 복합운송을 의미하는 명칭을 붙여서 사용한다. 예를 들어 'Multimodal Transport B/L' 등이 복합운송증권으로 사용되고 있다.

그림 13-1 시베리아 랜드 브리지 서비스

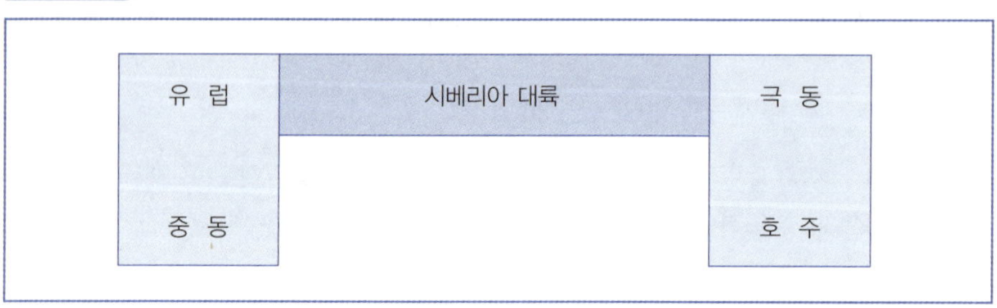

제 2 절 해상보험

해운과 더불어 발전해 온 해상보험은 운송과정에서 발생하는 여러 가지 위험을 제거해 줌으로써 원활한 무역거래를 도와주고 있다. 오늘날과 같이 수많은 국제물동량이 선박, 항공기, 트럭 등에 의해 운송될 수 있는 것도 해상보험이 이를 뒷받침해 주기 때문이다.

1. 해상보험의 정의와 당사자

(1) 해상보험의 정의

해상보험은 해상사업과 관련하여 발생하는 손해를 보상하는 경제적 제도이다. [그림 13-2]는 해상보험의 내용을 간결하게 설명하고 있는데, 이 그림에서 보험자는 피보험자에게 장차 손해가 발생할 경우 이를 보상해 줄 것을 약속한다. 그리고 피보험자는 이러한 손해보상의 약속을 받는 대가로 소위 보험료를 지불하게 된다. 이와 같이 두 당사자간에 체결되는 일종의 손해보상계약(contract of indemnity)이 해상보험이다.

해상보험은 해상에서 우연히 발생하는 사고를 대상으로 하지만 특약 또는 상관습에 의해 해상항해에 수반되는 내수로(inland waters) 또는 육상위험으로 인한 손해에 대해서도 보상이 가능하다. 따라서 해상운송과 연계하여 육상운송을 하더라도 별도로 육상운송 보험계약을 체결할 필요 없이 해상보험계약만으로도 전운송구간에 대한 보험계약의 체결이 가능하다.

그림 13-2 해상보험의 개요

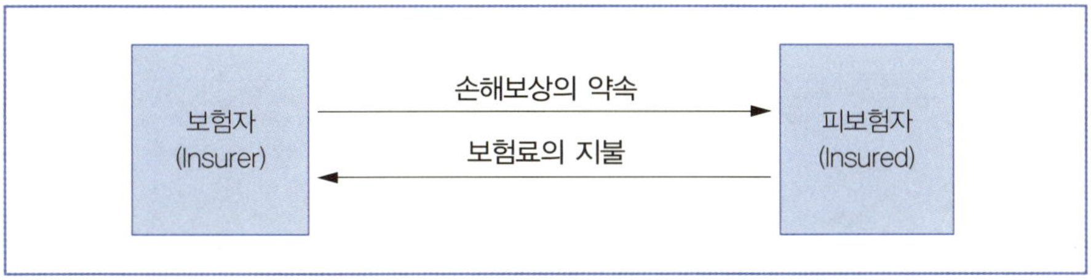

(2) 해상보험계약의 주요 당사자

① 보험자

보험자(insurer; assurer)는 보험계약을 인수하고 이에 따라 보험계약자에게 손실보상을 약속하는 당사자이다. 보험자는 일반적으로 회사형태를 갖추지만 영국의 로이즈(Lloyd's)와 같이 보험자가 개인인 경우도 있다.[4] 우리나라를 비롯한 대부분의 국가에서는 보험자가 주식회사의 형태를 띠고 있으며, 또한 보험사업은 공공의 이익과 아주 밀접한 관계에 있기 때문에 보험자의 자격에 대해서는 일정한 제한을 두고 있다.

② 보험계약자 · 피보험자

보험계약자(policy holder)는 자기 명의로 보험자와 보험계약을 체결하고 보험료를 지불할 의무가 있는 당사자를 말한다. 보험계약자는 보험계약의 체결에 직접적으로 관여하는 당사자이기 때문에 계약상의 모든 의무를 부담해야 한다. 피보험자(insured; assured)는 손실이 발생할 경우 보험계약에 의해 보상을 받을 수 있는 당사자이다.

보험계약자와 피보험자는 동일인이 될 수도 있고 서로 다른 사람이 될 수도 있다. 자신을 위하여 보험계약을 체결하게 되면 보험계약자와 피보험자는 동일인이 되지만 타인을 위하여 보험계약을 체결하게 되면 보험계약자와 피보험자는 다른 사람이 된다.

CIF 계약에서는 수출업자가 수입업자를 위하여 적하보험계약을 체결해야 한다. 수출업자는 보험계약을 체결하고 보험료를 지불하는 보험계약자가 되고, 사고가 발생할 경우 이에 대한 보상청구는 수입업자가 하기 때문에 피보험자는 수입업자가 된다.

③ 보험중개사

보험중개사(insurance broker)는 독립적으로 보험계약의 체결을 중개하는 것을 영업으로 하는 자이다. 보험중개사는 보험가입을 원하는 사람을 위해

---

4) 보험계약을 인수하는 개인보험업자를 'Underwriter'이라 하는데 이는 원래 상업협정서의 하단에 기명 · 날인하고 그 내용에 따를 것을 약정하는 사람을 의미했었다. 해상보험에서는 17세기 경부터 보험증권을 발행하는 보험자가 보험증권의 내용에 대하여 책임을 진다는 의미에서 보험증권의 하단에 직접 서명을 했는데, 그 후 개인보험업자를 지칭하는 표현으로 사용되어 오고 있다.

보험자와 접촉해서 자신의 고객인 보험가입 희망자에게 필요한 보험을 알선한다. 보험중개사는 법적으로 피보험자를 대리하고 대표하기 때문에 피보험자로부터 위촉받은 권한을 대행할 수 있다.

2. 해상보험계약의 주요 원리

(1) 피보험이익

해상보험은 선박이나 화물 등과 같은 보험목적물을 보호하는 것이 아니라 이러한 보험목적물과 이해관계가 있는 특정의 경제주체를 보호하기 위한 것이다. 선박과 화물은 보험계약의 대상물에 불과하고, 보험계약이 존재하는 목적은 이러한 보험목적물에 대하여 특정인이 갖고 있는 이해관계를 보호하는 것이다.

보험목적물과 이해관계가 있는 자는 보험목적물이 위험에 노출될 경우 손해를 입을 수 있기 때문에 이에 대비하여 보험계약을 체결한다. 보험목적물과 이해관계가 있으므로 보험계약을 체결할 수 있고, 이 계약에 의해서 불확실한 미래의 사고로부터 재산상의 손해를 보상받을 수 있는 이익을 피보험이익(insurable interest)이라 한다. 여기서 언급되는 이해관계는 반드시 재산상의 이해관계를 의미하며 결코 정신적인 이해관계를 의미하는 것은 아니다.

보험의 목적은 특정의 경제주체가 보험목적물에 대하여 갖고 있는 경제적 이해관계, 즉 피보험이익을 보호하기 위해서이다. 피보험이익의 존재를 부정하는 것은 곧 보험의 목적을 부정하는 것이므로 보험계약이 체결되기 위해서는 피보험자는 반드시 피보험이익을 가져야 한다. 만약 피보험자가 피보험이익을 갖고 있지 않거나 또는 이를 취득할 전망이 없는데도 불구하고 보험계약을 체결한다면 그러한 계약은 무효로 간주된다.

(2) 피보험자의 고지의무

보험자가 보험계약의 체결여부를 결정하고 합리적인 보험료를 선정하기 위해서는 피보험자가 보험목적물에 대한 중요한 사항(material circumstances)을 사실 그대로 보험자에게 알려 주어야 하는데 이를 피보험자의 고지의무라 한다.

중요한 사항은 보험자가 보험계약을 체결할 당시에 보험료를 확정하거나 보험계약의 인수여부를 결정하는 데 영향을 미칠 수 있는 사항을 의미한다. 적하보험에서는 운송 선박명, 화물의 종류, 포장상태, 적재방법, 항로, 환적 여부 등이 중요한 사항에 속한다.

그리고 고지는 최대선의의 원칙에 따라 진실되게 표시되어야 한다. 만약 중요한 사항을 고지하지 않거나 허위로 표시하게 되면, 피보험자는 고지의무를 위반한 결과가 되어 보험자는 보험계약을 취소할 수 있다.

(3) 피보험자의 담보 준수의무

담보(warranty)는 보험계약을 체결할 때 피보험자가 보험자에게 행하는 약속을 말한다. 담보는 보험계약과 관련된 약속이기 때문에 그 내용의 중요성을 떠나서 반드시 충족되어야 한다. 만약 피보험자가 담보를 위반하게 되면 그 시점부터 보험계약은 무효가 된다. 설령 담보를 위반한 사실과 손해와의 사이에 하등의 인과관계가 없다 하더라도 담보위반 이후에 발생하는 손해에 대해서 보험자는 면책이 된다.

3. 해상손해의 구분

해상손해는 크게 물적 손해와 비용 손해로 구분되는데 물적 손해는 보험목적물 자체의 손해를 말하는데 손해의 정도에 따라 전손과 분손으로 나누어진다. 비용손해는 보험사고로 인하여 비용이 발생한 경우를 뜻한다.

(1) 전 손

전손(total loss)은 담보위험으로 인하여 보험목적물이 전부 소멸되는 경우를 의미하는데 해상보험에서는 전손을 현실전손과 추정전손으로 구분한다.

① 현실전손

현실전손(actual total loss)은 보험목적물이 실질적으로 전손이 발생하여 원래의 상태로 복구할 가능성이 전혀 없는 경우를 말한다. 그러나 전손이라고 하여 반드시 보험목적물이 완전하게 소멸되는 것만을 뜻하지 않는다.

전멸에 가까운 경우라도 전손으로 인정되는 경우도 있다. 즉 다소의 잔존물이나 잔존 이익이 있더라도 그 손해의 정도를 보아 사실상 전멸에 가깝다고 판단되면 전손으로 간주한다.

② 추정전손

추정전손(constructive total loss)은 현실전손을 피할 수 없거나 보험목적물의 복구비용이 오히려 그 가액을 초과하여 그대로 현실전손을 처리하는 것이 경제적인 경우 피보험자가 적절한 위부(abandonment)를 통지하고 보험금 전액을 청구하는 손해이다. 따라서 추정전손은 형식적으로 위부를 수반하는 전손이다.

위부는 추정전손의 사유가 발생하여 피보험자가 보험목적물에 대한 일체의 권리를 보험자에게 이전하고 그 대신 전손에 해당하는 보험금을 청구하는 행위를 말한다. 피보험자의 이와 같은 의사표시를 보험자가 승낙하게 되면 추정전손이 성립되고 만약 이를 거절하게 되면 분손으로 처리된다.

(2) 분 손

담보위험으로 인하여 선박이나 화물 등이 그 일부분만 손해를 입는 경우를 분손이라고 한다. 분손(partial loss: average)은 전손의 상대적인 개념으로서 전손에 속하지 않는 모든 손해는 분손으로 취급된다.

해상보험에서 분손의 형태는 주로 선박의 파손, 화물의 일부 손실, 운임의 미취득부분 등으로 나타난다. 분손에 대한 사정은 고도의 지식을 요하기 때문에 주로 해손정산인들이 영국의 해손정산인협회에서 규정한 별도의 실무규칙에 따라서 손해를 사정하게 된다.

(3) 비용손해

① 손해방지비용

피보험자나 그의 대리인이 손해방지 및 경감의무를 수행하기 위해서 지출한 비용을 손해방지비용(sue and labour charge: S/L charge)이라 하며 이러한 비용은 보험자가 별도로 보상한다. 왜냐하면 피보험자의 손해방지의무는 자신을 위한 것이 아니라 궁극적으로 보험자를 위한 의무이기 때문이다.

피보험자가 의무를 수행하는 과정에서 발생하는 비용은 당연히 보험자가 보상해야 한다. 또한 손해방지비용을 보상해 줌으로써 피보험자들로 하여금 스스로 손해방지를 위해 노력하도록 유도할 수 있다.

손해방지비용은 보험목적물의 손해 이외에 추가로 보상된다. 따라서 정당한 손해방지행위가 시도되었는데도 불구하고 전손이 발생하게 되면 보험자는 보험목적물 자체의 손해액과 함께 피보험자나 그의 대리인이 지출한 손해방지비용까지 모두를 지급해야 한다.

② 구조비

구조는 위험에 직면한 선박이나 화물 등을 구출하는 행위를 말하는데 그 성격에 따라서 순수구조와 계약구조로 구분된다. 순수구조는 구조계약을 체결하지 않은 상태에서 구조자가 자발적으로 위험에 직면한 재산을 구조하는 행위이다. 반면 계약구조는 구조계약을 체결한 상태에서 행하는 구조활동이다.

해상보험에서 구조비가 성립되기 위한 구조행위는 순수구조이다. 구조자는 아무런 구조계약 없이 임의적으로 구조활동을 벌인 결과 구조물의 일부 또는 전부를 취득하게 되면 해상법에서 정한 구조비(salvage charge)를 구조물의 소유자에게 청구할 수 있다.

이와 같이 순수구조에 따른 구조비는 원래 구조된 재산의 소유자가 부담해야 하나 그 재산이 해상보험에 가입되어 있으면 보험자가 담보위험으로 인한 손해로 간주하고 대신 구조비를 구조자에게 지급한다.

4. 적하보험조건

적하보험에서 보험자의 보상 여부는 적하보험조건에 따라 달라지는데 여기에는 기본조건과 부가조건이 있다.[5)]

(1) 적하보험 기본조건

적하보험의 기본조건은 보험자의 담보범위에 따라 협회적하약관(ICC) A약관(A/R), B약관(W/A) 및 C약관(FPA) 세 가지가 있다.

---

5) 해상보험은 적하보험과 선박보험으로 크게 구분되지만 무역거래에서는 적하보험계약을 체결한다. 그리고 적하보험의 표기를 적화보험(積貨保險)으로 해도 무방하다.

담보범위는 A약관이 가장 넓고 그 다음 B약관, C약관의 순이며 이에 따라 A약관에 적용되는 보험요율이 제일 높다.[6]

① **협회적하약관** A (Institute Cargo Clauses A)

이 조건에서 보험자는 일반면책위험, 선박의 불내항 및 부적합위험, 전쟁위험 및 동맹파업위험을 제외한 모든 위험으로 인한 손해를 보상한다. 과거에는 이 조건을 전위험 담보(All Risks: A/R)조건이라 했는데, 실제로는 모든 위험을 담보하지 않았기 때문에 전위험 담보조건이라는 명칭은 보험조건으로서 걸맞지 않았다. 따라서 단순히 명칭만 보고 담보위험을 오해하는 경우도 생기고 보험자의 담보범위도 분명하지 않아 불합리한 명칭을 피하고 보험자가 보상해 주는 범위를 명확하게 명시하였다.

② **협회적하약관** B (Institute Cargo Clauses B)

이 조건에서는 보험자가 담보하는 위험이 열거되어 있다. A약관에는 보험자의 면책위험이 명시되어 있지만 B약관 및 C약관에는 보험자가 보상하는 담보위험이 열거되어 있다. B약관은 과거의 분손담보(With Average: W/A)약관을 정비한 것이다.

③ **협회적하약관** C (Institute Cargo Clauses C)

C약관은 B약관과 마찬가지로 열거책임주의 원칙이기 때문에 보험자의 담보위험이 열거되어 있는데, 그 수가 B약관보다 적다. 따라서 이 약관은 A약관 · B약관 및 C약관의 기본약관 중에서 보험자의 담보범위가 가장 좁다. C약관은 과거의 분손부담보(Free from Particular Average: FPA)약관을 정비한 것이다.

(2) 적하보험 부가조건

기본조건만으로 모든 손해를 보상받을 수 없기 때문에 여러 가지 부가조건이 활용되고 있다. 예를 들어 기본조건 중 담보범위가 가장 넓은 A약관에서도 전쟁위험 및 동맹파업위험은 면책위험이기 때문에 이러한 위험으로 인

---

6) 협회는 영국의 해상보험약관을 제정하는 단체를 말한다. 대부분의 국가에서는 협회에서 만든 약관을 사용하고 있다.

한 손해를 보상받으려면 전쟁위험과 동맹파업위험을 담보하는 부가조건을 별도로 이용해야 한다. 적하보험에서 많이 이용되는 부가조건은 다음과 같다.

① **협회전쟁약관**(Institute War Clauses)

전쟁위험을 담보하는 약관이다.

② **협회동맹파업약관**(Institute Strikes Clauses)

동맹파업, 폭동, 소요 등의 위험을 담보하는 약관이다.

③ **도난 · 발하 및 불착 담보약관**(Theft, Pilferage and Non-Delivery: TPND Clauses)

도난, 좀도둑 및 포장단위의 불착위험을 담보한다.

④ **투하 · 갑판유실 담보약관**(Jettison, Washing Over Board: JWOB Clauses)

화물을 바다에 버리거나 갑판에 적재된 화물이 파도에 씻겨 내려가는 위험을 담보하는 약관이다.

⑤ **빗물 및 담수위험 담보약관**(Rain and/or Fresh Water Damage: RFWD Clauses)

바닷물 이외의 물에 젖는 위험을 말하며 대개 비오는 날에 하역을 함으로써 발생하는 위험이다.

⑥ **기름위험 담보약관**(Contact with Oil and/or Other Cargo: COOC Clauses)

연료 기름이나 기계의 기름이 다른 화물에 묻게 되면 그 화물은 상품으로서의 가치를 상실할 수 있으므로 이러한 위험을 담보하는 약관이다.

⑦ **내륙운송연장담보약관**(Inland Transit Extension: ITE Clauses)

해상운송과 연계하여 육상운송을 할 경우 해상보험에 의한 담보구간을 내륙지점까지 확장하는 약관이다.

주요용어

정기선	부정기선	용선계약	선하증권
선적선하증권	수취선하증권	무사고 선하증권	사고부 선하증권
해양선하증권	내국선하증권	기명식 선하증권	지시식 선하증권
Stale B/L	항공화물운송장	시베리아 랜드 브리지 서비스	
복합운송증권	보험계약자	보험중개사	피보험이익
고지의무	담보	현실전손	추정전손
위부	분손	손해방지비용	구조비
협회적하약관 A	협회적하약관 B	협회적하약관 C	

읽을거리

허브(hub)항

과거의 해상운송은 출발항과 도착항까지만 운송하는 지역 간 운송 서비스이었지만 오늘날은 초대형 선박이 유럽지역과 극동지역을 시계추처럼 반복 운항하는 서비스이다. 예를 들어 유럽 지역으로 향하는 모든 화물은 대형 컨테이너선박에 의해 로테르담으로 운송되고 로테르담에서 최종 목적항구까지는 지선으로 운송된다. 마찬가지로 유럽 지역의 모든 화물은 일단 로테르담에 집결하여 대형 선박에 의해 극동지역이나 다른 지역의 주요 항구로 운송된다. 이와 같이 특정 지역에서 중추적 역할을 담당하는 항구를 허브항이라 하는데 경제적 부가효과가 매우 높아 각국마다 허브항을 육성하기 위해 부단한 노력을 하고 있다. 유럽 지역의 허브항은 로테르담이지만 극동 지역에서는 상하이항과 부산항이 치열한 경쟁을 하고 있다. 상하이항은 세계 1위의 화물처리능력을 가져 허브항으로서의 여건을 갖추었다고 볼 수 있지만 단지 지역적으로 남방에 처져 있다는 문제점을 가지고 있다. 반면 부산항은 규모면에서 세계 5위 정도에 머물고 있지만 동북아의 중심에 있고 북미 지역을 출항한 선박은 일본 홋카이도 해협을 지나 동해안을 거쳐 곧 부산항에 도착하기 때문에 동북아 허브항으로서 좋은 위치에 자리 잡고 있다. 만약 부산항이 허브항 역할을 하게 되면 북미 지역 등에서 아시아로 운송되는 모든 물동량은 초대형선박으로 부산항으로 운송되고 중국, 일본 등지로 가는 물동량은 부산항에서 환적되어 지선으로 운송된다. 북미 지역으로 향하는 중국, 일본 등의 화물도 일단 부산항으로 집결되어 세계 주요 허브항으로 운송된다.

제 14 장 무역대금결제

제 1 절 외국환과 환어음

1. 외 국 환

(1) 환거래의 개념

일반적인 상거래에서는 매도인과 매수인이 한 장소에서 만나 매도인은 물품을 인도하고 매수인은 대금을 지급한다. 그러나 매도인과 매수인이 멀리 떨어져 있는 경우에는 이러한 현금결제가 불가능하기 때문에 환을 이용해서 채권 · 채무관계를 해결한다. 환(exchange)은 채권과 채무를 현금의 이동 없이 결제하는 수표, 어음 등과 같은 수단을 말하는데 주로 은행의 중개에 의해서 환거래가 이루어진다.

환거래의 구체적 예를 살펴보면, [그림 14-1]에서처럼 서울의 채무자 A가 대전의 채권자 B에게 100만원을 지불해야 하고, 서울의 채권자 C가 대전의 채무자 D로부터 100만원의 돈을 받아야 한다고 하자. 이 경우 채무자 A가 채권자 B에게, 그리고 채무자 D가 채권자 C에게 각각 현금을 보내면 모든 채권 · 채무 관계는 해결된다. 그러나 현금을 보내게 되면 도중 분실, 도난 등의 위험이 따르고 시일도 많이 소요되기 때문에 [그림 14-2]와 같이 서울에 있는 채무자 A가 대전의 B에게 지급하는 대신 같은 지역에 있는 C에게 지급하고, 대전의 채무자 D는 서울의 채권자 C에게 지급하는 대신 같은 지역의 B

그림 14-1 채권 · 채무의 예 1

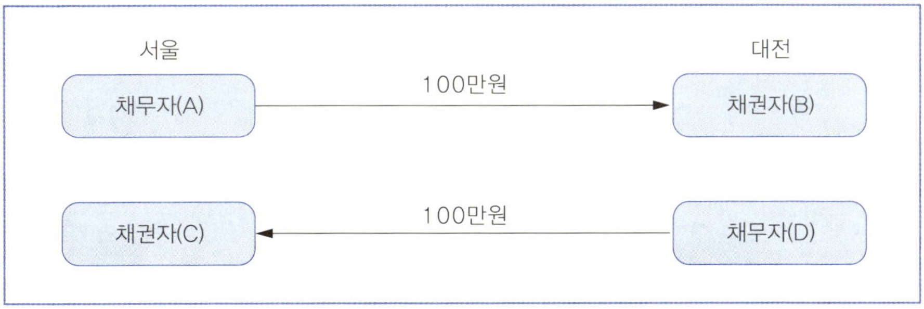

에게 지급하면 현금의 이동 없이 대차관계가 해결된다.

그런데 [그림 14-2]와 같은 거래가 가능하기 위해서는 서울의 채무자 A와 대전의 채권자 B, 그리고 서울의 채권자 C와 대전의 채무자 D의 채권·채무금액이 서로 동일하고 지급기일도 일치해야 하는데 현실적으로 이런 경우를 찾기가 어렵다. 뿐만 아니라 채무자 A와 D가 모두 신용이 높아야 하는데 어느 한 사람이라도 신용을 지키지 않고 지급을 이행하지 않으면 결제에 혼란이 생긴다. 설령 신용이 높은 채무자라 하더라도 이러한 대차관계를 가지고 있는 상대방을 찾는 것은 쉬운 일이 아니다.

이런 이유로 환거래에서는 은행의 중개로 수표, 어음 등과 같은 신용수단을 이용하여 결제를 하게 된다. 은행은 국내 각지에 지점을 운영하거나 혹은 다른 은행과의 거래관계를 가지고 있기 때문에 어느 지역과의 결제에도 응할 수가 있고, 자금이 풍부하기 때문에 고액의 결제도 가능하다. 그리고 은행은 신용이 높기 때문에 거래의 안전성을 보장할 수 있다.

그림 14-2 채권 · 채무의 예 2

그림 14-3 환거래의 예

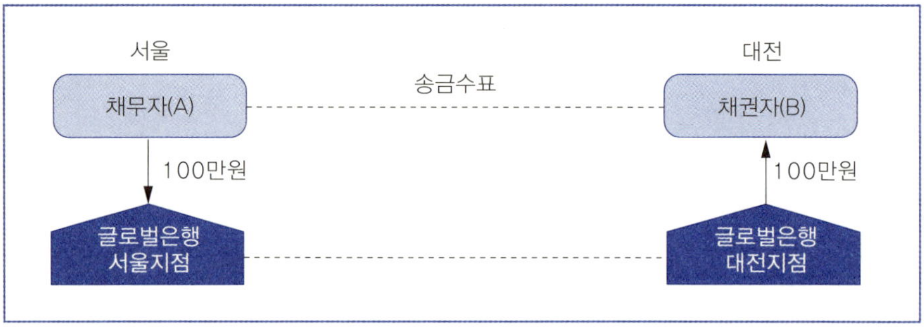

위의 예에서 은행이 중개하는 경우의 환거래를 살펴보면 [그림 14-3]과 같이 이루어진다. 서울의 채무자 A가 채무액 100만원을 글로벌은행 서울지점에 지급하고 대전의 채권자 B를 지급인으로 하는 송금수표를 받아서 이를 대전의 B에게 우송한다. 채권자 B는 이를 글로벌은행 대전지점에 제시하고 현금 100만원을 찾음으로써 서울·대전 간의 채권·채무관계가 해결된다.

마찬가지로 대전의 채무자 D는 채무를 갚기 위해 글로벌은행 대전지점에 현금 100만원을 지급하고 서울의 채권자 C를 지급인으로 하는 송금수표를 교부받아 이를 서울 채권자 C에게 우송한다. C는 이를 글로벌은행 서울지점에 제시하고 현금 100만원을 찾음으로써 서울 및 대전의 대차관계가 현금 이동 없이 해결된다.

이와 같이 오늘날의 상거래에서는 대부분 현금을 보내지 않고 은행 등 금융기관의 중개를 통해 채권 및 채무 관계를 해결하고 있다. 이런 환거래는 국내거래뿐만 아니라 국가 간의 거래에서도 가능하다.

(2) 내국환과 외국환

현금의 이동 없이 국내의 대차관계를 결제하는 데 이용되는 환을 내국환(domestic exchange)이라 하고 국가 간의 결제에 사용되는 환을 외국환(foreign exchange) 혹은 외환이라 한다. [그림 14-3]은 국내의 채권·채무를 해결하는 내국환의 예이다. 이 그림에서 대전 지역을 중국 북경으로 가정하게 되면 이때의 대차관계를 해결하는 환은 외국환에 해당된다.

예를 들어 매도인이 물품을 매수인에게 판매하고 매수인이 그 대금을 신용카드로 결제했을 경우에는 이 신용카드는 내국환에 해당된다. 그런데 우리나라의 수출업자가 물품을 중국에 수출하고 수입업자가 이 대금을 지급하기 위해 외화표시수표를 보내주면 그것은 외국환에 해당되는 것이다.

이와 같이 외국환은 서로 다른 나라에 있는 사람들 간의 경제적 거래에서 발생하는 대차관계를 현금의 이동 없이 결제해 주는 수단을 말한다. 따라서 무역거래에서는 수출업자(채권자)와 수입업자(채무자) 간에 항상 채권 · 채무 관계가 발생하므로 외국환거래가 따르게 된다.

외국환은 내국환에 비해 다음과 같은 특징을 지니고 있다.

첫째, 수출업자와 수입업자가 서로 다른 나라에 떨어져 있고 다른 화폐단위를 사용하기 때문에 이종통화간의 교환비율문제가 발생한다. 우리나라와 중국 간의 거래에서 결제통화는 대부분 미국 달러화이기 때문에 우리나라 수출업자나 중국의 수입업자는 무역거래를 할 때마다 결제통화를 원화나 중국 위안화로 교환해야 한다.

둘째, 환율변동에 따른 환위험이 발생할 수 있다. 우리나라의 수출업자가 5만 달러어치의 물품을 중국에 수출하고 5만 달러로 표시된 외화수표를 받을 경우 우리나라 수출업자는 이를 원화로 교환해야 하는데 교환시점에서의 환율에 따라 이익이 생길 수도 있고 손해를 볼 수도 있다.

셋째, 외국환거래에서는 이자 문제가 따르기도 한다. 중국의 수입업자가 5만 달러 표시의 외화수표를 북경은행으로부터 교부받아 이를 우리나라 수출업자에게 송부할 경우, 수출업자는 우송된 수표를 받아야 은행으로부터 수출대금을 찾을 수 있다. 따라서 수출업자와 수입업자 간의 대차결제가 우송기간만큼 차이가 나기 때문에 이에 대한 이자문제가 발생하게 된다. 이 우편일수 만큼의 이자는 큰 것은 아니지만 이를 누가 부담할 것인가는 사전에 약정해 둘 필요가 있다.

마지막으로 외국환거래에서는 외국환을 사고파는 중개 역할을 하는 외국환은행이 필요하게 된다. 외국환거래에서는 항상 이종통화 간의 교환, 환율의 변동에 따른 환위험, 우편일수의 이자 등 문제가 따르기 때문에 반드시 외국환은행의 중개가 필요하다. 이런 이유로 무역거래의 대금결제는 모두 외국환은행을 통하여 이루어지고 있다.

(3) 외국환의 종류

① 송금환과 추심환

외국환은 자금의 이동방향에 따라 송금환과 추심환으로 구분된다.

송금(remittance)은 채무자가 채권자에게 채무액을 지급하기 위해 외국환은행에 원화 또는 외화를 지급하고 이를 채권자에게 송금해 줄 것을 위탁하는 경우를 말하며, 이 때 사용되는 환을 송금환이라 한다. 송금환은 채무자가 채권자에게 채무액을 보낸다고 하여 순환이라고도 한다. 무역거래에서는 수입업자가 수입대금을 수출업자에게 외국환은행을 통해서 송금해 주는 경우이다.

추심(collection)은 채권자가 채무자 앞으로 채무의 변제를 요청하는 증서(환어음 등)를 발행하여 채권을 회수하는 경우를 말하며 이때 사용되는 환을 추심환이라 한다. 추심환은 송금환의 순환에 대비시켜 역환이라고도 한다. 무역거래에서 수출업자가 수출대금을 받기 위해 결제요청서를 보내는 경우이다.

② 매도환과 매입환

외국환은행이 고객에게 원화를 받고 외국환을 매각할 경우를 매도환(selling exchange)이라 하고 반면, 고객이 가지고 있는 외국환을 원화를 주고 매입할 경우를 매입환(buying exchange)이라 한다.

③ 보통환과 전신환

우편을 이용하여 외국환을 채권자에게 보낼 경우를 보통환이라 하고 전신수단을 이용할 경우를 전신환이라 한다. 전신환을 이용할 경우에는 채권 및 채무가 당일에 결제되므로 이자문제가 개입되지 않는다. 그러나 우편환을 이용하게 되면 결제가 당일에 이루어지지 않으므로 이 기간 동안의 자금비용 즉 이자의 문제가 생긴다. 이를 환가료(mailday interest)라고 하는데 외국환은행 입장에서는 수출대금을 먼저 지급한 후, 해당 외국환이 상대은행에 도착해야 비로소 상환이 이루어지게 되므로 그 기간에 해당하는 만큼의 이자를 고객으로부터 징수한다.

2. 환 어 음

(1) 환어음의 의의

환어음(draft; bill of exchange)은 채권자가 채무자에게 일정한 시일 및 장소에서 채권금액을 지명인 또는 소지인에게 무조건적으로 지급할 것을 위탁하는 요식 · 유가 증권을 말한다. 환어음은 중세부터 사용되어 왔다고 하는데 오늘날 무역거래에서도 수출업자들은 대부분 대금회수를 위해 환어음을 발행하고 있다.

즉 무역계약에 따라 계약물품을 선적한 수출업자는 관계 서류를 첨부하여 수입업자 혹은 특정 은행 앞으로 환어음을 발행하여 수출대금의 지급을 요청한다. 따라서 환어음의 발행인은 수출대금의 채권자인 수출업자이고 환어음상의 지급인은 채무자인 수입업자 혹은 수입업자가 지정한 특정 은행이 된다.

환어음은 요식증권이기 때문에 법에서 요구하는 기재사항이 있어야 효력이 발생하며 그 요건 중 어느 하나라도 기재되지 않으면 어음으로서 성립할 수 없고 무효이다. 그리고 환어음을 교부하기 전에는 발행인이 자유롭게 정정할 수 있지만 교부 후에는 효력이 발생하므로 발행인도 함부로 어음의 내용을 정정할 수 없다. 실무적으로 환어음은 보통 2통을 1조(set)로 발행되어 하나가 결제되면 나머지는 자동적으로 무효가 된다.

환어음은 국가 간의 거래에서 사용되기 때문에 환어음과 관련하여 어떤 문제가 발생할 경우 이를 해결할 수 있는 법적 근거가 반드시 필요한데 현재 환어음의 효력에 대한 준거법은 원칙적으로 행위지의 법에 따른다. 예를 들어 환어음이 우리나라에서 발행되고 미국에서 지급되었다면 발행에 관하여는 우리나라의 어음법이 적용되고, 지급과 관련된 모든 행위는 미국의 어음법에 따른다.

(2) 환어음의 당사자

① 발행인

환어음의 발행인(drawer)은 환어음을 발행하고 서명하는 자로서 채권자를 말한다. 무역거래에서는 수출업자가 수입업자 혹은 은행으로부터 수출대금을 추심하기 위해 형식적 요건으로서 환어음을 발행하기 때문에 수출업자가 환어음의 발행인이 된다. 환어음은 반드시 발행인의 기명날인이 있어야 그 효력이 발생한다.

② 지급인

환어음의 지급인(payer)은 환어음상의 금액을 일정한 시기에 지급할 것을 위탁받은 채무자를 말하는데 무역거래에서는 수입업자 혹은 수입업자 거래은행이 된다. 지급인의 명칭은 성명 또는 상호로 표현하고, 법인 혹은 조합인 경우에는 법인명 또는 조합명을 기재하면 되는데 반드시 그 대표자의 성명을 표시할 필요는 없다.

③ 수취인

수취인(payee)은 환어음 금액을 지급받을 자로서 발행인이 될 수도 있고 발행인이 지정하는 제3자가 될 수도 있다. 발행인이 환어음을 지급인에게 직접 제시하면 수취인이 관여하지 않지만 발행인이 환어음을 발행하여 이를 제3자로 하여금 지급받도록 할 경우에는 제3자가 수취인이 된다. 수취인은 환어음의 선의의 소지인(bona-fide holder)이다.

무역거래에서 수출업자(발행인)가 외국에 있는 수입업자(지급인)에게 수출대금을 받기 위해 직접 외국까지 가서 환어음을 제시하고 수출대금을 받을 경우에는 수취인을 필요로 하지 않는다. 그러나 이런 경우는 현실적으로 극히 드물기 때문에 보통 수출업자는 자기가 거래하는 은행에게 외국의 수입업자로부터 수출대금을 추심해 줄 것을 의뢰하고, 은행은 결제 시스템을 이용하여 수입업자로부터 대금을 회수하게 된다. 이 경우 수출업자의 거래은행은 수출업자를 대신하여 수출대금을 지급받는 수취인이 된다.

(3) 환어음의 종류

① 화환어음

선하증권을 비롯한 운송서류가 첨부된 어음을 화환어음(documentary bill of exchange)이라 하며 상품대금을 결제하기 위해 사용된다. 환어음에 첨부될 운송서류는 매매계약서나 관계 서류에 명시되어 있다.

② 일람불환어음과 기한부환어음

환어음은 지급만기일에 따라 일람불환어음과 기한부환어음으로 구분된다. 일람불환어음(sight bill)은 글자 그대로 지급인이 환어음을 보자마자 지급을 해야 하는 것이기 때문에 환어음이 지급인에게 제시되면 즉시 대금결제가 이루어지는 어음을 말하고, 기한부환어음(usance bill)은 일정 기간 후 지급이 이루어지는 어음을 말한다.

기한부환어음의 만기일은 일람 후(after sight) 방식으로 많이 사용되는데, 이는 환어음이 지급인에게 제시된 날로부터 일정 기간이 지난 후 지급이 이루어지는 것을 말한다. 예를 들어 'after sight 30 days' 이면 지급인에게 어음이 제시되고 다시 30일이 지난 후에 결제가 된다. 일람 후 정기출급에서는 지급인이 환어음을 일람했다는 증거로 환어음을 인수하는데, 인수(acceptance)는 인수인이 만기일에 지급할 것을 약속하는 서명행위를 말한다. 따라서 인수인은 만기일에 지급인이 된다는 경우이다.

제 2 절 대금결제방식

무역거래에서 수출업자의 가장 큰 관심거리는 수출대금의 확보이며 이에 따라 수출업자는 무역계약을 체결하면서 어떠한 방법으로 수출대금을 결제할 것인가를 가장 신중히 고려한다. 현재 무역거래에서는 신용장 방식, D/A · D/P 방식, 송금방식 등에 의한 결제가 많이 이루어지고 있다.

1. 신용장 방식에 의한 결제

(1) 신용장(Letter of Credit)의 의의

일반적으로 상거래에서 매매당사자들은 대금회수불능의 위험(credit risk)과 상품입수불능의 위험(mercantile risk) 등에 직면하게 된다. 당사자들간의 신용상태의 변화로 인하여 매도인은 매매계약에서 정한 대금을 받을 수 있을까 하는 대금회수불능의 위험에 직면할 수 있고, 반면 매수인은 계약물품을

그림 14-4 신용장의 기본원리

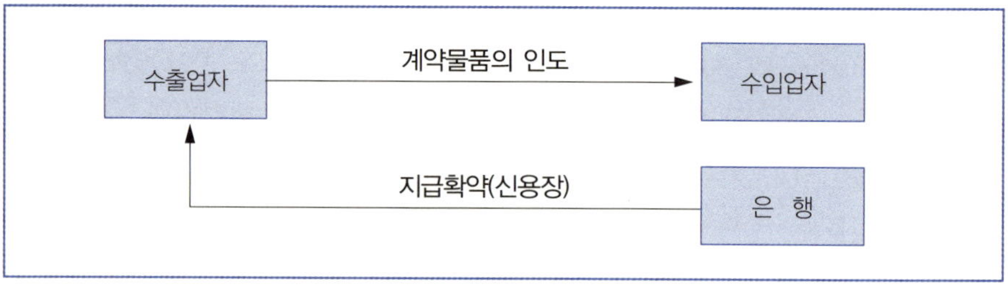

적기에 공급받을 수 있을까 하는 상품입수불능의 위험에 직면할 수 있다.

이와 같은 위험에서 벗어나려고 매도인은 먼저 계약대금을 확보한 후 물품을 인도하려고 할 것이고, 매수인은 그와 반대로 계약물품을 입수한 후 대금을 지급하려고 할 것이다. 만약 매매당사자들이 서로 상반된 주장만 하게 되면 거래는 성사될 수 없으며, 나아가 오늘날과 같은 국제무역은 불가능하게 된다.

이에 따라 매매당사자들 사이에 은행이 개입하여, 양 당사자들의 신용을 보다 공신력이 높은 은행의 신용으로 전환시켜 대금결제를 원활히 하고자 하는 것이 신용장의 기본원리이다. [그림 14-4]에서 보듯이 매도인인 수출업자는 수입업자의 신용을 근거로 하는 것이 아니라 은행의 신용, 다시 말해서 은행의 대금지급확약을 토대로 계약물품을 선적한다.

[그림 14-4]에서 은행의 지급확약서, 즉 수출업자에게 수출대금을 지급할 것을 확약하는 증서를 은행의 신용이 담긴 편지라는 의미에서 신용장이라 한다. 따라서 신용장은 수입업자의 요청과 지시에 따라 수입업자의 거래은행(개설은행)이 수출업자가 일정한 조건하에 수입업자, 개설은행 또는 개설은행이 지정한 은행 앞으로 환어음을 발행하면 이를 지급, 인수 또는 매입할 것을 약정하는 증서를 말한다.

(2) 신용장에 의한 결제과정

신용장 방식에 의한 대금결제는 보통 [그림 14-5]의 절차에 따라 이루어진다.

① 매매계약의 약정: 수출업자와 수입업자가 매매계약을 체결하면서 대금결제를 신용장 방식에 의할 것을 합의한다.

그림 14-5 신용장에 의한 결제과정

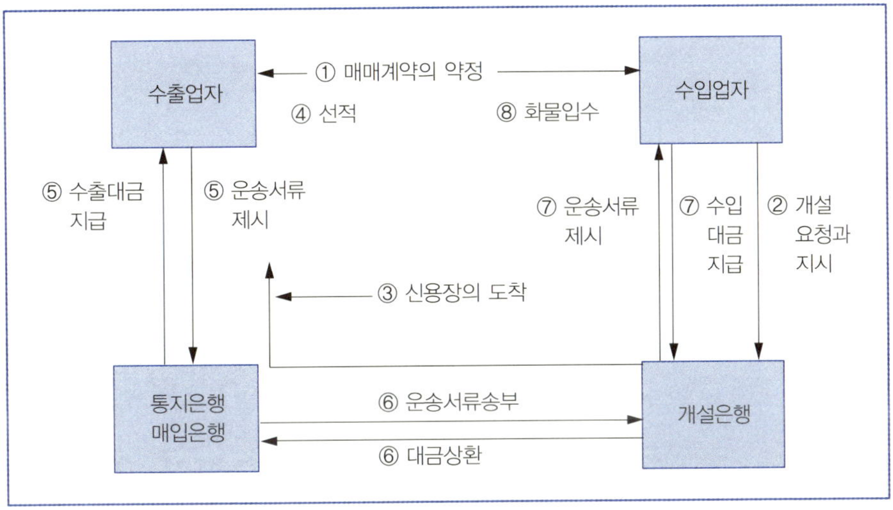

② 신용장의 개설 신청: 수입업자는 매매계약의 약정에 따라 통상 자기가 거래해 오던 외국환은행(신용장 개설은행)으로 하여금 수출업자 앞으로 신용장을 개설해 줄 것을 신청한다. 이 때 수입업자는 신용장 개설신청서에 매매계약에서 합의한 내용대로 신용장의 내용을 기재하여 개설담보금[1]과 함께 개설은행에 제출한다. 개설신청서의 내용은 곧 신용장의 조건이 되므로 그 기재내용은 완전하고 정확해야 한다.

③ 신용장의 개설과 통지: 신용장 개설은행은 자기 고객의 요청과 지시에 따라 신용장을 개설하고 통상 수출업자가 위치하는 지역에 있는 자기의 본·지점이나 거래은행으로 하여금 신용장을 통지해 주도록 요청한다.

④ 계약물품의 선적과 운송서류의 입수: 통지은행으로부터 신용장을 접수한 수출업자는 신용장에 명시된 조건에 따라 계약물품을 선적한 후 선박회사로부터 선하증권을 입수한다. 만약 항공운송을 이용하게 되면 항공사로부터 항공화물운송장을 발급받고, 복합운송의 경우에는 운송인으로부터 복합운송증권을 발급받는다.

⑤ 수출대금의 회수: 수출업자는 운송서류를 신용장의 조건에 따라 구비

1) 신용장은 일단 개설되면 모든 책임이 개설은행에 있기 때문에 개설은행은 신용장 금액에 상응하는 담보를 요구한다.

하여 자기가 거래하는 은행에 가서 수출대금을 회수한다.

⑥ 개설은행의 상환: 자기 자금으로 수출업자에게 대금을 지급한 은행은 운송서류 등을 개설은행 앞으로 보내고 개설은행으로부터 자금을 상환받는다.

⑦ 개설은행의 서류제시: 개설은행은 송부되어 온 운송서류를 수입업자에게 제시하고, 수입업자는 이에 따른 수입대금을 지급한다. 만약 개설담보금이 예치되어 있으면 그 차액만 지급한다.

⑧ 계약물품의 입수: 이와 같이 은행을 통해서 서류가 전달되어 오는 동안, 수출항을 출발한 선박은 수입항에 도착해 있다. 수입업자는 개설은행에서 찾아온 서류 중 선하증권을 선박회사에 제시하고 계약물품을 입수한다.

(3) 신용장거래의 당사자

신용장 거래에 관계되는 주요 당사자를 [그림 14-5]를 중심으로 살펴보면 다음과 같다.

① 수출업자: 수익자

수출업자는 매매계약에 약정된 물품을 수입업자에게 공급해야 할 의무가 있는 당사자이다. 수출업자는 신용장 거래에서 혜택을 가장 많이 보는 당사자라고 하여 수익자(beneficiary)라 하는데, 이는 곧 신용장 조건에 의해서 수출대금의 지급을 청구할 수 있는 자를 말한다.

② 수입업자: 개설의뢰인

수입업자는 매매계약에 따라서 수출업자 앞으로 신용장을 개설해 줄 의무가 있는 당사자이다. 신용장 거래에서는 신용장의 개설을 요청하고, 그 내용을 지시한다고 하여 개설의뢰인(applicant)이라고 한다.

③ 개설은행

개설은행(issuing bank)은 자기 고객인 개설의뢰인의 요청과 지시에 따라 수출업자 앞으로 신용장을 개설하는 은행이다. 개설은행은 신용장의 요건에 따라 수출업자나 그 밖의 선의의 소지인에게 대금 지급을 약정한다. 신용장 거래는 개설은행의 신용을 토대로 모든 거래가 이루어지기 때문에 개설은행의 역할이 아주 중요하다.

④ 통지은행

통지은행(advising bank)은 개설은행이 발행한 신용장을 수출업자에게 전달해 주는 은행이다. 개설은행은 관례적으로 수출업자가 위치하는 곳에 있는 은행을 통지은행으로 선정하여 이를 통하여 수출업자에게 신용장을 전달해 준다.

⑤ 확인은행

확인은행(confirming bank)은 [그림 11-5]에서는 나타나 있지 않지만, 신용장 거래에서 간혹 등장하는 당사자이다. 이 은행은 제2의 개설은행이라고 할 수 있는데, 그 의무는 개설은행의 신용장상의 지급확약을 다시 한번 하는 것이다.

⑥ 매입은행

수익자는 수출대금을 찾기 위해서 환어음을 발행하여 거래은행에게 환어음의 매입을 의뢰하는데 이 때 환어음을 자기 자금으로 매입해 준 은행을 매입은행(negotiating bank)이라 한다. 매입은행은 환어음과 관련 서류를 개설은행으로 보내어 대금을 다시 돌려 받는다. 신용장 거래에서 매입은행은 환어음을 선의로 소지하고 있는 당사자(bona-fide holder)로서 개설은행으로부터 수익자와 더불어 지급보증을 확약받고 있다.[2)]

(4) 신용장의 독립성과 추상성

신용장 거래는 매매당사자들간의 대금회수와 상품입수를 원활히 하기 위하여 은행이 개입된 거래이기 때문에, 독립성과 추상성이라는 고유한 특성이 있다. 신용장의 독립성과 추상성이 보장되지 않으면 신용장은 그 기능을 발휘할 수 없게 된다.

① 신용장의 독립성

신용장의 독립성은 매매계약과 신용장 거래는 아무런 상관이 없다는 뜻이

---

2) 수출업자에게 실질적으로 대금을 지급하는 은행은 신용장의 특성에 따라 지급은행(paying bank), 인수은행(accepting bank), 연지급은행으로 표현된다.

다. 신용장은 대금결제의 수단으로서 매도인과 매수인이 매매계약을 체결할 때 결제방법을 신용장으로 할 것을 약정함으로써 생성된다. 그러나 일단 신용장이 개설되면 이 신용장은 그 근거가 되는 매매계약과는 완전히 독립적이며, 매매계약의 내용이 신용장에 하등의 영향을 주지 못하고, 신용장은 어디까지나 독자적인 법률성을 갖게 되는 것이 신용장의 독립성이다.

이러한 독립성이 신용장 거래에서 보장되어야 하는 이유는 매매계약은 수출업자와 수입업자 사이에 체결되는 것이지만, 신용장은 매매계약의 당사자와 별도인 은행간에 체결되는 계약이기 때문이다.

신용장의 독립성으로 인하여 가장 혜택을 많이 누리는 당사자는 수출업자인 수익자이다. 수출업자의 입장에서 매매계약이 체결되었다고 해서 곧 수출이행까지 보장된 것이라고는 볼 수 없다. 수입업자가 일방적으로 계약을 파기하거나, 계약이행을 지연시킬 수 있기 때문이다.

그러나 신용장이 개설되면 독립성으로 인하여 매매계약이 설령 파기가 되더라도, 개설된 신용장은 유효하기 때문에 수출업자는 확실하게 수출을 이행할 수 있게 된다. 이런 여유로 무역거래에서 수출업자가 가장 선호하는 대금결제방법이 신용장을 이용하는 것이다.

② 신용장의 추상성

신용장의 추상성은 신용장의 당사자들은 서류상의 거래를 한다는 의미이다. 수출업자와 수입업자는 구체적인 상품을 거래한 것이지만 은행은 상품을 대표하는 서류만 가지고서 모든 판단을 한다는 것이 신용장의 추상성이다. 은행은 상인들간에 거래되는 상품에 대해서는 전문적인 지식이 없을 뿐만 아니라, 또한 은행이 직접 상품을 확인하고 계약의 이행 여부를 판단하려면 많은 시간과 비용이 들기 때문이다.

이에 따라 수출업자가 제시한 환어음을 지급, 인수 또는 매입하는 은행은 어디까지나 제시된 서류가 신용장의 요건을 충족시켰는가는 서류상으로만 확인하고 수출대금을 결제해야 한다. 마찬가지로 개설은행도 서류상 아무런 하자가 없으면 대금을 상환해야 할 의무가 있다.

수입업자도 신용장의 추상성에 따라 서류만 확인하고 수입대금을 개설은행에 지급해야 한다. 만약 거래물품을 직접 확인한 후 서류를 인수하겠다고 주장하게 되면, 이것은 명백히 신용장의 추상성에 위배되기 때문에 이러한 주장은 성립되지 못한다.

(5) 신용장 통일규칙

신용장 거래에서는 필연적으로 수출업자와 수입업자인 매매당사자와 은행이 개입되므로 상호간의 의무와 권리를 규정해 둘 필요가 있다. 특히 국가간의 거래에서 문제가 발생할 경우 각 당사자는 자국의 법을 중심으로 이를 유리하게 해결하려는 경향이 있기 때문에 신용장 거래에는 반드시 준거법이 있어야 한다.

이에 따라 1933년 국제상업회의소에서 처음으로 신용장 통일규칙을 제정하였다. 그 후 상관습의 변모에 따라 몇 차례의 개정작업을 거쳐 현재 사용되고 있는 것은 2007년에 개정된 ICC Publication No. 600인 제5차 신용장 통일규칙(Uniform Customs and Practice for Documentary Credits: UCP)이다.

신용장 통일규칙은 신용장 거래의 준거법으로서 신용장의 기본원리와 각 당사자들간의 권리와 의무를 규정하고 있다. 그러나 신용장 통일규칙은 강행법규가 아니고 임의법규이기 때문에 관계당사자의 합의에 의해서 사용되며 만약 다른 특약이 있게 되면 그 특약에 따라야 한다.

오늘날 발행되는 모든 신용장에는 신용장 통일규칙이 신용장의 준거법임을 명백히 하고 있다. 따라서 달리 명시적인 규정이 없으면, 신용장 거래의 모든 당사자들은 이 신용장 통일규칙의 구속을 받게 된다.

(6) 신용장의 종류

① 화환신용장

화환신용장(documentary credit)은 물품의 대금을 지급하기 위해서 사용되는 신용장을 말하며 이 신용장 상에는 수입업자가 물품을 정확하게 입수하기 위해 선하증권, 보험증권 등의 운송서류가 구체적으로 명시되어 있다. 수출업자는 신용장 상에 명시된 운송서류를 정확하게 구비해야만 수출대금을 찾을 수 있다.

② 취소불능신용장

신용장은 개설은행의 지급약정이 취소가능한가 불능인가에 따라서 취소가능신용장과 취소불능신용장으로 구분될 수 있지만 현행 신용장통일규칙 제2조(신용장의 정의)에 의하면 개설은행의 지급약정은 취소 불능한 것이어야 하므로 취소 가능한 신용장은 신용장으로서 인정될 수 없다. 그리고 제3조에 따르면 신용장은 설령 취소 불능이라는 표현이 없을 경우에도 취소 불능한 것으로 해석되므로 신용장의 취소 가능 여부는 오늘날 전혀 문제가 되지 않고 모든 신용장은 당연히 취소불능신용장(irrevocable credit)으로 간주된다.

취소불능신용장은 신용장이 일단 개설되면 그 유효기간 내에 수익자와 개설은행(만약 신용장이 확인은행에 의해 확인되었으면 확인은행 포함)의 합의가 없이는 내용변경이나 취소가 불가능하다(현행 신용장통일규칙 제10조 a).

③ 매입신용장

매입신용장(negotiation credit)은 신용장하에서 발행되는 환어음이 매입될 것을 예상하고 개설은행이 환어음의 발행인(수출업자)을 비롯하여 모든 선의의 소지인에게 지급을 약속하는 신용장이다. 따라서 수출업자는 환어음과 운송서류를 제3자에게 매각할 수 있는데, 이 당사자는 환어음의 선의의 소지인으로서 바로 매입은행이 된다. 매입은행은 수출업자가 발행한 환어음을 자기자금으로 매입하고, 이를 지급인(통상적으로 개설은행)에게 제시하여 환어음의 지급을 받게 된다.

④ 제한신용장 · 보통신용장

앞의 매입신용장에서 매입은행이 신용장상에 특정 은행으로 지정되어 있는 경우를 제한신용장(restricted credit)이라 하며, 그렇지 않고 어떠한 은행도 매입을 할 수 있는 신용장을 보통신용장(general credit) 또는 자유매입 신용장이라 한다.

⑤ 일람불신용장 · 기한부신용장

수출업자와 수입업자가 매매계약을 체결할 때 상품대금을 즉시 지급하느냐 그렇지 않으면 일정기간 후에 지급하느냐에 따라 일람불신용장(sight credit)과 기한부신용장(usance credit)이 개설된다.

일람불신용장은 상품대금을 즉시 지급하는 조건의 신용장이며, 수출업자는 환어음을 일람불(at sight)조건으로 발행한다. 따라서 환어음상의 지급인은 이 환어음을 일람하는 즉시 지급해야 한다.

기한부신용장은 수입업자가 상품의 대금을 일정기간 후에 지급하는 조건의 신용장이다. 즉, 수입업자가 외상으로 수입할 경우 기한부신용장이 이용된다. 따라서 수출업자는 환어음을 발행할 때, 매매계약에서 약정된 기간 후에 지급을 받을 수 있는 기한부어음을 발행하게 된다.

기한부어음에서는 약정된 일정기간(환어음상의 용어로는 만기일) 후에 지급할 것을 약속하는 지급인의 서명행위 즉 인수(acceptance)가 따르며, 그러한 인수를 행한 은행을 인수은행이라 한다.

⑥ 양도가능신용장

양도가능신용장(transferable credit)은 수익자가 신용장의 금액의 전부 또는 그 일부를 제2의 수익자에게 양도할 수 있는 신용장을 의미하는데 반드시 신용장상에 "transferable"이라는 문구가 기재되어야 한다. 이런 표시가 없는 신용장은 양도불능신용장이다.

양도가능신용장에 의한 양도는 달리 합의된 사항이 없으며 1회에 한하여 양도될 수 있다. 신용장의 내용은 변경되어서는 안되는데 이는 수입업자를 보호하기 위해서이다. 그러나 수입업자에게 지장을 주지 않는 신용장 금액 또는 단가의 감액, 선적기일 또는 유효기일의 단축, 보험금액의 증액은 가능하다.

2. D/A · D/P 방식에 의한 결제

(1) D/A · D/P의 개념

이 방식의 거래는 은행의 지급확약 없이 당사자들간의 매매계약에 의해서 수출업자가 어음을 발행하여 수입업자로부터 수출대금을 추심하는 결제방식이며 운송서류의 인도조건에 따라 지급도조건과 인수도조건으로 구분된다.

① 인수도조건

인수도조건(documents against acceptance: D/A)은 수입업자가 환어음에 대한 서명(인수)만으로 운송서류를 찾아갈 수 있는 조건이다. 즉 이 조건에서는 수출업자가 기한부어음을 발행하고 수입업자는 어음에 대한 지급의 약속으로 서명날인만 함으로써 운송서류를 인도받을 수 있으며 만기일에 수입대금을 추심은행에 지급한다.

따라서 인수도조건은 기한부 거래에 해당되며 수입업자는 인도받은 운송서류로 화물을 찾아 판매하여 그 대금으로 어음기일 내에 결제하면 된다. 수출업자는 만기일 후 수출대금을 추심은행을 통해서 지급받는다.

② 지급도조건

지급도조건(documents against payment: D/P)은 수출대금의 지급과 상환하여 운송서류를 수입업자에게 인도하는 조건이다. 지급도조건은 수출업자가 매매계약에 따라서 선적을 완료한 후 일람불어음을 발행하여 운송서류와 함께 수입업자의 거래은행(추심은행)으로 하여금 수출대금의 추심을 의뢰하면 추심은행은 수입업자에게 어음을 제시하여 어음금액의 일람지급을 받고 운송서류를 인도하는 방식을 말한다.

(2) 추심 과정

환어음의 추심 과정을 살펴보면 [그림 14-6]과 같다.

① 무역계약의 체결: 수출업자와 수입업자는 무역계약을 체결하면서 대금결제방법은 D/A 또는 D/P 조건으로 하기로 한다.[3)]

그림 14-6 D/A · D/P에 의한 결제과정

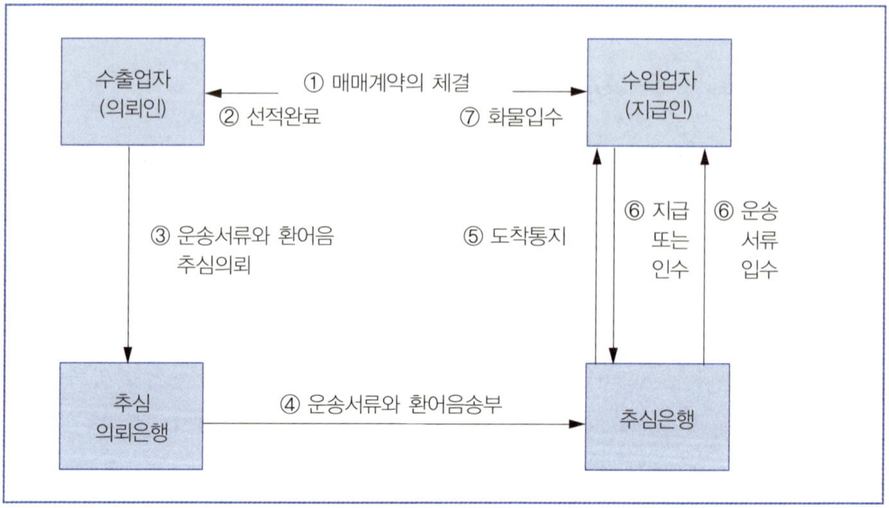

3) 이 방식에 의한 거래를 선수출계약서에 의한 거래라고 한다.

② 계약물품의 선적과 선하증권의 입수: 수출업자는 수입업자의 선적지시에 따라 계약물품을 선적하고 선박회사로부터 선하증권을 교부받는다(이는 계약물품을 해상운송할 경우를 말한다).

③ 환어음의 추심 의뢰: 수출업자는 계약에서 약정된 운송서류와 환어음을 발행하여 거래은행(추심의뢰은행)으로 하여금 수입업자로부터 수출대금을 추심해 줄 것을 요청한다.

④ 추심의뢰은행의 서류 송부: 추심의뢰은행은 아무런 책임 없이 수입업자가 위치하는 곳에 있는 은행(추심은행) 앞으로 운송서류와 환어음을 보내어 추심을 의뢰한다.

⑤ 추심 통지: 추심은행은 수입업자에게 운송서류와 환어음이 도착한 사실을 통지한다.

⑥ 추심 완료 및 수출대금의 상환: 지급인인 수입업자는 매매계약서에서 만약 수입대금을 즉시 지급할 것으로 약정하였다면 이를 지급하고 운송서류를 입수한다. 그러나 수입대금을 일정기간 후에 지급할 것으로 약정하였다면, 일정기간(만기일) 후 대금을 지급할 것을 약속하는 서명행위(인수)와 상환으로 운송서류를 입수해 간다.

⑦ 계약물품의 입수: 수입업자는 추심은행으로부터 입수한 운송서류 중 선하증권을 가지고서 계약물품을 찾는다.

(3) D/A · D/P 거래의 당사자

① 추심의뢰인

추심의뢰인(principal)은 거래은행에 수출대금의 추심을 의뢰하는 수출업자를 말한다. 수출업자는 추심을 의뢰하면서 환어음을 발행하기 때문에 발행인이며 또한 수입업자에 대해서 채권을 주장할 수 있는 채권자이기도 하다.

② 추심의뢰은행

추심의뢰은행(remitting bank)은 수출업자로부터 추심을 의뢰받은 수출국에 있는 은행을 말한다. 이 은행은 수출업자가 제시한 환어음과 운송서류를 수입업자가 위치하는 추심은행 앞으로 보내어 수출대금의 추심을 의뢰한다.

③ 추심은행

추심은행(collecting bank)은 추심의뢰은행으로부터 송부되어 온 운송서류와 추심지시서를 수입업자에게 제시하여 수입대금을 징수하는 은행을 말한다. 특히 수입업자에게 직접 운송서류를 제시하는 추심은행을 제시은행이라고 한다.

④ 지급인

지급인(drawee)은 수입업자를 말한다. 수입업자는 추심지시서에 따라 어음의 제시를 받게 되며 채무자로서 수출업자가 발행한 환어음에 대해서 지급할 의무가 있다.

3. 송금방식의 결제

(1) 송금방식에 의한 결제과정

송금(remittance)은 수입업자인 채무자가 수출업자인 채권자에게 수입금액을 지급하기 위해 외국환은행에 원화 또는 외화를 지급하고 이를 수출업자 앞으로 송금해 줄 것을 위탁하는 경우를 말한다. 무역거래에서 주로 사용되는 송금환은 전신송금환이며 이를 이용해서 결제하는 경우를 실무상 'T/T base'라 한다.

대금결제과정이 수입업자가 수출업자의 계좌번호로 입금하는 아주 단순한 방식이기 금융비용을 절약할 수 있어 최근 우리나라의 무역거래에서 많이 활용되고 있다. 전신송금환에 의한 결제과정을 살펴보면 [그림 14-7]과 같다.

① 수입업자가 수입대금을 결제하기 위해 일정 금액을 수출업자에게 송금해 줄 것을 거래은행(송금은행)에 의뢰한다.

② 송금은행은 수출업자가 소재하는 지역의 환거래은행을 지급은행으로 지정하여 수출업자에게 일정 금액을 지급할 것을 전신으로 지시한다.

③ 지급은행은 수출업자에게 송금도착통지를 한다.

④ 수출업자는 송금도착통지를 받는 즉시 수출대금을 회수할 수 있다.

그림 14-7 전신송금환에 의한 결제과정

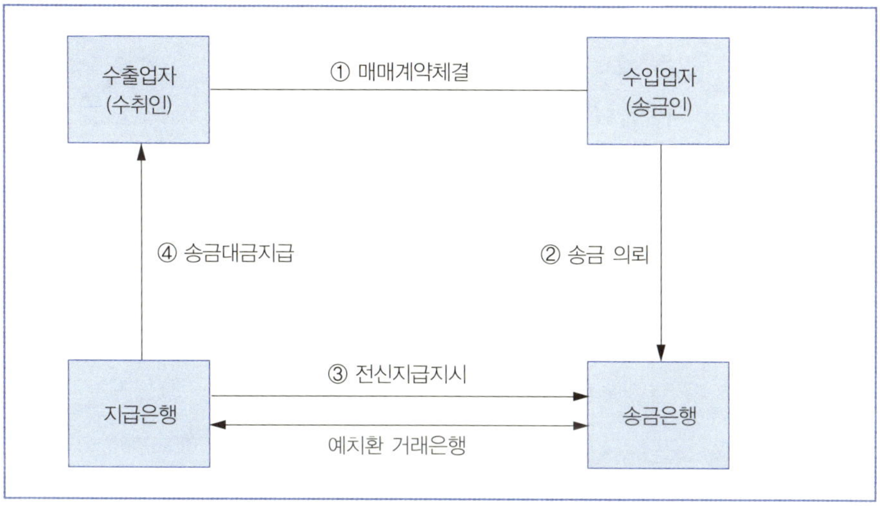

(2) 송금방식의 유형

① 사전송금방식

송금방식의 결제는 송금시기에 따라 사전송금방식과 사후송금방식으로 구분된다. 사전송금방식은 수입업자가 선적 전에 수입대금 전액을 수출업자에게 송금하는 전불하는 방식(cash in advance)이다. 이 방식은 수출업자에게 아주 유리한 방식으로서 보통 선적일자가 확정되면 수출업자가 일주일 전 쯤 이를 수입업자에게 통보하면 수입업자가 수출업자의 계좌번호로 대금을 입금시킨다.

② 사후송금방식

사후송금방식은 수입업자가 수입물품의 인도와 동시에 또는 일정 기간이 지난 뒤에 수입대금을 송금하는 방식이며 우리나라에서는 이를 대금교환도조건이라 한다. 대금결제기간은 수출업자가 자율적으로 결정하며 본지사간의 거래에서는 1년 이내이어야 한다. 이 방식은 대금교환의 대상에 따라 현물상환방식과 서류상환방식으로 구분된다.

현물 상환방식(cash on delivery: COD)은 물품과 현금을 직접 서로 바꾸는 결제방식을 말한다. 통상적으로 수출업자가 물품을 선적한 후 수입업자

소재지에 있는 자신의 지사나 대리점 앞으로 선적서류를 보낸다. 그러면 대리인은 이 선적서류를 받아 상품을 수입통관하고, 수입업자는 현지에서 물품의 품질을 확인한 후 대금을 지급하고 물품을 찾아간다. 수출업자의 대리인은 이 대금을 본국의 수출업자에게 송금하게 된다.

서류 상환방식(cash against documents: CAD)은 물품 대신 물품을 찾을 수 있는 서류와 상환하여 대금을 지급하는 방식을 말한다. 수출업자가 물품을 선적하고 수입업자 또는 수출국에 소재하는 수입업자의 대리인이나 지사에게 선하증권 등 운송서류를 제시하면 서류와 상환하여 대금을 결제한다.

주요용어

환(exchange)	외국환	내국환	송금환
추심환	매도환	매입환	보통환
전신환	환어음	화환어음	일람불어음
기한부어음	신용장(letter of credit)		개설은행
통지은행	확인은행	매입은행	신용장의 독립성
신용장의 추상성	화환신용장	취소불능신용장	매입신용장
제한신용장	보통신용장	일람불신용장	기한부신용장
인수도조건	지급도조건	송금	T/T base
대금교환도조건	현물 상환방식	서류 상환방식	

읽을거리

중국 위엔화와 기축통화

세계 경제 2위인 중국의 화폐가 국제통화기금(IMF)의 특별인출권(SDR) 통화 바스켓에 편입됐다. 지금까지 미국 달러, 유로, 영국 파운드와 일본의 엔화 등 4개의 통화로 구성돼 있던 바스켓에 중국의 위안화가 들어가 5개로 늘어났다. 위안화의 가입은 그 자체만으로 중국경제의 부상을 보여주는 것이지만 5개국 통화 중 그 비중이 미국과 유로 다음으로 3위를 차지해 영국과 일본을 제쳤다는 점에서 더 놀랍다.

위안화의 SDR 가입은 국제 금융시장과 통상시장에 지각변동을 가져올 수 있다. 중국을 중심으로 한 아시아권과 더 나아가 유럽과 아시아를 연결하는 경제권의 힘이 매우 커질 전망이다.

위안화 가입 전 중국은 이미 두 가지 면에서 국제상권을 중국 중심으로 유도해왔다. 첫째는 막대한 생산력으로 전 세계 공장 역할을 맡으면서 세계 2위의 경제대국이 됐다. 더구나 달러로 표기되는 국내총생산이 아니라 실제 구매력으로 평가하는 국내총생산은 이미 미국을 능가해 중국은 이미 경제 1위 대국이라고 볼 수도 있다.

둘째는 '일대일로(一帶一路: 중국과 유럽을 잇는 해상 · 육상 교역로)' 개발을 기치로 하는 아시아인프라투자은행(AIIB)을 만들면서 미국 · 일본을 제외한 주요 선진국들과 신흥개발국을 포함한 새로운 국제금융 조직을 성공적으로 탄생시켰다.

육 · 해상 교역로를 만드는 작업도 대단하지만 인프라가 완성된 후 중국과 아시아와 유럽의 상거래가 활발해진다면 미국, 유럽, 일본의 국제 경제체제와 맞먹는 규모로 성장할 것으로 전망된다. 이때 유럽과 아시아를 잇는 상권형성에 주요 거래통화로 위안화가 자리를 잡게 되면 미국의 국제경제에서의 영향력은 크게 줄어들 것이다. 그렇게 되면 전체 생산물량 뿐만 아니라 금융마저도 중국에게 주도권을 많이 넘겨주게 된다.

미국 입장에서 보면 문제는 더 복잡하다. 미국은 대외채무, 즉 외국에 진 빚이 많다. 그럼에도 달러화가 폭락하지 않고 미국이 세계의 중심에 설 수 있었던 이유는 달러가 기축통화의 기능을 해왔기 때문이다. 미국 달러는 외국 국가들이 항상 유보금으로 확보해야 하고, 기업들은 무역결제 자금으로 갖고 있어야 해서 그 만큼의 달러는 미국으로 돌아오지 않았다. 쉽게 말해 미국이 외국 국가에 진 빚을 갚지 않아도 된다는 뜻이고, 그래서 미국 달러가치는 떨어지지 않았다.

미국 달러의 기축통화 위상이 크게 낮아지면 달러의 수요가 줄게 된다. 그러면 달러가치가 하락하고 이는 국내 물가상승으로 이어진다. 이를 피하기 위해 이자율 인상이 불가피하게 되면서 미국경제는 큰 혼란에 빠질 수 있다. 그동안 달러의 기축통화 위상은 유럽과 일본의 위협을 받기는 했지만 워낙 경제규모에서 차이가 커 실현되지 못했다. 그런데 중국은 경제규모 면에서 또 앞으로 유럽과 아시아를 연결하는 일대일로를 통해 충분히 미국을 앞설 수 있어 그 위협은 더 높고 실질적이다. ... (이하 생략).

LA 중앙일보, 2015. 12. 4.

제 15 장 수출입의 이행

제 1 절 수출 이행의 주요 단계

무역계약이 체결되면 수출업자는 본격적으로 수출활동에 들어간다. 관계 법령에 따라 승인을 요하는 것은 승인을 받고 수출물품을 생산 · 확보하여 수출통관을 준비한다. 한편에서는 운송계약을 체결하고 필요에 따라 보험계약도 체결한다. 수출통관이 완료되면 수출물품을 선적하여 선하증권을 발급받고 다른 운송서류와 함께 거래은행에 매입을 의뢰하여 수출대금을 회수함으로써 수출의 주요 과정은 모두 끝난다.

1. 수출의 준비

(1) 수출승인

물품의 수출은 원칙적으로 자유롭게 할 수 있지만 대외무역법에서 정하고 있는 특정 물품에 대해서는 개별수출에 대한 사전 승인을 받아야 하는데 이를 수출승인이라 한다. 이에 따라 수출입공고, 통합공고 등에 의해 수출이 제한되는 물품을 수출하고자 하는 경우에는 산업통상자원부장관으로부터 수출승인을 받아야 한다. 수출승인의 유효기간은 1년을 원칙으로 하지만 국내의 물가안정, 수급조정, 물품의 인도조건 등 기타 거래상 특성에 따라 필요할 경우에는 연장이 가능하다.

(2) 수출대금의 확보

무역계약이 체결되면 수출업자는 수출승인(필요한 경우) 등 수출에 따른 기본적인 사항을 먼저 확인한 후 본격적으로 수출 이행에 들어가는데 보통 결제 방식에 따라서 수출업자는 몇 가지 사항을 확인할 필요가 있다.

① 신용장의 수취와 확인

신용장 방식의 거래에서는 무역계약이 체결되면 약정 기일 내 수입업자는 자신이 거래하는 은행을 통해 수출업자 앞으로 신용장을 개설 통지해 준다. 대개 신용장은 개설은행의 요청에 따라 수출업자 주소지에 소재하는 제3의 은행이 통지한다.

신용장 통지은행은 수출업자에게 신용장을 통지할 때 통지번호를 부여하고 신용장조건이 변경되는 경우에는 통지번호의 맨 끝에 변경되는 누적회수를 표시한다. 그리고 통지은행은 상당한 주의를 가지고 신용장의 진위를 검토해야 할 의무가 있다. 만약 진위 여부를 확인할 수 없을 경우에는 그러한 사실을 개설은행 및 수출업자에게 통지해야 한다.

신용장은 개설은행의 조건부 지급확약서이기 때문에 수출업자가 수출대금을 결제받기 위해서는 신용장에서 요구하고 있는 모든 요건을 충족해야 한다. 따라서 수출업자는 신용장을 수취하면 즉시 신용장상의 제반 요건이 계약의 내용과 일치하는지, 각 조건들이 이행 가능한 것인지 등을 면밀히 검토해야 한다.

② 선수출계약서 등의 확인

결제형태가 D/A, D/P 등과 같이 화환추심어음 방식일 경우 수출업자는 수입업자와 선수출계약서를 작성한 후 계약에서 합의된 일자 내 선적을 완료하고 관련 서류를 수입업자에게로 보내야 한다. 따라서 수출업자는 선수출계약이 체결되는 즉시 수출 이행에 필요한 조치를 취해야 한다. 화환추심어음 방식의 수출거래는 본 · 지사 간이나 오랜 단골거래선 간에 이루어지지만 합의된 선적기일을 지키지 못하는 등 수출업자의 귀책사유가 발생하면 아무리 오랜 거래가 있다하더라도 클레임의 대상이 되거나 수출대금을 받지 못할 수도 있다.

그리고 송금방식으로 거래할 경우 수출업자는 수출에 필요한 모든 준비를 완료한 후 이를 수입업자에게 통보하면 수입업자는 계약에서 합의된 일정 기일 내 수출대금을 송금하게 되는데 이 경우에도 수출업자는 매매계약에서 합의된 선적기일을 확인한 후 수출물품의 확보 혹은 생산계획을 세워야 한다. 왜냐하면 수입업자는 항상 예상한 선적일자를 토대로 언제 수입이 완료되고 언제부터 국내에서 마케팅을 할 것인가 등의 계획을 세울 수 있기 때문이다.

(3) 원자재의 조달

수출업자는 대개 무역계약이 확정되면 원자재를 조달하여 수출물품을 자체 생산하거나 협력업체(하청업체)를 선정하여 완제품을 발주한다. 수출물품의 생산에 필요한 원자재나 완제품을 국내에서 조달할 경우 내국신용장이나 구매확인서가 많이 이용되고 있다.

① 내국신용장에 의한 구매

내국신용장(local credit)은 수출신용장을 가진 수출업자가 국내에서 수출용 원자재나 완제품을 조달하고자 할 때 사용되는 신용장이다. 이러한 내국신용장은 외국에서 개설되어 온 원신용장(master credit)을 토대로 국내에서 다시 개설되는 방식으로 사용된다.

내국신용장의 개설의뢰인은 수출신용장을 가진 수출업자로서 국내에서 수출용 원자재 또는 완제품을 구매하는 업자이다. 내국신용장의 개설은행은 통상 수출업자의 거래은행으로서 원수출업자의 요청과 지시에 따라 내국신용장을 개설하고, 내국신용장의 수익자에 대해서는 지급을 보증한다.

내국신용장의 수익자는 수출용 원자재나 완제품의 공급업자로서 일반신용장상 수익자가 누리는 혜택을 모두 누릴 수 있다. 수익자는 신용장에 명시된 기일내 원수출업자에게 계약된 원자재나 완제품을 공급하고 영수증을 교부받아 이를 내국신용장의 개설은행에 가서 매입 의뢰하면 대금지급이 이루어진다. 신용장의 독립 · 추상성에 따라서 내국신용장의 수익자는 원수출업자의 수출이행여부나 원신용장에 의한 매입 여부에 상관없이 대금결제를 받을 수 있다.

내국신용장제도의 근본 취지는 수출물품의 생산에 필요한 원자재나 완제품을 가능한 한 국내에서 구매하도록 유도하기 위한 것이다. 이에 따라 우리나라에서는 내국신용장에 의한 거래가 국내거래임에도 불구하고 이를 수출로 인정하여 외화표시로 거래할 수 있도록 하며 또한 무역금융을 제공하는 등 여러 가지 혜택을 부여하고 있다.

② 구매확인서에 의한 구매

구매확인서는 국내에서 생산된 물품 등이나 수입된 물품을 외화획득용 원료 또는 물품으로 사용하기 위하여 구매하고자 하는 경우 내국신용장 취급규정에 준하여 외국환은행의 장 혹은 전자무역 촉진에 관한 법률 제6조에 따라 산업통상자원부장관이 지정한 전자무역기반사업자가 내국신용장에 준하여 발급하는 증서를 말한다. 즉 구매확인서는 국내에서 물품구매자가 구매하는 원자재 또는 완제품이 수출물품을 생산하는데 사용되는 수출용 원자재 또는 완제품이라는 사실을 외국환은행장 혹은 전자무역기반사업자가 증명한 확인서를 말한다.

실무에서는 구매확인서보다 용도가 더 다양하고 혜택이 많은 내국신용장을 이용하고 있으나 내국신용장 개설한도가 부족하여 내국신용장을 개설할 수 없는 경우에 구매확인서를 주로 이용하고 있다. 내국신용장은 무역금융관련규정에 의하여 원칙적으로 원자재 금융한도 내에서 무역금융 수혜자격이 있는 자만이 개설할 수 있다. 따라서 원자재 금융한도가 없거나 무역금융 수혜자격이 없는 자는 내국신용장을 개설할 수 없으므로 구매확인서에 의해 수출용 원자재를 국내에서 구매할 수 있다.

(4) 생산 공장과 생산계약 체결

자가 생산시설이 있는 수출업자는 이 단계가 필요 없으나 순수 수출업자 기준으로 하면 하청공장들과의 생산계약은 원료가 확보되기 전까지는 이루어져야 한다. 대개의 하청공장들은 직접 외국의 수입업자와 거래를 할 정도의 여건을 갖추지 못한 업자들이므로 여러 가지 면에서 수출업자의 관리 및 감독이 필요하다. 특히 상품제조의 기술과 재정능력에 대한 철저한 검토가 선행되어야 한다.

왜냐하면 일정한 기일 내에 선적할 상품을 기술 미숙으로 여러 번의 시행착오가 있게 해서는 안 되며, 또 공장의 자금사정이 급하다고 수탁한 원료를 매각처분하고 잠적해 버리면 정말 난처해진다. 이러한 사고를 미연에 방지하기 위하여 대개의 수출업자들은 하청공장 전담반을 두어 매일같이 이들 공장을 순회하며 독려하고 있다.

(5) 운송계약 및 보험계약의 체결

① 운송계약의 체결

수출업자는 선적기일이 다가오면 적당한 선박을 선택하여 선박회사와 운송계약을 체결하여 수출물품의 선적을 준비해야 한다. 운송계약은 수출화물의 성질에 따라 부정기선운송계약과 정기선운송계약으로 구분된다. 양곡, 원유, 철광석 등의 벌크 화물은 특수 전용선을 이용하는 용선계약이 체결되고 포장단위 화물은 정기선을 이용하는 개품운송계약이 체결된다. 무역거래에서는 대부분 개품운송계약이 이용된다.

그리고 운송계약은 수출업자가 직접 선박회사와 체결할 수 있고 운송주선업자(forwarder)에게 운송 및 선적 일체를 의뢰할 수 있다. 만약 수출업자가 직접 개품운송계약을 체결하려면 먼저 선박회사 소정의 양식인 선적신청서(shipping request: S/R)에 수출품목, 중량 등 선적사항을 기재한 후 이를 선박회사에 인터넷으로 송부하여 서명을 받는다. 선적신청서는 수출업자인 화주가 선박회사에 선박의 예약을 요청하는 일종의 청약서이고 이에 대한 승낙으로 선박회사는 선적예약서(booking note)를 발급한다.

② 보험계약의 체결

FOB, CFR 등과 같은 거래조건으로 매매계약을 체결하였으면 수출업자가 보험을 주선할 필요가 없지만, CIF 또는 CIP 거래조건으로로 계약을 했으면 보험계약 체결의무가 수출업자에게 있다. 우선 해상적하보험을 청약하고자 하면 보험회사 소정의 보험청약서 양식에 해당 사항을 기재하고 소요되는 보험료를 지불하여야 한다.

보통 보험청약서에 기재하는 사항은 피보험자명, 선박명 및 출항예정일, 출발항명 및 도착항명, 환적이 있을 때는 환적항명, 피보험 화물의 수량 · 품명 및 명세, 적하표시 및 번호, 보험금액, 보험조건 등이다.

특히 선박명과 출항예정일은 선하증권의 기재사항과 일치하도록 주의해야 한다. 모든 기재사항에 계약내용과 상이한 변경사항이 생기면 이를 즉시 보험회사에 통고하고 보험회사는 변경사항을 접수하는 대로 배서로서 기재사항을 수정하며, 필요한 때에는 보험료를 반환 또는 추징한다.

2. 수출통관

(1) 수출통관의 의의

우리나라에서 수출하고자 하는 물품은 반드시 관세법상의 절차를 거쳐야 하는데 이를 수출통관절차라 한다. 즉, 물품을 수출하고자 할 때에는 당해 물품의 품명, 규격, 수량 및 가격 등을 세관장에게 신고하고 수출신고필증을 교부받아야 한다.

수출통관은 내국물품을 외국으로 반출하는 것을 허용하는 세관장의 처분을 뜻한다. 관세법에서 의미하는 내국물품은, 첫째 우리나라에 있는 물품으로서 외국물품이 아닌 것, 둘째 우리나라의 선박에 의해 공해에서 포획된 수산물, 셋째 입항 전 수입신고가 수리된 물품을 말한다.

관세법에서 요구하고 있는 수출통관절차를 필한 물품은 외국물품으로 간주되어 비로소 선적이 가능하게 된다. 따라서 수출업자는 선적하기 전에 먼저 수출통관을 필해야만 하며, 이러한 절차를 거치지 않고 선적하는 물품은 소위 밀수품에 해당된다. 수출통관을 의무화하는 것은 대외무역법, 관세법, 외국환거래법 등 각종의 수출관련법규의 이행사항을 최종적으로 확인하여 불법수출이나 위장수출 등을 방지하기 위한 것이다.

(2) 수출통관의 절차

수출통관은 대략 수출신고 → 신고서류심사(현품검사) → 수출신고필증교부의 절차를 거친다. 그러나 전자문서교환 수출통관 자동화 시스템에 의하여 수출업자는 세관에 직접 가지 않고 컴퓨터로 신고를 끝낸 뒤 수출물품을 바로 선적할 수 있다.

① 수출신고

물품을 수출하고자 하는 자는 수출물품에 대하여 원칙적으로 EDI

(electronic data interchange) 방식에 의한 무서류(paperless: P/L) 신고를 해야 한다. 따라서 수출신고인은 전자사서함을 통해 수출신고자료를 해당 세관으로 전송하고 수출신고 수리사항 등 필요한 정보도 반드시 컴퓨터를 통해 전달받아야 한다.

수출신고는 화주, 관세사, 완제품공급자[1] 등이 할 수 있다. 완제품공급자는 수출물품을 선적할 때까지 수출업무처리를 조건으로 수출업자에게 물품을 공급하는 경우가 많기 때문에 이들도 직접 수출신고를 할 수 있다. 그리고 수출신고는 수출물품이 제조되기 전 어느 때라도 가능하다. 수출신고시점은 수출통관 자동화 시스템에서 신고번호가 부여된 시점으로 한다.

② 수출신고심사

세관에서는 전송화면상의 수출신고자료가 수출신고서 작성요령에 따라 적합하게 작성되었는지의 여부를 검토한 후 원칙적으로 수출검사를 생략하고서 수출신고를 수리한다.[2]

③ 수출신고의 수리

해당 세관장은 수출신고가 관세법의 규정에 적합하게 이루어진 때에는 이를 지체없이 수리하고 신고인에게 신고필증을 교부한다. 수출신고가 수리된 물품은 수출신고일로부터 30일 이내에 외국무역선 또는 외국무역기에 선(기)적해야 한다.

3. 운송서류의 구비

수출통관과 선적이 완료되면 수출업자는 수입업자가 요구하는 운송서류(transport document)를 구비해야 한다. 국제무역에서는 매도인과 매수인이 실제 상품을 확인하고 거래하는 것은 불가능하기 때문에 여러 가지 운송서류를 기준으로 거래가 성립되고 있다. 특히 신용장 거래에서는 추상성에 의해 수출업자는 수입업자가 요구하고 있는 서류를 정확히 갖추지 못하게 되면 아

---

1) 현행 관세법 제242조에 의해 수출신고의 경우에는 화주에게 당해 수출물품을 제조하여 공급한 자(완제품공급자)의 명의로 할 수 있다.
2) 수출물품에 대하여는 검사생략을 원칙으로 하고 있으나, 전산에 의한 발췌 검사 또는 부정수출, 원산지 표시위반, 지적재산권 위반 등의 우려가 있는 경우에는 예외적으로 검사를 실시한다.

무리 매매계약서의 내용과 일치하는 상품을 선적했더라도 수출대금을 찾을 수 없게 된다. 운송서류는 상업송장 및 선하증권과 같은 필수서류와 그 밖의 부속서류로 구분되는데 실제 무역거래에서 빈번히 이용되고 있는 운송서류를 살펴보면 다음과 같다.

(1) 상업송장

상업송장(commercial invoice)은 화물을 대표하는 선하증권과 더불어 무역거래에서 반드시 필요한 운송서류이다. 상업송장은 수출업자가 특정 수출거래의 구체적 내용을 기재하여 수입업자 앞으로 보내는 매매거래의 명세서이다. 수출업자는 이 명세서를 근거로 수출대금을 청구하기 때문에 수출업자의 입장에서 보면 상업송장은 대금청구서의 역할을 하게 된다.

반면 수입업자는 상업송장을 통해서 선적화물에 관해서 자세히 알 수 있고 화물이 도착하기 전에 상업송장에 근거하여 수입화물을 판매할 수도 있게 된다. 수입화물이 도착하면 상업송장의 명세와 대조하여 계약한 화물이 실제로 도착되었는지의 여부를 조사할 수 있다. 그리고 상업송장은 관세를 산정하기 위한 세관신고의 증명자료가 된다.

상업송장은 법에서 정한 양식이나 기재사항은 없지만 특정 매매거래의 명세서이기 때문에 수출업자는 매매거래와 관련된 모든 사항을 구체적으로 기재해야 한다. 특히 상업송장상의 상품의 명세는 신용장상의 상품의 명세와 정확하게 일치해야 한다.

(2) 선하증권

선하증권은 화물을 대표하는 서류인 동시에 유통될 수 있는 유가증권으로서 상업송장과 더불어 반드시 필요한 필수운송서류이다. 복합운송에서 사용되는 복합운송증권도 선하증권과 동일한 기능을 수행하는 운송서류이다. 그리고 항공화물운송장은 증권의 형태를 띠고 있는 것은 아니지만 실무적으로 많이 사용되고 있다. 이들 서류는 제13장에서 이미 설명되었기 때문에 구체적인 설명은 생략하기로 한다.

(3) 보험서류

만약 가격조건이 CIF나 CIP가 되면 수출업자는 수입업자를 위해 보험계약을 체결해야 하므로 반드시 보험서류를 구비해야 한다. 신용장 거래에서 일반적으로 이용되고 있는 보험서류에는 보험증권과 보험증명서가 있다.

수출업자가 매 건의 수출시마다 적하보험계약을 체결하면 보험증권이 발급된다. 그러나 유사한 거래를 반복할 때는 보험자와 일정기간 수출물품이 자동으로 보험계약이 체결되도록 하는 포괄보험계약이 많이 이용된다. 포괄보험계약에 따라 발급되는 포괄보험증권(open policy)은 매 건의 수출시마다 이용될 수 없으므로 개별 수출시에는 포괄보험증권을 근거로 발행되는 보험증명서(certificate of insurance)가 이용된다.[3)]

(4) 포장명세서

포장명세서(packing list)는 상업송장의 부속서류로서 주로 화물을 외관상 식별하기 위하여 사용되는 서류이다. 수출업자가 선적화물의 자세한 명세를 표시하여 수입업자가 수입화물을 일목요연하게 알아 볼 수 있도록 한다. 따라서 포장명세서에는 포장 및 포장단위별 명세, 단위별 순중량·총중량, 화인, 일련번호 등이 기재된다.

(5) 원산지증명서

무역거래에서 간혹 수입국가는 특정 수입물품의 원산국가를 증명하는 원산지증명서(certificate of origin)를 요구하는 경우가 있다. 이렇게 되면 수입업자는 신용장을 개설할 때, 원산지증명서의 구비를 신용장상에 명시하게 된다. 무역거래에서 많이 사용되는 원산지증명서는 일반원산지증명서인데 이는 주로 특정 국가로부터의 수입을 금지하거나 국별 수입통계를 집계하기 위하여 사용된다. 이 원산지증명서는 일정 양식에 내용만 기재하고 서명하여 상공회의소에 제출하면 곧 발급된다.

---

3) 보험중개사를 통해서 보험계약이 체결될 경우 보험중개사는 보험계약이 체결되었음을 알리는 보험승낙서(cover note)를 발급한다. 신용장 거래에서 은행은 보험중개사가 발행하는 보험승낙서는 달리 합의된 사항이 없는 한 보험서류로서 인정하지 않는다.

4. 수출대금의 회수

수출이행의 마지막 단계는 수출업자가 수출대금을 최종적으로 회수하는 과정인데 이 과정은 대금결제 방식에 따라서 차이가 난다. 수출대금의 회수 과정을 신용장 방식, 화환추심어음 방식 및 송금 방식으로 구분하여 살펴보면 다음과 같다.

(1) 신용장 방식에서의 수출대금 회수

① 운송서류의 구비와 환어음의 발행

신용장 방식에서 수출업자가 수출대금을 회수하기 위해서는 먼저 신용장 상에 명시되어 있는 운송서류를 완벽하게 구비해야 한다. 신용장 거래는 독립·추상성이라는 독특한 성질로 인해 모든 거래는 서류에 의해서 판단된다. 실제 선적된 화물이 어떤 상태이든 상관없이 서류만 요건에 따라 갖추게 되면 수출업자는 수출대금을 찾을 수 있고 반면 아무리 매매계약과 일치된 화물을 선적했다 하더라도 서류가 신용장 상의 구비요건과 일치하지 않으면 수출업자는 수출대금을 찾을 수 없게 된다.

신용장 방식의 거래에서 보통 요구되는 운송서류는 상업송장, 선하증권(복합운송증권 등), 보험서류, 포장명세서, 원산지증명서 등이고 이 중 상업송장과 선하증권은 필수운송서류이다. 수출업자는 신용장 상에서 요구하는 운송서류를 구비한 후 환어음을 발행하여 수출대금을 회수하게 되는데 환어음의 발행 여부는 신용장의 결제유형에 따라서 결정된다.

② 외국환거래약정의 체결

수출업자가 처음으로 외국환은행과 매입거래를 하려면 먼저 매입은행과 외국환거래약정을 체결해야 한다. 외국환거래약정은 수출업자와 매입은행간의 계약으로서 매입에 따른 제반 사항을 약정하는 것이지만 주로 주요 약정사항은 매입은행의 담보확보와 은행의 면책사항 등이다.

현재 우리나라에서는 전국은행연합회에서 제정한 외국환거래 약정서를 사용하고 있다. 이 약정서는 무역업자와 은행 간의 수출입거래, 내국신용장 발행, 내국신용장어음 매입(추심) 거래에서 공통으로 사용된다.

③ 운송서류의 매입 혹은 인수

신용장 결제 유형이 매입 혹은 인수일 경우 수출업자는 환어음을 발행하여 운송서류와 함께 매입 혹은 인수를 요청하고 수출대금을 찾아간다. 무역거래에서 매입은 수출업자가 발행한 환어음과 운송서류를 관련 은행이 자기자금으로 매입하는 것을 말한다. 이 과정을 수출업자의 입장에서 보면 수출대금을 지급 받는 과정으로 볼 수 있지만 은행의 입장에서 보면 환어음과 운송서류를 다른 곳으로 보내어 대금을 상환 받을 수 있다는 가정 하에 자기자금으로 사주는 것을 의미한다.

기한부신용장일 경우 수출업자는 관련 서류와 환어음을 인수은행에 제시하고 환어음의 인수를 요구한다. 인수은행은 이미 개설은행으로부터 지시를 받았기 때문에 수출업자가 제시한 환어음상에 만기일에 지급할 것이라는 서명을 하고 환어음을 수출업자에게 돌려준다. 수출업자는 이 환어음을 가지고 있다가 만기일에 대금을 받을 수 있고 만약 자금이 핍박할 경우에는 만기일까지의 이자를 공제하고 즉시 대금을 회수할 수도 있다.

(2) 화환추심어음 방식의 경우

화한추심어음방식(D/A 및 D/P) 거래는 수출업자가 수입업자의 신용을 토대로 계약물품을 먼저 선적해 보내기로 하는 선수출계약서를 작성함으로써 시작되는데 구체적 실무 내용을 살펴보면 다음과 같다.

① 수출업자의 환어음 발행

선수출계약에 따라 수출업자는 약정된 기일 내에 계약물품을 선적하고 선박회사로부터 선하증권을 입수해야 한다. 선하증권은 선수출계약서에 명시된 내용과 일치해야 하며, 만약 상업송장, 포장명세서, 원산지증명서 등과 같은 다른 운송서류의 구비가 명시되어 있으면 수출업자는 그러한 서류도 준비해야 한다. 계약서에 명시된 운송서류가 구비되면 수출업자는 환어음을 발행한다.

② 수출업자의 추심 신청

선수출계약서에 명시된 조건에 따라 환어음을 발행하고 기타 운송서류를 구비한 수출업자는 통상적으로 자기가 거래하는 은행에 수출대금을 추심해 줄 것을 신청한다. 이에 따라 수출업자는 추심의뢰인(principal)이 되고, 추심

의뢰요청을 받은 수출업자의 거래은행은 추심의뢰은행(remitting bank)이 된다.

(3) 송금 방식의 경우

매매계약을 체결할 때 수입업자가 대금을 선적 전에 송금하기로 했을 경우에는 보통 수출물품의 선적이 예정되는 시기 일주일쯤 수출업자가 선적 시기를 통보하면 수입업자가 송금을 하는 것이 관례이다. 그리고 수출업자는 수출대금의 입금을 확인한 후 관련 운송서류를 신속히 수입업자에게로 우송한다.

사후송금은 수출물품 혹은 운송서류의 인도와 동시에 또는 인도 후 일정 기간 이내에 수출대금 전액을 외국환은행을 통하여 송금 받는 거래이다. 만약 수출물품을 인도한 후 일정 기간 이내에 수출대금을 받기로 외상 수출 계약을 체결했을 경우에는 수출업자는 먼저 수출물품을 찾을 수 있는 운송서류를 수입업자에게 보내야 한다. 그런 후 약정된 기일이 도래하면 수입업자로 하여금 수출대금을 송금해 줄 것을 요구한다.

제 2 절 수입 이행의 주요 단계

본격적인 수입활동은 수입신용장의 개설로 시작된다. 신용장의 개설로 수출업자가 수출물품을 생산하여 선적하면 일정기간 후 수입업자는 물품을 입수하여 수입통관절차를 거쳐 반출함으로써 사실상 수입은 끝난다.

1. 수입의 준비

(1) 수입승인

현행 수출입승인의 관리체계는 'Negative List System'으로 수입이 제한되는 극히 소수의 품목에 한하여 사전에 수입승인을 받도록 되어 있다. 따라서 수출입공고, 통합공고 등에서 수입이 제한되는 품목을 수입하고자 할 경우에는 산업통상자원부장관의 승인을 받아야 한다. 수입승인의 유효기간은 1년을 원칙으로 하지만 국내의 물가안정, 수급조정, 물품의 인도조건 등 기타 거래상 특성에 따라 필요할 경우에는 연장이 가능하다.

(2) 수입신용장의 개설

대금결제방식이 신용장일 경우 수입업자는 매매계약의 내용에 따라 거래은행에 신용장 개설을 의뢰하여 수출업자에게 신용장을 개설해 주어야 한다. 그러나 무신용장 방식(D/A, D/P, 송금 등)일 경우 이런 단계는 필요 없고 수출업자로부터 관계 운송서류가 올 때까지 기다렸다가 수입대금을 결제하면 된다.

① 수입신용장의 개설절차

수입업자는 매매계약의 내용에 따라 거래은행에 신용장 개설을 요청한다. 신용장은 매매계약에 따라 개설되지만 일단 개설되면 매매계약과는 독립된 계약이 되므로 신용장의 지시사항, 내용 등은 완전하고 정확해야 한다.

수입업자는 신용장 개설은행과의 총괄적인 약정으로 외국환거래약정을 체결한 후 거래시마다 신용장개설신청서를 제출하여 신용장 개설을 의뢰한다. 신용장개설신청서에 기재된 사항은 그대로 신용장 조건이 되므로 모든 사항을 간단명료하고 정확하게 기재해야 한다.

신용장 개설은행은 수입업자를 대신하여 수출업자, 매입은행 등에게 수입대금의 지급을 확약하므로 수입업자로 하여금 신용장 금액에 상응하는 담보를 제공하도록 한다.

② 수입신용장의 개설 방법

신용장은 우편, 전신 및 SWIFT방식으로 개설되는데 오늘날에는 SWIFT방식이 많이 이용되고 있다.

우편신용장은 소정의 양식에 따라 신용장을 개설하여 우편으로 수출업자에게 전달해 주는 신용장이다. 개설은행과 통지은행 간에는 사전에 서명감을 교환하여 신용장의 진위 여부를 확인한다. 우편신용장은 오늘날에는 잘 사용되지 않고 정보통신수단이 발달되지 않은 국가와의 거래에서 간혹 이용된다.

전신신용장은 신용장의 내용 모두를 전송하는 'full cable' 방식과 전신료를 절약하기 위해 주요 내용만 간결히 전송하는 'short cable' 방식이 있다. 오늘날에는 전신료가 비교적 저렴하여 'full cable' 방식이 대부분 이용되고 있다. 'full cable' 에는 'This is an operative credit' 라는 표시가 있어 전신신용장이 곧 유효한 신용장이 된다. 그리고 전신으로 개설되는 신용장은 사전에 개설은행과 통지은행간에 전신 암호가 교환되어 있어 신용장의 위조를 방지한다.

SWIFT 신용장은 EDI 방식에 의한 신용장을 의미하는데 개설방식은 전신신용장을 암호로 개설하는 것과 비슷하며 신용장의 양식이 표준화되어 있다. SWIFT 신용장은 신용장금액, 통화종류, 거래일자 등 신용장의 주요 조건들이 모두 암호화되어 있어 위조가 불가능하다.[4]

2. 수입대금의 결제

(1) 신용장 방식의 수입

① 운송서류의 심사

무역계약에 따라 신용장을 개설한 수입업자는 수입화물을 인수하기 위하여 운송서류가 도착하기를 기다린다. 운송서류는 매입은행을 거쳐서 개설은행에 도착하게 되는데, 통상적으로 매입은행은 분실, 파손 등의 우려를 염려해서 운송서류를 원본과 부본으로 구분하여 개설은행으로 보낸다.

개설은행은 운송서류가 도착하면 즉시 이 사실을 수입업자에게 알리고 운송서류가 신용장상의 요건과 서류상 일치하는가의 여부를 검토하여 이를 수리할 것인지 또는 거절할 것인지를 결정한다. 이 때 개설은행은 운송서류가 문면상 신용장 조건과 일치하는지 여부에 대해서 상당한 주의를 가지고 심사해야 한다. 그리고 신용장에 명시되지 않은 일반조건은 신용장 통일규칙에 따라 심사한다.

개설은행은 은행영업일(banking days)로 5일 이내에 수리 여부를 결정해야 하며 만약 모든 운송서류가 신용장 조건과 일치하면 즉시 서류를 수리하고 매입은행에 대금을 상환해야 한다. 개설은행은 신용장의 독립·추상성에 따라 신용장 조건과 일치하는 서류에 대해서는 무조건 신용장대금을 상환해야 할 의무가 있다.

---

4) 국내 외국환은행들은 1992년 3월부터 국제은행간 정보통신망인 SWIFT(Society for World-wide Interbank Financial Telecommunication) 시스템을 이용하여 신용장 업무를 컴퓨터로 처리하고 있다.

만약 운송서류를 심사한 결과 서류 상호간에 모순이 있거나 신용장상의 요건과 일치하지 않을 경우 개설은행은 전신 또는 신속한 방법으로 운송서류의 수리거절을 매입은행에 통보해야 한다. 개설은행은 독자적 판단에 따라 운송서류의 수리 여부를 결정해야 하지만 일단 수입업자에게 운송서류를 서류상의 하자에도 불구하고 인수할지의 여부를 문의하는 것이 바람직하다. 왜냐하면 수입업자는 시장상황에 따라 꼭 필요한 수입인 경우 서류상의 조그만 하자에도 불구하고 운송서류를 인수할 수 있기 때문이다.

② 수입대금의 지급

수입업자는 운송서류가 상호 모순이 없고 신용장의 내용과 일치하면 개설은행에 수입대금을 지급하고 운송서류를 인수한다. 만약 신용장조건이 일람불이면 수입업자는 대금을 지급해야만 운송서류를 인수할 수 있다.

(2) 화환어음 추심방식의 수입

화환어음 추심방식으로 수입할 경우 수입업자는 운송서류를 제시하는 추심은행(collecting bank)과 외환거래가 발생하게 되므로 외국환거래약정을 체결하고 화환어음의 인도 및 지급에 관한 당사자 간의 권리와 의무를 명확히 한다.

만약 결제가 지급도 조건(D/P)이면 수입업자는 추심은행이 제시하는 운송서류를 면밀히 검토하여 계약의 내용과 일치하면 수입대금을 지급하고 운송서류를 찾아간다. 그런데 인수도 조건(D/A)일 경우는 수입업자는 추심은행이 제시한 화환어음 상에 만기일 지급을 약속하는 인수 서명을 하고 운송서류를 찾아간다.

(3) 송금 방식의 수입

송금 방식으로 수입할 경우 수입업자는 수출업자 계정으로 수입대금을 직접 송금하고, 수출업자는 관련 운송서류를 수입업자에게 우송하므로 수입대금의 결제와 운송서류의 입수가 매우 간단하지만 수입업자는 거래은행과 외국환거래를 하게 되므로 외국환거래약정을 체결한다.

선적 전 사전 송금 방식으로 수입계약을 체결했으면 수입업자는 약정 기일 내 수출대금을 수출업자가 선적하기 전에 송금하고 운송서류를 기다린다. 보통 수출업자가 선적 예정일을 통보하면 수입업자가 수입대금을 송금한다. 그런데 사후 송금 방식일 경우에는 수출업자가 먼저 운송서류를 수입업자에게로 보내준다. 그리고 일정 기간 후 수입업자는 수입대금을 수출업자 앞으로 송금하게 된다.

그러나 기한부조건으로 수입한 경우에는 수입대금을 당장 지급할 필요가 없기 때문에 운송서류인수증만 제출하고 운송서류를 인수할 수 있다. 수입업자는 환어음의 만기일에 이자를 추가하여 결제해야 한다.

3. 수입화물의 입수와 화물선취보증서

(1) 수입화물의 입수

수입업자는 개설은행으로부터 인수한 운송서류 중에서 선하증권의 원본을 선박회사에 제출하여 수입화물을 찾는다. 이 때 선박회사는 선하증권을 받으면서 수입업자에게 화물을 인도할 것을 지시하는 화물인도지시서를 교부하는데 수입업자는 이 지시서를 본선이나 컨테이너 터미널에 제출하고 화물을 입수하게 된다.

(2) 화물선취보증서(Letter of Guarantee)

수입항에 운송서류가 화물보다 먼저 도착하게 되면 별 문제가 없지만 항해일수가 짧은 한국 · 일본간, 한국 · 중국간 등의 무역거래에서는 운송서류보다 수입화물이 먼저 도착하게 된다. 이렇게 되면 화물은 이미 수입항에 도착해 있는데 선하증권이 도착하지 않아서 화물을 찾을 수 없게 된다. 이런 경우 화물을 빨리 찾기 위해 수입업자는 개설은행에 화물선취보증서의 발급을 신청하여 선하증권 대신 이 보증서를 선박회사에 제출하고 화물을 찾을 수 있다.

선박회사는 원칙적으로 선하증권의 원본을 받아야 화물을 인도하지만 공신력이 있는 개설은행이 보증함으로써 선하증권 대신 화물선취보증서로 수입업자에게 화물을 인도한다. 따라서 화물선취보증서에는 선하증권 원본이 도착하면 즉시 선박회사에 제출할 것과 화물인도에 따른 모든 책임을 부담한다는 개설은행의 약속이 담겨 있다.

4. 수입통관

(1) 수입통관의 의의

우리나라로 들어오는 모든 외국물품은 관세법에서 규정하고 있는 수입통관절차를 거쳐야 한다. 외국물품은 곧 수입물품을 의미하지만 관세법에서는 우리나라에 도착된 물품으로 수입신고가 수리되지 않은 물품과 수출신고가 수리된 물품을 외국물품으로 간주하고 있다.

이러한 외국물품은 수입신고수리를 위한 통관절차를 필해야만 내국물품이 되어 국내로 들어올 수 있다. 우리나라는 1996년부터 전자문서교환(EDI) 수입통관 자동화 시스템을 운영하여 수입통관절차가 매우 간소화되었다.

우리나라의 통관제도는 수출입신고제이므로 납세의무자는 원칙적으로 수입신고수리 후 15일 이내에 관세 및 내국세를 납부하도록 되어 있어 통관절차와 과세절차가 분리되어 있다. 그리고 수입화물 선별검사시스템(cargo selectivity system: C/S)을 도입하여 전체 수입화물 모두를 검사하지 않고 C/S를 통해 미리 등록된 기준에 따라 우범가능성이 높다고 예상되는 물품을 골라 집중적으로 검사함으로써 검사의 효율성을 높이고 있다.

(2) 수입통관의 준비

① 적화목록의 제출

선박회사 또는 항공사는 수입화물을 적재한 선박이 도착항에 입항하기 24시간 전까지, 항공수입인 경우에는 항공기가 착륙하기 2시간 전까지 입항예정지 세관장에게 수입화물에 대한 적화목록(manifest)을 제출해야 한다. 적화목록은 선박, 항공기 등 운송수단에 적재된 화물의 총괄목록이며 선박회사, 항공사 또는 운송주선업자가 발행한다.

세관은 적화목록 기재사항의 누락 여부, 세관의 특별 감시가 필요한 우범화물에 해당하는지 등의 요건을 심사한 후 이 적화목록을 토대로 하역, 운송, 보관, 통관별로 수입화물을 총괄 관리한다.

② 수입화물의 하역

수입화물을 적재한 선박(항공기)이 입항하면 선박회사는 적화목록을 기준으로 하선장소를 정하여 세관장에게 하선신고서를 제출해야 한다. 수입물품이 하역되면 선박회사, 검수업자, 하역업자가 공동으로 물품 검수를 실시하고 만약 적화목록과 상이한 것이 있으면 이를 세관장에게 보고해야 한다.

③ 보세구역 장치 및 보세운송

보세제도는 관세 징수권을 확보하여 통관질서를 확립하고, 통관업무를 효율적으로 수행하기 위해 수입신고가 수리되기 전의 외국물품을 세관장의 관리하에 두는 제도를 말한다. 보세제도는 보세구역제도와 보세운송제도 두 가지로 구분된다.

보세구역은 보세화물을 반입, 장치, 가공, 건설, 전시 또는 판매하는 구역이다. 보세운송은 세관장에게 신고한 후 보세화물을 국내의 보세구역간에 이동하는 것을 말한다.

수입화물이 본선으로부터 하역되면 보세구역에 장치하는 것이 원칙이다. 그러나 다음의 경우 보세구역이 아닌 장소에 장치할 수 있는데 이를 타소장치라 한다.

첫째, 수입신고가 수리된 물품, 둘째 거대중량 기타의 사유로 보세구역에 장치하기 곤란하거나 부적당한 물품, 셋째 재해 또는 부득이한 사유로서 임시 장치한 물품, 넷째 검역물품, 압수물품, 우편물품.

(3) 수입신고

외국물품을 수입하고자 하는 자는 세관장에게 수입신고를 해야 한다. 수입업자는 수입신고를 함으로써 비로소 물품을 수입하려는 의사를 공식적으로 표현하게 되며 수입신고를 하는 시점에서 수입과 관련된 적용법령, 과세물건, 납세의무자 등이 확정된다. 수입신고는 화주 또는 관세사 등의 명의로 하여야 한다.[5)]

수입신고는 관세청에서 정한 수입신고서에 기재사항을 기재한 후 수입신

---

5) 수입신고도 신고인이 자기 사무실에서 전산으로 수입신고하고 전산으로 그 결과를 통보받을 수 있는데 이는 수입신고의 정확도가 높고, 체납사실이나 관세법 위반사실이 없는 성실업체로 지정을 받은 업체가 이용할 수 있다.

고서에 선하증권 부본 등 신고시 필요한 서류를 첨부하여 세관에 제출한다. 수입신고시에는 신고자가 관세 등 세금의 부과기준이 되는 과세가격, 관세율 및 품목분류번호 등을 확인하여 신고해야 한다. 수입신고는 원칙적으로 수입물품을 적재한 선박 또는 항공기가 입항한 후에 할 수 있지만 신속한 통관을 위하여 선박 또는 항공기가 입항하기 전에도 가능하도록 하고 있다.

(4) 수입신고서 심사 및 물품검사

수입신고서를 접수한 세관에서는 신고한 물품의 검사 여부를 결정하는데 대부분의 물품은 검사 없이 신고 내용의 형식적 · 법률적 요건만 심사하고 수리한다. 그러나 제출 서류만으로는 각종 표시, 용도, 기능 등을 확인할 수 없거나 신고된 이외의 물품의 은닉 여부와 수입신고사항과 현품의 일치 여부의 확인이 필요한 경우에는 수입물품을 직접 확인하는 경우가 있는데 이를 물품검사라 한다.[6]

검사대상으로 선정된 물품은 세관공무원이 수입물품에 대한 검사 및 심사를 한 후 신고수리를 한다. 수입신고를 한 물품이 검사대상으로 선정되면 수입자는 수입물품을 세관에서 검사할 수 있는 장소로 반입해야 한다. 검사장소는 물품 및 신고시기에 따라 선박 내,[7] 부두 내, 보세창고 등이다.

(5) 수입신고수리

현재 우리나라는 적법 · 정당하게 이루어진 신고는 지체없이 수리하여 수출입신고 즉시 물품이 통관될 수 있도록 하는 수입신고수리제를 시행중이다. 이에 따라 세관장은 수입신고가 관세법의 규정에 따라 적법하고 정당하게 이루어진 경우 수입신고를 지체없이 수리한다. 그리고 세관장이 신고를 수리할 때에는 관세에 상당하는 담보를 제공받은 후 또는 납부할 관세를 납부하였음을 확인한 경우 신고수리를 한다.

수입신고가 수리되면 세관장은 수입신고인에게 신고필증을 교부해야 한다. 신고필증은 수입신고 물품, 납부 세액 등에 관한 증명서이기도 하며, 보

6) 물품검사 대상은 서류심사만으로 신고사항을 확인하기 곤란한 물품과 수입신고 사항을 불성실하게 신고한 업체 등의 대한 정보를 수집하여 전산으로 관리하며, 전산에 등록된 기준에 따라 수입물품선별검사 시스템에 의하여 자동으로 선별된다.

7) 곡물, 원유, 광물 등 선상에서 검사가 가능하다고 세관장이 인정하는 물품은 선상에 적재한 상태로 검사가 가능하다.

세창고에서 물품을 반출할 때에도 이 서류가 필요하다.

수입신고인은 수입신고가 수리된 후 운송기관, 관세통로 또는 장치장소로부터 물품을 반출할 수 있다. 그러나 납부해야 할 관세 등에 상당한 담보를 제공하고 세관장으로부터 반출승인을 얻은 경우에는 수입신고 수리 전에도 수입물품을 반출할 수 있다.

수입신고가 수리되면 화주는 15일 이내에 관세 등 수입세금을 국고수납은행 또는 우체국에 납부해야 한다. 사후납부는 신용담보 또는 포괄담보 업체로서 담보면제된 경우와 각 신고 건별로 개별담보를 제공한 경우에 해당된다.

5. 관세의 확정

수입물품에 대해서 관세 및 내국세를 부과하기 위해서는 과세물건, 납세의무자, 세율 및 과세표준의 4대 과세요건을 갖추어야 한다.

(1) 과세물건

관세의 과세물건은 수입물품이다. 관세는 수입신고를 할 때의 물품의 성질과 수량에 의하여 부과된다. 따라서 과세물건의 확정시기는 수입신고시점으로 하는 것이 원칙이다.

(2) 납세의무자

납세의무자는 관세를 납부할 법률상의 의무를 부담하는 자, 즉 납세책임자를 말한다. 수입신고를 한 물품에 대해서는 그 물품을 수입한 화주가 원칙적으로 관세납부의무자가 된다. 따라서 통상적인 수입거래에서는 수입업자, 수입대행시에는 수입을 위탁한 자 등이 관세의 납세의무자가 된다.

(3) 세 율

세율은 관세액을 결정하기 위해 과세표준에 대하여 적용되는 비율을 말하는데 종가세인 경우에는 백분율(%)로 표시하고 종량세인 경우에는 수량 단위당 금액으로 한다.

① **종가세(Ad Valorem Duties)**

종가세는 수입물품의 가격을 과세기준으로 하여 산정된 세액이다. 즉 물품의 가격이 과세표준이 되고 여기에 관세율이 곱해져 관세액이 산정된다.

종가세의 경우

수입물품의 실제가격 × 관세율(%) = 종가세액

종가세는 수입되는 물품의 실제가격에 비례해서 산정되므로 상품별로 균등하고 공평하게 부과될 수 있다. 그러나 과세가격의 기준을 정하고 실제가격을 확인하는 데 시간과 비용이 많이 드는 단점이 있다.

현재 우리나라는 대부분 종가세이며 종량세 대상품목은 영화용 필름(HS 3706.10), 비디오 테이프(HS 8524.23) 등 몇 개 되지 않는다.

② **종량세(Specific Duties)**

종량세는 수입물품의 수량을 기준으로 부과되는 관세이다. 과세물건의 개수, 중량, 길이, 용적 등이 과세표준이 되고 여기에 단위 수량당 세액이 곱해져 관세액이 산출된다.

종량세의 경우

과세물건의 수량 × 단위 수량당 세액 = 종량세액

종량세는 수입물품의 수량에 의해서 산정되므로 모든 관세액이 상품의 종류에 상관없이 간단 명료하게 산정될 수 있는 장점이 있으며 대량으로 수입되는 저가물품에 적용할 경우 관세효과가 크다. 그러나 종량세는 수입물품의 가격을 반영하지 못하므로 공평한 과세가 되지 못한다.

(4) 과세표준

과세표준은 세액결정의 기준이 되는 과세물건의 가격 또는 수량을 말한다. 관세의 과세표준은 수입물품의 가격 또는 수량으로 하는데 현행 관세율표에는 대부분이 종가세 대상품목이고 종량세 대상품목은 몇 개 되지 않는다. 따라서 관세의 과세표준은 곧 종가세의 과세표준이 되는 과세가격을 말한다.

과세가격은 곧 수출지의 선적항에 물품의 선적을 완료하기까지의 금액에 수입항까지의 운임 및 보험료가 포함된 CIF가격으로 한다.

6. 관세환급제도

우리나라는 부존자원이 빈약하여 원자재를 대부분 해외에서 수입하여 이를 가공 후 다시 수출하는 가공무역이 주종을 이루고 있다. 이러한 가공무역에서 수출업자를 지원하고 수출경쟁력을 높이기 위해 수출용 원재료를 수입할 때 납부한 관세를 환급해 주는 관세환급제도를 실시하고 있다.

즉 관세환급제도는 수출용 원재료를 수입할 때 납부한 관세 및 내국세를 당해 원자재를 사용하여 만든 물품을 수출할 경우 수출업자에게 환급해 주는 제도를 말한다. 이 제도는 수출물품의 가격경쟁력을 떨어뜨릴 우려가 있는 수출용 원재료에 대한 관세부담을 덜어 줌으로써 수출을 촉진하기 위한 세제상의 지원제도라 할 수 있다.

과거에는 수출용 원재료의 수입시 처음부터 수입관세 및 내국세를 면제해 주는 사전면세제도가 시행되었다. 그러나 사전면세제도하에서는 대응수출을 위한 사후관리가 필요하고 면세 혜택으로 인해 해외원자재에 지나치게 의존하는 경향이 높았다.

이에 따라 국산원자재의 사용을 촉진하고 무분별한 원자재 수입을 막기 위해 1975년부터 원재료 수입시에도 일반수입과 마찬가지로 관세를 납부하도록 하고 가공 수출 후 이를 환급해 주는 관세환급제도가 시행되고 있다.

7. 외화획득용 원료 · 기재의 수입관리

(1) 제도의 개요

우리나라는 수출상품의 국제경쟁력을 제고하고 외화획득을 도모하기 위해 수입을 일반 수입과 외화획득용 원료 · 기재의 수입으로 구분하여 이를 차등 관리하고 있다. 이에 따라 외화획득에 기여할 물품을 제조 · 가공하는데 소요되는 원료의 수입에 대해서는 일반 수입에 비해 행정, 금융, 세제 면에서 여러 가지 혜택이 주어지고 있다.

① 외화획득용 원료 · 기재의 정의

외화획득용 원료 · 기재라 함은 외화획득용 원료, 외화획득용 시설기재, 외화획득용 제품, 외화획득용 용역 및 외화획득용 전자적 형태의 무체물을 말한다(대외무역법시행령 제2조의 5).

외화획득용 원료란 외화획득에 기여하는 물품을 생산(물품의 제조 · 가공 · 조립 · 수리 · 재생 또는 개조)하는 데 필요한 원자재 · 부품 및 구성품을 말하며, 이는 그 원료에 노동, 기술, 기타 원료 등이 부가되어 새로운 형태의 생산물로 변형될 수 있는 것을 뜻한다.

외화획득용 시설기재라 함은 회화획득에 기여하는 물품을 생산하는 데 사용되는 시설 · 기계 · 장치 · 부품 및 구성품(하자 및 유지보수에 필요한 부품 및 구성품 포함)을 말한다. 시설기재는 제품으로 변형되지 않지만 이를 사용함으로써 외화획득용 물품을 생산할 수 있다.

외화획득용 제품이란 수입된 후 생산과정을 거치지 아니하는 상태로 외화획득에 기여하는 물품을 말한다. 이는 수입한 물품을 국내에서 가공하거나 변형하지 않은 상태 그대로 외화획득을 위해 사용되는 것을 뜻하며 외국인 관광객이나 국내 거주 외국인 등에게만 공급된다.

그리고 외화획득용 용역은 외화획득에 제공되는 물품 등을 생산하는 데에 필요한 용역을 말하고, 외화획득용 전자적 형태의 무체물은 외화획득에 제공되는 물품 등을 생산하는 데에 필요한 전자적 형태의 무체물을 말한다.

② 외화획득용 원료 · 기재 수입의 우대사항

일반 수입에 비해 외화획득용 원료 · 기재의 수입 시 적용되는 우대사항을 구체적으로 살펴보면 다음과 같다.

첫째, 수출입공고 등의 적용이 원칙적으로 배제된다. 외화획득용 원료 · 기재는 수출입공고, 통합공고 등에서 수입이 제한되더라도 제한요건을 충족하지 않고서도 수입될 수 있으며 수입수량에도 제한이 없다.

둘째, 외화획득용 원료의 수입통관 시에는 수입물품에 대한 원산지표시가 면제된다.

마지막으로 관세 환급의 대상이 된다. 외화획득용 원료를 사용하여 생산한 물품을 수출할 경우 수입 시 납부한 관세 등을 관세환급특례법에 의해 환급받을 수 있다.

③ 외화획득의 범위

외화획득을 위하여 원료 · 기재를 수입한 자 및 수입을 위탁한 자는 일정 기간 내에 그 수입에 대응하는 외화획득을 이행해야 한다. 그리고 외화획득용 원료 · 기재를 수입한 자가 원료 · 기재 또는 그 원료 · 기재로 제조된 물품을 부득이 한 사유로 인하여 당초의 목적 외로 사용하고자 할 때에는 산업통상자원부장관의 승인을 얻어야 한다(대외무역법시행령 제30조).

(2) 외화획득용 원료의 사후관리

① 외화획득용 원료의 사후관리

외화획득용 원료의 수입에는 대응수출을 전제로 여러 가지 혜택이 부여되고 있다. 따라서 외화획득용 원료를 수입한 자가 혜택을 받고 수입한 원료를 당초의 목적대로 사용하였는지를 관리할 필요가 있는데 이를 외화획득용 원료의 사후관리제도라 한다.

이에 따라 사후관리기관의 장 및 자율관리기업의 장은 특별히 승인을 얻어 수입한 외화획득용 원료 및 그 원료로 제조된 물품에 대해서는 외화획득 이행여부에 대한 사후관리를 해야 한다.

② 자율관리기업

수출입물량이 증가함에 따라 사후관리 업무를 사후관리기관이 직접 주도하는 데는 여러 가지 어려움이 따르므로 성실한 무역업체를 자율관리기업으로 지정하여 스스로 사후관리업무를 수행하도록 하고 일정 기간 단위로 사후감독만 하고 있다.

자율관리기업의 선정 요건은 다음과 같다(대외무역관리규정 제43조).

- 전년도 수출실적이 미화 50만 달러 상당액 이상인 업체, 수출유공으로 포상을 받은 업체 또는 중견 수출기업
- 과거 2년간 미화 5천 달러 상당액 이상 외화획득 미 이행으로 보고된

사실이 없는 업체

③ 기준소요량의 고시

외화획득용 원료의 수입은 일반 내수용의 수입에 비해 여러 가지 지원 혜택이 있기 때문에 외화획득을 빙자해서 불필요한 원료가 수입될 수 있다. 이에 따라 정부는 꼭 필요한 만큼의 원료를 수입하도록 기준소요량을 고시하고 해당 업체로 하여금 이를 기준으로 자율소요량계산서를 작성하도록 한다.

기준소요량은 외화획득용 물품 등의 1단위를 생산하는데 소요되는 원자재의 양을 말하는데 단위실량과 평균손모량을 합한 양이다. 단위실량은 외화획득용 물품 등의 1단위를 형성하고 있는 원자재의 양을 말하고 평균손모량은 외화획득용 물품 등을 생산하는 과정에서 생기는 원자재의 손모량(손실량 및 불량품 생산에 소요된 원자재의 양을 포함한다)의 평균량을 말한다.

④ 자율소요량계산서의 작성

사후관리대상품목을 외화획득용 원료 등으로 사용하거나 공급한 업체는 자율소요량계산서를 작성해야 한다. 자율소요량계산서는 단위자율소요량 또는 기준소요량에 외화획득용 물품 등의 수량을 곱한 물량으로 표시해야 한다. 단위자율소요량은 기준소요량이 고시되지 아니한 품목에 대하여 외화획득용 물품 등 1단위를 생산하는데 소요된 원자재의 양을 해당 기업이 자율적으로 산출한 것으로서 단위실량과 평균 손모량을 합한 양을 말한다.

자율소요량계산서에는 단위자율소요량의 산출근거를 품목 및 규격별로 명확히 표시해야 한다. 그리고 기준소요량이 고시된 품목이라 하더라도 수출계약서 등의 관련서류에 소요원료의 품명, 규격, 수량 등이 표시된 경우에는 이에 따라 자율소요량계산서를 작성할 수 있다.

주요용어

수출승인	수출통관	수출신고	상업송장
포장명세서	원산지증명서	선수출계약서	내국신용장
구매확인서	외국환거래약정	수입승인	SWIFT 신용장
화물선취보증서	수입통관	적화목록	보세구역
보세운송	수입신고	종가세	종량세
관세환급	외화획득용 원료 및 기재		

읽을거리

수입화물의 대도

대도(trust receipt)는 수입업자가 수입대금을 지급하지 않고 개설은행으로부터 운송서류를 인도받으면서 수입화물에 관하여 발생하는 일체의 손해에 대하여 자기가 책임을 지겠다고 개설은행에게 서약하는 증서를 말한다. 개설은행의 신용으로 물품이 수입되는 경우에는 수입화물 자체가 담보물이 된다.

그런데 수입화물이 담보로 잡혀 수입업자가 원래 목적대로 사용할 수 없으면 수입한 이유가 없기 때문에 개설은행은 대도와 같은 수입업자의 각서를 받고 수입화물을 처분할 수 있도록 해 준다. 물론 개설은행은 대도에 의해서 수입화물에 대한 담보권을 계속 유지할 수 있다. 수입업자는 대도물품을 제3자에게 담보로 제공할 수 없으며 만약 대도물품을 매도할 경우에는 금액, 물품의 인도, 대금의 영수방법 등에 관하여 미리 개설은행의 동의를 받아야 한다.

우리나라의 경우 외화획득용 원료 등을 수입할 때는 신용장개설담보금 없이도 신용장이 개설될 수 있다. 이 경우는 완전히 개설은행의 자금으로 수입되는 것이지만 원료가 가공되어 곧 수출될 수 있기 때문에 개설담보금 없이도 수입신용장이 개설되는 것이다. 이와 같이 특수한 경우 수입업자는 수입대금을 결제하는 대신 대도를 개설은행에 제출하고 운송서류를 인수하여 원료를 수입한다.

제 16 장 클레임 및 상사중재

제 1 절 무역 클레임

상관습이 다른 국가간의 무역거래에서 영리를 추구하다 보면 언제 어떤 클레임이 제기될지 모른다. 클레임의 해결에는 예방이 최고라 하지만 이에는 한계가 있기 때문에 예방과 동시에 클레임을 해결할 수 있는 방법을 사전에 분석해 두어야 한다.

1. 무역 클레임의 개요

(1) 클레임의 의의

클레임(claim)의 본래 의미는 당연한 권리를 요구, 청구 또는 주장할 수 있는 것을 의미하지만 일반적으로 무역거래에서 클레임은 피해자가 가해자에게 손해배상을 청구하는 것을 말한다. 즉 무역거래 당사자 중 일방이 매매계약을 이행하는 과정에서 고의나 과실로 계약의 일부 또는 전부를 이행하지 않음으로써 발생된 손해를 보상받기 위해서 상대방이 손해배상을 청구하는 것을 클레임이라 한다.

무역거래에서 클레임의 대부분은 주로 상품의 품질, 선적지연, 선적불이행 등을 이유로 수입업자가 수출업자에게 제기하는 경우이며 수출업자가 수입업자에게 클레임을 제기하는 경우는 대금결제와 관계되는 것 외에는 별로 없다. 대개 무역거래에서는 당사자 중 일방이 부주의로 인해 무역계약을 이행하지 않거나 이행을 지체함에 따라 클레임이 발생하는 경우가 많으며 간혹 국제무역법규를 악이용하여 고의적으로 클레임을 제기하는 경우도 있다.

(2) 클레임의 원인

무역거래에서 종종 제기되는 클레임의 원인을 살펴보면 다음과 같다.

① 상품에 대한 클레임

수입업자가 제기하는 클레임은 대부분 상품의 하자에 관한 것이다. 상품의 품질과 관련하여 품질불량, 품질상이, 규격상이, 등급저하, 손상, 변질, 변색 등이 클레임의 주요 원인이다. 상품의 수량에 관해서는 주로 수량부족으로 클레임이 제기되며, 상품의 포장과 관련된 것으로는 포장불량, 부적합포장, 포장결함 등이 클레임의 주요 원인이 된다.

② 선적에 관한 클레임

선적에 관계된 클레임은 선적 지연과 선적 불이행이 대표적인 원인이다. 신용장거래에서는 명시된 선적기일을 반드시 준수해야 대금결제가 이루어지므로 이로 인한 클레임이 드물지만, 그 밖의 거래에서는 선적지연이 종종 발생한다. 계절적 상품이나 수입지에서의 시판이 촉박할 경우 선적지연은 중요한 클레임제기의 원인이 된다.

계약당시보다 수출상품의 시세가 올랐거나, 수출채산성이 맞지 않을 경우 수출업자들은 고의로 선적을 이행하지 않는 경우가 있다. 이러한 선적불이행은 곧 계약자체를 수출업자가 이행하지 않는 것이나 마찬가지이며, 수입업자는 계약불이행에 따른 손해배상 청구가 가능하다.

③ Market Claim

이는 시장 상황이 좋지 않을 경우 수입업자가 사소한 하자를 잡아 클레임을 제기하는 것이다. 특히 계약 당시에 비해 수입국의 시장가격이 폭락할 경우 수입업자는 운송서류상 사소한 하자만 발견되어도 대금지급을 거절하는 경우가 많다.

④ 결제에 관한 클레임

수출업자가 제기하는 클레임의 대부분은 지급지연, 대금미회수와 같은 결제에 관한 클레임이다. 신용장 거래에서는 수입업자 대신 개설은행이 지급을 확약하고 있어 이와 같은 클레임이 제기되는 경우는 별로 없으나 D/A · D/P와 같은 무신용장방식의 거래에서는 수입업자의 파산, 재정상태의 악화로 인해 대금지급이 지연되거나 회수 불가능한 경우가 발생한다.

2. 클레임의 제기와 해결

(1) 클레임의 제기

클레임은 합의된 기간 내에 적절한 절차에 따라 제기되어야만 법률적인 보장을 받을 수 있다. 무역계약 체결 시 클레임의 제기, 해결 방법 등을 약정했을 경우에는 약정된 사항에 따르고, 그렇지 않은 경우 클레임은 국제상관습, 국제규칙, 국내법 등에 따라 합법적이고 적절한 시기 내 제기되어야 한다.

① 클레임 상대방(가해자)의 확정

클레임 제기 시 가장 중요한 것은 누구에게 클레임을 제기해야 하는가? 즉 클레임 상대방인 가해자를 확정하는 것이다. 만약 상대방을 잘못 선정하여 클레임을 제기하면 아무런 효력도 없을 뿐만 아니라 그 후 가해자를 찾았다 하더라도 클레임 제기 시효를 놓칠 수도 있다. 따라서 피해 사항을 철저히 분석하여 그에 따른 책임소재가 누구에게 있는가를 파악해야 한다.

무역거래에서 클레임의 상대방은 계약 당사자이므로 대부분 수출업자 또는 수입업자가 된다. 그러나 운송 도중 운송인의 과실이나 천재지변 등으로 화물 손상이 발생했을 경우 선박회사 혹은 보험회사도 클레임의 직접적인 당사자가 될 수 있다. 경우에 따라서는 은행의 과실로 운송서류를 잘못 전달하여 화물이 엉뚱한 제3자에게 인도되었을 경우에는 관련 은행도 클레임의 당사자가 될 수 있다.

② 클레임 제기기간

클레임은 그 제기시기를 놓치면 시효에 걸릴 뿐 아니라 증거를 상실하게 되어 해결에 많은 어려움이 따르므로 반드시 약정된 기간 내에 제기되어야 한다. 클레임 제기기간은 보통 매매계약서 상에 구체적으로 명시되어 있다.

만약 클레임 제기기간에 대한 약정사항이 없으면 국제관습, 국제규칙 또는 각국의 법률에 따르지만 이에 대한 규정이 모두 다르기 때문에 클레임처리조항에 제기시기를 명확히 규정해 두는 것이 바람직하다.

③ 클레임의 통지

클레임 사유가 확정되면 클레임제기 의사표시, 클레임의 주요 내용 등을 요약한 클레임 통지서를 전신 등 빠른 수단을 이용해서 보낸 후 곧 이어 클레임 제기서장을 작성해서 항공등기우편으로 보내야 한다. 앞에서 예를 들은 클레임처리조항에서는 전신으로 클레임을 통지한 후 15일 이내 우편으로 클레임에 관한 상세한 내용을 적은 클레임 제기서장을 보내도록 규정하고 있다.

클레임을 제기할 때 보통 클레임진술서, 손실명세서, 검사보고서, 기타 청구서나 증빙서류가 필요하다. 클레임진술서에는 클레임의 대상이 되는 거래내용, 클레임의 원인, 클레임의 해결방법 등을 명시한다. 그리고 손해배상을 청구할 경우에는 손실명세서를 작성하여 상대방에게 송장가격과 배상금액을 표시하고 실제 손실의 내역과 부대비용도 명시한다. 더 나아가 클레임의 정당성을 주장하려면 국제적으로 권위 있는 검정기관에서 발급한 검사보고서와 같은 증빙자료를 첨부하는 것도 효과적이다.

(2) 클레임의 접수

무역거래 당사자로부터 클레임이 제기되면 클레임의 제기내용을 검토하고 상대방에게 자신의 입장과 해결방안을 통보한다.

먼저 클레임의 통지를 받으면 클레임이 약정된 기간 내에 제기되었는가를 검토한다. 만약 클레임처리조항에서 약정된 기간이 지난 뒤 제기된 클레임은 법적인 시효를 상실한 것이므로 클레임을 거절해도 상관없다.

만약 합법적인 기간 내 제기된 클레임에 대해서는 클레임 진술서에 기재된 내용을 면밀히 확인하여 클레임의 정당성 여부를 검토하는데 보통 다음과 같은 사항을 우선적으로 조사하는 것이 바람직하다.

- 본인이 클레임의 책임당사자인지의 여부
- 클레임이 적법한 절차에 따라 제기되었는지 여부
- 클레임이 계약조건의 미비에 인한 것인지 여부

그리고 클레임의 내용을 면밀히 조사한 후 이에 대한 자신의 입장을 빠른 시일 내에 전달해야 한다. 무역클레임의 해결과정에서 첫 응답은 향후 분쟁 해결의 방향을 설정하는 것이기 때문에 매우 중요하므로 자신의 입장을 명확히 해야 한다. 모든 클레임은 당사자 간의 합의에 의해서 해결한다는 원칙하에 각 개별거래의 특성을 감안하여 대응한다.

3. 클레임 해결방법

클레임의 해결에 관하여 흔히 "중재는 재판보다 낫고, 조정은 중재보다 나으며 분쟁의 예방은 조정보다 낫다"고 하지만 분쟁의 예방에는 한계가 있기 때문에 여러 가지 클레임 해결방법을 사전에 분석해 두는 것이 필요하다. 클레임은 당사자간의 타협에 의해서 우호적으로 해결하는 것이 바람직하지만 그렇지 못할 경우에는 제3자를 개입시켜 해결한다.

(1) 타 협

타협(compromise)은 당사자간에 자주적으로 교섭하고 양보하여 서로 납득할 수 있는 타협점을 찾아 분쟁을 해결하는 우호적 해결방법이다. 당사자들이 타협을 통해서 클레임의 청구내용을 합의하면 타협계약서를 작성하여 클레임을 종결한다.

(2) 알 선

알선(intermediation)은 대한상사중재원과 같은 공정한 제3자가 클레임에 개입하여 당사자간에 원만한 타협이 이루어지도록 조언함으로써 분쟁을 해결하는 방법이다. 제3자는 당사자의 일방 또는 쌍방의 의뢰에 의해 클레임에 개입하지만 어떠한 형식절차를 거치지 않는다. 알선이 성공할 경우 당사자간에 비밀이 보장되며 거래관계를 계속 유지할 수도 있다.

알선은 쌍방이 협력하지 않으면 실패할 가능성이 크지만 알선 기관의 역량에 따라 성공하는 예도 많다. 실제 대한상사중재원에 의뢰된 클레임은 알선단계에서 많이 해결되고 있다.

(3) 조 정

조정(conciliation)은 당사자 일방 또는 쌍방의 요청에 의해 공정한 제3자를 조정인으로 선정하여 조정인이 제시하는 조정안을 양 당사자가 합의함으로써 클레임을 해결하는 방법이다.

알선은 형식적 절차를 거치지 않지만 조정은 반드시 조정인을 선정해야 하는 절차를 거쳐야 하며 조정인은 대개 해당 분야의 전문적 지식과 경험이 풍부한 권위자들이 된다. 조정인이 제시한 조정안은 반드시 양 당사자가 합의해야만 효력이 있으며 어떠한 구속력도 가지고 있지 않다.

우리나라는 상사중재규칙에 따라 중재신청 후 양 당사자가 요청할 경우 상호 협의하에 조정인을 선정하여 조정을 시도할 수 있도록 되어 있다. 양 당사자가 합의한 조정안은 중재판정과 동일한 효력을 갖는다.

(4) 중 재

중재(arbitration)는 당사자들이 제3자를 중재인으로 선정하여 그의 판정에 복종함으로써 분쟁을 해결하는 민간인에 의한 자주적인 분쟁해결방법이다. 조정은 당사자 중 일방이 요청할 경우에도 가능하지만 중재는 반드시 양 당사자의 합의가 있어야 한다. 또한 조정은 양 당사자의 자유의사에 따르지만 중재는 중재인의 판정에 복종해야 하는 강제성을 가지고 있으며 그 효력은 법원의 확정판결과 동일하고 외국에서의 승인 및 집행이 보장된다.

(5) 소 송

소송(litigation)은 당사자의 일방이 국가기관인 법원에 제소하여 이의 판결에 의해 분쟁을 강제적으로 해결하는 방법이다. 그러나 우리나라의 재판권이 상대국까지 미치지 못하므로 소송에 의한 판결은 외국에서의 승인 및 집행이 보장되지 않는다. 따라서 국가간에 이루어지는 무역거래에서는 소송을 통해 분쟁을 해결하는 경우는 없으며 대부분 중재에 의해 해결한다.

제 2 절 상사중재

1. 상사중재의 의의

상사중재는 분쟁당사자들의 신청에 의해 법관이 아닌 제3자를 중재인(arbitrator)으로 선정하고 중재인의 판정에 최종적으로 복종함으로써 분쟁을 해결하는 방법이다.

중재의 특성을 살펴보면 먼저 중재는 양 당사자의 신청에 의해 성립된다. 조정은 분쟁당사자 중 일방이 신청해도 가능하지만 중재는 반드시 양 당사자간에 합의된 중재계약에 의해서만 성립된다. 또한 중재는 당사자들이 법원의 소송절차에 의하지 않고 자신들이 클레임을 해결하는 것이므로 중재계약이 성립되기 위해선 먼저 재판을 받을 수 있는 권리를 포기해야 한다.

중재는 민간인에 의한 자주적인 분쟁해결방법이다. 중재인은 민간인으로서 해당 분야에 대한 전문지식을 갖춘 전문가들이며 분쟁당사자들에 의해 직접 선정된다. 중재인의 판정은 최종적이며 그 효력은 법원의 확정판결과 동일하고 국제협약에 따라 외국에서의 승인 및 집행이 보장된다.

또한 중재는 중재절차를 관리하는 중재기관에 의하여 수행되며 중재기관에는 상설기관과 임시기관이 있지만 두 기관의 판정효력은 동일하다. 우리나라의 경우 대한상사중재원이 운영되고 있다.

이러한 중재가 지니고 있는 장점을 법원의 소송과 비교해 살펴보면 다음과 같다.

첫째, 중재는 분쟁을 신속히 해결하여 시간과 비용이 절약된다. 중재는 일심제이고 정해진 기간 내 중재판정이 이루어지므로 당사자들은 분쟁해결에 많은 시간과 비용을 절약할 수 있다.

둘째, 분쟁당사자들은 자신들의 실정에 맞는 중재인을 선정할 수 있다. 대한상사중재원이 유지하고 있는 중재인단은 각 분야의 전문가들로 구성되어 있으며 당사자들이 중재인 명부에서 직접 선정한다.

셋째, 중재는 비공개리에 진행될 수 있어 사업상의 비밀이나 회사의 명성을 그대로 유지할 수 있다.

마지막으로 중재판정은 외국에서도 그 효력이 인정되고 집행이 보장되므로 무역거래의 적합한 분쟁해결방안으로 인정받고 있다.

2. 중재계약

중재는 분쟁당사자들이 합의한 중재계약에 근거하여 성립되는데 중재계약은 법정소송을 배제하고 중재에 의해서 분쟁을 해결하도록 당사자간에 중재를 합의하는 계약이다. 따라서 중재계약은 당사자간의 합의가 있어야 하며 법원에 의해 재판받을 권리를 포기하고 제3자인 중재인의 판정에 복종해야 하는 것을 기본으로 하고 있다.

무역거래에서 사용되는 중재조항에는 중재지역, 중재기관 및 준거법이 명시된다. 현재 대한상사중재원이 모든 국제매매계약서상에 중재계약의 취지를 삽입하도록 권고하고 있는 표준중재조항(standard arbitration clause)은 다음과 같다.[1)]

"All disputes, controversies, or differences which may arise between the parties, out of or in relation to or in connection with this contract, or for the breach thereof, shall be finally settled by arbitration in Seoul, Korea in accordance with the Commercial Arbitration Rules of the Korean Commercial Arbitration Board and under the Law of Korea. The award rendered by the arbitrator(s) shall be final and binding upon both parties concerned."

"이 계약으로부터 또는 이 계약과 관련하여 또는 이 계약의 불이행으로 말미암아 당사자간에 발생하는 모든 분쟁, 논쟁 또는 의견 차이는 대한민국 서울특별시에서 대한상사중재원의 상사중재규칙 및 대한민국법에 따라 중재에 의하여 최종적으로 해결한다. 중재인(들)에 의하여 내려지는 판정은 최종적인 것으로 당사자 쌍방에 대하여 구속력을 지닌다."

1) 국내거래에서도 "이 계약으로부터 발생되는 모든 분쟁은 대한상사중재원에서 상사중재규칙에 따라 중재로써 최종 해결한다"는 중재조항을 매매계약서에 삽입하도록 권장하고 있다.

3. 중재절차

중재절차는 중재계약으로 정할 수 있으나 당사자간의 합의가 없거나 당사자의 의사가 분명하지 아니한 경우에는 상사중재규칙에 의한다.

우리나라에서의 중재는 [그림 16-1]과 같은 절차를 거친다.

① 중재신청: 클레임을 제기하는 당사자(신청인)는 중재계약에서 정하는 바에 따라 대한상사중재원(사무국)에 중재를 신청한다.

② 등록통지: 대한상사중재원은 중재신청이 적합한지 여부를 확인하고 적합한 경우에는 양 당사자에게 중재신청서류를 수리하였음을 통지한다.

③ 중재장소합의: 중재신청서류가 수리되면 당사자들은 14일 이내 중재장소를 결정해야 하고 그렇지 않으면 대한상사중재원이 직권으로 결정한다.

④ 중재판정부 구성: 대한상사중재원은 중재인단 명부에서 중재인 후보자 10명을 선정하여 등록 통지시 송부한다. 양 당사자는 의장 중재인과 기타 중

그림 16-1 중재절차

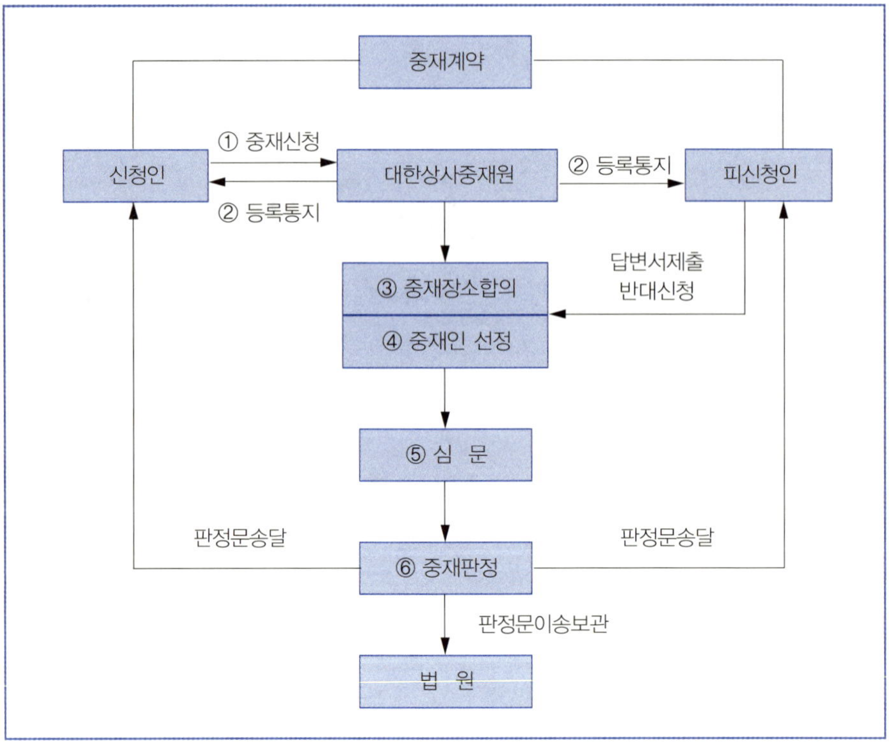

재인에 대하여 선호순위를 표시하여 중재기관에 제출한다.

⑤ 심문: 대한상사중재원은 양 당사자에게 중재인 선정사실과 제1차 심문 기일을 통지한다. 중재판정부는 심문을 개시하며 사건의 내용에 따라 수차에 걸쳐 심문한 후 종결을 선언한다.

⑥ 판정: 중재판정부는 심문종결일로부터 30일 이내 중재판정을 내리고 중재판정문 정본을 양 당사자에게 발송하고 중재비용을 정산한다.

4. 중재판정의 효력과 집행

(1) 중재판정의 효력

중재판정은 당사자간에 있어서 법원의 확정판결과 동일한 효력이 있다. 중재판정은 당사자가 미리 이를 존중하고 복종할 것을 합의한 것이므로 당사자간에 있어서는 확정된 법원의 판결과 동일한 효력을 갖는다. 따라서 중재판정이 형식적으로 확정되며 중재인이라 하더라도 자기가 내린 중재판정을 철회할 수 없다. 특히 우리나라 중재법에서는 중재판정문의 원본을 법원에 이송하여 보관하도록 함으로써 나중에 중재인 또는 중재기관에 의한 변조나 수정을 방지하고 있다.

(2) 중재판정의 집행

중재판정은 국내중재판정과 외국중재판정으로 나눌 수 있다. 중재판정의 이러한 구분은 판정이 내려진 장소가 외국인가 국내인가에 따라 구분하는 것을 원칙으로 하고 있다. 이처럼 중재판정을 국내판정과 외국판정으로 구분하는 이유는 판정의 궁극적인 성질인 집행의 문제 때문이다.

국내중재판정의 집행은 우리나라의 경우 당사자간에서는 법원의 확정판결과 동일한 효력이 있기 때문에 집행도 법으로써 보장하고 있다. 그러나 중재판정은 준사법적인 절차에 의한 결과이고 또한 비법률가인 중재인에 의해 절차가 적용되었다는 점에서 그 절차의 적법성에 대한 법원의 심사를 받도록 하고 있다.

5. 뉴욕 협약(New York Convention)

무역거래의 분쟁은 대부분 수출업자와 수입업자간의 분쟁이기 때문에 중재에 앞서 외국에서 내려진 중재판정의 승인 및 집행이 국제조약에 의해 보장되어야 한다. 이에 따라 중재판정의 범위를 외국까지 확대시키고 중재판정의 승인 및 집행에 관한 요건을 간단히 할 목적으로 뉴욕 협약[2]이 1958년 뉴욕에서 채택되었다.

뉴욕 협약의 주요 내용은 상호주의 원칙에 따라 외국에서 내려진 중재판정의 효력을 인정하고 그 집행을 보장하는 것이다. 그리고 뉴욕 협약은 외국중재판정의 승인 및 집행을 받기 위한 신청요건도 간결히 하여 신청인이 중재합의서 및 중재판정문의 원본을 집행국의 해당 법원에 제출하면 집행이 가능하도록 규정하고 있다.

뉴욕 협약의 결과로 각 회원국들은 외국중재판정의 승인 및 집행을 보장받을 수 있게 되었으며 세계 주요 국가들은 대부분 뉴욕 협약에 가입하고 있다. 우리나라도 1973년 2월에 42번째 국가로 이 협약에 가입하였으며 이로써 대한상사중재원에서 내려진 중재판정도 회원국간에서는 그 승인 및 집행을 보장받게 되었다.

---

2) 뉴욕 협약의 정식 명칭은 외국중재판정의 승인 및 집행에 관한 유엔협약(The United Nations Convention on the Recognitions and Enforcement of Foreign Arbitral Awards: New York Convention)이다.

주요용어

클레임	market claim	타협	알선
조정	상사중재	중재계약	뉴욕협약

읽을거리

소송과 ADR

흔히 우리 주변에서 복잡하게 얽힌 문제를 해결할 때 잘 쓰는 표현이 "법대로 해라"이다. 이 말은 소송을 제기하여 법 규정대로 판결을 해서 문제를 해결하자는 뜻이다. 그런데 무역거래에서는 이런 표현을 삼가하는 것이 좋다. 우리나라 법에 의한 판결은 우리나라 주권이 미치는 범위 내에서만 효력이 있는 것이지 그 범위를 벗어나면 아무런 효력이 없다. 만약 우리나라의 대법원 판결이 일본에도 양향을 미칠 수 있다면 독도분쟁은 즉각 해결된다. 따라서 수출업자와 수입업자 간의 국가 분쟁에서 소송은 무용지물이기 때문에 무역거래에서 발생하는 분쟁은 가급적 당사자들 간에 우호적으로 해결하는 것이 바람직하고 그것이 힘들 경우에는 소송 외 대체적 분쟁해결제도(Alternative Dispute Resolution: ADR)를 통해 해결해야만 한다. 이는 무역거래를 비롯한 사적 거래에서 발생하는 분쟁을 재판에 의하지 않고 다른 방법으로 해결하는 제도인데 여기에는 대표적으로 알선, 조정, 중재 등이 있다. 일반적으로 분쟁을 사법적 절차에 의해 해결할 경우 시간, 비용 등이 많이 소요되고 재판과정에서 개인의 비밀이 누설된다. 따라서 오늘날 개인들 간의 분쟁은 가능한 한 법정 밖에서 우호적으로 해결하는 것이 바람직하다. 무역거래에서의 분쟁은 형사문제도 아니고 행정문제도 아니고 단지 수출업자와 수입업자 간의 손해배상청구 분쟁이므로 ADR을 통해서 해결할 수밖에 없다.

국문색인

영문색인

D

E

F

G

T

U

V

W

저 자 약 력

윤 기 관(尹基官)

성균관대학교 무역학과(경제학사, 경제학석사)
영남대학교 대학원 무역학과(경제학박사)
북한 및 통일문제 최우수 신진학자상 수상
한국국제통상학회 회장
현, 충남대학교 교수

〈저 서〉

국제통상의 이해(공저, 법문사)
현대북한의 이해(공저, 법문사)
Doing Business in Asia-Pacific Region Countries
(공저, 영어판 및 러시아어판)

오 근 엽(吳根燁)

서울대학교 무역학과(경제학사, 경제학석사)
미국 Ohio State University 대학원(경제학박사)
현, 충남대학교 교수

〈저 서〉

국제통상의 이해(공저, 법문사)
국제무역론(학현사)
WTO하의 중소기업정책(공저, 집문당)

구 종 순(具鍾淳)

서강대학교 무역학과(상학사, 상학석사)
고려대학교 대학원(경영학박사)
행정고시, 관세사 출제위원 역임
현, 충남대학교 교수

〈저 서〉

무역개론(공저, 유원북스)
무역실무(공저, 법문사)
무역실무(유원북스)
해상보험(유원북스)

문 희 철(文熙哲)

서강대학교 무역학과(상학사, 상학석사)
고려대학교 대학원(경영학박사)
한국인터넷전자상거래학회 회장
현, 충남대학교 교수

〈저 서〉

무역자동화(무역경영사)
전자상거래의 이해(학현사)
전자무역의 이해와 전개(브레인코리아)

현대무역의 이해 [제5판]

2003년 3월 10일 초판 발행
2006년 8월 30일 제2판 발행
2010년 3월 15일 제3판 발행
2013년 3월 5일 제4판 발행
2016년 3월 5일 제5판 1쇄 발행

저 자 윤 기 관 외 3 인
발행인 배 효 선
서
판 法 文 社

소 10881 경기도 파주시 회동길 37-29
록 1957년 12월 12일 / 제2-76호(윤)
화 (031)955-6500~6 Fax (031)955-6525
nail(영업): bms@bobmunsa.co.kr
(편집): edit66@bobmunsa.co.kr
페이지 http://www.bobmunsa.co.kr
조 판 (주) 성 지 이 디 피

정가 24,000원 ISBN 978-89-18-10239-9